종속국가 일본

CLIENT STATE: Japan in the American Embrace

종속국가 일본

미국의 품에서 욕망하는 지역패권

개번 매코맥 지음 ㅣ 이기호 · 황정아 옮김

창비
Changbi Publishers

한국의 독자들에게

이 책의 영문판 원본이 출간된 2007년과 한국어판이 출간되는 2008년 사이에 일본에서는 두명의 총리가 새로 취임하고 사임하는 일이 벌어졌다. 지난 9월 1일 후꾸다 총리의 사임 발표 이후 아직 차기 총리는 정해지지 않았다. 시간이 경과하고 정치적 상황이 급변하고 있지만 21세기 서두에 일본에서 벌어진 근본적인 문제들에 대한 나의 분석은 시간이 지나면서 더 분명하게 검증될 것이고 토오꾜오에서 현재 진행중인 혼란들을 이해하는 데 기여할 것이라고 확신한다. 일본이 겪는 고통은 정치적 위기에서 비롯된 것이 명백하지만 더 근본적인 원인은 전후(戰後) 형성된 일본인의 자기 정체성 혼란이다. 오늘날 일본인의 정체성은 미 군정기를 통해서 형성되었는데 이 시기 미 정부 당국은 일본인의 정체성을 매우 성공적으로 조작, 안내, 지도했다.

일본 정치의 특징은 두가지 역설로 설명할 수 있다. 첫째, 일본이 미국에 종속되기를 주장하는 사람들은 '내셔널리스트'라고 자칭하는

4

반면, 미국의 이익보다 일본의 이익을 우선시하는 사람들은 '비(非)일본인'이라고 여기는 경향이 있다는 점이다. 둘째, '보수적'이라는 단어가 헌법 개정을 포함하여 전후 일본사회를 재구성할 필요가 있다고 주장하는 사람들을 일컫는 데 사용되고 있다는 점이다. 이와 달리 전후 형성된 일본의 민주주의를 '지키려고 하는' 사람들은 진보주의 혹은 급진 좌파로 분류되고 있다. 변화를 주장하는 사람이 보수이고 변화에 저항하는 사람이 진보라고 하는 아이러니가 벌어지고 있는 것이다. 마치 이상한 나라의 앨리스가 경험하는 혼란처럼.

미국이 멀쩡한 한 국가를 완전히 파괴하고 그 인근 지역까지 송두리째 불안정하게 만드는—재앙에 가까운—불법 전쟁을 주도한 사실과, 자신은 전혀 규제받지 않은 채 독점적으로 누리는 자본주의의 월권을 난폭하게 사용함으로써 불과 20년 만에 세계경제를 가장 커다란 위기로 몰아넣었다는 사실에서 미국을 자신들의 모델로 여기고 있는 전술적 차원의 보수주의자와 경제전선에서의 보수주의자 모두 잠시 멈추고 성찰할 시간을 가져야 하는데 실제로는 그렇지 못한 듯하다.

'종속국가'론은 일본에만 독특한 것은 아니다. 그런데도 이 책이 출간된 뒤 사람들은 '종속국가'가 정확히 무엇을 의미하는지 내게 묻곤 했다. 내가 의미하는 '종속국가'란 지역적 독립과 주권이라는 형식을 갖추고 있으면서 식민지 혹은 꼭두각시 국가는 아니지만 자국의 이해보다 '타국'의 이해를 더 우선시하는 요구가 내장된 국가를 의미한다 (일본어 조꼬꾸(屬國)는 동아시아에 가장 근접한 개념으로 일본어판과 중국어판의 책 제목으로 사용되었다).

'종속주의'(Clientilism)는 반드시 비이성적일 필요는 없다. 단 하나의 초강대국에 의해 지배되는 시대에—마치 과거 제국주의 시대처럼—최강대국의 선호를 지켜주는 것은 때로는 약소국들의 안전을 가장 잘 보장해줄 수 있듯이 보이기 때문이다. 복종(종속)은 설득력을 갖기도 한다. 일본의 경우 장기간 지속된 냉전체제 동안 미국에 의존과 복종을 하는 댓가로 경제기적 같은 큰 이익을 챙길 수 있었다. 그러나 이 기간에 일본이 미국에 완전히 '종속국가' 관계를 맺은 것은 아니다. 왜냐하면 종속의 정도는 제한적이었고 미국이 강요한 헌법에 기본적으로 근거하고 있었기 때문이다. 그러나 이제 그런 시대는 끝났다. 미국은 일본에 원하는 바가 무엇인지 다시 정의했고, 이는 예전보다 훨씬 많은 것을 요구하는 것이었다. 구체적으로 말하자면 미국은 일본의 자위대가 더이상 보이스카우트(도널드 럼스펠드가 모욕적으로 불렀듯이)이기를 그만두고 '정상적인' 군대로 기능할 것을 주문하고 있다. 필요하다면 미군 대신에 미국의 입장에서 '테러와의 전쟁'을 수행하라는 것이다. 대체로 일본에 나름대로 전망이 괜찮았던 '종속국가'의 덕목들은 그 가치가 크게 반감되었다. 냉전기간 일본이 감당해야 했던 제약들과 제공해야 했던 부담들보다 훨씬 크고 무거운 짐을 짊어지게 되었고 그 비용 또한 크게 늘어났다. 이제 복종은 과거와 달리 설득력이 크게 줄어들었다.

21세기를 살아가고 있는 일본 정치인들은 '내셔널리스트'로 대부분 알려져 있다. 전 총리를 지낸 코이즈미와 아베가 그러하고 후꾸다가 그 뒤를 이어 이웃국가들과는 냉담하고 우유부단한 한 해를 보내야 했다. 어쩌면 후임으로 가장 유력하게 거론되는 아소 타로오 역시 마찬가지다. 미래의 총리들에게 가장 중요한 우선순위는 과거에도 그랬고 현재에도 그렇듯이 미래에도 마찬가지일 것이다. 바로 워싱턴을 기쁘게 하는 것이다. 지난 중의원 선거에서도 이 점에서는 큰 변화를 기대하기 어려웠다. 왜냐하면 최대 야당인 민주당은 실제로는 두번째 자민당이라고 부르는 것이 더 어울릴 만큼 유사하기 때문이다. 미국에 의존하고 미국을 기쁘게 하려는 점에서 차이가 없고 신자유주의를 추구하며 헌법을 수정하려고 하기 때문이다. 그들의 내셔널리즘은 모두 가짜 내셔널리즘에 불과하다는 것이 이 책이 내리고 있는 진단이다. 그들이 주장하는 '개혁'이란 신자유주의를 심화시키는 것일 뿐이다. 민주당의 전망은 자민당의 전망과 크게 다르지 않다. 이런 점이 바로 종속국가 일본의 미래이기도 하다.

리처드 아미티지(전 미국무성 차관), 토마스 쉬퍼(주일대사), 그리고 로버트 게이트(국방부 장관) 같은 관료들이 미국이 바라는 방향으로 갈 수 있도록 일본을 끌고 밀고 조작하고 꾸준히 자문역을 담당하면서 온갖 요구들을 했지만 일본의 시민사회는 이러한 미국의 요구를 우선순위로 받아들이거나 공유하지 않았다. 예컨대 이라크에 '깃발을 보여라' '군대를 파견하라', 해상자위대를 인도양으로 보내 배치하라, 사실상 미일방위조약을 수정하고 이를 위해 헌법을 명시적으로 개정하라 등이었다. 시민사회와 달리 국가관료들은 이를 서둘러 해결해야 할 숙제처럼 부담을 느끼고 있다. 과거와 단절할 수 있는 최선의 희망은 바로 시민사회에 놓여 있다. 이러는 가운데 정부는 계속해서 허둥대기만 하고 워싱턴을 위해서 봉사할 것인가 아니면 자국 국민들을 위해서 적어도 봉사하는 것처럼 보일 것인가를 두고 의견이 갈린다.

2007년 9월 물리적·정신적 붕괴를 명확하게 보여주면서 아베 총리가 사임했는데 이보다 더 명료하게 국가의 수준을 드러내준 것은 없다. 아베는 영광스럽고 아름다운 종속국가의 건설이라는 모순을 추구했다. 아울러 현재의 헌법이 미국의 강요로 만들어진 것이라고 비판하면서 헌법 수정을 주장했다. 그가 추진한 방향은 60년 전 미 군정기를 되풀이하듯 미국의 우선순위를 가장 앞세우는 것이었다. 일본의 정체성을 만드는 작업은 참으로 난처하고 염려되는 일이다. 왜냐하면 의존성과 단호함을 섞어내고 비위를 맞추기 위해 아양을 떨지만 명예롭고 영광된 것이어야 하므로 '의존적인 신도(神道)'라는 모순된 용어가 아니면 담아내기 어렵기 때문이다.

일본에 대한 나의 분석을 읽는 한국 독자라면 자연스럽게 다음과 같이 질문할지도 모른다. 한국과 일본은 무엇이 다르고 무엇이 같은가? 이 질문에 진지하게 답변하려면 또 한권의 책을 새로 써야 할지 모른다. 공통점에 대해서는 1945년 전후 일본과 한국의 국가가 시작되는 과정과 조건이 미국과의 관계맺기에서 이루어졌으며, 그러한 조건이 변화되지 않았다는 것을 언급하는 정도로 해두고자 한다. 반면에 한국은 1945년 해방이 되자 곧 분단되었으며 더 강경한 군정기를 맞이했고 '종속국가'를 강요당했으나 이어서 내전인 동시에 냉전시대 국제전이라 할 수 있는 한국전쟁이 일어났다. 분단 이후 한국에서는 독재에 저항하는 민주화운동이 일어나 1987년에 민주주의 혁명이라는 절정기를 맞이했다. 물론 1987년의 혁명은 미완성이었고 아직도 진행되고 있다. 그럼에도 불구하고 그러한 과정은 국가와 시민사회의 관계에 결정적인 전환을 가져왔다. 반면에 일본은 초기 미군 점령과정이 '부드러웠고' '해방적'이었으며 상대적으로 적은 비용으로 특권과 이익을 보장해주는 미국과 동아시아 질서의 협력과정으로 다가갔다. 민주주의는 쉽게 정착되었지만 깊게 뿌리내리지는 못했다. 시민사회는 국가권력을 넘어서는 가능성을 거의 상상할 수 없었고 미국이 처방한 국가의 우선순위도 뒤집기는 어렵다고 생각되었다. 일본과 한국의 차이는 양국의 지도자가 미국 워싱턴을 방문할 때 상징적으로 드러난다. 일본의 총리들은 머리를 숙여가며 강의를 듣듯이 대화를 나누는 것이 특징이고 어떤 이슈에 대해서도 미국에 반대하는 입장을 표명하려고는 꿈도 꾸지 않는다. 반면에 적어도 2007년까지 한국은 미국 대통령 앞에서 강의하듯이 말하는 것을 서슴지 않았다. 그리고 한국의 우선순위를 강하게 주장했다.

조만간 새로운 시대가 동아시아에서 시작될 것이다. 중국이 그 중심 역할을 맡으리라는 것이 하루가 갈수록 선명해지고 있다. 북한문제를 둘러싸고 뻬이징에서 열리고 있는 6자회담은 어떤 의미에서 뻬이징 중심의 동아시아 미래를 보여주고 있는지도 모른다. 그리고 미국과의 특별한 관계를 위해 그동안 많은 것을 워싱턴에 바쳐왔기 때문에 워싱턴이 토오꾜오를 버리고 뻬이징과 관계를 맺을 것이라는 위험성에 대해 '종속국가' 일본의 관료들은 아무런 자각도 하지 못하고 있다. 그러나 시민사회가 약 200년에 걸쳐 오래된 지구촌 민주주의 혁명을 지속해내고 점차로 이 지역의 모든 국가들에서 나름의 참신한 우선순위를 부여해갈 수 있다면 보다 장기적 차원에서 중대한 변화가 일어날 것이다. 이러한 과정이 진행된다면, 한국의 민주화는 현재의 잠정적인 퇴행을 극복하고 민주주의 혁명을 회복할 것이 틀림없으며 방향을 잡아내고 계기를 만들어낼 것이다. 마치 한류가 이미 문화적 현상으로 징조를 보여주었듯이 시민사회의 에너지를 동쪽으로는 일본에, 남쪽으로 중국에 전달하면서 새로운 변화를 창출할 것이다.

2008년 9월
개번 매코맥

일본은 미국의 종속국가인가

많은 일본인들은 일본이 세계 제2위의 경제대국일 뿐 아니라 적어도 자신은 하위층이 아니라 중산층 정도는 된다고 생각한다. 그러나 일본경제는 지속적으로 하강하고 있다. 국내총생산(GDP)은 과거 20여년 만에 처음으로 세계총생산의 10% 이하로 떨어졌으며 1인당 GDP는 경제협력개발기구(OECD) 국가 가운데 고작 18위에 불과하다.[1] 가진 자와 못 가진 자 그리고 승자와 패자의 격차는 크게 벌어지고 있다. 선진국 가운데 일본만큼 심각한 빈곤문제를 안고 있는 나라는 이제 미국밖에 없다. 생활보호 대상 가정이 100만 세대를 넘어서고 있지만—생활보호를 받을 자격이 있음에도 불구하고—행정기관으로부터 거부당하는 경우가 오히려 더 많다.[2] 안정된 일자리가 격감하고 노동자의 3분의 1은 디킨스와 맑스가 묘사했던 자본주의 초기의 암흑시대에 노동자가 겪었던 빈곤과 착취에 시달리고 있다. 국민건강보험의 보험료를 지불할 수 없어 실질적으로 무보험상태에 있는 사람들이 약 1000만이나 된다.[3] 고령화가 가속화되고 출산율이 떨어지면서 국력은 나날이 쇠퇴해가고 있다. 동아시아에서뿐 아니라 세계에서도 일본의 존재감은 점차 희박해져가고 있다. 어쩌다 이런 지경에 이르렀을까. 근면하고 교육수준도 높은 일본국민들이 여태 손도 쓰지 못했다는 사실이 오히려 불가사의할 정도다.

　전환점은 '개혁'을 외쳤던 2001년부터 2007년까지 정권을 잡았던 코이즈미와 아베, 두 총리의 시대였다. 여기에는 이론의 여지가 거의 없다. 코이즈미 준이찌로오(小泉純一郎)의 '개혁'과 그 영향은 19세기 후반 일본이 봉건제에서 근대국가로 전환하던 메이지유신(明治維新), 그리고 20세기 중엽 패전 이후 군사주의를 우선시하는 전체주의 국가에서 자본주의를 전제로 한 민주국가로의 변모라는 대전환의 시기에 필적한다. 코이즈미는 집권여당인 자신의 자민당을 때려부술 각오로 개혁을 외침으로써 정권을 손에 넣었다. 그리고 취임 4년 후에는 개혁이란 우정국을 민영화하지 않고는 불가능하다고 유권자를 설득하여 총선에서 승리하고 이른바 '개혁정권'의 기초를 공고히 했다. 코이즈미의 뒤를 이은 아베 신조오(安倍晋三)는 '전후레짐(戰後 regime)으로부터의 탈각'을 슬로건으로 내걸고 '진정한 독립'을 회복하는 것이야말로 자신의 사명임을 분명히했다. 코이즈미-아베의 '개혁'이란 1970년대 타나까 카꾸에이(田中角榮) 총리가 만들기 시작해서 그뒤 줄곧 강화해온 '일본형' 토건국가를 해체하고 대신 '미국형' 신자유주의·민영화·규제완화를 도입하여 자유경쟁을 전제로 하는 자본주의를 추진해, 안보문제(미일안보동맹)·헌법문제(헌법 개정)·교육문제(교육기본법 개정)라는 세가지 기본법의 변화를 정책목표로 삼았다. 그런데 7년 이상 수행해온 '개혁' 바로 그것이 일본을 심각한 경제적 곤경에 빠트린 것이다.

　무엇이 문제였을까? 이 물음에 나름의 답을 내놓고자 한 것이 이 책이다. 해외에서는 보통 코이즈미—아베 정권하에서 일본이 과도한 대미의존도를 낮추고 경직된 관료주의를 벗어나 규제가 없는 자유롭고 정상적인 국가(normalcy)로 조금씩 나아가는 것으로 받아들여졌다. 그래서 일본이 현재 안고 있는 여러 문제들은 '개혁'이 아직 충분히 실행되지 않았기 때문이라고 본다.

　2007년에 일본 정치와 관련해 출간된 영문서적 가운데 주요한 저서가 3권이 있는데, 이들 저자들은 모두 기본적으로 '개혁'을 긍정적으로 바라보고 있다. 마이클 그린(Michael Green)은 '내키지 않는 현실주의'라는 용어를 일본사회에 적용하고 있다. 케네스 파일(Kenneth Pyle)은 일본이 독자적인 '가치관·전통·행동양식'을 추구하려 한다고 진단한다. 리처드 쌔뮤얼스(Richard Samuels)는 일본의 안전보장정책이 대미일변도였던 과거 경향에서 벗어나 미국과 중국에 대해 '너무 뜨겁지도 지나치게 차갑지도 않은' 적당한 거리를 확보하여 새로운 안보컨쎈써스를 형성하고 아시아·태평양 지역에서 지나치게 크지도(자만하거나) 작지도(비굴하지도) 않은 태도를 취하고 있다고 높이 평가한다.[4]

　그러나 본서는 이러한 입장들과 거리가 멀다. 오히려 코이즈미—아베 두 정권의 특징은 대미의존도를 높이고 책임을 회피하는 것이라고 생각한다. 그간 미일관계의 핵심에는 냉전기에 워싱턴에 의해 길들여진 일본의 대미종속구조가 있었다. 그러나 코이즈미—아베의 '개혁'은 오래 지속된 대미의존이 관성화되어 반(半)독립국·반(半)주권국이 되어버린 일본의 종속을 질적으로 심화시킴으로써 완전한 '종속국가'(client state)로 전환시키고 있는 것이다. 이들의 '개혁'은 일본 고유의 '가치관·전통·행동양식'을 추구하는 것과는 거리가 멀 뿐 아니라 도리어 이를 버리고 미국의 처방전에 따라 행동하려는 것이다. 코이즈미와 아베는 헌신적으로 부시의 세계체제를 지지하고 미국식 신자유주의체제를 적극 받아들였지만 그 결과 미일 양국 모두 신용도가 급락하고 있다.

본서의 제목인 '종속국가'라는 말은 고또오다 마사하루(後藤田正晴) 전 관방장관의 발언에서 차용한 것이다. 고또오다는1970년대부터 80년대에 걸쳐 정권의 핵심에 있었다. 그는 사망하기 전 해인 2003년에 일본은 미국의 속국 ── 영어로는 가신국가(vassal state) 또는 의존국가(dependency state)로 번역할 수도 있지만 나는 종속국가라고 쓰기로 한다 ── 에 지나지 않는다고 발언했다. 다른 저명한 보수정치가도 일본이 이미 '미국 50여개 주 가운데 하나'에 불과하다고 비판하거나 일본의 보수주의가 '어떤 경우든지 미국을 전폭 지지한다'[5]는 이데올로기로 '타락해버렸다' 등의 자조적인 논평을 해왔다. 일본 밖, 해외에서는 이러한 발언들을 좀처럼 듣기 어렵다. 일본정부 비판은 혁신파 혹은 급진파의 몫으로 여기는 고정관념이 있지만 최근에는 고또오다 같은 보수정치인들도 이러한 비판의 목소리를 내고 있어 흥미롭다. 이들은 코이즈미와 아베 정권이 냉전기 이래 일본의 국가구조를 근본적으로 해체 혹은 비판하려 한다고 생각하며 (코이즈미-아베가 만들고자 하는) '종속국가'란 절대 보수의 의제가 아니라고 단언한다.

이러한 관점에서 코이즈미-아베 두 총리는 이름만 보수일 뿐, 전후 가장 급진적인 정치가들로 볼 수도 있다. 두 총리의 지도력 아래 자민당은 어느새 보수당이 아닌 정당이 되어버렸다. 본래의 보수정치가는 찬밥신세가 되거나, 권좌에서 밀려나거나, 자객에게 암살당하거나, 숙청당하는 꼴이 되었다. 쿄오또(京都)대학의 사에끼 케이시(佐伯啓思) 교수는 '자민당에는 이제 더이상 보수이념이 존재하지 않는다'[6]라고 까지 말했다.

현재 일본이 경험하고 있는 위기는 정부의 정책 부재 때문만이 아니라 이미 60년 전 미군정 시절 미국에 의해 형성된 정체성에서 비롯한다는 점을 강조하고 싶다. 당시 일본은 모든 것이 미국의 지배하에 있다는 사실을 일상적으로 의식할 수밖에 없는 고통스럽고 쓰디쓴 약을 삼켜야 했다. 이때 이를 달랠 수 있는 달콤한 사탕 역할을 한 것이 자신들은 천황을 받아들인 특별한 나라의 국민이라는 의식이었으며 이것이 일본의 정체성과 통합성을 유지하는 사상으로 작동했다. 더글러스 매카서(Douglas MaeArthur) 점령군 사령관에게는 일본 점령과 재건이라는 목표를 효과적으로 달성하기 위해서 일본이 미국의 종속국가라는 사실과 더불어 일본인의 독특한 정체성을 확인시켜주는 천황제 두가지 모두 필요했던 것이다.(1, 2장 참조)

천황을 중심으로 한 정체성은 냉전기에는 눈에 띄지 않았다. 그러나 충분히 먹고살 만큼 경제가 발전하고 뚜렷한 적(敵)이 없어진 탈냉전시대에는 천황제야말로 일본을 일본답게 하는 독특하고 독자적이며 매력적인 것으로 다가왔다. 사실, 2001년에서 2007년에 이르는 코이즈미-아베 내각의 관료 대부분은 전쟁 이전 및 전쟁중인 일본에서 자신들의 이상을 찾고자 했다. 이들은 대부분 '올바른 역사를 전하는 국회의원연맹', '밝은 일본 국회의원연맹', '일본의 장래와 역사교육을 생각하는 의원모임', 신도정치연맹(神道政治連盟) 등의 단체에 소속되어 있다. 2000년 1월 당시 모리 요시로오(森喜郎) 총리가 일본은 '천황을 중심으로 한 신의 나라'라고 발언해서 물의를 일으킨 적이 있다. 이 발언에는 보수정치인들의 속내가 극단적으로 드러나 있다. 그리고 이러한 속내는 1930년대에서 40년대에 걸쳐 일본을 비참한 전쟁터로 끌고 갔던 당시의 지도자들과 조금도 다르지 않다.[7] 미국에의 종속·통합을 한층 가속화해가면서 '극동의 영국'이 되고자 최대한 노력했던 코이즈미-아베 내각은 일본내에서는 줄곧 내셔널리스트로서의 입장을 취해왔지만 이는 겉치레에 불과했다 해도 지나치지 않다.

냉전기에 일본인들은 자신의 나라를 냉전국가로 받아들이기는 했지만 이는 매우 제한적이고 수동적인 것이었다. 왜냐하면 일본의 냉전은 미국이 주도하는 반공주의의 지휘 아래 형성되었고 그 유산을 이어받고 있기 때문이다. 그래서 일본은 미국의 안전보장과 외교에 종속되었을 뿐 아니라 미군이 오끼나와를 완전히 지배하여 자유롭게 사용하는 것까지 허용했다. 그에 따라 오끼나와는 '전쟁국가'(war state)로 기능하고 본토는 '평화국가'(peace state)로 자리잡는, 일국 내에서 전쟁과 평화가 대칭되는 결과를 낳았다. 비록 국가의 일부(오끼나와 등)가 잘려나가고 미국에 종속되는 형국이었음에도 일본은 일정한 자치권을 가지고 있었다. 또한 냉전기간에 분단을 경험하지 않고 경제발전에 전념할 수 있었다. 따라서 이러한 상태만으로 일본을 종속국가라고 이야기하기는 쉽지 않다.

그러나 부시정권의 입장에서 볼 때 이 정도의 일체화로는 충분하지 않았다. 보수파 싱크탱크인 '아메리카 신세기프로젝트'(PNAC)가 실제로 부시정권에 깊숙이 영향을 미치기 시작하면서 일본에 대한 미국의 요구는 급증하기 시작했다. PNAC에서 리처드 아미티지(Richard Armitage)가 중심이 되어 작성한 이른바 「아미티지 보고서」는 '성숙한' 미일동맹의 실현을 요구했다. 코이즈미 총리는 이에 답하기 위해 전력을 다했다. 부시정권 초기에 아미티지의 역할은 일본을 통치하는 총독과 다를 바 없었다. 아미티지는 일본정부에 압력을 가하거나 일본정부가 나아가야 할 방향을 구체적으로 적어 서면으로 요구하는 등 자신들이 원하는 쪽으로 일본을 끌고 나갔다. 아미티지는 이 방면에서 오랫동안 매우 성공적으로 임무를 수행했다. 일본은 관객이 아니라 운동장에서 공을 던지고 받는 선수로 등장했고 이미 이라크로 파병될 자위대가 군화끈을 조여매기 시작하고 있었다. 펜타곤의 미군재편계획에 동의하면서 일본은 미영동맹[6] 수준의 위상을 가지게 되었다.(4장 참조)

2006년에 아미티지는 당시까지의 일본의 노력에 만족하여 높이 평가했지만 2007년 2월에는 2020년까지의 외교 목표를 적은 새로운 보고서를 작성했고 미일동맹의 다음 의제를 제시했다. 그 내용은 ① 더욱 강력한 일본정부를 만들어갈 것 ② 헌법을 개정할 것(아미티지를 비롯하여 일본의 고위관료들이 거듭 요구해온 사항) ③ 자위대 해외 파병을 가능케 하는 항구법을 만들 것 ④ 군사예산과 주일미군을 위한 '배려 예산'을 증액할 것 ⑤ 국제분쟁을 해결하는 수단으로서 무력행사에 대한 지지를 명확히 할 것 등을 담고 있다.[9]

코이즈미와 아베는 워싱턴의 요구에 전면적으로 협력하여 그들의 주인인 미국정부를 기쁘게 하는 것은 물론 사회·경제 '개혁'을 위한 정책들도 집행해왔다. 워싱턴은 10년 이상 일본 사회·경제체제의 폐쇄성을 지적하면서 미일관계에서 이로 인한 '불이익'을 당하지 않으려고 많은 요구를 해왔다. 예컨대 일본의 예산과 세금제도, 나아가 노동시간까지 거론하면서 신자유주의 개혁을 강요했다. 그리고 코이즈미와 아베는 미국이 지적한 이러한 '구조적 장벽'을 철폐하기 위해 노력해왔다. 그 과정에서 일본사회에서 두껍게 형성되어 있던 중산층이 해체되고 계급격차가 뚜렷해지면서 사회 전체가 급속히 미국화되기 시작했다.

타나까에게서 완성되고 그 후계자들이 계승해온 '오래된' 자민당이 관료적이며 온정적이고 공모적이라는 점에 대해서는 누구나 동의한다. 또한 연줄을 우선시하여 발생하는 부패사건이 일어나게 마련인 체제라는 것에도 이론이 없다. 집권여당인 자민당의 체질을 개선하지 않는 한 국가재정이 파탄나고 각 지역 환경이 파괴되는 등 악순환이 이어질 수밖에 없기 때문에 정책전환이 필요한 것은 사실이다. 하지만 코이즈미와 아베가 추구해온 전환은 커다란 문제점을 내포하고 있었다.

미 군정기에 매카서 장군은 헌법과 행정기구에 이르기까지 모든 분야에 걸쳐 세밀한 지시를 내렸다. 그로부터 60년이 지난 지금까지 부시정권의 고위층은 코이즈미와 아베를 자신들의 아랫사람으로 여기는 경향이 있다. 그런데도 일본은 헌법을 개정하라든가 기본법을 바꾸라든가 하는 내정간섭을 일삼는 그들을 '친일세력'으로 보려고 한다. 주권을 포기하는 듯한 이러한 태도를 보이는 이유는 바로 일본인들이 종속국가의 사고방식을 갖고 있기 때문이다.

신안보구상은 2005년 11월과 이듬해 5월에 일본과 미국이 체결한 주일미군재편합의에서 명확히 표현되었다(4장 참조). 이 합의에서 일본은 사실상 미국의 종속국가가 되고 미군의 세계전략의 일부로서 세계 반테러전쟁(GWOT: the Global War on Terror)에 몰입하게 되었다. 그 핵심은 '상호운용성'과 '통합운영체제'이다.

미국은 자신이 원하는 방향으로 일본을 조금씩 변화시키다가 90년 대에 들어 이러한 태도를 노골적으로 드러냈다. 일본을 사실상의 종속국가로 만드는 데 가장 큰 걸림돌은 일본의 평화헌법이었다. 미국이 일본에 서너차례에 걸쳐 문서를 통해 헌법 개정을 요구한 것은 그 때문이다. 그래서 코이즈미와 아베 정권은 '평화국가' 일본을 (전쟁을 할 수 있는) '보통국가' 일본으로 바꾸려는 방침을 확고히했다. 이렇게 되면 자위대가 '방위성'을 인정하는 신헌법 아래 '자위군'이 되어, '국가안전보장회의'의 지휘를 받아 해외파병항구법에 기초한 '정규군'으로 파병할 수 있게 된다(6장 참조).

한편으로 신도(神道)의 가치관을 지키는 내셔널리스트이지만 다른 한편으로는 워싱턴을 기쁘게 하기 위해 충성을 바치는 두 얼굴의 지도자 밑에서 21세기 일본정부의 정체성은 난삽하게 찢기고 말았다. 미국의 요구에 응하려 하면 할수록 국내에서는 국가(國歌)와 국기(國旗)에 관련된 의식을 강조하고, 자랑스럽고도 '올바른' 역사관을 추구하며, 국가정체성의 중심에 야스꾸니신사(靖國神社)를 놓을 수밖에 없기 때문이다.

특히 아베는 '아름다운 국가'를 키워드로 삼아 국가를 사랑받을 수밖에 없는 존재로 부각시켰다. 미따라이 후지오(御手洗富士夫) 일본경제단체연합회 회장은 한걸음 더 나아가 노동자는 국가와 함께 회사를 사랑하지 않으면 안된다고 덧붙였다. 국가와 기업이 같은 목표를 주장하는 국가는 현대자본주의 사회에서 매우 보기 드문 일이다. 21세기 초반에 국가와 기업을 함께 사랑하자고 국민에게 요구하는 것[10]은——의미는 정반대일 수도 있지만——이웃국가 북한밖에 없지 않을까.

일본의 역사와 전통에 결점이 없다고 강조하기는 무리이다. 그렇다면 이미 60년 전에 점령군 미국에 의해 이식된 전후체제를 부정해야 하기 때문이다. 아베가 이러한 논리에 편승하여 '전후레짐으로부터 탈각'을 국민에게 호소했을 때, 미국이 당황하는 기색을 감추지 않은 것도 놀랄 일이 아니다. 일본의 '독립과 회복'을 주창하는 아베의 정치적 목표를 문자 그대로 받아들이면 미국과의 관계를 전면 재구성해야 하기 때문이다(나는 그렇게 되기를 기대하지만). 그런데 아베는 "'전후레짐으로부터 탈각'을 말하면서도 전후 가장 중대한 기본틀에 해당하는 미국과의 관계를 바꿀 계획은 전혀 없다. 오히려 군사적 협력을 강조하고 있다."(『世界』 2007年 12月) 또한 아베의 '가치관 외교'는 민주주의, 인권, 법치라는 기본가치를 공유하자는 것이지만 이웃국가들의 감정에 역행하고 있다. 아베는 이웃국가들의 의사를 애써 무시하며 민주주의의 기본제도로 기능해왔던 교육기본법과 헌법을 개정하겠다고 공언해왔다. 그러던 가운데 2007년 7월 미 하원은 일본이 그토록 부정해왔던 종군위안부 문제에 대해 일본정부에 역사적 책임을 인정하고 공식 사죄할 것을 요구하는 결의를 통과시켰다. 미국으로서도 상당히 예외적인 조치였다. 미일관계에서 이러한 모순이 없었다고 하기는 어렵지만 냉전체제 이후 비교적 원만했던 역사적 흐름에서 미 하원의 결의는 거대한 빙산처럼 우뚝 떠올랐다.

그럼에도 미국과 일본은 '종속국가' 안에서 양국의 관계가 전례 없이 친밀하다고 이구동성으로 말하고 있다. 그러나 이 친밀감이란 일본이 미국의 세계구상에 맹종하고 달러와 전쟁을 지원하는 것을 의미할 뿐, 일본이 미국의 정책에 영향을 줄 수 있음을 의미하지 않는다. 대부분 일방적인 미국의 요구들이다. 예를 들면 인도양에 급유활동을 재개한다든지, 주일미군 유지비를 상향 조정한다든지, 방위예산을 증액한다든지, 필요한 경우에 자위대를 해외에 파견할 수 있도록 입법조치를 한다든지 따위이다. 미국의 고위관료들은 물론 이런 조치들이 일본의 결정에 달려 있다고 나름대로 주의깊게 이야기한다. 그러나 미일간 정책결정 과정의 가면이 벗겨지고 그 속이 드러나는 경우도 있다. 일례로 로버트 게이츠(Robert Gates) 국방장관은 미국의 요구를 따르지 않을 경우 일본의 유엔 안보리 상임이사국 진출 지지를 철회하겠다고 시사한 바 있다.[11] 또한 오자와 이찌로오(小澤一郎) 민주당 대표가 자위대의 인도양 급유활동 연장에 반대했을 때는 마이클 그린 전 국가안보회의 아시아 담당 선임국장과 커트 캠벨(Curt Campbell) 전 국방차관보가 『아사히신문(朝日新聞)』에 기고하여 오자와의 반대는 미일동맹에 손상을 입히는 행위라고 비난한 적도 있다.[12]

일본을 종속국가로 대하면서 자신이 원하는 것을 마음대로 요구하는 미국에 아베정권이 모든 것을 갖다바치려 한다면 일본이라는 국가는 점점 더 모순 속에서 허우적거리며 수렁에 빠지고 말 것이다. 결국 자위대 급유부대의 인도양 파견을 부시에게 약속했던 아베는 이 안건이 의회를 통과하지 못하자 돌연 총리직을 사임하고 말았다.

2007년말 아베 사임 후, 후꾸다 야스오(福田康夫)가 총리로 취임했다. 2007년 7월 7일 참의원선거에서 자민당이 대패했기 때문에 그의 행보는 신중할 수 밖에 없었다. 지금까지 코이즈미와 아베가 취해온 신자유주의 정책기조를 크게 변경할 것인가, 아니면 일시적인 변화를 추구할 것인가. 그런데 후꾸다 내각은 아베 내각에서 2명을 제외한 나머지 15명의 장관을 유임시켜 내각의 얼굴을 거의 그대로 유지했다. 이 자체가 이미 코이즈미와 아베 전 총리와의 인연을 단절하고 변화를 도모하기가 대단히 어렵다는 것을 반영하는 것이었다. 후꾸다는 헌법 개정에 신중했고 일본의 국익을 직접 드러내지 않고 중국과 한국에 온건한 자세를 취했다. 또한 북한과의 국교정상화를 우선시하여 납치문제를 뒤로 미룰 가능성도 있다. 이러한 후꾸다 총리의 기조에 매우 곤혹스러워하는 일본 우파들, 특히 네오내셔널리스트들은 이제 시련에 찬 '겨울'이 찾아올지 모른다며 경계를 늦추지 않고 있다. 물론 이러한 압력도 작용했겠지만 후꾸다는 일본이라는 국가, 곧 종속국가의 틀을 규정하는 근본 문제들을 재검토하고 이에 도전하는 난제들에 정면으로 맞서려는 자세를 전혀 보이지 않았다. 그렇게 취임 후 몇개월이 지났고 일시적으로 지지율이 올랐지만, 그것은 후꾸다정권이 무엇을 할 수 있을 것이라는 기대감이 아니라 아베정권이 물러갔다는 안도감에서 비롯된 것이다.

2007년 참의원선거에서는 대미협력 강화, 역사 재검토, 아름다운 국가와 애국심이라는 신자유주의적 정책을 내건 자민당의 아베보다 연금과 복지, 커지는 임금격차에 우선순위를 둔 민주당 오자와 당수의 슬로건이 유권자의 마음을 얻은 듯했다. 또한 단기적으로나마 민주당의 정치전략이 일본의 외교정책에 상당한 영향을 미칠 것이라고 기대됐다. 왜냐하면 그들이 내건 외교 관련 정책은——지금까지의 미일안보동맹의 흐름과는 달리——해상자위대 급유부대의 인도양 파견을 반대하는 것이고——미국이 아니라——유엔을 중심에 두었기 때문이다.

이는 전후 최초는 아니지만 근래 수년간 처음 있는 일로 향후 일본의 외교향방을 근본적으로 검토하는 논쟁이 일어날 수 있다고 보였다. 후꾸다 총리 자신도 이러한 논쟁에 동요되어 테러대책특별조치법을 연장하지 않는 데 동의할지 모른다고 전해지기도 했다. 하지만 미국의 강한 압력이 밀려온 뒤로 시간이 경과하면서 후꾸다는 전임 총리들의 입장으로 돌아가버렸고 오자와 대표는 자민당과 민주당의 거대연립 교섭에서 사표를 내밀었다가 거두어들이는 등 정치게임을 하다가 신뢰를 잃었다. 이러는 과정에서 2008년 1월 11일 테러대책특별조치법이 국회를 통과해 인도양에서 해상자위대의 급유활동이 재개되었다.

거대연립과 관련된 일화에서 나타난 사실은 후꾸다정권의 정치적 자세가 전임자들과 크게 다르지 않다는 것이다. 워싱턴에 충성, 군사협력, 미사일 방위, 신자유주의에 입각한 경제'개혁'은 이후에도 변함없이 추진될 것이다. 신자유주의 정책의 실시에 동반되는 사회적 비용—특히 절망적인 상황에 빠진 젊은 일일고용직 파견노동자와 실업자들—에 대처하는 정책들이 나올 가능성은 있지만, 후꾸다정권이 신자유주의 이데올로기 자체에 도전할 만큼의 기백이 있어 보이진 않는다. 코이즈미-아베가 추구한 국가의 모순이 그대로 남아 있는 한, 헌법에 명기된 주권자인 일본국민 스스로 자신의 미래를 선택하고 정치를 바꿔낼 때까지 일본의 모순은 주기적으로 나타날 것임에 틀림없다.

차례

| 1장 |

영원한 12살?

일본은 세계 2위의 경제대국이다. GDP로 보면 영국과 프랑스를 합친 것보다 더 크고 중국의 2배에 달한다. 그럼에도 불구하고 국민들은 불안해하고 그다지 행복을 느끼지 못한다. 많은 일본 시민들은 자신들의 생활이 10년 전보다 못할 뿐 아니라 앞으로 더 나빠질 것이고, 사회적 불만의 지표들도 증가할 것이라고 생각한다. 일본은 또한 세상에서 가장 지속적이고 맹목적이라 할 만큼 미국과 너그러운 동맹관계를 유지하고 있는 나라이며 국제원조에서 최대의 기부자이기도 하다. 그럼에도 외교적으로는 초라한 모습이다. 워싱턴과 가까워졌다고는 하지만 여전히 일본의 의견은 거의 받아들여지지 않거나 국제사회에서 별 관심을 모으지 못하고 있다. 게다가 주변국가들과는 역사, 영토, 책임성 그리고 자원 등의 문제에서 갈등을 빚고 있다.

일본은 수십년의 냉전기 동안 국위(國威)를 망각하고 민족적 정체성과 자긍심마저 제쳐둔 채 오직 세계시장에 우수한 상품을 내놓는

데 몰두함으로써 경제대국이 되었다. 일본은 자국의 방위와 외교 정책을 사실상 미국에 양도하여 그 댓가로 '자유세계' 안에서 기술, 자본 그리고 시장에 접근할 수 있는 특권과 발생기에 있는 자국 산업을 보호할 권리를 얻었다. 1980년대 후반까지 양국의 관계는 매우 순조로웠다. 일본의 부(富)는 몇배로 늘어났고 경제대국 1위가 될 수 있다는 전망에 가슴 벅차했으며 실제로 거의 '넘버원'에 다가가고 있었다.

그러나 1990년대, 일본은 밖이 아니라 안의 문제에 눈을 돌려야 했다. 거품경제가 폭발하고 부는 블랙홀에 빠져들 듯이 꺼져버리기 시작했다. 부패는 극적인 지경에 다다라 정부와 기업의 신뢰를 잠식했다. 일본은 막대한 디플레이션으로 물질적 부의 상당부분을 상실했다. 뿐만 아니라 세계가 본받을 만한 발전모델이라는 지위를 잃어버렸고, 지역의 주요한 이슈나 세계적 관심영역에서 한발 물러나면서 정책문제에서도 미국에 양보를 강요당하는 굴욕을 경험했다. 지난 2001~07년 코이즈미와 뒤이은 아베의 집권기에 일본은 새로운 길을 모색했다. 그러는 가운데 1945년 전후체제의 기본 원칙들을 재고찰하지 않을 수 없었다.

미국의 실질적인 일본 점령기(1945~52)에 매카서 장군은 다음과 같이 말한 바 있다. "현대문명의 기준으로 보자면, 우리가 45살의 어른에 해당한다면 그들[일본]은 이제 12살의 어린이에 불과하다."[1] 이러한 가부장적 시각은 돌이켜보면 일찍이 1942년에 에드윈 라이샤우어(Edwin Reischauer)가 미 국무성에 조언하면서 "과거 만주국에서 중국의 마지막 황제 푸이(溥儀)가 일본을 위해 그랬듯이, 전쟁이 끝나면 일본 천황은 엄청난 권위를 유지하면서도 온전히 미국 편에 서서 협력하며 임무를 수행하는 꼭두각시 역할을 하게 될 것"이라고 언급한 바

있다.[2]

미국이 일본에 대해 다른 아시아 국가들과 근본적으로 다를 뿐 아니라 독특한 민족적 특성을 지닌다고 강조하는 한편, 일본이 동아시아 공동체에 개입하려는 데에 암묵적으로 반대하는 것은 점령기에 시작된 대일정책의 기조에서 비롯된다.[3] 미국은 사실상 전범(戰犯)으로 기소된 자에게 면죄부를 주고 군주의 지위를 유지토록 함으로써 천황이 일본을 보수적이며 친미적인 국가로 유지할 수 있는 상황을 조성했던 것이다. 곧 전범으로 몰아 처벌하는 것이 아니라 텅 빈 국가의 중심에 영향력이 큰 천황을 두고 그에게 새 역할을 주어 협력하도록 만드는 것이야말로 미국의 국익에 최선이었던 것이다. 전후 정치적 민주주의의 형식적 기제와 기구가 형성되는 과정에서 이른바 주권재민의 원리는 천황이라는 균형추에 의해 제한받았다. 바로 이 점에서 당시 매카서는 보수질서의 고정핀으로서 '토오꾜오의 미국인'인 천황의 존재를 정확히 꿰뚫어보았던 것이다.

히로히또 천황을 미국의 푸이로 만들라는 라이샤워의 제안은 돌이켜보면 상궤를 벗어나 보이기도 하지만 곧바로 정책으로 이어지지는 않았다. 그럼에도 '구조적 의존성'(structured dependence)을 높이려는 기조는 더 깊숙이 자리잡았고 영구화되었다. 결국 라이샤워의 제안은 오늘에 이르러 성취된 셈이다. 일본은 미국의 종속국가가 되었으며 심지어 '꼭두각시 국가'(puppet state)라고 불리기조차 한다. 이러한 평가는 최근까지는 극좌파의 시각으로 이해되어왔으나, 오늘날 일본의 저명한 보수정치인이나 학자 그리고 관료까지 이에 동조하면서 국가의 급격한 변화에 우려를 표명하고 있다.

2003년 당시 자민당의 정무조사회장 대리를 지냈던 큐우마 후미오(久間章生)는 급박한 이라크전에 대한 일본의 입장을 묻자 "나는 일본에 선택의 여지가 없다고 생각한다. 일본은 **미국의 또하나의 주(州)나 다름없다**"[4]라고 대답한 바 있다. 큐우마는 그뒤 2006년 9월 아베정권이 출범하면서 방위청장으로 임명되었고, 방위청이 방위성으로 승격된 뒤에는 방위장관이 되었다.[5] 또다른 저명한 보수정치인 고또오다는 자국의 안전문제를 미국에 완전히 맡겨버린 일본은 종속국가 혹은 종복국가(lackey state), 가신국가가 되어버렸다고 신랄하게 비판하는 글[6]을 썼다. 당시 여든을 넘겼던 그는 얼마 뒤 사망했다. 1990년대 세계 통화시장에서 막강한 영향력을 행사하면서 '미스터 엔'(Mr. Yen)으로 알려진 사까끼바라 에이스께(榊原英資)는 어떠한 상황에서도 미국을 추종하는 태도를 버리지 않는 일본을 '부패한 관념적 보수주의'라고 묘사한 바 있다.[7] 정치평론가인 모리따 미노루(森田實)는 "북한을 두려워하는 일본 정치인들은 일본이 미국의 또하나의 주(州)가 되기를 원하며 (…) 국가의 안전을 위해서라도 실질적으로 미국의 일부가 되기를 바란다"고 언급한 바 있다.[8]

60년 전 미국의 지침에 따라 일본이라는 국가의 토대를 만들었던 당시 관료들에게는 꼭 해결해야 할 핵심 사안이 있었다. 천황의 역할(이와 더불어 일본의 정체성), 군대의 역할, 아시아에서 일본의 역할 등이 그것이다. 이 문제들은 오늘날 다시 논쟁이 되고 있으며 뚜렷한 대안이 보이지 않는다. 이러한 사실은 60년 전의 해결책들이 만족스럽지 않았다는 것을 방증한다.

미일관계와 양립할 수 없는 요소인 일본제국 군대가 일단 해체되고 난 뒤에는 협력과 종속만이 그 자리를 메우고 있었다. 이런 와중에 당시 냉전체제하에서 상당한 재량권을 지녔던 경제관료들은 일종의 '개발형'(developmental) 혹은 '지도형'(guided) 자본주의를 창안하고 육성하는 데 성공했다. 경제관료들은 이 과정에서 내가 이전 책에서 '토건국가'(construction state) 현상으로 지적한 바 있는 핵심적인 메커니즘을 구성했다.[9]

코이즈미는 자신이 주창한 '개혁'이 규모와 중요성에서 19세기말 봉건제에서 근대로 이양했던 메이지유신의 변혁에, 그리고 20세기 중반 패전 후 군사주의에서 자본주의와 민주주의로의 전환에 버금간다고 역설한 바 있다.[10] 그의 계승자인 아베 역시 '전후레짐으로부터의 탈각'이라는 깃발 아래 헌법과 교육기본법 등의 핵심 가치와 제도를 재규정하려는 취지에서 내각을 구성했다.

코이즈미와 아베 전 총리가 내건 '개혁'은 비록 아래로부터가 아니라 위로부터 온 것지만 개혁이라기보다는 혁명으로 보일 만큼 원대한 목표를 내걸었다. 두 사람 모두 일반적으로 '보수'를 표방하는 정당(자민당)을 이끌고 있었지만 전후 60년 동안 근본적인 변화를 주창한 정치가들은 거의 없었다. 이미 세계 제2의 경제대국이고 아시아의 거인이 되어버린 일본을 놓고 보면 '개혁'이라는 그들의 의제는 큰 의미를 함축하고 있었다. 동아시아에서 60년은 한 사람의 인생주기에 해당하는데, 국가제도 역시 한 주기를 다해가고 있다는 생각이 불안감을 일으켜 그들의 주장이 쉽게 받아들여졌을 수도 있다.

특히 그들의 개혁은 일본 자체, 곧 정부를 비롯해 일본인이라는 정체성과 국가의 역할 그리고 전후 민주주의에 대한 인식의 변화를 지향하고 있었다. 두 전 총리는 경제기적을 낳고 사회에 일체감을 부여하며 지난날의 영광을 주도했던 '관료주도형 자본주의 발전국가' 자체를 해체하고자 했으며, 그 대신 규제완화와 민영화를 통해 미국식 신자유주의를 추구하는 '작은 국가'를 기획했다. 1970년대 총리를 지낸 타나까를 연상시키는 제도인 종신고용, 가족문화의 확대로서 기업문화, 평등교육 및 보편적 복지정책 등은 이제 개혁의 기치 아래 사라질 운명을 맞이했다. 결국 헌법적 평화국이자 외교적으로는 침묵을 지켜왔으며 미국과의 관계에서 냉전 의존적이던 일본은 이를 완전하고 종속적인 세계적 동맹으로 바꾸고 핵강대국을 추구하여 '극동의 영국'이 되려는 것이다. 코이즈미와 아베 전 총리는 신자유주의와 네오내셔널리즘의 융합이라는 처방을 내렸는데 이는 일본의 역할, 나아가 외교·헌법·군사적 태도에 중대한 의미를 지닌 것이었으며, 기업·가족·사회 영역과 일본인의 정체성에 대한 의식에도 큰 영향을 미쳤다.

그러나 새로운 정책이 실행 가능한가는 별개의 문제이다. 코이즈미와 아베의 일본은 시장 원리주의와 미국 헤게모니를 끌어안음으로써 이를 실천하려 했으나 그 둘은 모두 세계 각지에서 신뢰를 크게 잃어가고 있기 때문이다. 이들은 한편으로는 인원감축과 규제철폐 그리고 국영기업 민영화를 추진하고, 다른 한편으로는 미국의 이익을 우선시하는 온갖 노력을 경주하는 동시에 애국심, 사회적 책임 그리고 일본인이라는 정체성과 자부심을 강조함으로써 국가통합을 이루어내고자 했다. 과연 일본은 의존적인 태도와 독단(립)적인 태도를 양립시킬 수 있을까?

일본의 외교적·경제적·사회적 재구성은 미국의 청사진과 일치하며 미국의 이익에 도움이 되도록 설계되어 있기 때문에 이를 감추기 위해서라도 일본 입장에서는 민족주의가 필요하다. 세계제국 미국의 '종속국가' 또는 '가신국가'로서 협력하는 태도를 취하는 만큼 국내에서는 민족주의라는 제스처와 수사(修辭), 상징화가 필요해진 셈이다. 코이즈미 수상은 특히 이 부분에서 탁월한 능력을 보여주었다. 2006년 6월 30일 부시 대통령과 함께 엘비스 프레슬리 박물관이자 성지인 미국 테네시주 멤피스에 있는 그레이스랜드를 방문했을 때 그는 부시 앞에서 「아이 원트 유, 아이 니드 유, 아이 러브 유」(I want you, I need you, I love you)라는 노래를 불렀다. 굳이 수모라고 할 것도 없이 자발적이고 마음에서 우러나는 사랑의 노래를 연출했던 것이다. 그리고 한달 뒤 아시아 이웃국가들은 물론이고 히로히토 전 천황의 감정마저 무시하듯 재임중 마지막으로 야스꾸니신사를 참배했다. 미국에 대한 완전한 복종과 '일본식' 의례의 수용 그리고 아시아 이웃국가들에 대한 경멸이라는 조합은 코이즈미정권의 모순을 상징적으로 보여주고 있다.

이 책의 목적은 일본의 천황, 정체성, 군사(국방 및 핵), 대미·대아시아 관계 등의 문제에서 21세기초 코이즈미정권과 아베정권이 보여준 정책적 지향과 태도를 비판적으로 평가하는 것이다. 영어판 부제에 쓴 "embrace"(껴안다, 포용하다)라는 용어는 존 다우어(John Dower)가 1999년에 퓰리처상을 수상한 『패배를 끌어안고』(Embracing Defeat)라는 책의 제목에서 따온 것이다.[11] 그의 연구에 의하면 미국 점령기인 1945~52년에 일본을 무장해제하고 민주화하는 구상과 힘은 미국에 있었지만, 그 이면에서는 일본이 스스로 의제를 형성하고 주도권을 잡아가고 있었으며, 점차 미국보다는 자국의 우선순위를 내세웠다고 한다. 그래서 점령기 동안 실질적인 주체는 미국인이 아니라 일본인이었다는 것이다. 그러나 21세기초의 미일관계에 촛점을 두고 살펴본 결과, 일본이 패배를 수용하였음은 물론 미국의 보호에 대한 댓가로 자율성을 상당부분 희생하고 미국의 영향권에서 협력해왔음에도 미국은 지난 60여년에 걸쳐 주요한 그리고 결정적인 지배권을 유지했다는 사실이다. 더욱이 코이즈미-아베가 주창하는 '혁명'이란 실제로 일본에 남아 있는 주요한 자율성조차 미국에 내주고 세계제국 미국 안에서 지금까지보다 더 높은 수준의 굴종과 착취를 받아들이겠다는 것을 의미한다. 21세기초 일본이 선택한 포용은 점점 더 숨막히는 일이 되어가고 있다.

| **2장** |

의존적인 초강대국

부처님 손바닥 안에서 놀기

19세기 일본은 '탈아(脫亞)'를 선언했다. 자신들은 '일본인'이라는 독특하고 동질적인 민족, 곧 우주의 중심인 천황의 직접후손에 해당하는 유일한 민족임을 강조하면서 아시아로부터 결별하기로 결심한 것이다. 그뒤 일본은 잘 알려진 대로 '대동아공영권(大東亞共榮圈)'이라는 구상 아래 동아시아 공동체를 형성해가려고 했다. 그러나 이 프로젝트는 많은 신(神)들 가운데 오직 일본의 신만을 인정하고 여기에 절대적인 지위를 부여함으로써 다른 아시아 민중에게서 어떠한 신뢰도 얻지 못했다. 토오조오 히데끼(東條英機) 전 총리는 1948년 12월 전범으로 처형되기 전날 밤, "대동아전쟁에서 일본이 패배한 근본적인 이유는 다른 어떤 물리적인 결함보다도 동아시아 민중의 진정한 협력이 결여되었기 때문이다"라고 기록했다.[1] 달리 말하면 결정적인 패인은 지성과 도덕 그리고 상상력을 결여했기 때문이라는 것이다. 현재의 일본이 여전히 동아시아 민중의 신뢰와 협력을 얻지 못하고 있는 점을 상기할 때, 그의 마지막 기록은 상당히 냉정하고 분별있는 판단이라고 할 수 있다.

일본 근대사에서 근본적으로 해결되지 않은 것이 바로 '정체성'에 관한 문제이다. 미국에 대한 충성이 유일하게 모호하지 않고 명확하게 내세울 수 있는 코이즈미의 공약이었으며 그 계승자인 아베 역시 마찬가지였다. 코이즈미는 야스꾸니신사를 참배함으로써 중국 지도자들의 심기를 불편하게 만들었으나 이에 개의치 않았을 뿐 아니라 중일관계나 국경문제, 아시아 이웃국가들과의 관계에 대해 크게 신경 쓰지 않았다. 반면에 '친구'인 부시 대통령에게는 자위대의 이라크 파병에 반대하는 일본내 여론이 명백함에도 이를 거슬러가면서까지 호의를 베풀고자 했다. 미국 대통령이 답례할 의무를 느끼지 않는 일들에서조차 코이즈미는 무조건 협력하려는 입장이었다. 다른 아시아 국가들과는 달리 유독 미국에 대해서라면 의존적이며 그 무엇보다 우선순위를 두고자 하는 태도는 단지 부시에 대한 코이즈미의 개인적인 호감 때문이 아니라 전후 미군정기에 교묘하게 이루어진 대미의존성이 일본사회에 구조적으로 깊숙이 뿌리내리고 있기 때문이다. 그런 만큼 미국을 우선시하고 미국에 의존하는 것은 자연스러운 귀결이다.

히로히또 천황의 협조적인 태도는 당시 매카서 장군에게 깊은 인상을 심어준 것으로 보인다. 10번 정도 되는 두 사람의 만남의 기록들은 단편적으로밖에 남아 있지 않지만 천황이 패전 후에도 실질적인 통수권자로서 전후 미일관계를 형성하는 데 중요한 역할을 했다는 사실은 충분히 알 수 있다. 뿐만 아니라 전후 일본의 안전보장체제 기획에도 그의 역할이 컸다는 근거들이 있다. 당시 히로히또는 그것을 '국체'(國體, national polity)[2]의 새로운 형태로서, 제국주의를 넘어 20세기 후반에 필요한 장치로 보고 어떠한 비용을 치르고서라도 이를 유지하고자 했다.[3]

히로히또는 매카서와의 만남을 통해서 미국의 군사력이 일본에서 지속적으로 유지될 수 있도록 설득했고, 전후처리 문제와 관련된 중대한 사항들에 대해서는 당시 총리였던 요시다 시게루(吉田茂)를 암묵적으로 비판하거나 때로는 무시했다.[4] 히로히또의 이러한 적극적인 정치개입 때문에 전쟁에 대한 그의 변명은 더욱 납득하기 어려워졌다. 그는 1945년 이전의 일본 천황은 단순한 입헌군주였기 때문에 자신이 전쟁에 이르는 과정에 관여해서 이를 막기 어려웠다고 변명했다. 하지만 1947년 5월 이후에도 히로히또의 정치활동은 실권이 전혀 없으며 다만 '상징'으로만 존재한다는, 전후 천황의 역할을 규정하는 헌법적 한계를 넘어서는 것이었다. 히로히또는 매카서에게 "일본국민은 문화적 수준이 낮으며, 그들은 미국으로부터 지도받기를 열망하고 있고, 권리를 이기적으로 옹호하는 데 열을 올리는 반면 의무와 책무에는 둔감하다"고 하면서 "미군의 점령이 오랫동안 지속되어야 한다"[5]라고 역설하고, 특별히 오끼나와에서 미군이 가능한 오랫동안 주둔하고 있어야 한다고 말하는 등[6] 미국에 열성적인 태도를 보였다. 이러한 것들이 매카서에게는 음악처럼 들렸을 것이다. 히로히또가 전혀 언급하지 않은 것은 자신의 지휘 혹은 책임 아래 난폭하게 휘둘렀던 무력 때문에 아시아인들이 받은 고통과 파괴에 관한 것이었다. 이로부터 한참 뒤인 1975년에 그의 전쟁책임을 직접적으로 묻는 질문에 대해 천황은 다음과 같이 대답했다. "(그같은 질문에 대해) 언어적 표현에 익숙지 않아 잘 모르겠습니다."[7]

　설명하기 어려운 일본인의 정체성, 특히 자신들은 아시아인이 아니며 고유의 독특함을 지니고 있다는 이들의 믿음은 천황제를 그 정점으로 하기 때문이라는 이유와 관계없이 일본문화의 근간을 이루고 있다. 이미 전전(戰前)시대에 국체에 대한 개념이 체계화되었고 이를 국가의 이데올로기로 받아들이도록 하기 위해서 당시 일본정부는 모든 수단과 정책을 강구한 바 있다. 그러나 전후시대에는 이러한 정체성에 대한 논의들이 미국 전시정보국(CIA의 전신)에 의해 이루어졌다. 미국은 전시정보국 산하에 '해외전의(戰意)분석과'를 설치하고 가장 우수한 사회학자, 인류학자, 심리학자 등 30명을 동원해 일본과의 전쟁에서 승리하고 점령에 도움이 되는 가장 적절한 심리전을 입안토록 했다. 이 전략은 상당히 성공적이었다.

　루스 베네딕트(Ruth Benedict)의 『국화와 칼』(The Chrysanthemum and the Sword)이 그 대표적인 결과물 중의 하나이다.[8] 최고의 베스트셀러 중 하나가 된 이 책은 1946년 가을에 영어로 출판되었으며 2년 뒤 일본어로 번역되었다. 20세기말까지 약 50년 동안 영어판 35만부, 일어판은 100쇄가 넘어 최소 140만부에서 최대 230만부가 팔렸으며 현재도 꾸준히 판매되고 있다.[9] 아마도 이 책은 20세기 선전전(宣傳戰)의 대표적인 사례로 기록될 것이다. 베네딕트는 이 책을 통해 일본을 장기적으로 미국에 종속시키기 위해서는 일본인에게 자신들이 아시아인이 아니며, 말로 표현하기는 어렵지만 천황을 중심으로 한 독특한 '문화의 패턴'이 내면 깊이 자리잡고 있다는 생각을 갖도록 선전하는 것이 최선의 방법이라는 점을 간파했다.

　일본은 심리적으로 아시아와 거리가 멀기 때문에 절대로 아시아 공동체의 일부가 되는 것이 불가능하며 따라서 미국과 결속해야 한다는 것이다. 마치 신화와도 같은 이러한 믿음체계는 1945년 일본 패전 이후 미국의 대일본 점령정책에 크게 도움이 되었다. 왜냐하면 일본인은 본래 아시아인이 아니고 이들보다 월등한 민족이기 때문에 아시아인들과 공동체를 이루어가는 것이 사실상 불가능하며 미국에 의존하여 결속하는 것이 당연하다는 논리를 담고 있었기 때문이다. 실제로 이 책이 처음 출간된 1946년 가을은 천황중심의 헌법이 채택된 해이기도 하다. 곧 『국화와 칼』은 전후질서의 심리적 기반을, 천황중심의 헌법은 법적 기반을 마련한 셈이다.[10]

시간이 지나면서 이른바 '국체'라는 개념은 보수적인 일본 학자와 미국 지식인 들에 의해 '일본인론'(Japaneseness)으로 외형을 달리하여 동양과 서양으로 논의가 확산되었다. 최근에는 쌔뮤얼 헌팅턴(Samuel Huntington)이 일본은 세계에서 유례가 없는 유일한 단일 민족국가이자 단일 문명이라고 역설하면서 아시아와는 분리될 수밖에 없는 독특한 민족임을 강조했다.[11] 때때로 매우 저명한 보수정치인들이 아직 남아 있는 천황중심의 사고방식을 끄집어내어 이것을 핵심으로 일본의 정체성을 만들어가야 한다는 속내를 내비치기도 했다.[12] 그럼으로써 점차 천황의 통치권이 역사의 주요한 국면에서 또다시 강조되기 시작했다.

일본 건국신화에서 초대 천황으로 여겨지는 '진무(神武)'가 즉위한 날을 기념해온 전전의 기원절(紀元節)이 1966년에 '건국기념일'로 부활됐다. 또한 전전의 원호(元號) 체제, 곧 새로운 천황이 즉위하면 사용하던 연호에는 본래 법적인 근거가 없었지만 1979년 의회에서 원호법(元號法)을 제정했다. 일본의 달력에는 천황중심의 국가라는 정체성

의식을 반영하는 휴일이 많다. 예를 들면 건국기념일(2월 11일)부터 시작하여, 쇼와(昭和) 천황 탄생일 4월 29일을 '초록의 날'로 명명해 2007년부터 공휴일로 지정했으며, 메이지(明治)의 탄생일인 11월 3일은 '문화의 날'로서 천황이 직접 문화훈장을 시상하는 의례를 거행한다. 물론 현재의 헤이세이(平成) 천황의 탄생일인 12월 23일도 공휴일이다. '노동감사절'인 11월 23일마저도 천황이 그해의 쌀 추수에서 맨 처음 거둔 수확물에 대해 감사를 표하는 니이나메사이(新嘗祭)라는 의례에 기원을 두고 있다.[13]

1990년에는 종교활동에 대한 국가의 지원을 일절 금지하는 헌법(제89조)에도 불구하고 새로운 천황의 즉위에 관련된 일련의 의례에 신도의 의식을 함께 거행함으로써 헌법을 무시하는 일이 벌어지기도 했다. 또한 현재 일본의회의 최대 파벌인 어느 그룹은 천황을 중심으로 하는 신도를 정치의 중심으로 삼고자 열을 올리고 있다(자세한 것은 6장 참조).

1930년대 일본 지식인과 사상가 들이 이른바 '대동아공영권'을 건설하는 데 큰 장애물로 느꼈던 아시아에서의 고립이라는 경험은 1945년 전후에도 지속되어 서구학자들의 이론과 일본인의 자의식 속에서 반복적인 주제(leitmotif)로 나타나고 있다. 일본인에게 이러한 인식이 깊숙이 뿌리박혀 이제는 다른 어떤 국가나 지역과 결합하여 자신들의 정체성을 회석시키거나 감소시키는 데에 상당한 저항감을 갖고 있는 듯하다. 아시아 지역통합과 관련하여 주도권을 중국으로부터 가져오려는 일본의 필사적인 노력은 현실적으로 불가능하다. 천황제를 중심으로 하는 일본의 우월성을 이웃국가들에도 받아들이라고 요구하는 것이기 때문이다.

냉전체제의 상당기간을 일본은 아시아에 등을 돌린 채 지내왔다. 1965년에는 한국과, 1972년에는 중국과 관계를 '정상화'했음에도 일본정부가 아시아에 사과를 한 것은 1995년 자민당이 의회에서 다수를 획득하지 못하고 사회당 당수인 무라야마 토미이찌(村山富市)가 총리가 되고 난 뒤였다. 이때야 비로소 일본의회는 식민주의와 침략으로 아시아인들이 당한 고통에 대해 깊은 유감의 뜻을 전달하는 것을 공식적으로 결정했다. 무라야마 총리는 8월 15일에 다음과 같이 담화를 발표했다.

우리 일본은 그리 멀지 않은 과거의 일정한 시기에 잘못된 국가정책을 따라 전쟁의 길을 밟고자 했고 이에 따라 많은 국민의 존망을 위기에 빠뜨렸으며 식민지 지배와 침략에 의해 많은 국가, 특히 아시아 국가의 사람들에게 거대한 손해와 고통을 주었습니다. 저는 이러한 실수들이 미래에 다시 일어나지 않도록 바라는 마음에서 이미 의심할 여지없이 잘못된 과거의 사실들을 겸허히 받아들이고, 이 자리에서 다시 한번 통절한 반성의 뜻을 표하고자 합니다. 마음으로부터 사과의 말씀을 드리며 또한 잘못된 역사가 만들어낸 내외의 모든 희생자들에게 깊은 애도의 염을 바칩니다.

역대 총리를 지낸 하시모또, 오부찌, 모리, 코이즈미 그리고 아베―그는 가장 내켜하지 않았지만―에 이르기끼지 무라야마 총리의 담화 내용은 답습되어왔다. '무라야마 담화'는 명확하게 한국을 대상으로 발표한 것이었으며 이는 그뒤 1998년 한일공동성명에서도 확인되었다. 무라야마의 담화는 충분히 명확한 내용을 담고 있었음에도 정부의 많은 이들은 그때나 지금이나 이를 받아들이려 하지 않고 있다. 90년대 중반에는 심지어 의회 내부에 과격한 네오내셔널리스트와 수정주의자를 표방하는 반동적인 그룹들이 형성되었다(이러한 주장을 전국적으로 퍼뜨리려는 조직들도 더불어 나타나기 시작했다). 이들은 무라야마 총리의 명확한 사과성명을 통한 전쟁책임과 식민지문제 해결 시도에 반대하기 위하여 결성됐다.

1995년에는 '올바른 역사를 전하는 국회의원연맹'이 발족되었고, 1996년에는 '밝은 일본 국회의원연맹'이, 1997년에는 '일본의 장래와 역사교육을 생각하는 의원모임'과 '일본회의 국회의원모임' 등이 나타났다. 실제로 '역사교육을 생각하는 의원모임'은 전국의 학교에 역사수정주의에 기초하여 기술된 교과서의 채택을 요구하는 압력단체 '새 역사교과서를 만드는 모임'의 결성과 활동방향에 중심적인 역할을 수행했다.

'일본회의'는 일본 최대의 네오내셔널리스트 및 역사수정주의 운동을 하는 단체이다. 이들의 구성은 대체로 신도와 불교로 구성된 종교단체와 주요 미디어와 기업 대표 그리고 지방과 중앙의 정치인과 학자 들로 이루어졌으며 2006년 회장은 전 최고재판소장이었던 미요시 토오루(三好達)가 맡았다. 일본회의는 히노마루·키미가요(日の丸·君が代)[14] 등이 법적으로 지위를 누릴 수 있도록 운동을 지휘하여 1999년에 '국기(國旗) 및 국가(國歌)에 관한 법률'을 현실화시켰다. 실제로 이 법은 헌법과 교육기본법을 개정하는 데 중요한 동력이 되었으며 아래에도 언급이 되겠지만 야스꾸니신사를 국립성지 등으로 바꾸려는 시도에도 영향을 미쳤다. 아베 또한 2005년에 설립된 '평화를 원하며 참 국익을 생각하고 야스꾸니 참배를 지지하는 젊은 국회의원모

임'의 창립멤버이자 고문이었다. 그 모임은 2006년에 가입회원이 120명에 달했다.[15]

1970년에 설립된 신도정치연맹은 다른 어떤 정치조직보다도 오래되었지만 여전히 막강한 정치력을 가지고 있다. 이들의 공식 영문명칭은 'Shinto Association of Spiritual Leadership'(정신적 지도력을 위한 신도연맹)이다. 이 조직은 5대 강령을 제시하고 그 첫머리에 "우리는 국가정책의 근간을 신도정신으로 확립하고자 한다"고 명시했다. 그리고 여기에 다음과 같은 설명을 달았다.

천황이 통치하는 영광이 영구히 지속되기를 기도한다. 이것이 일본인들이 끊임없이 반복하면서 함께해온 마쯔리(祭り, 제사·축제)에 스며 있는 마음이며, 바로 여기에 신도를 믿는 일본국민들이 만들어온 국가의 도덕적 관점과 사회를 바라보는 관점이 자리하고 있다.[16]

전쟁이 끝나고 난 뒤 55년이 지난 2000년 6월, 모리 요시히로(森義弘) 당시 총리는 신도연맹 30주년을 맞이하여 회원들 앞에서 행한 연설에서, 그 자신도 설립자의 한 사람으로서 30년 동안 조직을 관리해오면서 항상 일본이 "천황을 중심으로 한 신의 나라"임을 인식시키기 위해 노력해왔다며 자찬했다.

이 담화는 모리나 그의 청중에게 특별한 내용을 담고 있다기보다 항상 반복되는 이야기이며 그들의 공식적인 믿음체계를 반영하는 것에 지나지 않는다고 할 수 있다. 그럼에도 불구하고 천황을 숭배하는 일본이라는 모리의 발언은 군국주의적이거나 파씨스트적인 이미지를 불러일으켰다. 실제로 토오죠오 전 총리를 포함한 전시체제의 국가

44

지도자들이 자주 입에 담았던 내용이기 때문에 더욱 그러했다. 이러한 사상이 오늘날까지 이어져오고 있는 일본의 연속성은 전시체제에서 일본과 동맹을 맺었던 독일과 이딸리아에서는 상상조차 하기 어려운 것이다. 모리의 담화는 그뒤 매스컴에서 큰 물의를 빚고 그 자신 또한 의회에서 변명을 했지만 이와 무관하게 현재에도 일본의 보수정치가들에게 이러한 믿음체계는 확고부동한 것으로 보인다. 모리의 발언으로부터 6년이 지나 코이즈미 총리를 비롯한 외무장관, 재경장관 그리고 당시 신도정치연맹 사무국장이던 아베 관방장관을 포함한 국회의원 223명과 내각각료의 대부분은 신도정치연맹에 소속되어 있었다.

내셔널리스트와 네오내셔널리스트가 복원하고자 했던 일본의 정체성은 천황 개인에게서 순전(純全)하게 나타나는 전통과 혈통에 뿌리를 둔 일본인의 정체성이었다. 이것에 대한 주된 침식은 암울하게 묻어둔 전쟁의 기억과 대결함을 통해 이루어진 게 아니라 세계시장에 의해 이루어졌다. 세계시장은 일본문화와 '일본적인 것' 자체를 포함해서 모든 것을 상품화했다. 전통의 이런저런 양상을 고양하고 신성화하여 '순수하고' '자랑스러운' 정체성을 세우기 위해 노력해온 일본회의 같은 조직이나 정치가들은 일본 정체성의 이면에 자리한 근본적인 모순구조를 이해하지 못하고 있는 듯하다.

신도를 내세워 '밝은 일본'을 지지하는 사람들과 전후의 역사교육에 의문을 품어온 국회의원들은 무라야마 총리가 일본의 전쟁책임을 인정하여 사죄하고, 역사교과서에 '위안부'와 난징대학살에 관한 기술을 용인하려던 데 반발했다. 이들은 일본의 독자적 역사관을 상실해가는 것에 불만을 품었고, 이른바 '자학사관'에 저항하여 일본을 전통적인 천황의 나라로 회복시키고자 했다. 이들이 요구하는 역사교과서

(이미 제작되어 널리 유통되고 있는)는 국가에 대한 자부심을 고취시키고 이들이 생각하는 '올바른' 역사, 다시 말하면 순수하고 빛나며 탁월한 일본인의 정체성을 가르쳐주기 위한 것이었다. 이들에게 일본인의 근본적인 정체성은 현신인(現神人)으로서[17] 천황을 중심에 두고 결속하는 선택받은 우수한 민족이라는 것이다. 전후의 천황제는 국가와 천황을 동일시했던 메이지시대 이후의 천황제와 본질적인 면에서 차이가 없다.[18]

일본이 탁월한 민족이며 신의 나라라고 생각하는 한, 이시하라 신따로오(石原愼太郎) 토오꾜오 도지사가 언급한 바와 같이 아시아에서 일본으로 건너와 살고 있는 외국인은 '제3국' 사람들에 불과한 셈이다.[19]

아베내각이 출범한 2006년 9월에 18명의 내각각료들 가운데 11명, 5명의 총리 보좌관 가운데 4명, 그리고 내각의 관방장·차관, 자민당 국회의원 가운데 210명이 모두 일본회의의 회원이었다.[20] 아베 총리 자신이 여기에 거명된 모든 그룹의 중심적인 회원임은 물론 총리 취임 전에는 일본회의와 신도정치연맹의 사무국장이었다. 아베와 정치적으로 가까운 나까가와 쇼오이찌(中川昭一)는 자민당 정무조사회장에 취임했는데, 그는 '일본의 장래와 역사교육을 생각하는 의원모임'이 설립된 1997년에 이 모임의 회장(당시 아베는 사무국장)이었다. 이들의 정치이력을 보면, 1995년 무라야마 총리의 사과와 2000년 코오노 요오헤이(河野洋平) 외무장관의 사과에 나타난 역사인식(아시아에 대한 사죄)에 크게 반발하여 활동했음을 알 수 있다. 이들은 '새로운 역사교과서를 만드는 모임'이 제작한 역사수정주의 교과서의 채택을 확대하기 위한 캠페인에 협력했고 NHK가 제작해온 다큐멘터리 프로

그램이 위안부문제와 히로히또 천황의 전쟁책임에 대한 내용을 다루려 할 때 압력을 행사했으며[21] 북한을 공공연히 비판해왔다. 아베내각에서는 한걸음 더 나아가 '일본의 장래와 역사교육을 생각하는 의원모임'의 요직을 맡고 있던 타까이찌 사나에(高市早苗)와 야마따니 에리꼬(山谷えり子)를 각각 특명담당대사(오끼나와 및 북방대책 등을 담당)와 교육재생담당 및 내각총리보좌관으로 임명했다. 이외에도 신도정치연맹 등의 내셔널리스트 조직의 주요인물 중에서나 '북한에 납치된 일본인을 구출하기 위한 전국협의회'에서도 내각에 입각했다.

루스 베네딕트가 어느 일본 포로의 이야기에 의존해 일본인의 정체성을 구상하고 묘사했듯이, 아베와 모리 그리고 신도를 믿는 그들의 동료들은 영구히 불변하는 어떤 종류의 일본인 '유형'(pattern)을 상정하고 있다. 이들은 먼 과거로부터 지속되고 있다고 믿는 일본 특유의 사회구조와 가치관이 실은 1930년대에 강화된 군국주의 일본의 이데올로기에 불과하며, 불변하는 일본인의 본질이라기보다 전후 미국의 심리전을 통해 지극히 섬세하게 고안된 표현에서 비롯됐다는 사실을 간과하고 있다. 베네딕트가 일본 포로가 남긴 메씨지를 일본이라는 국가의 본질에 대한 진실하고 꾸밈없는 표현으로 받아들인 것처럼, 모리 또한 자기 어린시절의 파씨즘적 질서를 그리워하면서 당시의 일본이야말로 본래의 일본이라고 상정하고 있다. 마찬가지로 아베는 A급 전범이었던 외할아버지 키시 노부스께(岸信介)를 우상시하고 있다.[22]

국가신도와 천황절대주의는 이들이 믿는 것처럼 오랜전부터 내려온 일본의 전통이라기보다는 19세기 후반에 확립된 근대 이데올로기에 불과하다. 신도를 국민들이 국가종교로 받들도록 강제하는 과정에서 기존 종교에 대한 탄압으로 인한 혼란과 폭력은 중국의 문화대혁명에 견줄 만하다.[23] 신도는 사람들의 생각과 심정을 규제하는 틀이 되었고, 각 지방의 신들은 천황을 중심으로 한 근대 전제정치를 확립하는 과정에서 배척되었으며 천황은 이 과정을 통해서 신이 되었다(6장의 우메하라 타께시(梅原猛)의 분석 참조). 그럼에도 불구하고 모리와 아베 두 전 총리 및 신도 신봉자들이 이러한 생각을 고수하는 것은 '진정한 일본'이라는 서사, 즉 중국이나 한국 같은 대륙의 영향을 받지 않은 본질에 대한 욕망의 반영이다.[24]

신도와 천황제 같은 신화를 믿는 정치가들이 사실상 점령하고 있는 토오꾜오의 정치무대를 서울이나 뻬이징에서는 매우 불안한 눈으로 바라보고 있다. 모리와 그의 동료들이 "천황을 중심으로 한 신의 나라"를 주장하면서 일본의 독특성과 함께 암묵적으로 우월성을 강조하는 것에는 '타자'에 대한 배척과 혼혈인종에 대한 경멸이 담겨 있다. 이러한 주장이 단지 자기자랑을 위한 허풍 정도라면 크게 문제되지 않겠지만, 세계 각지에서 일어났던 '인종청소'라는 끔찍한 이데올로기에 연결된다면 사정은 다르다. 나아가 네오내셔널리스트 정치가들, 예컨대 오스트리아 자유당 당수인 외르크 하이더(Jörg Haider)와 프랑스 국민전선 대표인 장마리 르뺑(Jean-Marie Le Pen)같이 선동적이고 반(反)외국인적인 관점을 가진 이들과 연결되면 더욱 위험하다. 아시아 각국은 서로 공유할 수 있는 정체성과 목표를 구축하고 21세기에 공동체로 자리매김하기 위해 열심히 노력하고 있는 반면, 미국에 의해 만들어진 일본의 정체성은 이러한 아시아를 구성해가는 데 큰 장애물이 되고 있다.

그러한 일본의 정체성은 '강한 일본'에 대한 향수에 기초하고 있으며, 20세기 식민지 지배와 아시아 침략으로 일어난 범죄행위의 책임

48

을 회피하는 태도가 그 근간을 이루고 있다. 뿐만 아니라 그 저류에는 21세기에도 지속되고 있는 국가적 종속, 조여오는 미국의 '포옹'에 대한 분노가 깔려 있다. 국가의 역사를 고양시키기 위한 이러한 집착은 일종의 정체성 혼돈을 그대로 드러내는 것이기도 하다.

의회 차원에서 보자면, 90년대 중반 전쟁에 대한 참회나 사죄 혹은 아시아와의 화해를 위해 활동해온 의원들이 이후 10년간 신도를 지지하거나 역사수정주의를 수용한 의원들에게 압도되어 점차로 기반을 상실해왔다. 2001년 코이즈미정부 탄생에 이어 2005년 우정국 선거를 통한 코이즈미내각의 공고화, 2006년 아베내각 출범 등 일련 과정은 1995년의 사죄의 태도가 침식당해왔음을 보여주며 2000년 모리 전 총리의 발언은 천황을 중심으로 한 '비(非)아시아적' 일본인이라는 정체성이 부활했음을 알리는 신호탄이었다.

아베는 코이즈미의 계승자로서 총리 취임 직전에 출간한 책 『아름다운 나라로(美しい國へ)』에서 자신은 "두렵지 않으며" "투사로서의 정치가"[25]라고 밝혔다. 3대를 이어온 자민당 정치가문의 후광을 업고 있었지만 총리 취임 전까지 그는 각료로서의 경험이 없었을 뿐 아니라 전쟁과 위안부문제에 대한 사죄를 부정해왔다. 또한 외교상의 희생을 치르더라도 총리는 야스꾸니신사에 참배해야 한다는 입장을 굽히지 않았고 북한의 경제제재를 요구했으며 일본의 독특함과 아름다움에 대해 모호하지만 열띠고 감정적인 주장을 그치지 않았다.[26]

야스꾸니신사

코이즈미는 총리에 취임한 2001년 8월 13일에 처음으로 야스꾸니신사를 공식 참배했고 재임중에도 매년 빠지지 않았다. 전전과 전후의 야스꾸니신사는 천황을 받들어 전쟁에서 싸우다 목숨을 잃은 전사자를 기리는 국가신도의 종교시설이며 극단적인 애국운동과 군국주의 이데올로기를 생산해내는 중심이었다. 또한 천황을 위해 목숨을 걸고 전쟁에 나서는 이들에게는 전사한 뒤에라도 그들의 희생을 영예롭게 기억하고 국가적 차원에서 그 넋을 위로한다는 것을 본인과 그 가족을 알림으로써 이러한 국가 이데올로기에 확신을 갖도록 하는 '감정의 연금술' 같은 장치였다.[27]

패전 후 신도는 국가종교로서의 지위를 잃었지만 전후에도 야스꾸니신사는 신도를 하나의 종교법인으로 존속시켜왔다. 헌법 제20조 3항에서 국가가 종교에 관여하는 것을 금지했으나 전후 십수년간 역대 총리와 히로히또 천황은 계속하여 야스꾸니신사를 참배했다. 그러다가 1978년 극동국제군사재판(토오꾜오재판)에서 A급 전범으로 선고된 14명의 전쟁지도자가 합사된 뒤로 히로히또는 방문을 중단했다.

그후 1985년에 나까소네 당시 총리가 참배한 것을 제외하면 2001년에 이르기까지 일본의 역대 총리들은 외교상 손실을 가져올 수 있다는 우려 때문에 야스꾸니신사에 관계하는 것을 삼갔다. 그런데 2001년 코이즈미가 총리에 취임하면서 총리의 야스꾸니신사 참배가 부활했고 이웃국가들은 그러한 행동이 큰 결례이며 과거의 전쟁에 대한 변명 혹은 정당화를 위한 것이라고 보았다. 코이즈미는 순국한 장병들에게 애도를 표하고 평화에 대한 맹세를 새롭게 다짐하는 것이라고 표명했으나 "오늘날 일본이 누리는 평화와 번영은 전쟁중에 전사한 자들의 희생에 의해 이루어졌다"라는 그의 발언은 야스꾸니에 합사된 전사자들을 전쟁범죄를 저지른 잔학한 군대의 구성원이 아니라 국가의 영웅으로 추대하는 것에 다를 바 없었기에 주변국의 상처를 건드리는 일이었다.[28]

1993년에 자민당 지배가 단기간 중단되었을 때, 일본신당의 호소까와 모리히로(細川護熙) 총리가 처음으로 "침략적"이라는 단어를 사용하면서 "잘못되었다"라고 언급한 바 있고 이 표현은 그후 무라야마 담화에서 공식적으로 인정되었다.

그뒤에도 하시모또 우따로오(橋本宇太郎) 총리가 1997년에 중국에서 "통절한 반성과 진심어린 사죄"를 표명했다. 1998년에는 한국의 김대중 대통령과 마주한 오부찌 총리가, 그리고 2000년 8월 중국에서 코오노 외무장관이, 2002년 9월에는 평양선언에서 코이즈미 총리가 김정일 국방위원장에게 유사한 언급을 반복한 바 있다. 또한 2005년에는 4월 아시아·아프리카 정상회의 및 12월 아시아정상회담 등을 포함한 여러 기회에서 비슷한 '유감의 뜻'을 표명했다. 본래 정상적이고 도의적인 사죄라면 배상문제가 함께 다루어지기 마련이다. 하지만 그들이 무라야마 담화라고 불리는 이미 정해진 사죄의 문구만을 되풀이하는 이유는 배상문제를 회피하기 위해 과장되고 틀에 박힌 어휘를 골라 사용하기 때문이었다. 그러나 아시아 이웃국가들이 주목한 것은 일련의 사죄 및 신중하게 선택되어 반복되는 언어들이 아니라 오히려 이 사죄가 계기가 되어 일본의 전쟁범죄를 인정하지 않고 맹렬하게 사죄를 반대해온 세력에 번져나간 역사수정주의 및 네오내셔널리즘의 확대였다. 의회 및 매스컴에서 이들의 지위는 계속하여 상승해왔다. 전쟁을 미화하고 자부심을 높일 수 있도록 역사교과서를 '정화'하려는 이들의 활동은 주변국가들의 분노를 샀다.

한국에서 코이즈미 총리의 야스꾸니신사 참배는 강경한 내셔널리즘의 복귀 신호로 이해되었다. 대도시에서 데모가 시작되었고 일장기가 불태워졌다. 이십여명의 젊은이들은 야스꾸니신사 참배에 항의하여 서울의 독립문공원에 모여 새끼손가락을 자르는 집단 단지식을 거행하고 잘린 손가락을 일본대사관으로 보내기도 했다. 한국의 외교통상부 차관 최성홍은 주한 일본대사를 불러 "한국정부가 되풀이하여 염려의 뜻을 표명해온 것을 공공연하게 무시하고 코이즈미 총리가 일본 군국주의 상징인 야스꾸니신사를 참배한 것은 극히 유감스러운 일"이라고 외교채널을 통해 공식적으로 항의했다. 동시에 일본정부는 올바른 역사인식을 가지고 한국국민의 감정을 존중해야 한다고 덧붙였다.[29] 북한도 일본을 엄중하게 비난했다. 한국정부는 일본 군인으로서 전사한 21,000명 이상의 한국인 명부를 야스꾸니의 영새부(靈璽簿)에서 제외해줄 것을 요구하는 소송을 지지했다.[30] 하지만 코이즈미 총리는 이 모두를 무시했다.

총리의 야스꾸니 참배는 헌법을 어떻게 해석하든 미덥지 않은 것이었다. 헌법 제20조 3항은 "국가 및 기관은 종교교육 및 어떠한 종교활동도 해서는 안된다"라고 명시하고 있다. 신사는 종교시설이며 또한 총리가 국가를 대표한다는 것은 자명한 사실이다. 2004년 4월 후꾸오까(福岡) 지방재판소는 총리의 야스꾸니신사 참배가 위헌이라고 판결했지만, 코이즈미는 이해할 수 없다고 답한 뒤 무시해버렸다.[31] 2005년 9월 오오사까(大阪) 고등재판소에서 같은 판결을 받았을 때에도 "전몰자와 평화를 위한 기도"를 위해 참배했을 뿐이라며 판결을 "이해할

수 없다"고 언급했다.[32]

　이웃국가들의 항의를 외면해버린 것과 마찬가지로, 코이즈미 총리는 일반 상식에 호소하는 그의 장기인 거칠고 짧은 문장으로, 반세기에 걸친 헌법논쟁을 무시하고 법치주의라는 원칙을 사실상 깔아뭉갰다. 다음해 여름 최고재판소는 위헌이라는 이의제기를 각하해버렸다. 그러나 이는 총리의 야스꾸니 참배를 인정한 것이 아니라 그 행위로 인해 고소한 측에 불이익이 생겼다는 사실을 입증할 수 없기 때문이라는 기술적인 이유, 곧 헌법논쟁을 회피한 판결에 지나지 않았다.[33] 최고재판소가 논쟁을 회피한 반면 하급재판소가 확실하게 헌법위반을 지적했다는 점은 코이즈미 또한 신경을 쓰지 않을 수 없었다. 헌법개정과 관련해서 제20조 3항의 개정을 정치상의 최우선 과제로 제기한 것도 분명히 이러한 이유에서였을 것이다(헌법과 교육기본법에 관해서는 6장 참조).[34]

　그러나 야스꾸니문제를 놓고 2006년 한해 동안 4회에 걸쳐 그전까지는 생각하지 못했던 개입이 이루어지자 논쟁의 양상은 순식간에 변했다. 먼저 2월에 보통은 격렬하게 대립했던 양대 신문 『아사히신문(朝日新聞)』과 『요미우리신문(讀賣新聞)』의 논설위원 모두가 다른 문제를 포함하여 야스꾸니에 관한 총리의 태도를 비판하는 공동담화를 실었다.[35] 5월에는 야스꾸니신사 참배를 계속 강행하는 한, 코이즈미가 임기 종료 싯점에서 미국 상하원합동회의에 초청되어 의회연설을 할 기회가 없어지리라는 것이 자명해졌다.[36] 같은달 대표적 경영자단체인 경제동우회(經濟同友會)는 일본의 주요한 무역상대국인 중국과의 정치적 마찰이 계속되자 산업계의 염려를 표명하고 총리를 비판했다.[37]

끝으로 7월에는 전혀 예상하지 못했으나 가장 큰 폭발력을 내재한 개입이 있었다. 바로 쇼와 천황 히로히또가 내세에서 개입한 것이다. 이는 천황을 보필했던 궁내청장관의 1988년 메모가 처음 공개되면서 이뤄졌다. 이 메모에 따르면 히로히또 천황은 1978년에 A급 전범을 야스꾸니신사에 합사한 것에 불쾌감을 드러냈다. 천황은 "따라서 그후로 줄곧 야스꾸니에 참배하지 않았다. 그것이 바로 내 마음이다"라고 첨언했다.[38]

이때까지 총리의 야스꾸니 참배에 관한 찬반 여론은 엇비슷하게 갈려 있었으나 쇼와 천황의 언급이 세간에 알려지면서 여론은 코이즈미에게 불리하게 급변했다. 여론의 60퍼센트가 천황의 의견에 '진지한 관심'을 표명했고 57퍼센트가 총리는 야스꾸니 참배를 더이상 해서는 안된다고 반대의견을 나타낸 반면 총리를 지지하는 측은 29퍼센트에 그쳤다.[39] 7월 20일 기자회견에서 코이즈미 총리는 쇼와 천황을 "그분"이라고 지칭함으로써 자신의 불만을 은근히 드러냈다. 그리고 그는 예상대로 8월에 야스꾸니신사 참배를 강행하고서 자신의 행위가 "일본 고유의 문화"라고 주장하고 중국의 반대는 부적절한 내정간섭이라고 받아쳤다.[40]

코이즈미 총리는 미국의 비판을 쇼와 천황의 비판보다 더 심각하게 받아들였는지도 모른다. 야스꾸니신사의 박물관 유우슈우깐(遊就館)은 전시중의 일본정부가 유지해온 역사관을 그대로 소개하고 있다. 총리가 야스꾸니의 종교의식에 참여하는 것은 토오꾜오재판의 판결을 수용한 1951년의 쌘프란시스코조약을 부정한다는 뜻이다. 따라서 워싱턴의 입장에서도 결코 모른 척하고 지나갈 수는 없었다. 그 결과 코이즈미 총리의 업적 가운데 가장 긍정적으로 평가되는 그의 최대의 자산인 '미국과의 긴밀한 관계' 또한 타격을 입었다. 코이즈미 총리에게 중국과 한국의 비판과 반대는 비껴갈 수 있는 것이었고 천황의 반대 또한 무시할 수 있었지만 미국정부의 분명한 비판은 전혀 다른 문제였다. 코이즈미 총리와 워싱턴 사이에서 이 문제에 대한 청산(淸算)은 코이즈미 총리의 부시 대통령에 대한 무조건적인 충성 덕분에 뒤로 미루어졌다. 그러나 결국 코이즈미는 매우 비싼 댓가를 치러야 했다. 그의 미국 의회 연설은 무산되었고 대신에 미국 대통령 전용기를 타고 부시와 함께 테네씨주 멤피스에 있는 엘비스 프레슬리 기념관 '그레이스랜드'를 방문하는 것으로 마무리되었다.

코이즈미 총리가 사임할 무렵 많은 자민당 선배 의원들은 물론 연립내각을 꾸려온 공명당의 지도자와 오오사까 지역의 일본경제단체연합회(日本經濟團體連合會) 그리고 주요 신문들도 총리의 야스꾸니신사 참배를 명확히 반대하는 입장을 밝혔다. 나아가 중국과 한국 등 가까운 이웃국가뿐 아니라 싱가포르 및 호주 그리고 직접적인 방식은 아니었지만 미국까지 이에 동참하는 입장을 분명히 했다.[41] 그러나 코이즈미는 약속한 임기말을 앞두고 기어코 참배를 강행했다. 그는 8월 15일의 야스꾸니신사 참배가 자민당 총재선거 당시의 공약이며 중국의 압력에 굴복하지 않는 것이라는 뜻을 국민들에게 밝혔다. 이러한 그의 언변에 힘입어 7월 중순의 반대여론(57 대 29)은 참배를 강행한 며칠 뒤에 지지여론(48 대 36)으로 바뀌었다.[42]

주요 언론을 포함해 코이즈미에 대한 비판적인 논조 가운데 많은 경우는 A급 전범 14명을 어떻게 처리할 것인가에 촛점을 두었으나 이는 실상 그리 간단한 문제가 아니었다. 그동안 문제를 해결하기 위한 세가지 방안이 제시되었다. 첫째는 14명의 A급 전범을 분사(分祀)한다, 둘째는 신사를 국가가 운영하고 그 성격을 민간 종교시설(신도의 신사)에서 국가시설로 변경한다,[43] 셋째는 국가의 종교 활동 관여를 금지한 헌법 제20조 3항을 개정하여 야스꾸니신사와 그 예식을 '문화적 예외'로 한다였다. 첫째 제안에는 전쟁의 책임문제를 A급 전범 14명에 국한하여 천황 및 기타 관련인사에게는 면죄부를 확실하게 부여해 천황 및 총리의 야스꾸니신사 참배를 정당화하고 이를 통해 국민의 '감정적 승화'를 일으키는 기능을 계속할 수 있도록 활로를 여는 의미가 깔려 있다. 반면에 둘째와 셋째 제안에는 전전의 국가신도를 되살리고 현재의 종교의식을 합법화하여 지속해가려는 의도가 들어 있다. 그러므로 과거와 미래의 전쟁에 반대하거나 비판해온 사람들, 또는 침략에 희생당한 사람들은 야스꾸니신사 같은 장소에 절대로 머물거나 들르려 하지 않을 것이다. 야스꾸니신사는 실제로 전몰자 가족들의 깊은 슬픔에는 전혀 관심이 없는 곳이기 때문이다. 야스꾸니를 국가의 중심시설로 복귀시키자는 주장의 다른 한편에는 해외에서 사망한 일본인 병사의 절반에 해당하는 유골의 반환문제가 반세기 이상 공식적으로 방기돼왔던 사실이 존재한다.[44]

2006년 9월에 코이즈미의 뒤를 이어 총리가 된 아베 역시 야스꾸니신사 참배로 크게 논란이 되었다. 그는 기본적으로 역사수정주의 입장을 견지해왔고 전쟁책임을 부정해왔다. 당시 아베 총리는 코이즈미의 무비판적인 미국 추종을 계승하리라는 것이 확실했기 때문에 미국 정부 안에서 인기가 있었지만 그의 내각에는 유보적인 조건이 붙었다. 아베내각의 외무장관으로 취임한 아소오 타로오(麻生太郎)는 아베와 정치적 신조가 같았지만 2006년 2월 『뉴욕타임스』는 그에게 "일본이 군국주의와 식민주의, 전쟁범죄로써 아시아 각국에서 저지른 만행들에 대하여 피해당사국들로부터 반감을 사는 발언은 정직하지 못하며 현명하지도 못하다"라고 일침을 놓았다.[45] 이 짤막한 비판기사가 마음에 걸렸던 아베는 총리 취임초에 야스꾸니신사를 참배하지 않았고 이 문제가 더이상 불거지지 않도록 노력했으며 나아가 주변국의 환심을 사기 위해 한국과 중국을 방문하는 외교적 노력도 기울였다.

냉전이 끝나고 세계화의 영향력이 한층 심화·확대되면서 정체성의 정치가 부각되었고 일본의 정체성 문제 또한 다시 부상했다. 무엇이 '진정한 일본인'인가라는 물음에 대해 인간으로서의 보편성보다는 '천황을 중심으로 하는' 일본의 독특한 정체성이 모색되었다. 이러한 생각은 비단 내셔널리스트 혹은 네오내셔널리스트 같은 '우익'에게만 깊이 뿌리내린 것은 아니었다. 여러 세대를 거쳐오면서 일본의 독자들은 루스 베네딕트의 '진정한' 일본인에 대한 담론에 반응해왔고 사실상 이를 수용해왔다. 일본 주류 사회과학계에서 전후 가장 영향력 있는 마루야마 마사오(丸山眞男)조차 다른 모든 면에서는 격렬하게 비판적이었지만 유독 "궁극적인 정통성이 항상 존재하는" 천황을 중심으로 하는 일본문화의 독자성과 균질성에 대해서는 우익과 입장을 같이했다.[46]

이러한 천황중심의 정체성을 버리고 평등하고 민주적이며 개방적이고 보편적인 새로운 종류의 정체성을 형성하지 않고는 아시아의 이웃국가들과 원만하게 지내기 쉽지 않을 것이다. 장기간에 걸쳐 늘 일본을 복종하도록 만들어온 미국의 정책은 실로 교묘함과 섬세함의 극치라고 할 수 있다. 미국은 일본이 세계에서 유례가 없는 탁월한 민족이라는 환상을 심어주고 부추겨왔다. 내셔널리즘의 상징과 미사여구는 공허한 자만심을 키우는 데 기여했고 민족의 실체는 부정되었다.

야스꾸니문제는 실상 내셔널리즘을 표현한다기보다 그것의 결여를 드러내는 것이다.

테러와 경찰

코이즈미정권의 정치적 특징을 정의하려고 하면 아마도 부시정권이 내건 '테러와의 전쟁'에 참여했다는 사실에 무게를 두어야 할 것이다. 그런데 일본이 이른바 글로벌 전쟁에 깊이 발을 들여놓게 되었을 때, 일본내에서는 중동이나 이슬람과 무관한 일종의 테러 행위가 서서히 확대되어갔다. 국내에서 벌어지는 테러는 지금까지 논쟁중인 역사인식 같은 과거의 문제와, 코이즈미정권에서 확실히 실패로 드러난 사회·경제정책의 결과인 불안정과 근심이라는 현재의 문제에 그 뿌리를 두고 있다. 코이즈미가 단호한 결정하에 지속적이고 고집스럽게 지켜온 야스꾸니신사 참배의 결과, 국내에서는 물론 주변국가들로부터 격렬한 반발과 분노를 불러일으켰다. 게다가 그의 후안무치에 가까운 단순한 태도, 곧 '직관적이고 감정적이며 충동적'인 정치스타일[47]은 사회의 대립과 긴장을 더욱 조장했다. 예컨대 선거 과정에서도 코이즈미는 자신의 아군(코이즈미의 '개혁' 지지자)과 적군(코이즈미의 '개혁' 반대자)을 구별하고 적군에게는 '자객'을 파견했다. 또한 복잡한 문제에 대해서는 토론을 회피하고 대신에 감정에 호소하는 한 문장으로 답변했다.

코이즈미의 임기중에는 일련의 폭력사건들이 발생했다. 정치적 동기에 의한 암살, 폭파 위협, 실제로 폭발물을 사용한 공격 등이 벌어졌다. 또한 국가권력에 의한 인권침해도 눈에 띄게 늘었다. 일본에서는 9·11 같은 재앙 혹은 런던이나 마드리드에서 일어난 폭탄테러 같은 큰 사건들은 없었지만 다음에서 볼 수 있듯이 일본에서도 '테러와의 전쟁'에 기여한 댓가들을 치러야 했다.

2002년에서 2003년에 걸쳐 '국적정벌대(國賊征伐隊)'라고 자칭하는 조직이 재일본조선인총연합회(조총련)와 히로시마(廣島)현 교직원조합 등을 대상으로 전국 각지에서 23건의 발포, 방화, 폭파 등의 공격을 자행했다. 특히 이들은 2002년 9월 코이즈미의 방북을 추진해온 외교관의 자택에 폭탄테러를 가했다.[48] 체포된 남자는 북한 납치문제가 해결되지 않았는데 방북을 추진하자 화가 나서 관련된 외교관들에게 범행을 저질렀다고 진술했다.

2003년 10월에는 이와는 무관한 민주당 이시이 코오끼(石井紘基) 의원이 자택 앞 골목에서 살해당했다. 곧이어 극우집단과 관련된 변변치 않은 한 남자가 체포되어 유죄판결을 받았다. 이시이 의원은 당시 구조적 부패와 의원간 담합 등의 문제를 열정적으로 다루고 있었다.[49]

또한 2002년은 1987년에 일어난 극우단체의 아사히신문사 니시노미야(西宮)지국 기자 암살사건의 공소시효가 만료되는 싯점이었다. 사건 당시 범인은 "우리는 일본을 부정하는 것을 용서할 수 없다. 아시히신문의 전체 직원을 사형에 처함을 고한다"라는 성명을 언론에 내보냈다.[50]

2003년 4월 이라크전이 점점 격화되어갈 무렵, 일본의 참전 여부를 놓고 논쟁이 벌어지고 있었는데, 토오꾜오 시내의 한 공원 공중화장실 벽에 "전쟁반대" "스펙터클 사회"라고 낙서를 한 혐의로 24세의 서점 직원이 체포되었다.[51] 이 남자는 44일간 구류되었고 그동안 공안경찰은 그의 집과 서점에서 관련된 서류와 책들을 샅샅이 수색하고 범행 동기 및 정치적 배경을 낱낱이 조사했다. 그러나 경찰의 이러한 조사 심문에 대해 그는 "공공장소에서 표현의 자유를 행사한 것"이라고 주장했다. 공중화장실에서의 낙서가 경범죄에 해당하는 것은 당연하며 낙서 제거비용에 해당하는 벌금형이 적용되는 것이 일반적이다. 하지만 그에게는 경범죄 대신 공공건물훼손죄가 적용됐고 낙서에 모종의 정치적 메씨지가 담겨 있는지에 심문이 집중됐다. 근래에 토오꾜오에서 그래피티 아티스트가 체포구금된 사례가 없었다는 점에서 이는 매우 예외적이다. 결국 이 남자는 2004년 2월에 14개월의 집행유예 판결을 받았다.

2003년 8월에는 조총련계의 신용조합 오까야마(岡山)지점의 사무실로 총탄이 발사되었다. '건국의용군(建國義勇軍)'과 '조선정벌대(朝鮮征伐隊)'라는 이름을 내건 두 단체가 "무법국가 북한의 공작선이 다음 날 니이가따(新潟)항에 들어오는 것에 항의하여 공격을 감행했다"라는 성명을 발표했다.[52]

2004년 2월에는 50세의 지방자치단체 복지과 직원이 1년 전 2003년 11월에 선거운동의 일환으로 근무시간 외에 공산당 기관지 『아까하다(赤旗)』를 배포해 지방공무원법을 위반했다며 체포되었다. 이 사건에는 200명의 특별조사반이 조직되어 그를 미행하고 비디오촬영을 했으며 그가 가진 문서와 소지품까지 조사하는 광적인 열의를 보였다. 만일 자민당의 기관지를 배포했더라면 절대로 적용되지 않았을 법률에 의거하여 2006년 6월 29일 유죄를 선고받고 10만엔의 벌금형에 처해졌다. 지금까지 32년간 이런 일로 유죄판결이 난 적이 없었다.[53]

2004년 3월에는 62세의 이따바시(板橋)고등학교 퇴직교사가 졸업식을 방해한 죄로 유죄판결을 받았다. 졸업식장에서 참석자들에게 유인물을 배포하고 국가를 부를 때 기립하지 말 것을 권했기 때문이다. 검찰은 징역 8개월을 구형했으나 2006년 5월 공무집행방해죄로 벌금 20만엔을 부과한 판결에 만족해야만 했다.[54] 이 교사를 지지한 사람들과 그의 변호사의 말에 따르면 졸업식에서 국가가 연주될 때에 한 도의회의원이 학생들에게 일어날 것을 큰 소리로 주문했지만 대부분은 학생들이 이 말을 듣지 않고 앉아 있었다고 한다. 그러자 교장, 교감과 함께 그가 핸드폰 카메라로 이 장면을 찍기 시작했고 동석했던 도청 직원들도 녹음했다고 한다. 그뒤 도의원은 도의회에서 학생들의 배후에 누군가가 있으며 그 '원흉'을 찾아내야 한다고 주장했다. 그 결과 정식조사보고서를 검찰당국에 제출하게 된 것이다.[55]

2004년초, 토오꾜오 서쪽에 위치한 타찌까와(立川)에 3명의 반전활동가가 일본의 이라크 파병에 반대하는 유인물을 방위청 직원들의 숙소 우편함에 돌렸다는 혐의로 체포되었다. 당시 전국 여론조사에서는 자위대 파견을 70퍼센트 가까이가 반대하고 있었다. 유인물은 자위대원에게 전쟁을 지지하는 일본의 결정을 신중하게 재고해달라는 요구를 다음과 같이 담고 있었다.

자위대 여러분! '이것은 명령이기 때문에'(따라서 반대하는 것은 불가능하다)라고 하기 전에 그 명령이 무엇을 의미하는지 하나씩 하나씩 생각해야 합니다. 우리들과 함께 받아들일 수 없는 명령에 반대의 목소리를 높입시다!

세 사람은 75일간 구류되었다. 이들은 매일 5시간씩 연속해서 엄중한 심문을 받았고 컴퓨터와 핸드폰을 몰수당하고 가택수색도 받았다. 2004년 4월, 국제사면위원회(Amnesty International)는 이들을 '양심수'로 인정했다. 검찰은 징역 6개월을 구형했으나 토오꾜오 지방법원은 세 사람의 행동이 헌법이 보장하는 정치적 표현의 자유의 한 형태라고 보고 2004년 12월 무죄판결했다. 그러나 국가는 이에 불복하고 다시 공소했다. 1년 뒤, 토오꾜오 고등법원은 1심을 파기하고 세 사람을 유죄로 인정하고 두 사람에게는 벌금 20만엔, 다른 한 사람에게는 10만엔을 부과했다. 오오미야(大宮) 로스쿨의 로렌스 레페타(Lawrence Repeta)는 다음과 같이 언급했다.

이 사건은 대단히 중대한 문제를 안고 있다. 유인물을 돌리다 체포된 사람은 일반시민이다. 유인물을 돌리는 것은 표현의 자유 가운데 가장 전통적이고 기본적인 방식이다. 정부가 정책의 주요과제에 대한 국민의 의견표명을 이런 식으로 제한하고 이를 정당화하려고 한다면 그 책임은 정부가 질 수밖에 없다. (…) 정부 측은 자신의 행동을 정당화할 수 있는 근거를 제시하지 않으면 안된다.[56]

세 활동가는 일본에서 가장 오래된 반전단체의 하나인 '타찌까와 자위대 감시 텐트마을'에 속해 있는 사람들이다. 이 단체는 25년에 걸쳐 미군기지와 관련된 평화운동을 전개해왔다. 예를 들면 타찌까와 미군기지 병력의 베트남 파견, 일본에 반환되는 미군기지와 시설 등의 자위대 양도에 반대하는 활동을 펼쳤다. 그러나 지금까지 한 사람도 체포된 일이 없었다. 헌법을 지키고 평화를 지향하는 타찌까와 시민투쟁의 역사는 실로 깊고 오래되었다. 일본 시민사회의 역사 속에서 스나가와(砂川, 지금의 타찌까와) 농부들이 미군기지 건설을 위한 토지 강제수용에 격렬히 저항했던 1950년대의 투쟁은 일본 헌법사상 획기적인 판결이자 역사적인 사건으로 남아 있다. 당시 토오꾜오 지방법원 판사 다떼 아끼오(伊達秋雄)는 농민들에게 무죄를 선고하고, 이들이 반대하는 미일안전보장조약은 위헌이라고 판결했다.[57] 1959년과 1960년에 걸쳐 스나가와/타찌까와의 반(反)기지투쟁은 미일안전보장조약에 반대하는 전국 규모의 대중운동으로 성장했고 국정은 큰 혼란에 빠졌다.[58] 타찌까와의 세 사람에 대한 처리는 과거의 경험이 되살아나 다시 시민에게 주도권을 넘겨서는 안된다는 일본정부의 결의가 담겨 있던 셈이다. 특히 2005년 재심에서 이들에게 내려진 유죄판결은 정부가 당시 진행중이었던 미군기지의 재편을 염두에 두었기 때문일 것이다. 현재 진행되고 있는 미군 및 자위대 기지 재편은 1950, 70년대와 비슷하거나 그것을 상회하는 커다란 변화이다.

세 사람의 체포는 1906년 무정부주의자였던 오오스기 사까에(大杉榮)가 프랑스어로 된 반전 기사를 번역·출판하자 신문조례 위반으로 4개월간 투옥된 사건으로부터 100년 만에 일어난 일이었다. 그는 1923년 관동대지진 직후 부인과 조카와 함께 헌병에게 연행되었다가 옥중에서 살해되었다. 유감스럽게도 타찌까와의 세 사람에게 내려진 구류판결은 세계적 규모로 진행중인 미군의 재편과 그 보조부대로서 자위대의 움직임에 대한 어떠한 반대도 사전에 제압하려는 정부의 결의를 보여주는 사건이라 할 수 있다. 이 사건에 대해서는 미군기지가 있는 오끼나와(沖繩), 이와꾸니(岩國) 그리고 카나가와(神奈川) 등의 시민활동가들이 신중하게 연구할 필요가 있을 것이다.

2004년 12월, 불교 승려 아라까와 요오세이(荒川庸生, 당시 58세)가 일본공산당의 전단지를 돌렸다는 이유로 체포되어 그 상태로 23일간 구류되었다. 아라까와는 공산당 지지자였으나 당원은 아니었다. 그리고 40년에 걸쳐서 전단지를 배포해왔고 그 일로 당국에 제지를 받거나 문제가 된 적이 한번도 없었다. 검찰은 공동주택단지 주거침입죄로 10만엔의 벌금을 구형했으나 토오꾜오 지방법원은 2006년 8월에 무죄를 선언했다.[59]

2005년 7월, 후지제록스의 코바야시 요오따로오(小林陽太郎) 회장 자택에 화염병이 투척된 사건이 발생했다. 코바야시는 '신중일우호21세기위원회' 의장이었으며 코이즈미의 야스꾸니신사 참배가 중일관계에 마찰을 일으켰다고 비판해온 주요인사였다.

2006년초에는 토오꾜오의 중학교 교사 마스다 요오꼬(增田都子)가 "교사로서의 적합성이 결여되어" 파면당하는 일이 발생했다. 마스다는 교직경력이 33년이고 교육문제에 대한 책도 여러권 출간했다. 그녀는 평소에 토론식 수업으로 학생 스스로 지식을 넓혀가도록 했는데, 특히 평화문제에 관해서 그 방식을 따랐다. 그런데 1997년 어느날, 마스다가 오끼나와의 후뗀마(普天間)기지에 주둔하는 미 해병대를 주제로 한 다큐멘터리 비디오를 수업시간에 학생들에게 보여준 데서 문제가 빚어졌다. 아이들 가운데 어머니가 미국인인 학생이 있었는데, 그 부모가 교육위원회에 교사가 수업시간에 '반미교육'을 시켰다며 항의했다. 학생의 어머니는 명예훼손으로 소송을 제기했으나 결국 패소했다. 그럼에도 불구하고 마스다는 감봉처분을 받았고 '연수'를 받아야 했다. 그녀처럼 교사가 연수를 받고 재교육쎈터에 다니는 것은 명목적으로는 자질향상을 위해서지만, 이는 실은 전전(戰前)에 공산주의자들에게 강요되었던 '전향'과 같은 과정에 해당하는 것이다. 연수는 2년 반 이상을 받아야 했다. 연수를 끝내고 학교에 복귀한 마스다는 '공민(公民)' 수업시간에 전쟁책임 문제에 관한 토론을 끌어내는 자료를 배포했다. 그 가운데 "일본에 전쟁책임이 있는가"라는 자기 지역의 도의원이 제기한 질문의 발언을 인용하여 '새 역사교과서를 만드는 모임'의 교과서를 "역사를 위조하는 것으로 유명한" 단체의 결과물이라고 소개했다. 마스다는 또다시 학부모에게 고소를 당했으나 이번에는 『산께이신문(産經新聞)』 등 우익 언론의 과격한 비난과 공격을 받게 되었다.[60] 마스다는 다시 6개월간 '연수'를 받아야 했고 그동안 검정교과서 비판을 철회하라고 요구받았다. 하지만 그녀의 의지는 단호했다. 마스다는 결국 면직처분을 받았다. 토오꾜오에서는 350명 정도의 공립학교 교사가 공무원 신분임에도 불구하고 국기와 국가에 관한 법률에 따르지 않았다는 이유로 토오꾜오 도교육위원회의 처분을 받은 바 있다. 대부분 학교행사 때 기립하여 국가를 제창하는 것을 거부했기 때문이다. 그러나 정치적 이유로 파면된 것은 마스다가 최초였다.[61]

2006년 6월, 자기 지역으로 미군기지가 이전해오는 것을 반대하는 카나가와현의 주민단체 대표인 한 여성이 NHK의 토론 프로그램에 출연했다. 여기서 그녀는 내셔널리스트이자 인기 만화가인 코바야시 요시노리(小林よしのり)에게 "일본은 중국에서 무엇을 했는가?"라고 질문했다. 그날 저녁부터 그녀의 집으로 욕설을 퍼붓거나 협박하거나 혹은 전화를 걸어 침묵을 하는 전화가 수없이 걸려왔다. 첫날에만 2000통이 넘었고 그녀의 블로그는 조회수가 13,733회를 기록하면서 비방하는 댓글로 뒤덮였다. 악성 댓글은 그뒤 5일간 합계 118,107개에 달했다.[62]

싸이버공간에서 익명의 발신자에 의해 널리 유포되는 언어폭력이 매우 심각한 정도라 많은 이들이 우려하고 있다. 이러한 익명의 발신자 가운데에는 젊은 남자가 많다. 전형적인 경우는 일정한 수준의 교육을 받았으나 경제적으로 불이익을 당한 젊은이들, 이른바 '새로운 빈곤층'(the new poor)으로 자신들의 좌절과 불만 그리고 분노를 외국인(특히 한국과 북한 사람들), 여성, 노인, 소수자, 그리고 충분한 교육을 받지 못한 사람들에게 마구 토해내고 있다. 저명한 비평가이자 논평가인 신숙옥(辛淑玉, 재일조선인)은 최근 수년 사이에 수만번도 넘는 협박과 비난 메일을 많게는 하루에 630통이 넘게 받았다고 한다. 그녀는 "이런 사람들은 타인을 비하함으로써 자신감을 되찾으려 한다"고 설명한다.[63]

그녀가 경험한 일은 시민활동가, 특히 일반적으로 호의적인 반응을 끌어내기 어려운 주제(북한문제를 포함)를 다루는 이들에게 자주 일어난다. 철학자이며 시민활동가인 토오꾜오대학 철학과의 타까하시 테쯔야(高橋哲哉) 교수는 늘 이같은 위협을 의식하고 지낸다고 한다.[64] 그러나 희생당하기 쉬운 쪽은 약자이다. 핵과 납치문제로 언론이 북한에 대한 비난의 강도를 높일 때마다 민족의상을 입고 있는 조선인학교의 학생들이 경험하는 신체적 위협과 폭력 또한 한층 수위가 높아졌다. 이외에도 천황이나 전쟁책임(난징대학살과 위안부) 등 미묘한 문제에 대해서 전국적인 우익단체들이 뿜어내는 고도의 정치적 압력이 때때로 대형 신문사 및 방송사에 가해지고 있다.[65] 가장 두려움을 모르는 저널이랄 수 있는 잡지 『소문의 진상(噂の眞相)』은 천황제 등을 포함하여 일본사회가 금기시하는 주제들에 도전해야 한다는 정신으로 창간됐다. 그러나 2000년 6월에 마사꼬(雅子) 황태자비의 기사를 실으면서 적절한 경어를 쓰지 않았다는 이유로 편집장이 우익에게 폭행당한 사건이 있었다. 결국 이 잡지는 그뒤 되풀이되는 공격을 받고 2004년 3월에 흑자를 내는 상태임에도 휴간에 들어갔다.[66]

2006년 7월, 토오꾜오의 유력한 경제지인 『니혼케이자이신문(日本經濟新聞)』 본사에 화염병이 투척된 적이 있다. 피해도 경미하고 부상자도 없었으나 이 사건은 1978년에 A급 전범이 합사된 이후 히로히또 천황이 야스꾸니신사 참배를 중지했다는 기사를 내보낸 직후에 일어났다. '국경없는 기자단'은 "이 기사는 극우뿐 아니라 코이즈미 준이찌로오 총리도 격노하게 만들었다"고 논평을 냈다.[67]

2차대전에서 일본이 항복한 지 61주년이 되는 2006년 8월 15일, 코이즈미 당시 총리가 야스꾸니신사를 참배하고 몇시간이 지나지 않아 일본사회의 밑바닥에 흐르고 있던 폭력적 기류가 갑자기 수면 위로 분출했다. 자민당 전 간사장이었던 카또오 코오이찌(加藤紘一)는 오래전부터 총리의 야스꾸니신사 참배에 이의를 제기해왔는데, 바로 이날 저녁 극우인사가 그의 집과 옆에 붙은 지역구 사무실에 방화를 해 모두 불타버렸다. 범인은 그 자리에서 할복자살을 시도했다.[68] 함께 살던 당시 97세의 노모는 다행히도 그 시각에 외출중이어서 인명피해는 없었다. 카또오는 자민당 내에서 리버럴한 입장을 대표해 발언해왔다. 그는 야스꾸니신사 참배, 오끼나와 미군기지, 북한 그리고 자민당이 추구해온 신자유주의 정책의 결과로 빚어진 경제정책의 실패 등 코이즈미에 대해 기탄없이 비판해왔다. 이같은 카또오 의원의 입장은 당내 비주류의 시각을 대변하는 것이었다. 그를 두고 익명의 비판이 쏟아졌음은 물론, 어느 주간지에는 북한 고위층과 뒷거래를 하고 있다는 추측성 기사가 실렸고 2000년 9월에는 자택의 유리창이 여러 차례

파손되었으며 2003년 10월에는 실탄이 들어간 편지가 배달되기도 했다.[69]

카또오는 이러한 새로운 사건 속에 2000만명에 달하는 '워킹푸어'(working poor)를 만들어낸 경제변화와 '쉽게 화내는' 사회분위기, 그리고 양심의 가책을 느끼지 않는 공격적인 내셔널리즘 등의 사회적 맥락이 형성돼 있다고 보았다. 공격적인 내셔널리즘이란 일본의 군국주의에 대한 참회 없이 (2차대전 동안 혹은 그전에도 그랬듯이) "지난 전쟁에서 우리가 잘못한 것은 아무것도 없다"[70]는 식의 태도를 의미한다. 〔한국〕 인터넷신문 '오마이뉴스' 일본판의 긴급인터뷰에서 카또오는 코이즈미정치의 대두배경이 된 '뿌리내리지 못하고 부유(浮遊)하는 사회'에 대해 다음과 같이 언급했다.

내가 보기에 가장 큰 문제는 개인이 정착하지 못하고 붕붕 떠다니는 데 있습니다. 부유하는 개인들은 마치 끈이 떨어진 풍선같이 바람에 이끌려 다니게 되지요. 도시의 경우에는 수십만명 단위로 떠다니게 됩니다. 물리학에서 말하는, 자유롭게 활동하는 전자에 비유할 수 있는데, 이들은 여기저기 자유롭게 흩어져 있다가 어떤 자장(磁場)이 형성되면 금방 그 힘에 끌려 움직입니다. 우리 사회가 이렇게 되어버렸다는 느낌입니다.

여러가지 이유로 가족관계도 점차 약해지고 있습니다. 아버지가 아들을 야단치지 않고 딸들도 아버지를 어려워하는 일이 거의 사라졌습니다. 이런 것이 자유라고 생각하고 각자 자기 방으로 들어가 문 닫고 컴퓨터나 텔레비전의 세계에 빠져 있지요.

지역사회에서도 사람들 사이의 유대가 지속적으로 약화되고 있는데 이런 변화는 오래전부터 있었지요. 지금까지 일터라는 공동체는 유지되고 있지만 과거처럼 부장이나 과장 등 해당 부서의 책임자가 부하직원들과 함께 술을 마시고 하는 일은 매우 드물어졌습니다. 아랫사람이 거절하면 윗사람은 두번 다시 권하고 싶은 마음이 없어지지요.

　모두가 자기 생각을 확실하게 갖고 있으면 좋겠지만 그런 사람은 그리 많지 않습니다. 그러면 자유가 괴로운 것이 되어버립니다. 무엇인가 강하게 자신을 끌어당겨주는 사람을 필요로 하게 되는 거지요.[71]

　카또오는 이같은 풍조에서 내셔널리즘이 "극단적이고 매우 영향력 있는 자기장"의 역할을 할 수 있을 것이라고 설명했다.

　테러에 대해 침묵을 지키는 것은 테러를 인정하는 것과 마찬가지라고 볼 수 있을 텐데, 정부 고위층이 동료 또는 선배 의원이 당한 이러한 습격에 대해 언급한 것은 열흘이나 지나서다. 코이즈미 당시 총리와 아베 관방장관도 짤막한 말로 비판했을 뿐이다. 그러나 코이즈미는 야스꾸니신사 참배가 내셔널리즘을 부추기고 결과적으로 그러한 범죄가 발생하는 것을 조성한 것은 아닌가라는 기자의 질문에 다음과 같이 답변했다.

　선동하거나 부추기는 세력이 있는 것은 사실입니다. 매스컴도 야스꾸니문제를 왜 이렇게 다루는지 잘 생각해보는 것이 좋겠습니다. 다른 나라 또한 왜 이 문제를 자꾸만 부추기려 하는지, 아울러 그러한 나라의 소식을 자꾸 보도하는 언론의 보도자세 또한 경계하는 것이 좋지 않겠습니까.[72]

코이즈미는 직접적으로 불법행위의 책임을 미디어와 중국에 전가했다. 80년 전에 일본은 암살, 쿠데타, 혹은 쿠데타 미수 등을 체험해왔다. 그리고 이러한 일련의 사건은 일본을 의회제 민주주의국가(비록 일시적으로 튼튼하게 확립되지 못하여 휘청거렸지만)에서 군국주의, 파씨스트, 전쟁국가로 이르게 했다. 2006년, 국가 지도자와 전국 규모의 거대 언론은 조용히 그러나 점점 그 수위가 올라가고 있는 테러리스트의 폭력을 간과하고 있으며, 다른 한편으로는 정부를 비판하는 발언과 표현에 가해지는 제재 혹은 압력의 심각성을 경시하고 있다. 『토오꾜오신문(東京新聞)』은 특보로 다음과 같이 논평했다. "작금의 사건들 속에서 의회정치가 붕괴된 저 1930년대가 되풀이된다고 보는 것이 과연 과장일까?"[73]

| **3장** |

'일본모델'의 해체

성장신화의 종언

약 20년 전 중국이 산업대국으로 등장하기까지 '일본'이라는 단어는 '성장' 그리고 '기적'과 거의 동의어로 사용되었다. 산업조직론의 노하우를 몸에 익힌 일본 특유의 '개발형 자본주의'는 앵글로아메리카형 시장경제보다 우수했으며 이는 그후에도 지속될 것으로 보였다. 당시의 시대 분위기는 에즈라 보겔(Ezra Vogel)의 저서 『넘버원 일본』(*Japan as Number One*)에 잘 묘사되어 있다. 그러나 실제로는 그렇지 못하다는 것이 최근에 와서 입증되고 있다. 당시 일본 씨스템의 중심에는 이른바 '토건국가' 혹은 '공공사업국가'라고 불리는 메커니즘이 있었고, 타나카 카꾸에이의 재임기(1972~75년)에 그 정점을 이루었다.[1] 이후 이러한 일본경제의 독특한 씨스템에 대한 비판이 있었고 그에 따라 수정도 가해졌지만 코이즈미정권 출범 전까지 이 씨스템은 기본적인 골격을 유지했다. 그러나 코이즈미의 등장과 함께 이는 전면적으로 정면공격을 받기 시작했다. 코이즈미는 일본 경제씨스템을 앵글로아메리카형 자본주의로 전환하고자 했으며 그 결과 토건국가의 기본씨스템이 붕괴되었다.

토건국가의 핵심에는 우정성(郵政省)이 있었다. 이른바 우정성 3대 사업은 우편업무와 함께 우편저축과 간이보험을 들 수 있는데, 본연의 우편업무보다는 거대 규모의 우편저축과 간이보험이 더욱 중요한 사업이었다고 할 수 있다. 우정성은 2만 5000개에 이르는 우편국을 통해 전국을 대상으로 우편배달을 담당했을 뿐 아니라 저축과 보험을 동시에 다룬다는 점에서 전세계적으로도 매우 드문 관청이었다. 저축과 보험의 총 자금량은 약 350조엔(3조달러 이상)으로 세계최대 수준이며, 우편저축 230조엔, 간이보험 120조엔(일본 생명보험시장의 약 30%에 해당)으로 구성되었다. 규모는 씨티그룹(Citigroup)의 2.5배, 독일의 포스트뱅크(독일 우체국 은행)의 20배에 달했다.[2] 도시에서 떨어진 마을이나 시골에 살고 있는 사람들은 우체국에서 서로 얼굴을 마주하는 경우가 많기에 우체국이 일상생활의 중심이라 할 수 있다. 우편저축의 이율은 1% 이하로 낮았으나 도산할 염려가 없고 수수료도 낮았기 때문에 사람들은 민간은행보다 전국 어디에나 있는 우체국에 돈을 예탁하는 경우가 많았다.

일본인들은 자신의 저금과 보험료가 전국 차원에서 일종의 개발자금으로 사용되고 있다는 사실을 막연하게나마 알고 있었다. 재무장관은 개발계획을 입안하고 저금과 보험료를 공단·사업단 등 특수법인에 배분했고 그 결과 일본 전역에서 고속도로와 공항 그리고 다리 및 댐 등이 속속 건설되었다. 이러한 경제씨스템은 재정투자 및 융자를 통해 국가적 차원의 인프라를 구축했으며 부의 재분배를 통해 지역간·계층간 격차를 줄히는 데 기여했다. 이러한 까닭에 우정성은 일본의 독특한 관료주도형 개발국가의 핵심이었다. 또한 우체국은 자민당, 특히 타나까의 분파에 유리하게 작용했다. 선거에서 우체국장을 활용하면 표 모으기와 이권 알선 등을 통해 영향력을 행사할 수 있었기 때문이다. 이 씨스템에서는 특정 파벌에 호의적인 우체국장을 앞서 언급한 정부관련 공사기관에 낙하산식으로 임명할 수도 있었다. 그렇게 새로운 자리에 가게 된 관료는 자금의 관리자에서 정치적 수혜자의 입장으로 바뀌게 된다. 자민당의 지배는 전국에 걸쳐 국민들에게 널리 수용돼왔다. 자민당이 〔경제〕성장을 가져오고 부를 재분배하여 널리 사회에 이익을 가져오는 세력이라는 인상은 그들의 정치역시 정당화시켰다. 유럽의 기준으로 보자면 복지를 위한 재원이 부족한 편이지만 일본의 씨스템은 부를 축적하고 재분배함으로써 나름대로 사회복지를 실현하고 사회적 안전망을 구축할 수 있었다. 일본의 사회복지제도는 케인즈이론의 변형판으로서 포괄적이고 효과적인면이 있었다. 이 씨스템으로 일본은 종신고용, 보통(평등)교육, 의료와 기업복지를 실현하고 회사에 대한 충성심까지 이끌어냈으며 이를바탕으로 기업경영은 최전성기를 구가할 수 있었다. 이처럼 일본형개발모델은 정부가 실제로 공공복지를 최우선으로 하고 있다는 인상을 줄 정도로 훌륭하게 작동했고, 당시의 일본인들은 자신이 중산층에속한다고 여기고 있었다.

그러나 이 씨스템에는 두가지 큰 약점이 있었다. 첫째 성장이 계속되면 부채는 처리될 수 있다는 낙관적인 전제에 기초해 있었고, 둘째성장이 둔화되거나 정체가 발생했을 때 대응할 수 있는 유연성이 없

었다. 게다가 사회적으로나 재정적으로 책임을 져야 하는 회계씨스템
이 없었다. 이미 포화상태에 이른 도로와 다리 등의 건설 및 복구사업
에서 복지와 고령자 등을 위한 사회적 필요 쪽으로 소중한 예산을 돌
릴 수 있는 장치도 제대로 마련되어 있지 않았다. 타나까와 그 계승자
들이 정권을 잡는 동안 전국적으로 토건국가의 권력망이 확장되고 부
정부패사건이 끊이지 않았다. 제대로 잘 검토된 정책에 기초한 정치
가 아니라 이익만을 대표하는 정치가 횡행한 것이다. 인프라스트럭처
(infra-structure)는 요구 및 수요에 따라 이미 1980년대에 잘 갖추어졌
으나 필요성과 관계없이 재원이 사용되어 엑스트라스트럭처(extra-
structure)라는 신조어가 나오기도 했다. 특히 1980년대 후반에는 대장
성과 건설성의 기획실에서 쓸모없고 환경파괴적이며 과잉투자된 사
업들이 줄지어 진행되었다. 일본의 관료들은 지속적으로 압력을 가해
온 미국의 요구에도 대응해야 했다. 특히 1980년대부터 협의중이던
무역분쟁에서 '구조적 장벽'을 처리해야 했고 미국은 일본의 내수시
장 확대와 경기부양을 집요하게 요구해왔다. 1990년 6월 일본은 미국
의 요구에 따라 10년에 걸쳐 430조엔을 공공사업에 투자할 것을 약속
했다. 그러나 이 금액은 1994년에는 630조엔(대상기간 1995~2007년)[3]
으로 늘어났고 그만큼 국채도 불어났다. 이 과정에 대해서는 2002년
에 정부의 핵심적 위치에 있었던 고또오다 마사하루가 다음과 같이
회고한 바 있다.

"타나까 총리는 공공사업에 관한 예산과 보조금을 국가로부터 지방
자치단체와 소규모 사업에 분산하는 메커니즘을 만들어왔다. 도로 관
련 예산의 집행에 필요한 새로운 공익법인을 설치하여 특별예산을 짜

서 보조금을 주고, 그밖의 특정사업에도 적당한 예산의 끈을 달아두는 식으로 각종 입법적 장치를 추진했다. (…) 공공사업은 재정투자 및 융자 가운데 중요한 위치를 차지했고, 주로 공익법인과 지방자치단체를 통해 실행되었다. (…) 타나까정권이 목표로 삼은 것은 일본 전체의 발전과 번영이었으며 누구든지 그 혜택을 입을 수 있도록 제도와 방식을 마련하는 것이었다. 기본적인 구상은 재정지출을 통해서 일본 전체의 풍요로움을 추진해가는 것이다."[4]

이 모든 결함에도 불구하고 일본의 경제씨스템은 (고또오다 역시 동의했겠지만) 경제평론가 우찌하시 카쯔또(內橋克人)가 지적했듯이 '전원형 자본주의'(pastoral capitalism)로 노력, 규율, 기술, 염려 등을 보상받고 사회적 유대감을 돈독히 하는 데 기여하지만, 앵글로쌕슨형은 '야생형 자본주의'(wild capitalism)로 노력에 따른 보수보다는 투기적인 정신이 지배하고 있다는 것이다.[5] 하지만 중요한 것은 1998년말에, 이미 고또오다가 언급했듯이 "일본의 경제씨스템은 제대로 기능하고 있지 못하다"는 사실이다.[6]

1990년대 일본은 경제는 성숙했지만 성장이 둔화되다가 결국은 서서히 멈춰버렸다. 그러는 가운데 관료와 정치가는 건설·금융업계와 '황금의 삼각동맹'(golden triangle)을 형성하고 자신들의 이익증대는 물론 공공사업 및 정치적 목적을 위해 이러한 경제씨스템을 이용했다. 그 결과 일본의 경제씨스템은 치명적으로 약화되었고 언론의 표적이 되어 대중들의 분노를 샀다.

정치인의 부패와 관료의 무능력 그리고 국채의 증가가 겹치자 무용한 교량 건설과 해안 및 하천의 콘크리트 사업 등 일본의 경제씨스템에 불만이 터져나왔다. 특히 이러한 경제씨스템의 기반을 확실히 닦은 장본인 타나까 카꾸에이에 대한 불신은 자민당 안에도 반대파가 생기게 했고 타나까 분파를 공식적으로 비판하는 목소리도 조금씩 높아졌다. 2001년에 코이즈미는 근본적 개혁주의자의 이미지를 부각시키면서 필요하다면 자민당을 해체해서라도 이 문제를 해결하겠다고 역설하여 참신한 느낌을 주었다. 코이즈미는 경제가 부진한 이유가 바로 이러한 씨스템에 있다고 비판하면서 당권력을 장악했다. 전임자였던 모리의 내각에 대한 지지율이 10퍼센트에 머물렀던 것에 반해 코이즈미내각에 대한 지지율은 순식간에 80퍼센트에 육박했다.

코이즈미 총리가 국회에 제출한 법안은 현행의 우정성을 4개의 회사로 나누고 2017년까지 10년에 걸쳐 완전히 민영화하는 것이었다. 그러나 그때까지도 정부는 지주회사를 통해 전체 주식의 3분의 1 이상을 보유하려고 했다. 2005년 8월 8일 중의원을 통과한 코이즈미의 우정국민영화법안이 참의원 표결에서는 자민당 내부의 37명 의원이 기권 혹은 반대하여 결국 부결되었다. 그러자 코이즈미는 중의원을 해산하고 총선거를 주문했다. 헌법 제59조 2항에 의하면 특정 법안에 대해 중의원과 참의원의 의견이 다를 경우, 중의원에서 출석의원의 3분의 2 이상의 다수로 재가결되면 법률로 성안된다는 규정이 있었다. 코이즈미는 그것이 불가능함을 잘 알고 있었기 때문에 참의원 전체를 징벌하는 대신 중의원에서 법안에 반대했던 의원들을 징벌하기 위한 방식으로 중의원 해산을 선택한 것이다. 의회 해산 후 전국 유세에서 코이즈미는 이번 선거의 주제가 개혁이라고 주장하고 우정국민영화 한가지를 선거의 핵심쟁점으로 부각하여 유권자에게 예, 아니오의 양자택일을 요구하였다.

당시 전국적으로 우정국은 비효율적이라든지 불만스럽다든지 하는 비판의 대상은 아니었으며, 오히려 국민들은 우정국이 매우 효율적이고 잘 기능하고 있다고 생각했다. 코이즈미는 귀가 따가울 정도로 "관(官)에서 민(民)으로"라는 주문을 되풀이하여 외쳤고 그밖의 민영화의 구체적인 필요성에 대해서는 거의 설명하지 않았다. 다시 말하면 그의 결정은 정책 그 자체보다는 이데올로기적으로 추진되었다고 할 수 있다.

코이즈미 총리는 반대표를 던진 자민당 의원들을 제명하고 그 선거구에 이른바 '자객'을 보냈다. 그중에는 정치적 경험이 적더라도 대중에게 잘 알려진 매력적인 여성들이 다수 포함되어 있었다. 선거전을 통해서 코이즈미는 사무라이 시대극의 주역이 되었다. 실제로 코이즈미 자신은 16세기 전국시대의 명장 오다 노부나가(織田信長)를 모방하여 당시 베스트셀러였던 책에서 오다 노부나가가 1571년 히에산(比叡山)에 올라 엔랴쿠지(延暦寺)라는 절을 불태우고 반란을 일으킨 승려 수백명을 살해하면서 남긴 "세상에서 쓰레기를 없애기로 결심했다"라는 문구를 인용했다. 그는 자신을 갈릴레오에, 우정국민영화를 지동설에 비유하여 지동설을 포기한다면 자신은 갈릴레오와 마찬가지로 죽을 준비가 되어 있다고도 했다. 그에게는 개인적인 정략적 복수도 하나의 동기였다. 코이즈미는 1972년에 자신이 보기에 부당하게 내려진 정치적 결정을 이번 기회에 바로 잡아야겠다는 생각을 하고 있었다. 1972년은 자민당의 총재선거에서 코이즈미가 비서로서 모시던 후꾸다 타께오(福田赳夫)가 타나까 카꾸에이와의 권력투쟁, 이른바 '카꾸후꾸전쟁(角福戰爭)'에서 패한 해이다. 당시 일본 전체는 드라마보다 더 드라마틱한 정치과정에 매료되어 있었다.

우연히도 선거운동 기간은 연극연출가 니나가와 유끼오(蜷川幸雄)가 셰익스피어 희곡 전편을 장대한 무대에서 펼쳐보이는 토오꾜오 공연과 겹쳐 있었다. '니나가와 극장'과 마찬가지로 '코이즈미 극장'에도 희극, 비극, 로맨스, 역사 등이 골고루 섞여 있었다. 자객의 등장, 대의 명분을 위한 죽음……. '개혁'의 절규에 유권자들은 흥분했고 서서히 열기가 끓어올랐다. 투표일에 기권율은 32.5%로 떨어져 1990년 이후 어떤 선거보다도 낮았다.

선거기간 유권자를 움직인 것은 복잡한 우정국민영화에 관한 특정 정책들이 아니라 '개혁'이라는 하나의 단어였다. 민영화가 일본의 현 난국을 돌파하는 데 절실한 가치라고는 누구도 확신하지 못했다. 그러나 코이즈미는 국가를 난국에서 구제하기 위해서는 '우정국' 개혁이 불가결하다고 늘 주장해왔다. 하지만 어느날 편안한 자리에서 방심한 틈에 그만 자신이 아직 법안을 읽어보지 못했음을 인정하기도 했다. 어떻든 선거에서 코이즈미는 예상 외로 선전했다. 2001년 선거에서보다 훨씬 많은 지지세력을 당선시켜 중의원에서는 과반수를 넘겼으며 그 덕분에 '개혁'의 대의를 거스르는 모든 기득권을 가진 적을 제거하고 자신의 계획을 더욱 강력히 추진할 수 있게 되었다. 그러나 이같은 개혁 추진파의 지도자로서 자신을 드러내고 완전한 승리의 깃발을 올릴 수 있는 정부의 수장을 4년 뒤 선거에서도 볼 수 있으리라고는 생각되지 않는다. 어쨌든 2005년 코이즈미의 선거승리는 타나까 정권의 '이익배분을 통한 평등'의 지지자에게는 결정적인 패배를 안겨주었다.

선거

1994년 이후 일본의 선거제도는 중선거구제에서 소선거구 비례대표제로 바뀌었다. 300석의 소선거구와 180석의 비례대표가 병립하는 제도였다. 비례대표로 자민당은 2580만표(전체투표의 38.18%)를 획득했다. 그 결과 자민당의 의석은 전체의 68%에 해당하는 296석을 차지했고 자민당과 연립하고 있는 공명당은 890만표(전국투표의 13.25%)를 차지해 31석을 추가했다. 둘을 합한 연립정권은 전체 의석수 480석 가운데 327석을 얻어 3분의 2(320석)를 넘는 절대다수를 확보한 것이다. 그러나 실제로 전국에서 공명당이 얻은 종교세력의 표가 없었더라면 도시의 소선거구에서 자민당 후보는 거의 당선되지 못했을 것이다. 대조적으로 제1야당인 민주당은 비례대표에서 31%에 해당하는 2100만표를 획득했으나 의석수는 177석에서 113석으로 급감했다. 소선거구에서 획득한 표는 지난 선거에서 얻은 37%에서 1% 적은 36%였지만 의석점유율은 35%에서 17%로 반감했다. 전국투표의 7.25%를 획득한 공산당은 의석의 1.9%(소선거구에서는 0)로 이전과 비슷한 9석을 유지했다. 사민당은 5.5%를 획득하여 의석의 1.5%를 획득했고 6석에서 7석으로 의석이 하나 늘었다. 17명의 전 자민당 '반란자'(코이즈미 반대파)와 1명의 무소속 후보도 당선되어 무소속의원으로 혹은 새로운 작은 정당의 깃발 아래 의회의 구석에 자리를 잡았다.[7]

선거결과는 실로 현대 일본정치사에서 기록될 만한 여당의 압도적인 승리였다. 그러나 자세히 들여다보면 화려한 외형만큼 유권자 대다수가 자민당을 지지하는 것은 아니다. 1963년 이래 자민당은 진정한 승리를 경험하지 못했다. 이번 선거에서도 자민당의 압승은 변덕스러운 선거제도의 변천 중 1994년 개정의 잇점을 톡톡히 본 덕분이다(표1 참조).[8]

표1 자민당 선거실적 1996~2005년

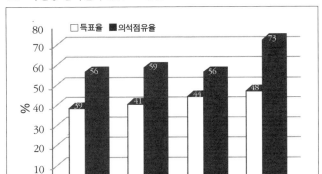

출처 上脇博之「これは本當に『民意』なのか」, 『世界』 2005年11月, 107면.

만일 소선거구 전체투표에 기반하여 의석을 다시 배분해보면 2005년에 자민당의 의석은 183석, 민주당 149석, 공산당 35석, 사민당 27석이 된다. 『아사히신문』이 소선거구의 득표수를 계산해본 결과, 자민당과 공명당의 연립정권은 3350만표로 야당표의 합계보다 100만표가 적었다.[9] 여당은 토오꾜오에서 후꾸오까에 이르는 대도시 집중지역에서 강했고 극적으로 그 지지를 회복했다. 2003년 선거에서 자민당은 128석을 놓고 싸웠으나 불과 5석밖에 차지하지 못했는데, 이번 선거에서는 104석을 획득한 것이다.[10] 2005년 9월 11일 선거에서 여당은 의석수에서 확실하게 압승을 거두었다. 그러나 이번 선거에서 결정적으로 왜 코이즈미에게 지지가 몰렸는지 그리고 그 정책이 무엇인지에 대해서는 거의 널리 보도되지 않았다.

그러나 실제 정치상황은 훨씬 복잡했다. 최대 야당인 민주당은 우정국민영화법안과 같은 특정 사안에는 반대했으나 기본원칙은 지지했다. 그 결과 유권자들에게는 마치 선택의 폭이 넓은 것처럼 보였지만 실제로는 별로 여지가 없었다. 결국 그 선택이란 코이즈미가 주도하는 신자유주의냐 민주당의 오까다 카츠야(岡田克也)가 주도하는 신자유주의냐일 따름이었다. 최대 야당인 민주당은 1998년에 현재의 모습을 갖추었는데, 다양한 세력들이 모여서 만들어진 불안정한 연립정당이었다. 일찍이 일본정치가 격동하던 1990년대 중반에 자민당의 '좌'파와 사회당의 '우'파가 결합하고 보수중도정당에 해당하는 '사끼가께(さきがけ)'와 '일본신당'의 일부가 가세하여 하나의 정당으로 만들어졌다. 2003년에 민주당은 '개혁'에 해당하는 추가조치를 요구하는 경단련으로부터 재정적인 지원까지 받았다. 경단련의 지원은 민주당이 노동조합과의 관계에서 남아 있는 끈을 끊고 민영화와 규제완화에 찬성할 것과 나아가 헌법 9조의 개정에 협력할 것을 요구를 전제로했다. 2005년 코이즈미가 중의원을 해산하고 실시한 총선거를 단일주제에 대한 국민투표처럼 활용했을 때, 민주당은 이를 제대로 이해하지 못한 채 그 댓가를 지불했다. 민주당은 복잡한 문제들과 정치적 선택들을 제시했지만 실제로는 대안을 제시하지 못했다. 뿐만 아니라 코이즈미가 추구하는 사회상에 대해서도 비판적인 안목을 충분히 가지지 못했고 설득력있는 비전을 제시하지 못했다.

민주당이 서 있는 야당의 자리 한편에는 작지만 중요한 정당들이 함께 모여 있었다. 공산당의 득표는 전후 줄곧 2%에서 8% 사이에서 지지를 받아왔다. 사민당은 1994년까지 사회당이라는 이름으로 유권자의 15%를 획득해왔으나 1990년대 중반 무라야마 토미이찌(村山富市) 당수가 연립정권의 총리가 되어 자위대를 합헌으로 인정하고 미일 안보조약을 지지하고 히노마루·키미가요를 국가 상징으로 인정하는 등 치명적인 선택을 함으로써 급속히 위축되었다. 당원의 다수가 지지해온 기본방침을 포기한 결과였다. 그후 사회당은 사민당으로 재구성되어 정당의 정체성 혼란에도 불구하고 명맥을 유지했고 코이즈미라는 허리케인에 해당하는 폭풍 속에서도 견뎌내어 '평화와 헌법'을 수호한다는 방침 아래 2005년 9월 선거에서는 의석을 조금이나마 늘릴 수 있었다. 공산주의자와 사회민주주의자와 더불어 코이즈미 연립정권에 반대하는 흐름에는 우정국민영화를 반대하는 무소속 의원들과 몇개의 작은 신생 정당들도 함께했다. 기본적인 제도의 변화를 반대하는 것이 이른바 '보수파'가 아니라 공산주의자와 사회민주주의자가 되었으니 '보수주의'라는 일본의 정치용어는 모순된 개념을 담게 되는 아이러니가 연출된 것이다.

최근의 정치에서 이런 정도로 이미지가 선거에 영향을 미친 경우는 매우 드물다. 코이즈미의 부풀려 넘긴 헤어스타일과 저돌적인 이미지, 정열적이고 간결한 '한마디' 등이 국민의 마음을 사로잡았다. 코이즈미는 야당 당수인 오까다보다 "더 반자민당적"이라는 인상을 남겼다. 오까다는 검은 양복에 넥타이를 맨 전형적인 쌜러리맨의 차림이었고 연설은 지루했다. 카라오께에서 가장 잘 부르는 노래가 무엇이냐는 질문에 그는 카라오께에 가지 않는다고 답했다. 마치 일본인이 아니라 외계인이라는 느낌을 주는 답변이었다. 오까다는 코이즈미가 선거를 의식해서 던진 말들을 제대로 이해하지 못했다. 그 결과 코이즈미의 현명한 이미지 연출과 짧고 강렬한 언술에 밀려 선거에서 패

했고 그에 대한 책임을 지고 바로 사임했다. 오까다의 사임 후 짧은 과
도기를 지나 당의 지휘권은 전 자민당 간사장을 지내고 자치성장관을
역임한 베테랑 정치인 오자와 이찌로오(小澤一郎)에게로 넘어갔다.

선거에 이르는 여름 동안 코이즈미는 줄곧 잘 닦아온 정부의 캠페
인의 중심에 있었다. 특히 그는 형식에 얽매이지 않을 것을 강조하여
'쿨 비즈'(cool biz)라는 하복을 입었으며 주위 사람들에게도 더위에
쓸데없이 양복을 입지 말고 편한 복장을 하라고 권했다. 코이즈미는
양복 상의를 입지 않는 대신 목이 개방된 스트라이프와 옷깃이 젖혀
진 셔츠(오끼나와 스타일)를 입었는데 이것이 자민당의 보수적인 이
미지를 벗기고 코이즈미를 부각시키는 데 기여했다. 코이즈미는 2001
년 자신의 취임식에서 엘비스 프레슬리의 시디를 돌렸고, 2003년 톰
크루즈를 만난 자리에서는 즉흥적으로 「아이 원트 유, 아이 니드 유,
아이 러브 유」를 불렀다. 이 곡은 2006년에 부시 미 대통령과 함께 엘
비스 기념관 그레이스랜드를 방문했을 때에도 불려졌다.

표2 2005년 9월 11일 선거

정당	소선거구	비례대표	합계
자민당	219	77(25,887,798/38.18%)	296(+59)
민주당	52	61(21,036,425/31.02%)	113(-64)
공명당	8	23(8,987,620/13.25%)	31(-3)
공산당	0	9(4,919,187/7.25%)	9(0)
사민당	1	6(3,719,522/5.49%)	7(+1)
국민신당	2	2(1,183,073/1.74%)	4(+4)
일본신당	0	1(1,643,506/2.42%)	1(+1)
신당대지	0	1(433,938/0.64%)	1(+1)
기타	18		18(+59)
총합	300	180(67,811,069)	480

출처 표1 참조.

자민당 지지로 표가 이동한 현상은 토오꾜오와 오오사까 같은 도시 지역민과 여성 및 젊은 유권자에서 뚜렷하게 나타났다. 2003년 11월의 총선거에서 민주당은 도시지역의 비례대표에서 자민당을 200만표 이상 앞질렀으나 2005년에는 자민당으로 지지가 급격히 이동한 것이다. 곧 2005년에는 여당인 자민당의 대표 코이즈미가 야당인 민주당 대표 오까다보다 "더 반자민당적"으로 보였던 셈이다. 미래에 대한 공포와 현재에 대한 불안으로부터 유권자들은 지난 50년 가운데 49년을 무너지지 않고 이어져온 권력, 자민당이 변화하기를 바랐던 것이다. 지난 4년간 총리의 자리에 있으면서 거의 아무런 변화를 만들어내지 못했지만 코이즈미 총리는 보기에도 듣기에도 결단력이 느껴졌다. 자민당을 근본적으로 변화시키는 데 코이즈미 총리보다 더 적합한 인물이 어디에 있을까?

코이즈미는 우정국개혁에 모든 것을 걸었다. 여론조사에서 그 중요성을 인정하는 사람의 비율은 명백하게 소수였지만 뜻밖에도 우정국개혁에 관한 정밀한 조사는 물론 그 계획에 대해서는 선거기간에 전혀 논쟁이 없이 지나갔다. 민간에 위탁할 경우 우편업무의 미래는 어떻게 될 것인가, 산간벽지 및 오지와 같은 곳의 배달업무는 영향을 받지 않을까, 수수료가 올라가지 않을까, 저축이나 보험의 안전성은 떨어지지 않을까, 우편저금의 자산이 세계시장에서 맥을 못 추거나 경쟁력을 잃게 되지는 않을까 등에 관해서는 별 이야기가 없었다. 사람들은 대체로 민간업자가 배달해주나 공무원이 배달해주나 크게 신경쓰지 않았다. 그러나 우편저금이나 보험의 안전성 등과 같은 주제로 가면 이야기는 크게 달라진다. 코이즈미는 선거기간 이 부분을 언급하지 않고 지나가기 위해 신경을 쓰고 주의했다. 야당의 지도자와 언론 또한 이를 쟁점화시키지 못했다.

　민영화에 의해 일본경제가 건전성을 회복한다는 주장도 실상은 현실적이라고는 볼 수 없었다. 국철민영화의 전례가 민영화 캠페인으로 거론되는 경우는 거의 없었다. 국철민영화는 1987년에 실시되어 국영기업의 거대한 부채가 동결되었다. 그뒤 이전 자산을 매각해도 정산사업단에 부채가 남아 점점 그 규모가 커져만 갔다. 민영화를 논할 때 이러한 전례는 중요한 사례가 될 수밖에 없는데도 논의된 적이 거의 없다. 민영화와 관련한 또하나의 중요한 사례 역시 그냥 넘어갔다. 2002년 택시업계가 자유화되자 업체수가 약 20% 증가하여 총 8800개의 회사가 난립하게 되었다. 그 결과 경쟁이 심화되어 운전기사의 노동시간은 월평균 200시간을 넘기는 것으로 나타난 반면 수입은 감소하고 사고는 50%나 늘었다.[12] 또한 민간은행에는 필요로 하는 대출금보다 출자금이 더 많아 자금이 남아돌고, 자금수요가 저조한데도 대기업은 대량의 현금을 보유하고 있다. 완전히 민영화한 회사가 그 자금을 금리 0%이거나 저금리에 해당하는 국채를 구입할 이유가 없기 때문이다(우편저축과 보험이 보유하고 있는 국채는 이미 105조엔에 달한다). 그러나 새로운 회사가 정부의 방침에 구속될 이유가 없다. 만일 국채를 구입하지 않는다면 국채가격이 급락하거나 금리가 급상승할지 모른다.

　민영화가 점점 가까워오면서 토요따의 한 임원이 우편사업회사의 회장으로 임명되었다. 그는 토요따의 경영이념을 도입하여 효율성 제고의 압력을 높였다. 업무량이 늘어났고 우편배달원의 이동을 추적하는 GPS 씨스템이 도입됐다. 그 결과 극도의 피로와 과중한 노동시간으로 과로사와 자살이 늘어나 우편국의 지국이 폐쇄되거나 축소될지

모른다는 불안이 확산되고 있다.[13]

왕국

'코이즈미 극장'에서 나와 신자유주의의 대본을 연출해야 하는 실제 거리현장을 보면 순조로운 경제회복과는 거리가 먼 상황이 벌어지고 있었다. 분명 경제기조는 2002년초부터 다시 성장노선으로 접어들었고 금융기관의 '불량채권'도 대부분 청산되었다. 또한 OECD의 경제조사보고서에 따르면 2006년 중반까지 전후 가장 오랫동안 경기확대가 지속되었다.[14] 그러나 그 성장의 성과가 무엇인지 모호했고 나중에 큰 비용을 지불해야 했다.

코이즈미정권은 작은 정부의 구축과 공공부문의 민간 이양 혹은 규제완화로부터 얻어낼 수 있는 장점들을 강조해왔다. 그러나 현실에서는 이와 달리, 금융기관을 구제하기 위해 막대한 공적자금을 투입해야 했다. 실제로 코이즈미정권은 GDP의 약 8~9%였던 공공기업지출을 절반으로 삭감했지만[15] 신간센(新幹線)의 새로운 구간, 댐, 공항, 고속도로 등을 건설하는 공공사업계획은 지속시켰다. 예컨대 토오꾜오와 나고야를 잇는 신또오메이(新東名)고속도로를 건설하는 데만 5조엔 이상이 잡혀 있었다.

코이즈미정권이 열심히 추진해온 '개혁'의 결과, 실업자가 늘고 이미 그 기능이 쇠약해진 일본의 전통적 고용제도는 거의 사라져가고 있다. 급료가 삭감되고[16] 사회보장 관련 지출은 늘어난 반면 다양한 방식으로 보상을 받던 몫은 거의 사라졌다. 정부조사에 따르면 전세대의 반 이상이 "살기 힘들다"라고 대답했다.[17] 코이즈미정권 아래에서 노동자의 급여수준은 감소하고 있고 이러한 경향은 2005년까지 7년간 지속되었다.[18] 빈곤층이 증가한 것은 당연한 결과다.

100만 세대 이상이 생활보호대상이 되었고,[19] 생계수단도 없고 저축도 없어 거기에 포함되어야 하는 세대는 그 2~3배에 달하는 것으로 나타났다.[20] 일본은행에 따르면 거의 5가구 중 1가구가 저축을 하지 않는다고 한다.[21] 사회불안이 확대되고 국민연금제도의 파산 가능성에 대한 의구심이 일기 시작했다. 이러한 미래에 대한 불안감은 젊은 이들이 결혼을 기피하는 현상으로 이어졌고 결국 일본의 재생산능력은 총체적으로 현저히 약화되고 있다.

표3 코이즈미 개혁: 4년 후의 성과(2000~04년)

	2000	2004
국민소득	372	361 (단위: 조엔)
노동자 임금	271	255
민간법인기업 소득	44	50
개인기업 소득	19	18
법인기업 경상이익	36	45
(대기업)	25	33
(중소기업)	11	12
정규직 평균임금	4.61	4.39 (단위: 백만엔)

위의 표를 요약해보면 이 기간 국민소득은 11조엔, 노동자의 임금은 16조엔이 삭감된 반면, 대기업을 중심으로 기업의 경상이익은 6조엔이 증가했다. 300만 이상의 정규직이 없어졌고 그 대신에 230만의 불안정하고 저임금으로 고용된 '비정규직' 노동자가 그 자리를 메우고 있다.

출처 山家悠紀夫「實感なき景氣回復を讀み解く」,『世界』2006年3月, 125면.

표4 생활보호수급세대수 추이 1990~2005년

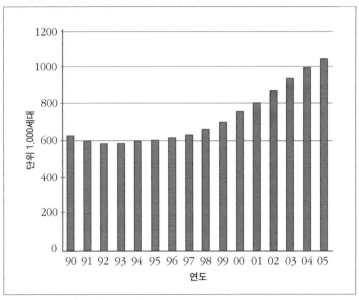

출처 厚生勞動省, 『朝日新聞』 2006年 10月 7日

표5 비정규직고용비율 추이

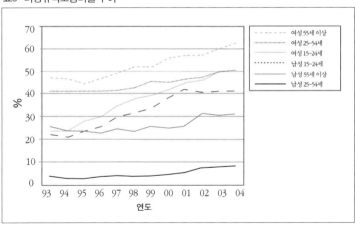

출처 總務省, 『週刊金曜日』 2006年 9月 29日; 平館英明 「『ワーキング・プア』の現實」, 『週刊
金曜日』 2006年 9月 29日, 20~22면.

2006년까지 20년 이상에 걸쳐 일본의 노동시장은 반복해서 자유화의 파도에 휩쓸려왔다. 그 가운데, 코이즈미가 집권했던 최근에 가장 극적으로 자유화가 가속화된 것이다. 1986년에 성립한 노동자파견법에서는 고도의 기술을 가진 노동자를 단기임시 고용하는 것을 허용하는 것에 불과했는데 1995년에 일본경영자단체연맹(日本經營者團體連盟)은 파견노동을 전직종으로 확대할 것을 요구하면서 글로벌 경제에서 경쟁력을 확보하기 위해서는 이러한 조치가 필수불가결하다고 강력히 주장했다.[22] 지금까지 일본의 기업은 '법인사회주의'라고 일컬어질 정도로 종신고용과 연공서열 그리고 기업내 복리후생과 사내교육이라는 전통적 노동씨스템을 채택해왔다. 그런데 '새로운 시대의 "일본형 경영"'[23] 구상하에서 노동자의 권리는 노동력의 10%에 불과한 소수의 전문직, 관리직 등에게만 주어지게 될 것이다. 이것을 제1집단이라고 한다면, 일정한 기간 노동계약을 맺는 고도의 기술전문직이 약 20~30%를 점하는 제2집단이 될 것이다. 이들에게는 업적에 따라 보너스가 지급되지만 연령에 따른 자동승진은 허용되지 않는다. 반면에 전체의 약 60~70%를 점하게 될 대다수의 노동자는 불안정한 고용에 시달릴 수밖에 없다. 이들의 급여는 시간급으로 연공서열의 특혜나 승진도 없고 기업복지도 적용되지 않는다.[24] 노동시장 전체를 보면 '전통적' 노동자의 권리는 가장 상층의 소수에게만 주어지고 그외는 대부분 주변부 노동자로 살아가는 삼각형 구조가 될 것이다. 경영자는 글로벌화하는 국제경쟁에서 살아남고 승리하기 위해서라며 기업규제 등 조건완화를 강하게 요구했고 코이즈미정권은 이를 받아들였다.

자민당은 자본가계급 정당으로서의 미래 설계도를 점차로 실행에

옮기기 시작했다. 2004년까지 10년 동안 400만에 달하는 제조업이 해외로 이동했다.[25] 국내 공장을 폐쇄하고 해외로(특히 중국으로) 생산 거점을 이동한다든지, 생산을 외부위탁(이른바 아웃쏘싱)하는 것이다. 외부위탁을 하게 되면 인재파견회사(노동공급회사)에서 파견된 임시고용 형태의 프리터(freeter) 즉 약 15세에서 34세에 해당하는 비정규노동자나 로봇들이 업무를 수행한다.[26] 1999년의 오부찌정권하에서 인재파견업은 전문직으로 확대되었고 2004년에 코이즈미정권은 그 대상을 제조업과 건설업에까지 넓혔다. 이러한 변화는 사회에 극적인 영향을 주었다. 2006년 4월에는 노동인구의 3분의 1이상이 노동자의 권리를 인정받지 못하고 승진도 거의 불가능한 비정규노동자가 되었다. 1995년에 노동력의 21%에 해당하던 것이 2006년에는 33%로 늘어 11년 동안 662만명이 비정규직으로 전락한 것이다.[27] 이들 대부분은 하루에 평균 6000엔, 한달에 대략 12만엔 정도를 번다.[28] 이런 가운데 비정규노동자를 파견하는 인력시장 관련 업종은 호황을 맞았다.

그리고 셋 가운데 한명꼴로 '예비노동자'로 재편성되었다. 이들은 자신이 빈곤선상에 있고, 회사의 상황에 따라 언제든지 전직되고 착취당하고 해고당할 수 있으며, 의료 및 복지혜택이 거의 적용되지 않고, 임금이 정규직의 절반이며 평생소득으로 환산하면 4분의 1에 불과하다는 사실을 알게 되었다. 사회보장과 복지의 대상에서 제외되고 미래에 대한 희망을 박탈당한 그들은 새로운 계급 곧 '일하는 빈곤층'이 되어버렸다.

고등교육은 점점 더 노동 삼각형의 꼭대기에 있는 계층의 전유물이 되어가고 신자유주의 개혁세력이 냉소적으로 '게으른 자'라고 부르는 주변부의 사람들에게는 애국심과 조직에의 순종이 가장 중요한 덕목이 되고 있다. 헌법 제25조 1항의 "건강한 문화적 생활"이란 내용은 사실상 빈말이 되고 말았다.

2004년에는 '비정규노동자'라는 범주 중에서 저임금·임시노동자로 직장을 옮겨다니는 프리터들이 10년 사이에 2배 늘어나 400만명을 넘어섰다.[29] 2014년에는 약 1000만명이 되며, 그 가운데 35세 이상의 중년층은 5명에 1명 정도가 될 것으로 본다.[30] OECD 발표 수치로 비교하자면 최저생활조건을 밑도는 빈곤층의 OECD 국가 평균이 10.8%(미국은 17.1%)[31]인 데 반해 일본은 15.3%에 달한다. 다른 이야기이지만 15세부터 34세의 일본인 가운데 213만명은 학교에 가지 않고 취업도 하지 않고 있다. 이런 젊은이들을 '니트족'(NEET: Not in Employment, Education, or Training)[32] 이라고 부르는데 120만 정도로 추정된다. 이들은 외부와 접촉을 끊고 자기 안으로 도망가는 '히끼꼬모리(引きこもり)' 곧 현대의 은둔자라고 할 수 있다.[33] 한편 직업을 가진 이들도 스트레스와 불안이 높아가고 있는 것은 마찬가지이다. 그들 대다수는 안정적인 직업이 보장되는 것이 점차로 불확실해져가고 있으며 급료가 줄고 연금부담과 세금부담은 지속적으로 늘고 있어 불안이 가중되고 있다.[34] 공식적인 실업자수(313만명)는 실제보다는 적다. 왜냐하면 실업자로 등록하는 것을 창피하게 여기거나 수치심을 느끼는 경우도 있고 대개의 경우는 등록한다고 하더라도 별로 도움을 받거나 나아질 것이 없을 것이라는 절망감 때문이다.[35]

아주 최근까지 대졸자, 특히 주요 국립대 졸업자는 별문제 없이 중류계급에 속할 것이라고 생각돼왔다. 2005년 주요 대학의 대학원 졸업자 가운데 파트타임 혹은 임시고용으로 일하는 비율은 20%였다. 이들이 최근에 오면서 급속히 증가하고 있다.[36] 1990년대 문부성 방침에 따라 대학원 정원을 급격히 늘린 결과 2003년까지 매년 1만명에 가까운 박사가 탄생하고 있다. 그러나 인구변화가 대학에도 영향을 미쳐 출생률이 낮아지면서 대학 입학자가 줄어들었고 대학간 흡수합병도 당연하다는 듯이 이루어지고 있어 최근 어느 통계에 따르면 대학 및 연구기관에서 일할 수 있는 인구는 매년 3000명 정도라고 한다. 그렇다면 남은 7000명은 일단 불안정하더라도 비상근강사나 학원강사로 일할 수밖에 없는데 여기서 벗어나기란 대단히 어렵다. 20년 후 일본에는 필요 이상의 자격을 가진 프리터, 다시 말하면 박사학위를 가진 중년의 프리터가 10만명을 넘을 것이라고 야마다 마사히로(山田昌弘)는 예측하고 있다.[37]

경제, 고용, 노동조건, 교육, 범죄, 안전, 도덕·윤리 나아가 국제사회의 윤리 등 여러가지 점에서 상황이 나날이 악화되고 있다는 인식이 확산중이다. 2004년 내각부(內閣府) 조사에 따르면 일본인의 60%는 향후 10년 뒤에는 상황이 더욱 나빠질 것이라고 생각하고 있다.[38]

연간 자살자수는 1997년 이전까지는 대략 2만 2000명이었으나 1997년 이후에 3만명을 넘어서기 시작했으며 이는 세계 어느 나라보다 높은 수치이다.[39] 2004년에는 3만 2000명이 자살했는데 이는 하루에 약 90명꼴이다. 자살률은 미국의 약 2배에 달하며 특히 경제적 이유로 인한 중년 및 노년 남성의 자살이 증가하고 있다.[40] 1건의 자살에는 10건의 '자살미수'가 따른다.[41] 최근 일본에서는 전차 및 지하철에 '인신사고'가 발생하여 운행이 지연되고 있다는 안내방송을 종종 들을 수 있다. 마찬가지로 충격적인 보도이지만 일본이 세계적인 장수국임에도 불구하고 10명 중에 4명은 "오래살고 싶지 않다"고 한다.[42] 일본은 1970년대부터 80년대에 걸쳐 노동자가 회사와 일체감을 느끼고 헌신적으로 일하는 것으로 유명한 나라였다. 이러한 기업전사의 나라, 일본은 현재 OECD 가입국 중 기업에 대한 충성심이 가장 낮고[43] 소득격차는 가장 큰 나라가 되었다.[44]

이런 까닭에 21세기초 일본의 유권자가 가장 관심을 가진 사안은 연금·복지(52%), 경제·고용(28%), 외교·방위(9%) 순이었으며 코이즈미가 우정국민영화를 가장 중요한 문제라고 주장했던 싯점에서도 그것에 찬성하는 사람은 2%에 지나지 않았다.[45] 2005년 9월 총선거 직전에 실시한 조사에서 우정국민영화에 대한 질문의 답신 비율은 7%로 총 17개의 우선순위 가운데 16위에 불과했다. 그러더니 의회 내부의 의견대립과 이에 따른 의회 해산 등 총선거를 준비하면서 코이즈미가 우정국민영화 캠페인을 전면적으로 펼쳐나가자 이에 대한 지지율이 과반을 넘기 시작했다.[46]

2004년에는 공적연금의 자금 처리문제로 무책임을 넘어 심각한 정치적 위기가 발생했다. 후생성이 복지사업의 일환으로 공적연금을 투입한 '그린피아'(Greenpia)가 공회당, 콘서트홀, 스포츠시설, 오락시설 등을 전국적으로 건설하면서 3조엔의 손실을 발생시키자 그만큼의 공적연금이 사라지게 된 것이다.[47] 이때 의회에서는 피해 규모를 은폐하고 연금지급자의 불안을 해소하기 위한 대책 마련에 나섰다. 거액의 공공복지기금을 만회하기 위해 의회는 보험료를 인상하고 보상내용을 줄이는 새로운 연금법을 채택했다. 때마침 야당 당수를 포함해 여러 거물 정치인들이 보험료를 체납한 사실이 발각되어 자리에서 물러났다. 코이즈미 총리 자신도 과거에 3년 가까이 보험료를 납부하지 않은 사실이 드러났는데 그는 이미 오래전의 일(1970년경)이며 대수롭지 않은 것이라고 변명했다. 야당이 3년이나 근무한 실적이 없는데도

94

급료를 받으면서 연금납부를 하지 않은 사실을 계속 추궁하자, 코이즈미는 유행가 노랫말을 인용하여 "인생이 가지가지"이며 "회사도 가지가지" "쌜러리맨도 가지가지"라고 답변했다.[48] 그뒤 코이즈미는 우정국민영화 관련 법안이 의회에서 부결되면 총선거를 치르겠다고 협박했고, 그의 이러한 과감한 결단에 국민들이 마치 호응이라도 하듯이 그린피아 관련 공적연금 스캔들과 연금체납 건은 점차로 잊혔고, 다시 그에게 돌아서는 선거국면으로 전환되었다.

OECD에 따르면 일본은 채무가 가장 많은 나라이다. 코이즈미정권 하에서 국가채무는 급격히 증가해 2006년 회계연도 말에는 1000조엔(1뒤에 0만 15개가 나란히 붙는 굉장한 숫자)에 달한다고 했다. 세수를 현재 수준인 46조엔으로 환산해 몽땅 빚 갚는 데 쓴다고 해도 21년이 걸리는 엄청난 액수다.[49] 이 채무액은 GDP의 170%에 달하며 환산 비교를 해보면 OECD 국가 중에서 가장 높으며 사상 최대 규모다. 그러나 코이즈미는 역대 총리 가운데 누구보다도 채무를 늘렸다.[50] 재정위기를 넘기기 위해서는 세수 증가 혹은 지출 감소가 필요하다. 그러나 세율은 법인세와 개인세 모두 점점 낮아지고 있고 2004년의 세수는 GDP의 21%로 OECD 국가 중 가장 낮았으며 소득세는 GDP의 6%(미국은 12.1%, 프랑스는 10.6%)에 불과했다.[51] 재원으로서 세수는 1991년에는 26.7조엔이었으나 2004년에는 그 절반에 해당하는 13.8조엔으로 떨어졌다. 한편 1989년에 3%였던 소비세는 1997년에는 5%로 올라 꾸준히 중요성을 더해가고 있다.[52]

우정국민영화가 논의가 한참이었을 때, 공무원의 수가 줄면 지출이 크게 줄어들 것이라는 말이 많았다. 그러나 일본에 공무원이 지나치게 많다고는 말할 수 없다. 일반정부지출을 보더라도, OECD의 평균이 41%인데 비하여 일본은 GDP의 37%에 머물렀다. 인구 1000명 당 공무원의 수는 영국이 73명, 미국이 80명, 프랑스가 96명인데 반해 일본은 불과 35명에 불과했다.[53]

재정지출을 줄이는 가능한 방법 중 하나로 복지예산 삭감을 생각할 수 있으나, 일본의 복지예산은 이미 OECD 국가 중 가장 낮은 축에 속한다. 공적연금을 포함한 사회보장 관련 지출은 2001년 16.9%로 OECD 가입국 가운데 25위이며 미국보다 약간 높은 정도다.[54] 일본의 베이붐세대에 해당하는 단까이(團塊)세대가 대량으로 퇴직하는 2007년 전후에는 급속히 고령화가 진전되고 출생률이 낮아짐으로써 연금 지출이 아찔할 정도로 증대하는 상황이다. 2004년에 복지예산은 32조 엔이었는데, 이미 세수총액(42조엔)의 4분의 3을 넘어섰고 고령화사회로 접어들수록 해마다 지출도 늘어갈 것이다. 이 상태로라면 2025년에는 세수의 대략 2배에 달하는 복지예산을 지출해야 한다.[55] 물론 그렇게 하기는 불가능하므로 의료 관련 복지예산 등은 GDP 대비[56] 대폭 삭감되어야 할지 모른다.

이미 공공사업은 2006년까지 5년간 25% 삭감되었으며[57] 2006년 중반에는 정부가 '기본틀에 대한 방침'을 제시하고 향후 5년간 정부지출을 11~14조엔 줄이기로 결정했다. 이러한 예산축소는 대부분 복지와 교육 분야에서 이루어질 것이다. 『아시히신문』(2006년 8월 21일자)은 "이 상태로 간다면 자녀세대와 손자세대는 현재와 같은 수준의 사회보장과 교육을 받을 수 없다"는 기사를 낸 바 있다.[58] 문제의 심각성을 감안해 어떻게든 지출을 제한한다면 더이상의 채무 증가를 막을 수는 있겠지만 실제 재정건전화 작업은 착수조차 할 수 없을지 모른다. 사회가 유례없이 고령화되고 지출이 늘어가기 때문에 사회적 부담 또한 증가할 수밖에 없는 현실을 고려한다면 아마도 소비세 같은 세금을 올리는 방법 외에는 별다른 대안이 없어 보인다.

총리의 경제재정자문회의(CEFP)는 연금수급액을 더 내리고 사회보험료를 올려야 한다는 입장이다.[59] 이들은 2005년 10월, 소비세율을 현재의 5%에서 19%로 올릴 것을 제안한 바 있다.[60] 공공써비스와 사회보장이 해마다 격감함에 따라 일반 국민 상당수가 민간보험회사로부터 사회보장과 관련된 보험상품 구입을 권유받고 있는 실정이다.[61]

일본은 총인구에서 65세 이상이 차지하는 인구비율이 2005년 20%를 넘어서면서 OECD 국가들 중 선두에서 '초고령'사회[62]라는 미지의 영역에 진입했다. 총인구는 실제로 그 다음해부터 감소하기 시작했다. 불확실한 요소가 많기 때문에 정확하게 예측할 수는 없지만 현재의 인구동태로 간다면 21세기 중반에는 총인구가 현재의 1억 2000만명에서 9000만명으로, 21세기말에는 다시 그 절반으로 줄어들 것이다. 2002년 당시의 후생노동성 장관이 "지금 상태로 간다면 일본인은 전멸할 것이다"라고 언급할 정도로 미래는 극히 비관적이다.[63]

특히 여성은 일본사회에서 이중고를 안고 있다. 파트타임이 정규직을 대체하면서 급여가 넉넉지 않은 남성들이 늘어남에 따라 결혼에 대한 기대도 시들해져가고 있다. 관료와 정치가의 분석에 따르면 출생률의 감소로 평등사회가 되면서 여성의 사회참가 기회가 늘어났기 때문에 혼인이 줄어들고 있다고 한다. 그러나 결혼을 하지 않는 이유를 사회적 빈곤에서 찾는 사람들도 있다. 이들의 설명에 따르면 일본의 젊은이들은 "부모세대와 비교해서 결코 행복하지 않다"며 아이를 갖지 않는 이유를 "아이들이 우리보다 더 괴롭고 불행한 삶을 살 수밖에 없다"[64]고 믿기 때문이라고 한다.

유엔의 추정에 의하면 일본이 1995년 수준의 노동인구(15~64세의 인구)를 계속 유지하려면 적어도 21세기 중반까지는 매년 60만명의 이민노동자를 받아야 한다. 그것이 사실이라면 일본 총인구의 3분의 1을 이민자가 차지할 것이다. 이미 21세기의 첫 10년도 절반 이상이 지나고 있지만 일본은 자신들이 특별하다는 의식이 뿌리깊고 폐쇄적인 사회인데다 정치난민 수용에도 상당한 저항이 있었던 점을 볼 때 유엔이 예측하는 상황이 현실화되리라는 상상은 쉽지 않다. 현재 일본에 살고 있는 외국인노동자는 매우 적다. 미국이 12%, 프랑스와 독일이 6~8%인 점을 고려할 때 일본은 1%뿐이며 그나마도 10명중 3명이 불법체류자이다.[65]

코이즈미정권에서 특기할 만한 점은 "도시형 빈곤층과 이 직장 저 직장을 표류하면서 이로부터 벗어날 희망을 가지지 못한 저임금의 젊은 노동자"[66]를 탄생시킨 것이다. 2005년에 벌어진 정치적 사건들은 대부분 깊이 병들어가는 사회가 원인이라고 할 수 있다. 이때의 베스트셀러를 살펴보면 강고했던 중산층 1억명이 사라졌다거나 부자와 빈자로 양극화되는 사회를 분석한 책들이 많다.[67]

제국

왕국의 배후에는 제국이 숨어 있다. 우정국민영화는 항상 일본에 정책을 변경하도록 압력을 행사하는 미국의 요구들 가운데 상위에 올라 있던 것으로 수십년에 걸쳐 반복돼온 사항이다. 1985년 플라자합의 후에 엔화를 대폭 평가절상했음에도 미국의 대일 무역적자는 계속

증가했다. 미국은 일본이 사회경제씨스템의 '차이' 및 폐쇄성으로 부당이익을 취한다고 규정했다. 미일간 무역에 균형을 잡기 위한 협상이 진행되어 1989년 '구조적 장벽 이니셔티브'(SII:Structural Impediment Initiative)라는 이름 아래 양자간 무역이 새롭게 시작됐다. 그런데 이 말을 그대로 옮기면 미국이 일본 국내의 결정에 독단적으로 개입하는 이미지가 강하므로 외무성은 '장벽'이라는 단어를 삭제하고 '구조협의'라고 약칭해서 부드럽게 보이도록 번역했다. 두번째 회의에서 미국 측이 제시한 개혁요망 목록에는 예산, 세제, 주식보유원칙으로부터 주5일근무제에 이르기까지 200개 항목 이상이 망라되어 있었다. 어느 정부관계자는 이를 두고 "제2의 점령"에 다름없다고 표현한 적이 있다.[68]

그뒤에도 미국은 일본시장에서 자국의 몫을 확대하기 위해 '장벽' 제거에 필요한 교섭을 다양한 명칭으로 반복하면서 매년 일본정부에 「개혁요망서」를 제출해왔다. 이런 서류가 미국 외의 다른 나라 정부가 제출했다면 틀림없이 용인하기 어려운 내정간섭이라고 이의를 제기했을 것이다. 그러나 미국의 압력에 대해 불쾌하다고 생각하는 정부관계자는 거의 없었다. 1992년 우정성장관을 지냈던 코이즈미는 당시부터 직접 미국의 이러한 요구에 관여해왔던 것이다.

코이즈미가 당 안팎의 적을 공격할 때의 개인적인 이해와, 관료 통제하의 우편저축과 우편보험이 포함된 우정성을 해체해야 할 '장벽'으로 보는 미국정부의 견해가 여기서 일치한 것이다. 코이즈미가 총리에 취임하기 직전에 제출된 「아미티지 리포트」(4장 참조)에는 "규제완화가 가속화되어야 한다"는 경고가 붙어 있었다. 이를 줄곧 주장해온 부시정권은 코이즈미가 적극적으로 협력해줄 수 있는 좋은 파트너라고 인식했다. 코이즈미는 총리 취임 후 최우선 정책과제들 가운데 하나가 부시와의 협력이라고 보고 '미일 규제개혁 및 경쟁정책 이니셔티브'라는 양국간 교섭을 재개하는 데 합의했다. 교섭대상의 범위는 놀랄 정도로 넓었는데, "전기통신·정보기술·에너지·의료기기·의약품·금융써비스·경쟁정책·투명성·법무제도 개혁·상법 개정·유통" 등등 모든 분야를 다 포함하고 있었다.[69] 미국정부에서 코이즈미는 인기가 많았다. 미국의 기대와 기준에 부합하도록 일본을 변화시키려는 과제에서 보여준 열정을 워싱턴이 높게 평가했기 때문이다.

우정국민영화보다 집요하고 열정적으로 미국이 압력을 가한 항목은 없을 정도로 이 문제는 중요하게 다루어졌다. 특히 일본정부가 운영하는 120조달러에 달하는 우체국보험에 대해서 그러했는데, 보험업으로는 미국 다음으로 세계 2위, 캐나다의 GDP에 필적할 만한 규모였다. 미국의 보험업계는 일본시장에 참여하고 싶어했다.[70] 미국통상대표부(USTR)는 민영화란 '시장원리만을 전제로 해서' 실시되어야 하며 일본정부는 저축과 우편보험 등에서 완전히 손을 떼어야 한다고 주장했다.[71] 2003년 10월의 「개혁요망서」에서는 이듬해 가을까지 민영화 실시계획을 작성하라고 요구했다. 그러나 그해에는 정치적 문제들로 거의 진척이 없었다. 2004년 9월 코이즈미가 뉴욕에서 부시와 만났을 때, 부시가 직접 그 진전 여부에 대해 묻자 코이즈미는 매우 당황해했다. 당시 코이즈미는 "확실하게 해결하려고 한다"고 답했는데 이는 가장 확실하고 공식적인 공약의 효력을 지녔으며 부시는 정식으로 만족의 뜻을 표명했다.[72]

한달 뒤 당시 미국의 통상대표였고 곧 국무부차관에 취임한 로버트 죌릭(Robert Zoellick)은 재무성장관인 타께나까 헤이조오(竹中平藏)

가 우정국민영화를 책임질 담당자(우정성장관)로 겸임하게 되자마자 친필로 쓴 편지를 보내 압박했다. 죌릭은 이 편지에서 우정국민영화에 대한 미국의 열의를 전달하고 이에 협조할 것을 거듭 강조했다. 아울러 타께나까 장관이 훌륭한 일을 하고 있다며 칭찬까지 덧붙인 다음, 어떻게 일을 진행할 것인지 자세하게 조언하면서 "함께 일할 수 있기를 고대한다"고 적었다.[73] 코이즈미는 나중에 의회에서 이 편지가 일본 국내에서 민감하게 논의되고 있는 논쟁적인 국정사안에 대한 내정간섭이지 않은가라는 질문을 받았을 때, 타께나까 장관이 죌릭 같은 중요한 인물과 친하다는 사실에 만족하고 있다는 답변만 했을 뿐이다. 코이즈미내각은 재정 및 경제문제 같은 일본의 핵심적인 정책에 미국이 관여하고 요구하는 특권을 행사하는 것을 아무 조건 없이 받아들였다.

코이즈미정권은 이미 미국의 중·장기채권을 구입함으로써 미국경제의 안정에 크게 공헌했고 우정국민영화는 부시정권이 학수고대하던 정책에 만족을 주고 미일관계를 한층 돈독하게 만드는 데 기여했다. 나아가 미국정부의 이라크 파견을 지지하여 제국의 정책에 적극 협력하는 일본의 입장을 분명히 했다.

미국의 민간투자기관들은 코이즈미내각에 의해 민영화의 장애가 제거된다면 일본의 거대한 우편저금 자금에 직접 접근할 수 있을 것이라고 기대했다. 『월스트리트저널』(Wall Street Journal)에 따르면 씨티그룹은 미국의 기금, 유럽의 채권, 그리고 일본 및 외국의 주식들을 "큰 수익을 내는 부분"으로 계산했다.[74] 미국은 인구의 약 50%가 주식을 보유하고 36%가 매매를 하는데 반해, 일본은 약 10%가 주식을 보유하고 단지 3%만이 매매에 참여하고 있다. 어떤 브로커들은 "바로 여기에 (…) 우리들이 성장할 수 있는 커다란 여지가 있다"고 말하고 있다.[75] 미국 금융보험업계는 일본이 새롭게 개방되는 것에 대해 '성장'의 기대를 표명하는 한편 미국의 다음 목표는 연차 「개혁요망서」에 적힌 대로 의료써비스부문(의약품 및 의료활동 포함)이 될 것이라고 보았다.[76]

개혁! 개혁!

2005년 9월의 선거가 끝나고 보니 코이즈미에게는 전시(戰時)에만 주어지는 전권에 필적할 만한 권한, 곧 의회의 압도적 다수를 손에 쥐게 되었다. 그러나 코이즈미의 승리에는 모순이 있었다. 정치·경제·사회를 근본적으로 개혁하겠다는 그의 생각이 지지를 받은 것이 아니라 대중들 사이에 널리 퍼져 있는 실직의 불안과 공포 나아가 절망감이 그를 지지한 것이다. 코이즈미는 타협을 배제하고 결의를 호소하면서 대중의 지지를 끌어모았고 어떤 면에서는 마치 구세주처럼 보이기까지 했다.

코이즈미의 지지자 가운데는 직업을 갖지 못했거나 이와 비슷한 상황에 처한 젊은이들이 특히 많았다. 이러한 젊은이들은 그때까지만 해도 사회에서 외롭고 쓸쓸하게 방치된 채로 매몰되어 있었는데, 이들에게 코이즈미는 활력을 불어넣고 결단력있는 '매우 근사한' 매력을 느끼게 했던 것이다.[77] 그가 "개혁! 개혁!" 하고 외칠 때마다 사람들은 개혁 의제 그 자체가 무엇인지 그리고 위기를 몰고온 것은 누구의 책임인지에 대해서는 크게 신경쓰지 않았다. 사람들은 코이즈미가 마법의 지휘봉을 휘두르면 1970년대 누렸던 안정된 사회가 다시 돌아올 수 있다고 기대했다. 코이즈미의 공약이 설마 자신들의 안정된 삶을 파괴하고 있으리라고는 생각하지 못했던 것이다.

'코이즈미 극장'은 다양한 환상을 불러일으키는 효과를 제공했다. 코이즈미정권하에서 자민당 후보의 30%는 정치가의 2세 아니면 3세에 해당했고(코이즈미 자신은 3세) 6명 중 1명은 관료 출신이었다. 선거중은 물론 그 전후로도 코이즈미는 연립상대인 공명당에 의존했다. 그럼에도 코이즈미는 자신이 구태의연한 정치세력이 아니라 '참신한' 정치세력으로 보이게끔 하는 데 성공했다. 코이즈미는 자민당 내에서 개혁파의 이미지를 부각시켰고 기존의 많은 인습을 타파하고 열정적인 태도로 임하는 지도자의 이미지를 강하게 심어주었으며 '보수적'이며 관료적인 이권과 맞서 싸운다는 느낌을 대중에게 전달했다. 자민당 그 자체와 맞부딪쳐 해체시킬 수도 있다는 기대감에 대중은 흥분했다. 그러나 코이즈미가 바로 그 자민당의 근본적인 리더라는 사실을 사람들은 망각하고 있었다.

1980년대 나까소네 총리는 야스꾸니신사가 이웃국가들의 분노를 불러오는 것을 보고 국익을 훼손할 염려가 있다고 생각하여 참배를 단념했다. 코이즈미는 총리 취임 전에 정치적인 영향력을 가진 '일본유족회'에 매년 공식참배할 것을 약속했다. 햇수로 6년에 걸친 임기 동안 코이즈미는 야스꾸니신사 참배를 여섯차례 실행함으로써 그 약속을 지켰다. 그러나 과거를 어떻게 기억할 것인지, 전몰자를 어떻게 추모할 것인지 등에 대해서는 국내의 여론이 갈라졌다. 또한 협의의 내셔널리즘과 이웃국가들에 대한 공공연한 무시 등은 점차로 일본의 외교를 궁지로 몰고 갔다. 그러나 코이즈미는 자신의 원칙을 고집했고 중국과 한국과는 타협하지 않는 태도를 유지했다. 이러한 외교적 비용에도 불구하고 일본 의회와 국내여론에서 코이즈미에 대한 지지는 한층 강화되었다.

코이즈미가 선거운동에서 참신함을 주고 매력을 끌 수 있었던 다른 이유는 자민당을 여성의 정당으로 바꾼 것처럼 보였기 때문이다. 2005년 선거에는 여성 국회의원이 불과 7%로 세계에서 101번째로 여성의원 비율이 낮았다.[78] 예컨대 대학 써클내에서 여성이 집단폭행을 당한 사건이 보도되었을 때, 그것은 젊기 때문에 일어날 수 있는 일로 "정상에 가깝다"라고 자민당의 한 의원이 범인을 옹호한 적이 있었다. 여기에 대해 코이즈미가 이의를 제기했다는 기록은 없다.[79] 선거실적을 보아도 코이즈미 자민당이 공천한 여성의 수는 민주당과 비교할 때 상당히 적은 편이었다(346명 가운데 26명). 이런 까닭인지 자민당에는 여성의 사회적 지위향상을 추구하는 정책이 없을 뿐 아니라 오히려 헌법 제24조의 양성평등 규정을 개정하겠다는 공약도 내놓았다. 자민당이 국정무대에 올려보내려 했던 이른바 소수의 여성 '자객'들이 남성중심의 자민당 구조에 의미있는 변화를 가져오리라고는 누구도 생각할 수 없었다.[80]

선거기간 중에 일본이 직면해 있던 가장 중요한 과제에 대해서는 언급이 없었다. 생태계 위기, 외교적 고립, 국가채무의 만성적 증대, 인구감소와 고령화, 전통적 고용제도의 붕괴, 소년범죄의 증가와 자살의 증가 등이 그것이다. 실제로 일본은 그러한 결과로 염세주의가 사회 깊숙이 만연해 있다. 이에 대한 코이즈미의 '개혁'처방은 먼저 민영화와 규제완화를 철저히 하는 것, 곧 신자유주의를 관철시키는 것이며 다른 한편으로는 자위대의 이라크 파병과 같이 대미의존도를 높이고

81 애국심과 국가의 자존심을 한층 강조하여 네오내셔널리즘을 널리 침투시키는 것이다. 그래서 헌법과 교육기본법을 개정하고 케인즈 유의 토건국가를—곧 부를 지방으로 재분배하는 '일본' 방식이 아니라—하이에크 유의 신자유주의에 기초한 미국형 원리로 치환하는 것이었다. 자민당의 정책은 미일동맹을 절대적 우선사항으로 설정하고 거기에 규제완화와 기업의 합리화 그리고 노동자의 해고를 가능하게 하는 조치를 더하는 것이었다. 여기에는 이론과 비판의 여지가 없었다. 나라의 재정위기가 심화되어가는 가운데 고소득자의 소득세율과 법인세율을 내리고 공공부문에 대한 투자를 줄인 결과,**82** 코이즈미는 사임을 해야 했으며 그뒤 곧바로 소비세율 인상이 정치문제가 되었다.

코이즈미는 개혁과 혁신을 입에 달고 다니며 헌법과 교육기본법 개정 그리고 자위대의 '정규군' 인정을 위해 정권을 운영해왔고 그 실현을 눈앞에 두고 있었다. 이러한 목표는 전전(戰前)의 가치를 부활시키는 것이고 그것에 정치적 기반을 둔 우익들이 오랫동안 품어왔던 꿈이기도 하다. 코이즈미가 "파벌을 해소하자" "자민당을 부숴버리자"고 반복해서 주장했을 때, 이는 경쟁자의 파벌을 부숴버리는 것이고 자민당 집행부로부터 타나까 카꾸에이의 망령을 몰아내는 것이었다. 코이즈미는 농림·우편(정)·건설 등 이른바 족벌의원을 줄여가려고 했을지도 모르지만, 전체적으로 보면 자민당은 사라져버린 듯 보일 만큼 재계의 영향권 아래 놓이게 되었다. 재계는 일치하여 코이즈미 유의 신자유주의 '개혁'에 지지를 표명했다.**83** 코이즈미는 의회내의 정치와 파벌의 현실 때문에 손을 대기 어려웠던 문제들에 대해서도 정계의 원로지도자들과 논의하지 않고 독자적으로 추진할 수 있게 되었다. 전임 총리들과 자민당의 원로의원들은 코이즈미가 "눈에 띌 정도로 극히 쇠퇴해가는" 의회에서 압도적인 리더십을 발휘하고 있다고 보았다. 곧 의회는 미야자와 키이찌(宮澤喜一) 전 총리가 말한 대로 토론이 거의 사라졌고, 나까소네 전 총리가 지적했듯이 중장기 전략과 철학이 없고 단지 퍼포먼스만 남았다는 것이다.[84]

2005년 9월 선거로 모든 장애물로부터 해방된 코이즈미는 거의 광적으로 신자유주의를 실현하는 데 힘을 쏟았다. 반면에 언론으로부터도 '저항세력'이라는 딱지가 붙은 '반개혁파' 의원들은 1955년체제라는 자민당 강령을 실현하는 것에 그 기본을 두고 "우리 당은 공공의 복지를 규범으로 하는 (…) 민생의 안정과 복지국가를 성공적으로 건설했다"고 주장하며 '개혁'에 강력하게 저항했다. 전 자민당 정조회장인 카메이 시즈까(龜井靜香)를 비롯하여 '저항세력'이라고 낙인찍힌 의원들은 고령자의 의료써비스가 무료이고 정년 후에도 현역 시절의 60%에 해당하는 수입이 보장되는 연금제도를 높이 평가했다. 그러나 타나까정권하에서 1973년에 제정된 연금수급률은 2004년의 코이즈미의 '연금개혁'에 의해 50%로 삭감된 뒤였다.[85] 카메이는 부를 지방에 배분하고 사회안전망을 준비하여 사회 전체의 균형을 잡아야 한다는 입장이었고 이는 코이즈미 스타일인 냉혹하고 현대적인—카메이의 표현을 빌면 무정한—사명감과는 대조를 이루었다. 또한 카메이는 평화와 안전보장에 대해서 호헌의 입장을 표명하고 코이즈미가 추진하는 자위대의 이라크 파병에 결단코 반대했다.

코이즈미는 우정국민영화 반대파를 겨냥해 부패한 이익단체들을 수호하려는 그들은 반동적이며 당을 배신한 자들이라고 낙인을 찍어가며 격렬한 선거운동을 전개했다. 그러나 카메이는 쫓겨난 것에 아랑곳하지 않고 코이즈미가 자객으로 보낸 IT 부호 호리에 타까후미(堀江貴文)를 제치고 승리했다. 코이즈미가 아꼈던 호리에는 그뒤 증권법위반으로 체포 기소되었다. 카메이의 입장에서는 코이즈미가 선거에서 승리하면 일본은 파멸의 길로 들어서는 것이었다. 곧 카메이에게이 선거는 일본이 미국에게 종속될 것인가, 지방의 주민과 빈곤층 및 사회적 약자가 거리에서 방황하게 될 것인가를 결정하는 양자택일의전투였던 것이다.[86]

스스로 당을 부수고 다시 세우겠다는 코이즈미의 주장은 실로 대담하고 단순명쾌했으나 그의 뜻대로 될 것인지 아닌지는 아무도 알 수없었다. 부숴버리는 것은 다시 고쳐 세우는 것보다 분명히 간단한 일이다. 자민당의 당원수는 점차로 줄어들었고[87] 아베가 정권을 이어받았을 때는 '개혁 피로감'을 고려해 '개혁'을 중단할 것인지 '개혁'의 의제에 속도조절을 가할 것인지 등 피폐해진 사회를 바로 세워야 한다는 목소리가 당 내부에서 불거져나왔다.[88] 코이즈미의 정치는 당내에서 자유주의를 순화하는 한편 포퓰리즘에 크게 의존해 있었다.[89] 정치수법으로서 포퓰리즘은 어느 우익평론가의 말처럼 보수의 적이다. 왜냐하면 그것은 대중의 요구와 분노를 동원하고 조작하게 되는데 이는조절할 수 있는 한계를 늘 넘어서기 마련이고 그에 따른 후폭풍을 감당하기 어렵기 때문이다. 특히 코이즈미처럼 파괴를 강조해온 비정함을 자랑스럽게 생각하는 사람에게는 항상 제어불능의 상태가 닥쳐오기 마련이다. 이를 염려하는 우파사상가는 코이즈미가 일본인이라는것 그 자체를 공격하고 있는 셈이라고 지적하고 사회의 결속, 의리, 인정 등 자민당과 일본이 성장하고 번영해온 토대였던 풍부한 사회관계의 네트워크를 이른바 냉담하고 비정한 시장제일주의로 치환시키고 있다고 한탄했다.[90] 네오내셔널리즘의 역사교과서 『국민의 역사(國民の歷史)』를 집필한 니시오 칸지(西尾幹二)는 오늘날 일본은 빵과 써커스로 코이즈미에게 납치당한 표류국가라며 경멸조로 신랄하게 비판했다.[91] 코이즈미의 당내 개혁은 35년 전 중국에서 마오 쩌뚱(毛澤東) 당시 주석이 당내 권력투쟁 및 반대의견을 잠재우기 위해 벌였던 동했던 문화대혁명에 비유할 수 있을 것이다. 그런데 자민당에는 역설적이게도 그 반대의 결과가 나왔다. 코이즈미가 정적에게 자객을 보내고 자민당을 해체한다고 소리 높여 대중에게 지지를 호소하는 바람에 미처 생각지 못했던 더 많은 수의 의원이 당선되었던 것이다. 따라서 선거로만 놓고 보면 '개혁지지'가 압승을 거둔 것으로 보이지만 당내에서 보면 '개혁반대' 혹은 '개혁억제'가 다수를 점하게 된 것이다. 후임 아베정권이 개혁의 속도를 늦출 수밖에 없었던 것은 이러한 사정이 당 내부에 있었기 때문이라는 점에 주의할 필요가 있다.

냉전이 지속되던 시기에 워싱턴에서 토오꾜오에 전해진 각종 보조 및 격려 덕분에 일본에서는 노동운동·학생운동·시민운동 등 시민의 힘이 아마도 자본주의를 채택한 세계 어느 나라보다 크게 약화되어 있었다.[92] 코이즈미는 여기에서 큰 도움을 받았다. 일본 노동조합총연합회 조합원은 약 700만명이었으나 그 3.5배에 해당하는 2500만명은 파트타임이거나 계약직노동자 혹은 프리터, 니트족, 실업자, 생활보호 수급자였으며 이들을 대표할 수 있는 의석이 국회에는 존재하지 않았다.[93]

최근 일본의 정치는 '개혁'이 절실하게 필요하면 할수록 좌절 또한 더 커지고 더 많이 조작되며, 그래서 결국은 부정되게 된다. 1980년대에는 리크루트사건 등의 정치스캔들이 언론보도를 통해 백일하에 드러나 자민당 일당지배의 정치구조가 만들어낸 부패에 대한 대중의 분노와 혐오감으로부터 개혁의 물꼬가 터져나왔다. 그리고 그 흐름이 1994년 새로운 선거제도로 이어져왔던 것이다. 그러나 그 '개혁'도 이제는 실제로 부패를 없애는 것이 아니었다. 정말로 개혁의 길은 꽉 막혀버렸다고 할 수 있다. 새로운 선거제도는 야당인 사민당과 공산당의 활동을 노골적으로 제한했고, 결국 하나의 보수정당 안에서 적대하는 두개의 파벌로부터 파생된 허구적인 양대 정당제도를 탄생시켰을 뿐이다. 자민당과 민주당 양당은 안전보장에 관해서 미국의 협력요청을 우선시하고 헌법을 개정해서 자위대를 정규군으로 전환하는 것과 신자유주의적 사회·경제정책으로 정권을 운영하는 것 등에 대해 기본적으로 의견이 일치한다.[94] 20세기말부터 21세기초에 걸쳐 사회불안과 불황을 배경으로 해서 개혁의 두번째 파도가 일어났다. 그런 가운데 코이즈미가 대두하게 된 이유는 사회에 널리 퍼진 불안과 희망을 교묘하게 조작하여 이를 우정개혁이라는 하나의 문제에 집중시키는 재능이 있었기 때문이다.

참의원은 2005년 10월 14일, 그보다 두달 전인 8월 8일에 125대 108로 부결된 우정법안을 이번에는 134대 40으로 가결시켰다. 목숨을 바쳐서라도 법안 통과를 막겠다고 다짐했던 '철저항전' 그룹을 결성한 이들을 포함해 반란을 꾀한 의원들은 1명을 제외하고는 전원 당지도부에 고개를 숙이고 징벌을 받았다. 이들은 가능한 빨리 복당을 바랐고 실제로 그중 11명은 2006년 후반에 아베정권이 시작되면서 복당을 인정받았다.

| **4**장 |

부시의 세계 속의 일본

'타의 추종을 불허하는' 동맹

일본에서는 누구도 미국과 긴밀한 유대를 유지하는 일이 중요하다는 점을 의심하지 않는다. 일본이 20세기에서 배운 여러 교훈 중에 으뜸을 꼽으라면 이 세기 첫 20년에는 대영제국, 그리고 마지막 50년 동안은 미국이라는 전지구적 초강대국과의 동맹이 안정과 번영을 위한 최상의 보증이라는 것이다. 그러나 과거의 경험에서 얻은 이 교훈이 21세기에도 통할지는 의문이다. 미일간의 조약관계가 평화주의 헌법과 어떻게 화해할 수 있는가 하는 문제 또한 미심쩍은 데가 많은 사안이다. 헌법으로 보장한 평화주의와 국민주권에도 불구하고 전후 조약관계가 개시된 1951년이나 1960년 개정 당시, 또 대대적인 변화를 거친 2005~06년에도 일본 국민들의 의사는 고려 대상이 아니었다.

미일관계는 특히 기념식 같은 행사에서 종종 '타의 추종을 불허하는' 중요한 관계라는 수식을 받는다. 60년 전만 해도 증오에 찬 적국이었던 두 나라는 전세계 GDP의 40퍼센트, 유엔 예산의 40퍼센트를 담당한다. 미 대통령 조지 부시가 2004년 7월 관계 개시 150주년을 기념하는 축하 메씨지에서 표현했듯이 미국에게 "이보다 더 가까운 동맹"은 없다.[1] 실상 너무 가까운 나머지 부시 대통령은 양국이 한때 적이었다는 사실까지 망각하고 2002년 일본 의회에서 "한 세기 반 동안 미국과 일본은 근대 들어 가장 위대하고 지속적인〔원문 그대로임〕동맹 관계를 맺어왔다"[2]고 말함으로써 그가 저지른 터무니없는 말실수에 하나를 더 보탰다.

하지만 기념사의 수사를 논외로 치면, 초강대국과는 과연 어떤 '동맹'이 가능할까? 지미 카터(James E. Carter Jr.) 시절 안보고문이었고 레이건과 아버지 부시 정권 때 외교정책 선임고문을 지낸 즈비그뉴 브레진스키(Zbigniew Brzezinski)는 10년 전 냉엄한 현실주의적 견지에서 세계의 나라들이 가신국(vassal), 조공국(tributary), 야만국(barbarian)이라는 세 종류로 구분된다고 말했다. 그는 "제국의 전략지정학에서 세가지 정언명제는 가신국들의 충돌을 막고 안보 의존성을 유지하며, 조공국들을 유순하게 길들이면서 보호해주고, 야만국들이 단합하지 않게 막는 것"이라고 했다.[3] 세계수준의 강대국이긴 해도 일본은 미국의 "보호국"(protectorate)에 불과했다.[4] 다른 어떤 나라가 "결정적 중재자" 혹은 초강대국이라는 미국의 역할을 대체하도록 허용해서는 안되며 따라서 중국은 제어되어야 했다. 일본은 미국의 동아시아 대리인이자 가신국으로서 '야만국'들을 통제하는 데 도움을 주리라는 기대를 받았다.[5]

냉전시대 내내 일본은 미국과 유엔에 협력했고 국제법의 일반적인 틀에서 벗어나지 않았다. 그러나 부시정권 아래에서 미국이 유엔과 국제법을 무시하고 이라크전을 결정하자 예전의 노선을 유지하기란 사실상 불가능해졌다. 선택을 강요당하자 코이즈미 치하의 일본은 미국을 선택했다. 2004년에 코이즈미가 말한 바에 따르면, 일본이 "믿음직한 동맹국"임을 보여주는 것이 엄청나게 중요했는데, 그 이유는 일본이 공격받는 일이 생긴다면 다른 어떤 나라나 유엔이 아니라 미국이 도와주러 올 것이기 때문이다.[6] 공격 개연성에 대한 그의 언급은 굳이 따로 설명이 붙을 필요가 없었다. 그가 미국 주도의 이라크전에 대한 지원을 천명했을 때나 2004년 1월 점령군을 지원하기 위해 일본군을 파견했을 때나 일본인들의 시야에는 이라크가 아니라 북한이 있었다.

2005년 11월 쿄오또(京都)에서 부시와 코이즈미가 만났을 때, 부시는 "자유와 민주주의 전파에 함께하는 좋은 친구"라며 일본을 칭송했고 코이즈미는 "미국과의 관계가 우호적인 한 우리는 중국과 한국을 포함한 이웃나라들과도 우호적인 관계를 건설할 수 있다"고 선언했다.[7] 하지만 여기에 동의하는 사람은 드물고 오히려 그 반대가 더 타당해 보인다. 미국과의 관계가 절정에 달한 동안은, 어쩌면 바로 그 때문에, 이웃나라들과의 유대는 바닥을 치고 있었다.

냉전에서 '가이드라인'으로

점령자/정복자와 피점령자/패배자로서 전후 미일관계가 처음 형성되었을 당시, 일본이 아시아에서 분리되어 미국 주위를 도는 위성에 만족해야 한다는 전제가 있었다. 냉전이 수십년 이어진 다음에야 일본은 서서히 아시아와의 관계를 '정상화'하는 데 관심을 기울였으나 그럴 때조차 미국의 지휘를 따랐고 아시아와의 차별성과 분리 그리고 미국의 선차적 중요성이라는 가정을 유지했다. 오랫동안 보류되어온 식민주의와 전쟁책임 문제는 냉전 종식 이후에야 아시아 각국 의회와 여론 그리고 일본 법정에서 심각하게 관심을 요구하기 시작했다.

일본의 매체들은 부시-코이즈미 관계의 친밀함을 찬미했지만 '동맹관계(同盟關係)'라는 용어는 사실상 1981년에야 처음 사용되었고 당시 총리 스즈끼 젠꼬오(鈴木善幸)가 이 용어를 썼을 때 한바탕 소란이 벌어진 바 있다. 외무장관이 사임했고 스즈끼는 자신의 발언이 "아무런 군사적 의미도 갖지 않는다"고 해명함으로써 상황을 더 악화시켰다. 이후 사반세기 동안 동맹이라는 말 자체는 그대로지만 관계는 변했으므로 실제로는 개정된 것이나 다름없다. 조약은 여전히 매우 불평등했으나 일본 총리가 사실상의 동맹관계를 부인하거나 중대한 군사적 의미를 갖는다는 사실을 부인하는 일은 상상할 수 없게 되었다. 하지만 일본이 미국의 아시아 동맹임이 확실하게 받아들여지게 된 것은 코이즈미에 와서였다. 동맹이란 것이 관료들 사이에 은밀히 맺어질 수 있는 것이라면 바로 미일동맹이 그 예이다.

1955년 설립될 때부터 자민당은 내셔널리스트들의 압력과 미국의 계획 둘 다에 부응하기 위해 헌법 9조, 특히 그 '평화조항'을 폐지한다는 미국의 목표 달성에 전념해왔다. 미국은 일본에 9조 채택을 강요한 1946년의 결정을 그 직후부터 후회하기 시작했다. 하지만 자국의 주장에 따라 파씨즘과 전쟁을 이끈 바로 그 천황을 꼭대기에 앉혔으니만큼 당시에는 호주를 비롯한 일본의 이웃나라들에 일본을 두려워할 필요가 없다고 설득할 장치가 필요했다. 그러나 일본의 산업이 복구되고 미국과의 통합이 진전됨에 따라 일본을 적극적인 파트너로 전환시킬 필요성이 커지면서 평화주의에 대한 대중의 지지가 강력한 장애물임이 판명되었다. 자위대는 규모와 장비의 고도화라는 면에서 성장했고 미국은 기지를 제공하고 비용을 대는 일에 국한된 일본의 수동적 지원에 점차 불만을 느끼게 되었다.

20세기말의 수십년 동안 미 정부는 1960년 일본과 맺은 안보조약이 제한적이고 일면적이기 때문에 더는 충분치 않으며 보다 높은 수준의 협력이 필요하다는 통지를 거듭 전달했다. 서유럽에서 영국이 맡은 역할과 유사하게, 일본에는 유라시아대륙 동쪽 변경에서 미국이 지배하는 세계질서를 적극적이고 주도적으로 확립하고 조정하는 역할이 할당됐다.

오랜 냉전기에 워싱턴의 목표에 맞추는 것은 특별히 힘든 일이 아니었고 그 점만 놓고 볼 때 지나친 요구도 아니었다. 미국이 한국전과 베트남전, 걸프전을 수행하는 동안 일본, 특히 오끼나와에 있는 미군 기지들이 주요 임무를 담당했으나 일본의 군사적 역할(자위대의 역할)은 소극적이고 보조적이었다. 그 이후의 총리들도 일본군이 일본 밖에서 활동하는 일은 "절대적으로 있을 수 없다"는 데 의견 일치를 보았다.[8] 미국 군대가 공산주의자들의 공격에서 일본을 방어해준다는 생각이 널리 받아들여졌고, 1945년 8월 이후 반세기 동안 일본 군인이 전투에서 죽이거나 죽임을 당한 일은 발생하지 않았다.

냉전의 종결과 함께 균열이 뒤따랐다. 다수의 일본인들은 냉전의 '승리', 곧 소련이 붕괴하고 군사적 위협이 종결됨에 따라 유럽에서의 변화에 조응하여 냉전기의 미일관계에 대한 재협상이 있을 것으로 예상했다. 하지만 이 기대는 오래가지 못했다. 재협상을 거친 것은 사실이었으나 군사적 준비와 기여를 한층 강화하는 방향으로 이루어졌고 이는 미일 군대의 명령과 정보를 통합하기로 한 2005/06년의 합의에서 정점에 달했다.

1991년, 일본은 걸프전쟁에 거금 130억달러(당시 환율로 약 1조 7000억엔)를 내놓았는데도 헌법을 근거로 다국적군에 참여하길 거부했다는 이유로 너무 적은 일을 너무 늦게 했다는 호된 비판을 받았다. 토오꾜오는 이런 비판에 충격뿐 아니라, 몇몇 논평자들의 견해에 따르면, 심지어 상처까지 받았으며 이후 헌법이라는 '장애'를 극복하고자 분투했다.

1992년에는 평화유지활동(PKO) 법안이 국회를 통과했고 캄보디아, 모잠비크, 골란고원, 동티모르에 자위대를 파견하는 일을 정당화하는 법률 제정이 뒤따랐다. 도로, 병원, 난민캠프 건설 및 운영에 제한되긴 했지만, 이런 임무들은 직·간접적 위협에 대항하여 일본을 방어하는 일이 유일한 존재이유인 군대로 하여금 비록 무해할망정 전지구적 무대에서 활동하게 했다는 점에서 9조에 대한 공식 해석의 꾸준한 확장과 완화를 수반했다.

1990년대 후반, 안보에 관한 일본의 느긋함이 뿌리째 흔들렸다. 1998년에 북한의 로켓이 일본 상공을 번득이며 가로질러 인근 태평양 바다에 떨어졌고, 1999년에는 해상자위대가 사상 처음으로 소위 '후신센(不審船)', 즉 일본 해상에 침입하여 속도를 내다가 추격을 당하면 북한 쪽으로 사라지는 '수상쩍은 선박'을 상대로 무력을 행사했다. 이 해상활동은 무력의 합법적 사용을 규정하는 법률을[9] 명백히 위반했음에도 80퍼센트 이상의 일본인들이 이를 승인했으며 이를 "주어진 정황에서 적절"했다거나 심지어 충분치 못했다고 보았다.[10] 북한을 둘러싼 우려와 불안의 직접적 결과로 그때까지 최면상태였던 일본의 분위기는 일변했다.

1995년의 나이(Nye) 보고서('동아시아전략보고서')가 정의한 미국의 새로운 안보독트린에 부합하여, 이 지역의 미군의 존재는 경제성장과 번영을 가능케 하는 "산소"로 일컬어졌다. 그에 따라 총 10만의 미군 병력은 "당분간" 일본과 한국에 계속 주둔할 것이었다. 군 기지는 사람들, 특히 오끼나와 주민들의 희망대로 정리되기는 고사하고 오히려 갱신되었을 뿐 아니라 기지 사용을 둘러싼 각종 제약에서도 벗어나게 됐다. 나이 독트린의 전반적인 원칙은 1996년 클린턴-하시모토(Clinton-橋本) 정상회담 결과로 나온 '미일안보공동성명'(Joint US-Japan Statement on Security)으로 확인되었다. 이는 1997년의 '미일방위협력지침'(Guidelines for US-Japan Defense Cooperation, 신가이드라인)'[11]에서 구체화되었고 1999년 '주변사태법'을 통해 법률적 뒷받침을 받았다. 일본의 역할은 발빠르게 조응하는 것, 다시 말해 자체 군사력 강화에 필요한 입법적·행정적 조치를 채택하고 군사력을 둘러싼 법률적·헌법적 제약들을 완화하며 전제적으로는 나이 독트린의 이행을 보증하는 것이었다.

오부찌 케이조오(小渕惠三, 1998.7~2000.4) 총리가 새로운 조치들이 기존 안보조약을 넘어서지 말아야 한다고 주장했음에도 그 조치들은 협력에 관한 냉전기 합의들을 대대적으로 개정하고 확대하는 결과를 낳았다.[12] 공식적인 입장은 "후방지원"이란 전쟁 참여와는 다르며 어떤 교전행위와도 무관하다는 것이었으나 이는 물론 터무니없는 논리였다. 보수 내셔널리스트 고또오다마저 "현대전에서 전방과 후방을 어

118

떻게 구분할 수 있겠는가?"라며 이의를 제기했다.[13]

　진행되는 변화의 규모는 엄청났지만 어쩌면 바로 그렇기 때문에 공적 조사와 논의를 피해나갈 수 있었다. 태평양 이편과 저편 모두에게 1959~60년의 기억이 생생히 남아 있었는데, 당시 안보조약의 개정을 둘러싼 논쟁으로 키시 총리 치하의 일본은 일대 혼란에 빠졌고 (의회를 통한 입법이라는 강제적 경로를 사용한 이후) 그가 사임함으로써 겨우 진정된 바 있었다. "일본 주변 지역에서 긴급사태"가 발생할 때 일본이 미국에 '후방지원'을 제공하겠다고 약속하는 것이 과연 어떤 의미가 있는가? 핵심 구절에서 구사된 어법은 모호성을 주제로 한 연구의 대상으로 삼을 만하다. "극동과 그 주변"에 적용되었던 미일안보조약과는 달리, 새로운 합의는 지리적 차원은 전혀 고려하지 않고 다만 '사태'에 대한 인식을 담았을 뿐으로, "일본의 평화와 안보에 영향을 미칠 법한 사태"에 적용되었다. '사태'가 정확히 무엇인지는 전혀 규정되지 않았지만 '전쟁'과 매우 가까운 무엇을 뜻하는 것으로 보였으며, 다른 한편 '후방지원'은 군사기지 시설과 보급품뿐 아니라 일본의 도로, 항만, 병원, 비행장을 자유로이 사용하는 것을 의미했다. '신가이드라인' 덕분에 탈냉전시대에, 그것도 헌법으로 평화주의를 보장한 일본의 전쟁준비 수준은 냉전기를 훨씬 능가했다. 일본은 탈냉전시대의 새로운 세계질서를 제도화하려는 미국의 노력을 지원하기로 진작 서명을 마친 것이다.

　일본 총리는 의회의 압력을 받으면서도 어떤 '사태'를 염두에 두고 있는지 밝히지 않았지만 워싱턴은 제2의 한국전 대비 강화가 맥락임을 분명히했다. '5027 작전'이라는 명칭 아래 북한과의 전쟁이 계획되고 실제로 이에 매우 근접했던 1994년 봄, 90일 동안 전쟁을 수행하는 데 1조달러가 들고 최소 150만명의 사상자(미군 5만 2000, 남한군 49만, 남북한 민간인 100만)를 낳을 것이며 그에 더해 한반도 전체에서 거의 상상을 초월할 파괴가 발생할 것이라는 게 미국의 추정이었다.[14] 그같은 대재앙을 마지막 순간에 가서야 모면한 것이다. 그후 추진된 대일 안보관계에 관한 개정은 예견되는 '두번째 한국전'에 대비하여 미국이 첫번째 한국전(1950~53) 당시 누렸던 군사행동과 일본내 시설을 자유롭게 이용할 권리를 회복하는 데 촛점을 두었다. '신가이드라인' 합의사항의 의미는 그러한 사태가 벌어질 경우 일본을 전쟁기계에 철저히 통합시키는 것이었다.[15]

군대와 전략의 문제에서 이런 의존적 역할을 수용함으로써 믿을 만한 종속국으로서 일본의 지위는 공고해졌다. 그 과정은 국가를 더 강조할 것을 요구했고, 국가정체성이 지고하며 본질적인 무엇인 양 그 상징들에 점점 더 많이 기대는 사태를 동반했다. 이렇게 해서 '국기와 국가에 관한 법률'이 1999년에 채택되었고 국가 정체성의 상징들에 대한 법률적 구속력이 한층 강화되었다.[16] 당시의 일에 대해 철학자 츠루미 슌스께(鶴見俊輔)는, 한 세기 전 이딸리아 내셔널리즘을 찬양한 베르디의 오페라보다 더 거창한 세기말 오페라가 만들어지고 그 거대한 볼거리가 펼쳐지는 동안 무대에서는 일본과 미국의 국기가 휘날리고 국가가 요란하게 울려퍼지는 것을 지켜보는 느낌이었다고 썼다. "메이지시대에 이상을 중심으로 단합했듯이 일본국민들은 다시 한번 단합했으나 **이번에는 미국에 봉사하기 위해서였다**"(인용자 강조).[17] 19세기말의 허식과 승리주의는 20세기말에 와서 부조리극으로 바뀌었다.

미국의 요구를 일본 우파는 자신들의 의제를 추구할 기회로 여겨 환영했다. 방위성 고위 관리들은 일본이 선제공격권을 갖게 되었고 자체 핵무기마저 갖게 되었다며(8장 참조) 기대를 부풀렸다. 그들은 일본의 평화헌법이 더이상 인접국을 대상으로 한 일본의 일방적 교전행위나 핵무기 보유를 막지 못하리라고 믿는 것이 분명했다. 하지만 일본에 대한 미국의 압력은 자국의 목적에 기여하는 일을 막는 장애물을 제거하자는 것이지 일본을 독자적 핵무기 보유국으로 만들자는 게 아니었다. 따라서 지나치게 앞서간 관리들은 묵살당했고 일본과 미국 군대의 종속적 통합은 착착 진행되었다.

성숙: 판에 뛰어든 일본

일본 '주변지역'에서 '긴급사태'가 벌어졌을 때 일본이 '후방지원'을 맡는다는 1997년 신가이드라인의 조치들은 충분하지 않았다. 일본 정부가 이해한 바에 따르면 일본은 고유의 집단적 자기방어권을 갖고 있지만 이 권리를 행사하는 일은 헌법으로 금지되어 있었다. 일본 군대는 전투나 전투지역에 개입해서는 안된다는 규칙 아래서만 다국적 작전에 참가할 수 있었다. 워싱턴의 다음 목표는 이런 제한을 없애는 것이었다. 이런 전략적 목표는 2001년 9·11사태 이전부터 분명했지만 그 정도의 충격과 북한을 둘러싼 동아시아의 긴장이 고조되면서 비로소 목표 실현에 근접할 수 있었다.

조지 부시의 취임 전날 밤, 대일관계에 관여하는 "당시 전 정부관리들, 외교정책과 안보 분석가들, 관련 학자들의 초당파적 모임"이 국가안보연구소의 찬조를 받아 리처드 아미티지와 조지프 나이(Joseph Nye)의 지도하에 워싱턴에서 개최되었다.[18] 이들 가운데 두 사람은 곧 부시행정부의 차관이 될 예정이었다. 아미티지는 국무부에서, 폴 월 포위츠(Paul Wolfowitz)는 국방부에서. 그들의 보고서에 담긴 권고안 3번은 '미국과 일본: 성숙한 동반관계를 향한 전진'이라는 제목을 달고 있었는데[19] 일본의 집단적 자기방어에 대한 금지를 "동맹에 대한 제약"으로 규정했으며, 미국과 영국의 특별한 관계를 미래의 모델로 들면서 일본이 동아시아의 '영국'이 되는 관계를 제시했다. 부시 임기 내내 아미티지와 나이가 '성숙한 관계'로 부른 것을 진전시키는 일만큼 확고부동하고도 일관되게 추구되고 성공을 거둔 목표도 없을 것이다.

그런 '성숙'을 성취하고 "더 긴밀하고 효율적인 안보 협력을 달성하기 위해" 일본은 집단적 자기방어에 대한 금지를 철폐해야 했다. '동맹의 협력을 막는 제약'이기 때문이다. 일본은 또한 "경제를 개선"할 조치를 취해야 하는데, 이것이 의미하는 바는 시장개방, 다시 말해 "회계와 영업 관행과 규칙제정이 더 투명해져야 하며 (…) 규제완화가 가속화되어야 한다"는 것이었다. 당시 미국의 저명한 평자가 지적했듯이, 이 보고서의 가장 이상한 점은 "거의 절반이 일본이 해야 하는 일에 대한 제안으로 채워져 있다"는 사실이었다.[20]

일본인들이 "선택의 여지가 없는 사정이 아니고는 급격한 변화를 싫어한다"는 점을 알고 있었지만 워싱턴 모임은 실제로 "다른 선택이 없음"을 암시하면서 일본정부를 위한 포괄적 목표를 설정해놓았다. 그들은 추호의 의심도 없이 일본을 위해 무엇이 최상이며 무엇이 필요한지 결정할 특권을 떠맡았고, 만일 비슷한 방식으로 일본이 미국인들에게 "방위문제와 관련된 헌법을 수정하고 덜 소비하고 더 저축하고 미 해병대를 귀환시키라"[21]고 종용하는 '보고서'를 들이민다면 자신들은 어떤 반응을 보일까 생각해보는 수고는 아꼈다. 관계에서의 '성숙'이 뜻하는 바가 일본이 미국의 의제에 종속되는 것이라는 사실은 이 관계가 실제로는 얼마나 미성숙한가를 가리키는 지표였다.

마찬가지 맥락에서 2001년 6월에는 영향력있는 랜드연구소(Rand Corporation) 보고서가 일본이 "계속해서 미국의 보호에 의존하는" 것이 중요하며 중국과의 협상으로 이를 대체하려는 시도는 "동아시아에서의 미국의 정치적·군사적 영향력에 대한 치명적 일격이 될 것"[22] 이라고 명시했다. 보고서 요약본에 실린 권고안 3번은 "헌법을 개정하고 방위지평을 자국 영토 너머로 확장하며 합동작전을 지원할 역량을 획득하기 위한 일본 내부의 노력을 지원하라"고 촉구한다. 일본이 언젠가 "극동의 영국"이 아닌 "극동의 일본"이 될 의향으로 "자신의 행보를 밟기" 시작할 수도 있다는 생각은 워싱턴에는 악몽이었다. 따라서 일본은 전지구적 규모에서 충분한 군사적·정치적·외교적 지원을 제공하는 '동반자'가 되어야 했다. 이를 위해서는 일본의 제도들이 전반적으로 재정비될 필요가 있었다.

이런 권고안들은 부시행정부 대일정책의 핵심이 되었다. 9·11 공격 이후 며칠이 지나지 않아 당시 국무부 차관 아미티지는 일본이 모래 속에 처박은 고개를 들어야 하며 다가오는 아프가니스탄 전장에서 일장기가 펄럭이게 해야 한다[23]는 투박한 조언을 내놓았다. 열흘 후 코이즈미는 백악관 잔디밭에서 다음과 같이 얘기했다.

우리가 친구라고 얘기할 수 있어 무척 기쁘게 생각합니다. 우리는 우호적인 분위기에서 좋은 대화를 나누었습니다. 이제 내 생각을 전하고자 합니다. 우리 일본인들은 테러리즘과 싸우는 미국정부를 도울 준비가 되어 있습니다. 우리는 이 전지구적 목표를 반드시 실현시킬 수 있습니다. 우리는 결의와 인내를 갖고 테러리즘과 싸워야 합니다. 정말 만족스런 만남, 환상적인 만남이었습니다.[24]

'좋은 대화'와 '환상적인 만남', 미 대통령과의 우정에 대한 그의 흥분은 이 행사의 중대성이나 그가 제시하는 (일본 의회의 비준을 받아야 하는) 약속의 엄청난 무게와는 기묘하게 어울리지 않는 것이었다. 얼마후 일본은 '테러대책특별조치법'을 채택했고 전함 24척으로 구성된 함대를 인도양에 파견하여 아프간전에서 연합군 전력에 필요한 연료의 절반을 조달했다. 자위대의 인도양 파견은 워싱턴이 거듭 내세운 '집단적 자기방어'라는 목표를 향한 중요한 한걸음이었다. 이는 아프간전과 앞으로의 전쟁에서 미국을 뒷받침한다는 약속을 의미했으며 그것도 (걸프전과는 달리) 단순한 재정적 지원에 그치지 않을 것임을 말해주는 것이었다. 결정적으로는 일본이 대테러전쟁에 참가하고 미국의 전략적 지도에 복종한다는 의미였다.

일본의 개입을 둘러싼 상당히 중대한 헌법적 문제점들이 있다는 점을 논외로 해도, 연합군의 공격이 합법적인지 여부조차 모호했다.[25] 유엔헌장 51조의 '자기방어' 조항에 따른 군사행동은 공격을 받은 직후에만, 그리고 안보리의 기제가 작동한 다음에야 정당화될 수 있었다. 그런 경우에도 필요한 경우에 한하고, 공격 규모에 상응해야 하며, 복수심이 동기부여를 해서는 안되고 민간인들에게 피해를 입혀서는 안된다는 조건을 갖추어야 하지만, 아프가니스탄에서는 분명 이런 조건을 충족시키지 못했다. 일본의 헌법이 '위협이나 무력사용을 분쟁 해결의 수단으로 사용'하는 일을 금하고 있음에도 미사일과 어뢰를 장착한 해상자위대의 최첨단 이지스함이 아프가니스탄에 투입된 다국적군의 일부로 인도양으로 파견되었다.

일본이 공적 논의를 거의 거치지 않은 채 유엔을 무시하고 미국을 도운 것은 유엔을 중심에 놓은 전후 일본의 외교정책 원칙의 중대한 변화를 의미했다. 미국이 니카라과에 대항하여 (항구를 폭파하고 콘트라 반군에 자금을 대어 사실상 테러활동을 벌인) '탈법적 무력사용' 혐의로 유죄판결을 받은 데 항의하여 1986년 국제사법재판소에서 탈퇴했을 때나,[26] 이라크를 상대로 근 10년간 간헐적인 폭격을 가했을 때, 1999년 유고슬라비아 폭격이라는 거의 확실한 불법행위를 자행했을 때도 일본은 그저 못 본 척했다.[27] 미국이 기후변화에 관한 쿄오또 의정서와 국제형사재판소의 결정을 거부하고 탄도미사일금지협약에서 탈퇴한 일은 미국이 점점 법을 넘어선 (혹은 법 바깥의) 국가가 되고 있다는 분명한 경고 표지이다. 레이건정부의 핵심인물이자 부시정부의 고문인 리처드 펄(Richard Perle)은 9·11이 일어나기 몇 달 전 2001년 5월 토론토에서 열린 학회에서 미국이 "자국 안보를 보장할 일방주의적 역량을 제약하는 어떤 국제적 조약에도 구속되어서는 안된다. 미국의 의도는 선량한 것이므로 미국의 우방들은 (그가 쓴 용어로) '팍스 아메리카나'에 관해 우려할 필요가 없다"[28]고 말했다.

일본의 어느 저명한 학자는 "세계경찰을 자칭하는 미국은 냉전 이후 독단적 가치와 논리 그리고 이해관계에 근거하여 행동해왔고 유엔이나 다른 국제기구들을 무시했다. 불량국가가 되고 있는 것은 바로 미국이다"[29]라고 했다.

이라크: '경기장' 안으로 들어서다

2003년 3월, '의지의 동맹'(coalition of the willing)은 사담 후쎄인의 이라크에 대한 전쟁에 돌입했다. 본격적인 전쟁이라 할 만한 것이 일단락된 4월초부터, 코이즈미는 무조건적 지원이라는 약속을 이행하라는 강한 압력을 받았다. 아미티지는 일본의 '지상군'이 이라크 점령에 참여하도록 촉구했으며[30] 일본이 "돈 내고 경기를 구경하는 일은 집어치우고 경기장 안으로 들어와야" 한다는[31] 충고를 덧붙였다. 5월 텍사스에서 가진 둘만의 대담에서 코이즈미는 부시에게 필요한 지상군을 파견하겠다고 약속했고 부시정부가 애지중지하는 '미사일방어' 계획을 시급히 검토하겠다는 약속도 해주었다. 보답으로 부시는 처음으로 북한 납치자 가족들을 둘러싼 일본의 입장을 '무조건' 지지하며 북한이 제재 완화를 원한다면 일본의 요구를 들어주어야 할 것이라고 공언했다(5장 참조). 자민당 고위간부가 시인한 대로 이것은 미국이 북한 문제에 관한 일본의 입장을 지원하는 댓가로 일본군을 이라크에 파견하는, 일종의 거래였다.[32] 공식적인 외교성명은 대량살상무기, 또 그 다음에는 이라크의 민주주의라는 대의를 말하고 있었지만, 일본내의 정치적 맥락에서 요점은 주일미군이 대북 방위에 필수적이며, 일본은 미국의 요구를 들어주어야 하고 그렇기 때문에 이라크에 군대를 파견해야 한다는 것이었다.

그러나 텍사스에서 돌아오자마자 코이즈미는 어마어마한 저항에 직면하여 어찌할 바를 몰랐고 그런 바람에 미국의 압력에 직면했다. 익명의 국방성 대변인은 일본 측 상대역에 대고 노골적으로 "왜 당당히 맞서지 않는가"라는 메씨지를 보냈다.[33] 아미티지는 일본의 중동지역 특별대사에게 "물러설 생각은 말라"고 훈계했다.[34] 아미티지는 또한 집단안보에 참여할 권리에 대해 〔헌법 해석의 책임을 갖는〕일본 내각법제국(內閣法制局)이 유연한 해석을 내릴 필요가 있다고 믿는다"는,[35] 청하지 않은 조언까지 해주었다. 이는 달리 말해, 애초에 그가 촉구한 대로 9조를 개정하는 수고를 하는 것보다는, 해석이라는 장치를 통해 9조에 남아 있는 내용들을 일축함으로써 미국의 뜻을 따르는 편이 더 간단하다는 것이었다. 이듬해 초에도 아미티지는 기존의 자구들을 '유연하게' 해석하는 쪽이 낫다는 비슷한 충고를 거듭 내놓았다.[36]

7월에는 이라크 재건을 위한 특별조치법이 통과되었다. 일본이 숙고하는 와중에, 이라크의 대량살상무기 수색을 담당한 전 선임조사관 데이비드 케이(David Kay)는 그런 무기가 있을 가능성이 "매우 희박하다"고 결론 내렸다. 이에 굴하지 않고 코이즈미는 2003년 11월 25일 의회에서 "나는 부시 대통령이 옳다고 믿으며 그가 좋은 사람이라고 생각한다"고 말했다.[37] 외무성 관리는 케이 보고서에 대해 "꼭 믿었던 애완견에게 배신당하고 물린 것 같았다"고 했다.[38] 미일관계라는 고도의 외교술에서 보면 진실과 정신적 독립의 개입이란 미친개의 광란이나 마찬가지였던 것이다. 2004년초 마침내 육해공을 망라한 일본 자위대가 이라크로 떠났다.

자위대가 상당한 병력을 갖추고 이라크를 향해 진격한 사건은 헌법이라는 바다에서 해도(海圖)에도 나오지 않는 영역으로 들어간 것이나 다름없었다. 이전 총리들은, 심지어 가장 호전적인 인물조차 해외파병이란 "절대적으로 용납될 수 없는" 일이라고 주장한 바 있다.[39] 이런 엄청난 행보를 취함으로써 일본정부는 헌법을 둘러싸고 자신들이 기존에 고수하던 해석을 모욕한 셈이었다. 거기에는 법률적 정당성(안보리 결의안)이나 도덕적 평계(대량살상무기) 또한 결여되어 있었다. "신뢰성"이 헌법과 법률 그리고 도덕보다 더 중요했다.

이라크 특별조치법을 채택하고 인도주의적 재건이라는 명목으로 이라크의 알 무탄나(Al Muthanna) 지방의 사마와(Samawah)에 자위대를 파견하는 등 일본이 온갖 요구에 서둘러 응하는 것을 지켜보며 아미티지는 일본이 "더이상 관중석에 앉아" 있지 않고 "선수로서 경기장에" 나온 데 대해 미국이 "감격"했다고 말했다.[40] 일본은 마침내 전쟁과 패배 증후군을 극복하고 "일국의 평화주의"에서 경제규모 세계 2위의 지위에 걸맞은 외교적·군사적 역할을 떠맡는 단계로 나아갔으며, 군사력의 보유와 행사를 둘러싼 각종 금지들을 뛰어넘어 워싱턴과 긴밀한 유대를 맺은 선진 산업민주주의 국가로 적절히 처신하는 듯했다.[41] 미국과 호주 정부는 한때 그들이 일본에서 배양했던 평화주의적 열망에 대한 공감을 버린 지 오래였다.

1월 말, 중의원에서 파병 결정이 승인될 당시, 일본정부는 안전에는 별 문제가 없으며 자위대가 무사히 사마와로 갈 수 있다고 전한 이라크 특별조사단의 보고에 의존했다. 나중에 새어나온 정보에 따르면 이 보고서는 9월 중순 조사단이 토오꼬오를 떠나기도 전에 관료들이 작성했으며 그러고도 1월에는 의회 제출에 앞서 부정적으로 비칠 수 있는 세부사항들을 삭제하는 편집과정을 거쳤다.[42]

그러나 의회나 국내의 반대가 워낙 엄청났기 때문에 투표는 자정 이후로 연기될 수밖에 없었고 제1야당으로서 이 법률이 위헌이라고 항의한 민주당뿐 아니라 여당인 자민당 내에서도 가장 영향력있는 의원 몇사람이 투표 참여를 거부했다. 자민당의 고위인사 세 사람, 전 정조회장인 카메이 시즈까(龜井靜香)와 두 명의 전 간사장 카또오 코오이찌와 코가 마꼬또(古賀誠)는 코이즈미가 내놓은 전쟁의 정당성을 인정하지 않았다. 전 우정성장관이자 방위정무차관이었던 미노와 노보루(箕輪登)는 심지어 삿뽀로(札幌) 지방재판소에 파병이 위헌이라며 소송을 제기했다.[43] 레바논 주재 일본대사 아마끼 나오또(天木直人)는 총리에게 파병이 일본 헌법과 국제법 모두에 위배된다는 항의 편지를 썼다가 토오꾜오로 소환되어 가차없이 해임당했다.[44] 전 부총리이자 자민당의 숨은 실력자인 고또오다는 이 전쟁을 "미국과 영국이 조작된 정보에 근거하여 자행한 일방적인 공격"으로 규정했다.[45]

  하지만 위헌이라는 염려는 넘쳐나는 감정적 반응에 압도당했다. 총리의 요지부동한 태도나, 파견된 자위대 남녀병사들이 실제로는 군인이 아니라 엔지니어들이며 이들의 작전은 어떻든 전투나 점령과는 분리된 순전히 인도주의('부흥지원') 성격을 띠고 있다는 언론의 집중 공세에 일본인들이 서서히 넘어가기 시작했다. 코이즈미는 자위대 남녀병사들을 "가족들의 자랑이요 일본의 자랑이며 일본인들의 자랑"이라고 불렀고, 언론은 군화를 신은 고향 청년들(과 몇몇 처자들)을 영웅으로 그리면서, 이라크 사막을 대신하여 홋까이도오(北海道)의 눈밭에서 받은 훈련, 연대 깃발을 앞세운 의례, 가족들과의 눈물의 이별, 국기를 흔드는 지원 인파 등 그들의 일거수일투족에 관심을 쏟아부었다. 자위대 사령관 반쇼오 코오이찌로오(番匠幸一郎) 대령은 투박하고 꾸밈없는 성실성으로 언론의 인기를 끌었는데, 그가 더듬거리는 아랍어로 어떻게 지역 병원을 되살리고 지역 공동체에 양떼를 선물할 것인지를 연설하는 호의적인 모습이 날이면 날마다 등장했다. 자위대 파견 반대여론이 (주요 전투가 벌어지기 전, 또는 그 도중이나 직후였던)

2003년 초중반에는 70~80퍼센트에 달했으나, 2004년 초가 되자 코이즈미가 이를 반전시키는 놀라운 수완을 과시하며 근소하지만 확실한 다수가 이 결정을 지지하는 결과로 바뀌었다.[46]

자위대 캠프에 산발적인 포격이 있었고 이라크 전역의 치안 수준이 이 꾸준히 악화되었지만 자위대는 이 전쟁에서 별다른 피해를 입지 않고 살아남았다. 미국과 영국의 여론조차 전쟁 반대로 돌아서고 하나둘씩 '의지의 동맹'을 포기하는 나라들이 늘어갔으며, 폴란드 대통령이 전쟁의 근거에 대한 미국과 영국의 협잡에 분노를 표하며 사죄하는 것이 적절하다고 하는 판이었지만, 자위대가 이라크 영토의 자그마한 땅뙈기에서 임무를 수행하는 동안 일본에서는 이들에 대한 지지가 꾸준히 상승했다. 캠프에 포탄 몇발이 터졌지만 피해는 미미했고 전쟁을 지원한 정치인들 중 유일하게 코이즈미의 국내 지지만 손상을 입지 않았다. 마침내 2006년 중반 일본 지상군이 (공군 자위대 파견군을 남기고) 철수했을 때도 그의 인기는 여전히 높았다.

아프가니스탄에서처럼 이라크에 대해서도 코이즈미 총리는 지원 약속을 푸짐하게 내놓았고, 군비 충당에 최선을 다했으며, 합법성 문제는 무시했고, 유엔을 무력화하는 일에 협력했으며, 점령에 동참하기 위해 일본군 (소위 '자위') 부대를 파견했다. 하지만 그 당시에도 의혹을 받았고 이제 와서는 잘 알려지게 되었다시피, 이 전쟁은 안보리 승인을 얻지 못했고 그릇된 구실에 근거했으며, 관따나모(Guantánamo)에서 아부그라이브(Abu Ghraib)로 이어진 가장 악명높은 전지구적 고문과 불법 시설에 이르기까지 시종일관 국제법을 위반하면서 진행되었다. 법적 근거라고는 "직간접적 위험에서 일본을 보호하는 데 필요한 최소한의 군대"라는 게 유일한 자위대를 전쟁과 이라크 점령을 보조할 목적으로 파견함으로써 일본은 헌법의 평화주의에서 한참 멀어지게 되었다. 하지만 일본군은 여전히 영국군과 달리 군사작전을 펼칠 수는 없었으며 '인도주의적' 역할을 수행할 때도 처음에는 용병들 그후에는 영국과 호주 군대의 보호를 받아야 했다. 워싱턴은 물론 이에 만족하지 않았고 따라서 군사적 '재편'과 헌법 개정에 대한 압력이 한층 강화되었다.

이라크에서 영미 군대와 협력하기 전까지만 해도 중동 전역에서 일본은 핵무기 희생국이었고 이스라엘-팔레스타인 문제에서 중립을 취하며 무력에 의한 국제분쟁 해결에 헌법으로 반대하는, 비서구 선진 강대국으로 존중받았다. 미국이 주도하는 '의지의 동맹'의 일부로, 무장한 군대를 파견함으로써 일본은 한쪽 편을 들었고, 뜻하지 않게 이 지역 미국의 적들로부터 적대적 주목을 받게 되었다.

코이즈미는 이 개입이 철저히 '비전투' 지역에 국한된 인도주의적 재건 작업에 그치고 무력은 사용하지 않을 것이라고 말함으로써 자위대 파견을 옹호했다. 그는 "내가 자위대를 파견하는 것은 안전문제가 전혀 없기 때문이다 (…) 사마와의 상황은 완전히 안전하며 아무런 위험도 없다"고 했다.[47] 하지만 자위대를 지휘하는 미 당국에겐 이라크 전체가 전투지구였다. 코이즈미는 상황이 너무 위험하므로 자위대가 잘 무장된 전투부대로서 이라크에 주둔해야 한다고 인정하면서도 다른 한편으론 사마와가 "국가 혹은 준국가 조직"에 의한 어떤 교전행위도 벌어지지 않는다는 의미에서 비전투지구라고 주장했다. 이는 미국이나 다른 나라가 전쟁을 정당화하기 위해 행한 거짓말과 조작에 맞먹는 궤변이었다.

20세기 전반에는 700만명의 일본 군인들이 고막을 울리는 '만세'

함성과 함께 저 먼 전장으로 진군한 바 있었다. 그들 중 누구도 공식적으로는 '공격' 임무를 부여받지 않았다. 반쇼오 대령처럼 그들의 임무도 영광스러운 것이어서, 타국의 공격에 저항하거나(1904~05년의 러일전쟁) 동맹국에 대한 의무를 다하거나(1900년 중국 의화단의 난과 2차대전) 도적떼와 테러범과 군벌에 대항하여 일본인의 생명과 재산을 보호하고 정의와 평화, 번영이 가득한 질서 건설을 돕는다는(1927년에서 1945년까지 중국, 그리고 나중에는 동남아시아에서) 명목으로 주어졌다. 사건이 벌어지고 난 한참 후에야 역사는 전혀 다른, 훨씬 가혹한 판단을 내놓았다. 오늘날 많은 일본 학자들은 암울한 심정으로 똑같은 일이 코이즈미의 이라크 파견에도 적용되리라고 짐작한다.[48] 영향력있는 어느 사상가는 이라크에서의 미국의 군사작전을 1931년에 시작된 일본의 중국 침략에 비견될 공격 전쟁으로 보면서 둘 다 국제사회를 무시하고 군사적 우위가 결정적이라는 믿음이 특징이라고 설명했다. 그의 견해에 따르면, 일본이 한때 만주국을 통해 중국 전체를 변화시키겠다고 생각했듯이 이라크는 미국의 만주국, 즉 중동을 변화시키기 위한 기지였고, 만주국이 딱 그랬던 것처럼 제국의 쇠퇴를 알리는 시발점이 될 터였다.[49]

이라크 사마와의 주민들에게는 헌법이나 법률상의 미묘한 문제들은 관심사가 아니었다. 그들은 일자리와 깨끗한 물과 전기, 더 나은 의료시설과 도로를 선사하리라는 희망으로 일본 군대를 환영했다. 몇몇 주민들은 일본이 토요따나 쏘니 같은 기업의 직원들이 아니라 군인들을 보낸 것에 실망했지만 최소한 일본 자위대를 미국군이나 영국군보다는 선호했다. 약 600명의 병사들로 구성되고 이중 3분의 2가 경비와 관리, 운영에 종사한 일본군은 처음부터 점령군의 일부였고 점령군의 전반적 목표에 봉사했으며 서서히 이라크를 삼킨 혼란에 대해 책임을 공유했다. 그들은 (약 1퍼센트를 차지하는) 자그마한 지역에서 활동했고, 해자(垓子)와 바리케이드를 앞세운 고립된 요새로서 카라오께와 마싸지실과 체육관을 갖춘, "지구상에 있었던 것 중에 가장 강고한 군기지"에 주둔했다.[50] 매일 80톤의 담수를 1만 6000명의 주민들에게 공급하고 여기에 더해 학교와 병원 개축을 보조하는 임무를 띤 애초의 작전에 첫 6개월 동안 약 400억엔(3억 4000만달러)이라는 어마어마한 금액이 소요됐다. 그에 반해 NGO 단체인 프랑스의 '기술협력과 개발을 위한 기관'(ACTED)은 알 무탄나 지역 10만 주민들에게 가스와 물과 보건 그리고 위생 써비스(사마와에서 일본이 공급한 것보다 7배 많은 하루 550톤의 물 공급을 포함한)를 (연간 50만달러, 약 6000만엔을 약간 넘는) 적은 비용으로 제공했다. 이 NGO는 저비용으로, 떠벌리지 않으면서도 매우 효과적인 작전을 수행한 셈이고 소요된 자금은 대개 급수차를 빌리는 데 들었으며 거의 모든 노동력을 이라크 지역 주민에게서 공급받았다. 일본 자위대의 작전은 비용은 높고 떠들썩하기만 했지 효과는 적었다.[51] 정치적 목적이 경제관념이나 인도주의를 이긴 결과였다.

안보리 결의안 1546호에 따라 2004년 6월 이라크 임시정부가 들어서자 코이즈미는 이 새로운 결의안을 "미국의 정당한 대의의 승리"라고 설명하고 일본 군대는 다국적군 소속으로 계속해서 기여할 것이라고 약속했다. 엄밀히 말해 다국적 군대에 참여한다는 것 자체가 위헌이었기에 코이즈미는 그것이 네 가지 조건, 즉 무력 불사용, 비전투 지역에 국한, 헌법적 제한 고수, 자국 지휘하의 작전이라는 조건에서 이루어진다는 점을 강조했다.[52] 결의안 자체나 콜린 파월(Colin Powell)

장관이 안보리에 보낸 동봉 서신에 명기된 "통일지휘"(unified command)이라는 단어는 그에 상응하는 적확한 일본어로 옮겨지는 대신 '통합사령부'라는 모호하고 낯설고 다의적인 용어로 번역되었다.[53]

이렇게 일본 당국은 전쟁과 점령을 지지했지만, 다수 일본 시민사회는 여기에 반대했고 인도주의적 문제들에 완전히 다른 방식으로 접근하려고 노력했다. 난공불락의 오성(五星)급 캠프에 주둔한 군인들이 사마와에 물을 공급하는 일 말고는 대개 모습을 나타내지 않았던 반면, 일본 젊은이 세명이 2004년 4월에 납치당했다. 한사람은 버려진 거리의 아이들을 돌보는 일을 재개하려고 바그다드로 돌아가던 자원봉사자였고, 다른 한사람은 열화우라늄이 건강에 미치는 효과를 조사하여 이를 공개하려는 학생이었으며, 나머지 한사람은 이라크인들의 투쟁과 고통을 사진으로 남겨 세계에 알리려 노력한 저널리스트였다. 이들은 4월 7일부터 15일까지 일주일간 억류된 다음 '이슬람성직자연합'(ICA)의 중재노력으로 석방되었다. 4월 14일에 붙잡힌 두명의 저널리스트들은 사흘 후에 풀려났다.[54] 이들 일본 시민사회의 대표자들과 그 가족들은 석방되기 전부터 공식적인 자위대 임무를 합법화하고 피랍자들을 무모하고 무책임한 사람들로 깎아내리는 정부와 언론 캠페인의 희생자가 되었다. 코이즈미가 인질범들에게 '테러리스트'라는 용어를 사용한 것이나, 외무장관 카와구찌(川口)가 (알자지라에서 방영된) TV 메씨지에서 피랍자들의 석방을 요청하면서 그들과 자위대가 동일한 인도주의적 임무에 종사했다고 주장했기 때문에 억류가 더 길어졌는지도 모른다. 일본의 공식 입장은 시민사회와는 완전히 상반된 것이었다. 피랍자 가족과 지지자들의 모임은 자위대와의 차이를 필사적으로 강조했으나 정부는 자위대의 작전을 합법화하기 위해 이

134

차이를 지우려 했다.

억류가 지속되는 동안 정부와 주요 언론들은 피랍자 가족들과 지원단체를 냉대와 의심으로 대했고 코이즈미 총리는 이들과의 면담을 거절했다. 정부 장관들과 대변인들의 태도에서 감을 잡은 국내 언론은 '무책임'과 '무모함'을 소리 높여 떠들었고 피랍자들이 나라에 말썽거리와 물질적 손해를 안겼다고 비난했다. 곤경에 대한 책임은 희생자들에게 떠넘겨졌고 일본 당국이 지지한 점령의 성격에 관심이 쏠리지 않도록 유도되었다. 첫 피랍자 그룹 세명은 일본에 돌아올 때쯤 적대적 논평의 집중공격으로 그간의 심리적 충격이 더 악화되었으며 지치고 모욕당한 채 귀국해 중얼거리듯 몇마디 사과의 말을 한 것 말고는 침묵했다.

이런 식으로 조롱을 받았지만 국제적 분쟁 해결에 무장병력을 동원해서는 안된다는 헌법의 원칙들을 실천하고자 애쓴 쪽은 바로 이 세명의 일본 민간인들이었던 반면 코이즈미는 적극적으로 이 원칙들을 무너뜨렸다. 이런 사건들이 일어난 다음 NGO들은 자신들의 안전이 위협받기 시작했고 (이라크인들이 자위대를 바라보는 시각에 따르면) 일본 '군대'가 파견됨으로써 평화국이라는 일본의 도덕적 입지가 무너지고 있다고 보고했다.[55] 육상자위대가 2006년 중반 이라크에서 철수할 즈음 미국은 2500명 이상의 병사를 잃었고 그들 대부분은 3년 전 교전이 끝났다고 선언된 이후에 사망했다. 이라크 민간인 사상자는 거의 십만 단위의 수치이며 신뢰할 만한 추정치에 따르면 65만 5000명에 이른다.[56] 267건의 의료지원을 제공하고 5만 4000톤의 물을 공급했으며 27개의 다리와 88킬로미터의 도로와 34개의 학교와 27개의 의료시설을 수리한 후, 일본 병력은 2006년 중반 철수했다.[57] 하지만 이라크를 덮친 혼란과 고통 속에서 일본 병력이 수행한 지역적 선행은 소소했던 반면, 전쟁과 점령에 대한 일본의 무조건적 지지는 훨씬 의미심장한 일이었다.

'의지의 동맹'에 참여한 나라들 중에서 유독 일본에서만 심각한 정치 논쟁이 한번도 벌어지지 않았고, 심지어 이 전쟁이 거짓에 근거했다는 사실이 폭로되었을 때도 마찬가지였다. 전쟁으로 이끈 부패와 협잡을 드러낸 '다우닝가(Downing Street)의 메모'라든지 미국의 명분에 무조건 굴복한 것이 알려지면서 토니 블레어(Tony Blair)의 운이 꾸준히 사그라든 것에 필적할 만한 일이 일본에서는 일어나지 않았다.[58]

변화와 재조정

이라크에서 전쟁과 점령에 참여한 일이 일본에게 제아무리 중대한 의미를 띤다 해도 워싱턴을 만족시키기엔 역부족이었다. 일본이 영국처럼 되자면 여전히 갈 길이 멀었다. 2005년 2월 토오꾜오에서 열린 회담에서는 미 국방부 관리가 다음 세기에 일본 병력이 일본에서 출발하여 중동과 북아프리카로 뻗은 '불안정한 호'(Arc of Instability)에서 수행될 해외 임무에서 주요한 역할을 해야 한다는 목표를 다시 한번 적시했다.[59] 사실상 미군을 감축하면서도 이동성과 신속 대응력을 증진하며 부담금의 상당부분을 동맹들에게 떠넘기는 데 목적을 두고 도널드 럼스펠드(Donald Rumsfeld) 국방장관이 수행한 전지구적 미군 재배치 계획은, 영미간의 협력 수준을 뛰어넘어 미군과 일본군의 합병이나 다름없는 역할분담과 재정분담 조치를 염두에 둔 것이었다. 이 계획은 중대한 의미를 지녔지만 대중과 언론, 의회의 관심은 낮았고 대신 우정국 개혁을 둘러싼 코이즈미의 연극조 언동에 촛점이 맞추어 졌다.

일본(그리고 한국)내 군사시설과 지휘권의 재조직은 특별병력을 위한 기지를 설립하고 비상시에 이 부대들을 전개하는 다양한 경로를 확보하기 위해 계획되었다. 오끼나와(沖繩) 같은 기지 제공지의 부담금 축소 문제는 부차적인 관심사였다. 일본과 한국은 '의지의 동맹'에 통합될 예정이었고 영국이나 호주 같은 수준은 아니지만 장차 테러나 재앙에 대응하고 중국과 북한을 봉쇄하는 데 핵심적인 역할을 하게 될 터였다.[60] 협상은 2005년 11월의 잠정합의안에서 절정에 이르렀고 이듬해 5월에 최종 문서가 채택되었다.

2005년 10월 29일에 미일 외무장관과 국방장관이 서명하고 2주 후 토오꾜오 내각이 승인한 주일미군 재배치에 관한 잠정합의안은, 적어도 명목상으로는 일본 방위가 최우선 과제였던 냉전적 안보관계를 미국의 지역적·전지구적 목표를 지원하는 동반적 군사동맹으로 바꾸는 방식으로 미군의 포괄적 재배치를 구상을 담은 것이었다. 일본과의 합의는 미국이 다른 나라들과 맺은 비슷한 합의보다 더 오래 걸렸고, 1951년과 1960년의 안보동맹이 지닌 제한적 협력을 완전한 군사동맹으로 전환하는 효과를 갖고 있기에 어쩌면 다른 합의들보다 더 중요했다.[61] '시설과 써비스 상호이용'과 '합동작전체제'가 핵심 어구였다.

잠정합의안에서 미국과 일본은 '공동의 전략목표'와 '전지구적 도전'이라는 측면과 관련하여 일치를 보았다. 그들은 테러와의 전쟁, 대량살상무기 확산방지 구상(PSI), 이라크, 탄도미사일 방어, 재난구제 작전에서 협력할 것이었다. 동맹의 주요 목표는 "일본 방위 그리고 새로운 위협과 다양한 우발상황을 포함한 일본 주변지역의 긴급사태에 대한 대응"으로 정의되었다.[62] 침략이나 공격에 대항하여 일본을 방어하는 제한적 동맹에서 테러와의 전쟁을 위한 포괄적이고 전지구적인 동맹으로 바뀐 것이다.

일본 육상자위대의 신속대응군이 카나가와(神奈川)현의 캠프 자마(座間)로 이동할 계획이었고, 거기서 워싱턴주 포트루이스(Fort Lewis)에서 옮겨온 미 육군 제1군단 사령부와 시설을 공유하고 협력활동을 하게 됐다. 일본 항공자위대 사령부는 토오꾜오 외곽 요꼬따(橫田) 기지의 미 제5공군 사령부와 병합될 예정이었다. 해병대의 '신속대응능력'은 오끼나와에서 괌으로 이전한 상당 규모의 병력(8000명의 미 해병대원)과 더불어 하와이, 괌, 오끼나와 사이에 재배치됨으로써 강화될 것이고, 근 10년 전에 반납을 약속한 기존의 후뗀마(普天間) 기지를 대체할 새로운 해병대 기지를 일본정부가 오끼나와에 건설하기로 했다.

이런 변화에 소요될 비용은 엄청날 터였고 일본정부는 2006년 4월의 약속에 따라 비용의 상당부분, 그러니까 총 비용 102억 7000만달러 중에서 60억 9000만달러를 보탰다. 이조차 진행중인 재배치 계획의 전체 추정비용의 일부에 불과해서 일본은 10년간 260억달러를 더 지불하기로 되어 있었다.[63]

일본은 1972년 오끼나와 '반환'의 댓가로 바가지를 쓰고 이후 그곳에 주둔한 미군기지를 유지하는 데도 계속 돈을 댔던 것처럼, 이제는 하나의 기지 '반환'을 얻어내느라 돈을 쓰고 이를 대체할 다른 기지를 짓는 데도 돈을 대며 그에 더해 주일미군 기지를 유지하는 데 필요한 불특정 기타 항목에 해당하는 엄청난 금액을 감당할 뿐 아니라 '테러와의 전쟁' 일반에도 돈을 댄다. 더욱이 8000명의 해병대가 오끼나와에서 이동해갔으므로 군사비 감축을 가져오는 듯했지만, 합의안을 보면 '합동작전체제'와 '시설과 써비스 공동사용' 원칙에 따라 일본군이 미군을 대체할 것으로 기대한다는 점이 분명했다. 일찍이 1970년대에 오끼나와 시설 반환의 댓가로 일본이 엄청난 금액을 지불한(6장 참조) 선례가 2006년 무렵에는 확고히 인정받았다. 1972년에 그랬듯이 이번에도 반환되는 것은 미미하지만(오끼나와 기지 부지의 10퍼센트 미만) 새로 제공해야 하는 것은 많았다.

6개월이 지난 2006년 5월 1일에 기지 재배치의 세부 계획과 합의된 모든 목표들에 도달할 '로드맵'이 채택되었다. FRF(후뗀마 대체시설) 완공과 미 해병대의 괌 이전에는 2014년이라는 목표기한이 정해졌다.[64] 홋까이도 아오모리(靑森)의 자위대 기지에 최신 'X 주파수대' 레이더 씨스템 장착 그리고 미군기지와 시설에 패트리어트 팩-3 배치를 포함한 미사일방어 씨스템 구축이 가속화될 전망이었다. 미사일방어 비용만 1조달러를 넘어설 것으로 예상된다.

2005/06 재편의 결과 미일 안보관계에서 또 한번의 질적 변화가 일어났다. 애초에는 외부의 위협, 곧 소련의 침공에 대비한 일본 방위에 한정되었던 냉전시기의 협정들이 1995년의 방위계획과 '인근지역'의 '긴급사태'에 관한 1997년의 '신가이드라인'에 따른 확장을 거쳐 이제 워싱턴의 처방에 맞추어 전세계 안정화를 목표로 하는 예방동맹으로 바뀌었다. 1984년에 만들어진 작전계획(일미합동전략계획 5051)은 소련의 홋까이도 침공을 가정했지만 1995년에는 중동 위기 발생시 일본군 파견을 염두에 두었고(일미합동전략계획 5053), 2002년에는 한반도 위기(즉 전쟁)를 가정했다(일미합동전략계획 5055). 이 모든 계획

은 비밀리에 작성되었고 아마 지금도 2005/06에 새로 합의된 공동 전략 목표를 충족시키기 위해 유사한 계획들이 작성되고 있을 것이다.[65] 새로운 합의를 완성하려면 (필경 역시 비밀리에 작성될) 새로운 '전략계획'을 수립해야 하며 헌법 개정과 세계 전역에서의 자위대 활동을 정례화할 법률의 제정을 포함한 또다른 입법절차가 필요할 것이다. 일본내의 관심이 후뗀마나 이와꾸니(岩國)나 캠프 자마에 미칠 영향 같은 세부사항에 쏠려 있지만, 공유된 가치의 전체적인 틀과 구조적 융합, 미일 공동의 전략지정학적 태세야말로 실제로 관심을 쏟아야 할 대목이다.

부시정부의 전략적 목표는 항구적인 전지구적 우위임에 분명했다. 2001년 12월의 핵 정책 검토서가 제시한 핵 우선공격권에 기반한 미국의 압도적 군사력에 어떤 국가가 감히 도전할 엄두를 내게 허용할 수는 없었다. 2006년 2월의 「4년주기 방위검토서」(*Quadrennial Defense Review*)는 가장 위협적인 대상으로 중국을 지목했고, 그에 따라 태평양에 더 많은 군대를 주둔시킬 필요가 있으며 이 위협이 실현되는 사태를 방지하기 위해 동맹과의 통합을 강화해야 한다고 명시했다.[66] 일본에 보내는 메씨지는, 미국이 "이라크와 아프가니스탄을 비롯해 많은 군사작전을 함께한 영국이나 호주와 맺은 특별한 관계"가 "미국이 추구하는 협력의 폭과 깊이를 보여주는 모델"이라는 것이었다.[67] 미 태평양사령부(PACOM) 사령관 윌리엄 팰런(William Fallon)은 2006년 3월 상원 군사위원회에서 일본과 남한의 군대가 '삼각 군사협력' 체제로 통합되어 상승하는 중국의 권력과 영향력, 북한의 붕괴, 동남아시아에서의 테러 위협에 공동 대처할 것이라고 말했다.[68]

전지구적 패권과 선제공격 그리고 핵무기에 몰두하는 초강대국과 전략적 목표를 공유함으로써 일본은 헌법이 표명하는 평화주의를 내팽개쳤고 주일미군의 존재 근거를 일본과 극동 방위라는 목적에 국한한 미일 합동안보조약 6조를 부정했다.[69]

새로운 조치들이 하나하나 드러날 때마다 토오꾜오와 (명목상 헌법에 의해 자주권이 보장되는) 지방의 대립이 꾸준히 첨예화되었다. 새 계획에 따라 앞으로 미일동맹의 분담조치에서 더 많은 군사적 역할을 담당해야 할 지방정부들은 즉각 이에 반대했다. 야마구찌(山口)현의 이와꾸니는 57기에서 120기로 수가 늘어난 전투기에다 해군과 다른 부대들을 수용하는, 동아시아에서 가장 중요한 군사기지가 될 참이었다.[70] 주민투표가 실시되었고 반대의견이 무려 87퍼센트에 이르렀다. 2006년 4월에는 '재편'계획 반대를 주도한 인물이 보수파인 상대후보보다 두배나 많은 표를 얻어 시장에 선출되었다. 오끼나와에서는 지사를 위시하여 모든 사람이 격분했다. 소위 '부담 축소'라고 했으나 결국 섬 북쪽의 훼손되기 쉬운 산호초와 해상·삼림 지역에 걸쳐 대규모 군 집결지가 들어설 터였다. 전쟁이 이 섬의 정체성을 반항구적으로 규정하게 될 판이었다. 아사히신문 여론조사를 보면 전국적으로 84퍼센트의 국민들이 정부가 "재배치를 적절히 설명하지 않았다"고 생각했다.[71] 정부가 최선을 다해 설명을 회피했다는 편이 더 적절할 것이다.

자기네가 사는 마을과 도시가 아무런 상의도 없이 전쟁계획의 일부가 돼버린 지역주민들만 분개한 것이 아니고 일부 주류 보수파들조차 강한 분노를 표출했다. 코이즈미정부의 관방장관을 지낸 노나까 히로무(野中廣務)는 일본국민들과(혹은 장차 엄청난 영향을 입게 될 해당 지역 지방정부와도) 상의하지 않은 채 한줌의 관료들이 그런 거래를 해치운 데 대해, 그리고 헤노꼬(FRF)의 새 기지에 활주로가 하나 있어야 하느니 둘 있어야 하느니 하면서 "꼭 바나나 팔듯이 흥정하는" 데 대해 "분노와 슬픔"을 토로했다.[72] 군사평론가 마에다 테쯔오(前田哲男)는 이런 조치들을 북한의 '정권교체'를 촉발하기 위한 압력 강화, 다시 말해 압도적인 군사력으로 둘러싸고 최후통첩을 보냄으로써 평양 정권을 무릎 꿇릴 압력의 강화라는 맥락으로 파악했다. 미국은 북한으로부터 어떤 직접적 위협도 받지 않으리란 점을 자신하겠지만 북한의 붕괴나 한반도 전쟁의 영향을 가장 크게 받을 쪽은 일본이라고 그는 지적했다.[73] 2004년부터 일본의 가상적국인 중국과의 군사적 대결 격화도 새 조치에 함축되어 있는데, 대만을 둘러싸고 충돌이 벌어질 경우 일본은 발언권을 거의 누리지 못한 채로 영향은 가장 크게 받을 것이다.

당연히 아미티지는 결과에 대해 완전히 상반된 견해를 표명했다. 2006년 (전년도에 정부에서 물러난 다음) 직접 작성했던 「아미티지 보고서」를 재평가하면서 그는 일본이 자신의 충고에 따라 인도양에 전함을 보내고 이라크에 '지상군'을 파견한 데 흐뭇해하면서 만족감을 표현했다. 그는 자기가 세운 목표, 즉 미일관계를 미영관계와 동일하게 만든다는 목표가 이미 달성되었다고 여겼다.[74]

영국 같은 일본

'영국'같이 된다는 건 어떤 의미인가? 물론 영국은 오랫동안 미국의 우방으로서, 같은 언어를 사용하고 긴밀한 경제적 유대관계를 맺어왔으며 2차대전 때는 파씨즘, 냉전기에는 공산주의, 2001년 이래로는 '세계의 테러리즘'에 맞서 함께 싸운 동맹국이었다. 이러한 싸움 하나하나에서, 특히 걸프전, 아프간전과 이라크전에서 서른개가 넘는 영국의 미군기지들이 핵심 역할을 담당했다. 케임브리지에서 북동쪽으로 30킬로미터 떨어진 라켄히스(Lakenheath)에 있는 미 공군기지는 영국군 최대 기지인 브라이즈 노턴(Brize Norton)보다 크다. 상당수가 공식적으로는 영국 공군기지로 알려진 이런 기지들은 미군 폭격기, 미사일, 핵무기 저장소, 핵공격 잠수함, 미사일방어 씨스템, 통신·정보수집 씨스템을 갖추고 있다.[75] 영국은 또한 남대서양(어쎈션 섬)과 인도양(디에고 가르시아)에서 전략적으로 중요한 기지들을 미국에 제공하고 있다.

기지 구축에서 일차적으로 고려하는 사항이 미국의 안보라는 점은 늘 분명했다. 히로시마(廣島)를 폭격한 지 불과 한달 후에 소련에서 핵전쟁을 벌일 계획을 세웠던[76] 미 공군은 영국 주둔 병력을 증강했지만 영국 도시들을 방어하기 위해서가 아니라 공격을 지연시키려 했을 따름이었다.[77] 냉전이 한창일 무렵에는 소련과의 핵전쟁이 일어날 경우 영국이 "원자폭탄 40기면 마비될 것이고 120기면 완전히 초토화될 것"[78]이라고 가정하면서도, 미국 자신은 이보다 훨씬 덜 피해를 입거나 일이 잘 풀린다면 전혀 피해를 입지 않을 것으로 간주했다. 냉전에서 테러와의 전쟁으로 옮아가면서, 대규모 주력군이 충돌하고 폭격기들이 떼를 지어 날아다니는 핵무기 총력전의 씨나리오는 무산되었지만 기지 씨스템은 영국 방위와는 거의 무관한 전투체제로 남아 있다.

양국 관계의 내적 운용은 항상 베일에 가려져 있었으나 더 많이 드러날수록 비밀협상과 은폐와 거짓으로 점철되었다는 점이 더 분명해졌다. 최근의 악명 높은 예만 들어보자면, 2005년 5월에 출판된 '다우닝가의 메모'는 법적 정당성이 없는 상태에서 이라크전을 시작하도록 미리 결정한 정책에 맞추어 정보를 조작하는 일을 비롯해 2002년에 이 동맹국들이 저지른 고도의 기만술을 드러냈다.[79] 유엔이나 주요 열강들을 무시한 채 미국 단독으로 이 전쟁을 시작한다는 것은 상상하기 힘들다. 계획이나 실행 모두에서 영국의 지원은 분명 필요불가결했다. 2006년이 되자 영미동맹이 수행한 일을 잠정 평가할 수 있게 되었다. CIA를 포함한 16개 미 정부기관이 숙고를 거쳐 내놓은 결과에 따르면, 미국은 (그렇기 때문에 아마 영국 또한) 전보다 덜 안전해졌고 이라크의 혼돈상은 더 심화되었으며, "이슬람세계에서 미국의 개입에 대한 깊은 분노가 자라났고 전지구적으로 지하드운동 지지자들이 더 늘어났다".[80]

일본이 왜 그런 모델을 따라야 하는지 누구라도 의문이 들 법하다. 1983년 나까소네 야스히로(中曾根康弘) 총리가 일본을 '침몰하지 않는 항공모함'으로 칭하며 소련 혹은 중국 공산주의를 막을 보루로 자진해서 일본열도를 바쳤을 때, 그것은 영국의 진로를 따라 일본이 아닌 미국의 방위를 우선시한 행동이었다. 하지만 '침몰하지 않는'이라는 말이 한때 일본 전함 야마또(大和)에 붙여진 수식어였음을 감안하면 그의 제안은 불길한 울림을 지니고 있었다. 세계 최대규모의 7만 2000톤급 전함 야마또호는 1945년 4월 단 한차례에 전투에 투입되었을 뿐이다. 곧 침몰하여 4000여명 일본인들의 생명을 앗아갔기 때문이다.

그럼에도 영미동맹은 블레어나 영국의 전 총리들에게 헤아릴 수 없는 '이득'을 선사했다고 여겨져왔다. 세계 초강국의 동맹국으로서 영국은 세계 '최고의 테이블'에 자리를 얻었고 스스로 강대국이라 믿을 수 있었다. 핵무기 기술을 포함한 각종 무기 관련 기술과 세계 무기시장·정보에 대한 접근은 값을 매길 수 없는 잇점으로 생각되었다. 그러나 2006년 무렵에는 블레어의 지지도가 20퍼센트 이내로 떨어졌고 영국인들은 동맹의 댓가가 지나치게 크다는 사실을 깨닫기 시작했다. 동맹과 전쟁, 굴종에 대한 불만이 높아만 갔고 권력의 중심과 가까우면 이 권력에 영향을 미칠 수 있으리라던 블레어의 믿음은 더이상 통하지 않았다. 2006년 7월 쌍뜨뻬쩨르부르끄의 G8 모임에서 마이크에 잡힌 비공식 대화는 부시가 블레어를 경멸한다는 사실을 드러냈으며 많은 이들에게 이들의 관계가 어떤지 단적으로 보여주었다.[81] 영국을 따라하려고 달려드는 일본의 지도자들은 동맹을 위해 앞으로 이보다 더한 일을 해야 할지도 모른다. 놀라운 사실은 미국의 명분을 열렬히 받아들인 탓에 블레어는 많은 고초를 겪었으나 코이즈미는 아무 문제도 없었다는 점이다.

장차 일본에는 훨씬 많은 것이 요구될 것이다. 중국의 부상에 대처하기 위해 '더 강한 미일관계'가 필요하기 때문이다.[82] 일본은 미군을 자국에 주둔시키고 일부를 괌에 재배치하는 데 드는 엄청난 비용을 떠안고도, 토머스 쉬퍼(Thomas Schieffer) 주일 미국대사에 따르면, 방위비를 더 늘려 **'동등한 역할'**(필자 강조)을 맡으라는 요청을 받게 될 것이었다.[83] 그의 말을 액면 그대로 받아들인다면 일본의 방위비를 열배가량 늘리라는 얘기나 다름없다.

코이즈미 재임 기간, 아미티지처럼 틈날 때마다 일본을 향해 설교를 늘어놓거나, 이라크에 지상군을 파견하고 헌법을 개정하라는 것부터 우정국 개혁과 미국산 쇠고기 수입에 이르기까지, 자신과 대등한 위치의 일본측 상대에게 온갖 요구를 해대는 미국 관리들이 '친일파'

로 칭송받았다. 하지만 반세기 전 자비로운 해방자로 찬양받던 매카서 장군이 일본인을 어린애로 취급했던 것처럼 이들 또한 일본을 여전히 속국으로 여겨 충고와 지시를 내리면서 식민지 총독처럼 행세한다는 느낌을 지우기 힘들다.

'열강'이 아닌 '평화 강국'으로서의 일본을 말하는 목소리는 들리지 않거나 들리더라도 정부가 아니라 전적으로 시민단체나 NGO에서 나왔다. 헌법에 명시된 평화주의가 갖는 도덕적 권위, 이슬람세계에 적(敵)이 없었으며 그간 중동의 역사적 분쟁에 개입한 바 없다는 점 그리고 핵무기 희생국이라는 평판에 힘입어, 일본은 중재자나 조정자 역할을 맡아 가령 중동지역의 개발과 교육, 복지를 위한 '마셜플랜' 같은 것을 만들어낼 수도 있었다. 일본이 집단 광기와 자포자기 현상을 비교적 최근에 경험했다는 사실(자살폭탄을 발명해 2차대전에 사용한 것)도 독립적인 중재자로서 일본의 신뢰도를 강화해줄 법하다. 의사, 간호사, 교사, 엔지니어, 지뢰 탐지와 제거 전문가를 동원하고, 궁극적으로는 미국 지도자들이 내세운 것과 동일한 인권, 민주주의, 정의에 자국의 국제적 지위와 역사에 부합하는 방식으로 기여하는, 중요하고도 건설적인 역할을 담당할 수도 있었다. 그런 과정에서라면 일장기는 평화와 협력의 상징으로 비쳤을 것이다. 하지만 일본은 미국과 전면적인 동맹관계를 맺고 헌법을 무시한 채 국제분쟁을 해결할 수단으로 "위협 혹은 무력 사용"에 점점 더 우선권을 부여하는 길을 택했다.

아미티지와 나이가 관계의 '성숙'을 위한 의제를 내놓은 지 5년 반이 지난 후 부시 대통령과 코이즈미 총리가 공식 방문으로서는 마지막으로 만나 이 관계를 "역사상 가장 성숙한 양자관계"로 찬양한 것은[84] 분명 우연이 아니었다. 부시 대통령의 첫 임기가 시작되기 전날 밤에 설정되었던 목표는 성취됐다. 이는 미국의 보기 드문 외교적 승리였다. 자신이 건축가로서 핵심 노릇을 한 데 대한 아미티지의 만족감은 이해할 만했다. '전함을 보내는' 일이건, '지상군을 파견하는' 일이건, 엄청난 양의 현금을 제공하는 일이건, 동아시아에서 미국의 지휘권 아래 주요 병력을 포진시키는 일이건, 새 기지를 짓는 일이건, 미국에 이보다 더 고분고분하고 관대한 동맹국은 없다.

그러나 사실상 이 관계는 19세기에 일본을 세계체제에 통합시킨 조약에 비견해도 될 만큼 불평등했다. 일본어와 영어 매체에 보도된 내용이나 그로부터 흘러나온 자료를 보더라도, 관계에 대한 논의가 광범위하게 진행되는 동안 일본의 독자적 전략이나 비전이 등장한 적은 한번도 없었다. 논의를 주재하는 원칙은 코이즈미가 밝힌 대로 아주 간단했다.

미국은 우리에게 다른 어느 나라도 대체할 수 없는 동맹국이며 우리나라의 평화와 안전을 지켜주는 핵심적 억지력을 제공한다. 미국은 또한 일본을 둘러싼 아시아 지역의 평화와 안전을 보장하는 데서도 필요불가결한 역할을 담당한다 (…) 할 수 있는 한 최대의 지원을 제공하는 것이 일본의 의무이며 이는 너무나 자연스런 일이다.[85]

'10억' 단위로 생각하라!

일본은 '동맹'의 조건으로 요구받은 엄청난 외교적·군사적 비용을 차치하더라도 미 제국을 위해 상당한 금액의 재정 보조금 또한 지불해야 했다. 그같은 보조금 지급 원칙은 1970년대 오끼나와 '반환'에서 시작됐다. 당시 일본은 벼락경기를 맞고 있었고 미국은 베트남전의 타격으로 비틀거리는 중이었다. 그때 이래 보조금은 계속 유지되었고 규모도 커졌는데, 21세기초에 와서 일본 역시 지독한 재정적 곤경에 처했는데도 이 점은 변함이 없었다.

코이즈미정부가 들어서기 훨씬 전인 1996년에 재무장관 타께무라(武村)는 이 나라가 '재정위기' 상태라고 선언했다. 1999년말 오부찌 총리는 84조엔이라는 기록적인 국채를 새로 발행하면서 자학적인 어조로 스스로를 "전세계 채무자들의 왕"이라고 칭했다. 2년 뒤 자리를 물려받으며 코이즈미는 과감한 개혁을 약속했다. 그의 재임 동안 공적 채무 수준은 GDP의 170퍼센트로 뛰어올랐으며 이는 근대 이후의 어느 국가보다 높은 수치였다.[86] 임기 첫 4년 동안 그는 오부찌의 세배가 넘는 250조엔 규모의 새 채권을 발행했다. 2006년 OECD는 일본의 채무규모가 지속할 수 없는 수준이라고 선언했다. 이런 사실을 고려하면 코이즈미가 오부찌보다 '채무자들의 왕'이라는 직책에 훨씬 합당한 적임자인데도 오히려 국민적 영웅으로 칭송받았다.[87]

일본은 세계 최대 채무국이자 최대 외환보유국이기도 했는데, 2006년 약 90조엔(대략 8000억달러)에 이르는 외환보유고 중에서 달러가 압도적인 비중을 차지했다. 다시 말해 일본은 부채뿐 아니라 상당한 자산도 가졌다는 얘기지만 (이 항목의) 자산은 국가부채의 8분의 1에 불과했다. 게다가 일본이 보유한 달러채권이 현금화되면 전지구적 경제붕괴를 초래하므로 이는 사실상 추상적 의미의 자산일 뿐이며, 워싱턴의 재정적, 군사적, 문화적 우위를 유지하기 위한 일종의 과세로 보는 편이 적절할 것이다. 다른 나라들, 특히 중국은 달러보유고를 유로와 균형을 맞추기 시작하는데도 일본은 이런 추세에 따를 의사를 좀체 보이지 않는다.

세계 금융구조의 역설은 일본과 미국의 부채라는, 비슷한 높이의 '쌍둥이 봉우리' 위에 위태롭게 얹혀 있다는 점이다. 2006년 8월말 미국의 부채는 약 8조 5000억달러였고[88] 일본은 (동그라미가 15개 붙는) 1000조엔, 즉 대략 9조달러였다.[89] 심각한 질환을 겪고 있는 일본경제가 마찬가지로 병든 미국경제를 떠받치는 온갖 조치를 다 취하면서, 미 제국에 보조금을 지급하고 부채를 갚아주고 과소비에 쓸 자금을 대주느라 일본국민들의 저축을 미국의 현금부족 블랙홀에 쏟아붓는 형국이었다.[90] 일본의 지원은 워싱턴의 전지구적 초강국 지위와 전략의 필수조건이었다. 태가트 머피(Taggart Murphy)는 다음과 같이 지적했다.

1980년대 초에 소위 레이건 혁명, 즉 지출감소를 동반하지 않은 대규모 감세라는 미국 최초의 실험에 자금을 대려고 급성장하던 자국의 부의 수문을 열어젖힌 나라가 일본이었다. 미국 증시가 몇시간 만에 가치의 4분의 1을 잃었던 1987년 10월 19일의 검은 일요일 몇주 후에 국제 씨스템에 대출금을 내놓은 나라도 일본이었다. 1차 걸프전 때 대규모 자금을 제공한 것도 (…) 아시아 재정위기와 9·11과 아프가니스탄 침공과 이라크 침공 (…) 과정에서 달러 유가증권을 계속 사들인 나라도 일본이었다. 일본은 지금까지 25년 동안 달러의 국제가치를 떠받치고 그리하여 미국의 패권을 떠받치는 데 중심 역할을 계속 수행하고 있다.[91]

이런 관계가 주는 잇점은 이중적이다. 일본은 한편으로는 적자를 상쇄하기 위해 (그리고 소비수요를 유지하기 위해) 워싱턴이 필요로 하는 엄청난 규모의 자금을 지속적으로 제공하며, 다른 한편으로는 엔 가치의 갑작스런 상승을 방지함으로써 미 제조업 수출품의 경쟁력을 유지해준다. 부시정부가 부자들을 위한 조세감면을 고집하면서 부채의 늪으로 더 깊이 빠져들 작정을 한 탓에, 미국의 무역적자는 매년 약 100조엔 그리고 재정적자는 그 절반가량으로 늘고 있으므로 일본(그리고 중국) 자금의 유입 수준은 유지되거나 심지어 증가해야 한다. 미국의 재정적 무책임이 장기적으로 결코 지속할 수 없음에도 토오꾜오는 그 어느 곳보다 미국을 더 신뢰하고 미국이 강해지도록 기꺼이 지원한다.

이런 일반적이고 구조적인 보조금과는 별도로 일본은 미국에 어마어마한 직접적인 재정 지원금을 지불한다. 이중 상당부분은 '배려 예산'이라는 명목인데 영어식으로는 통상 '주둔국 지원금'(host nation support)으로 알려져 있다. 1972년 오끼나와 반환(7장 참조) '댓가'와 더불어 시작된 일본의 보조금 지급은 일단 개시되자 멈출 도리가 없는 듯했다. 일본은 현재 대략 4만명의 주일미군에 대해 매년 1명당 약 15만달러나 보조한다.[92] 찰머스 존슨(Chalmers Johnson)은 전략적 촛점이 무엇이든 관계의 경제가 이런 식이라면 미 국방부로선 포기하기에 너무 매력적이라고 단언한다.[93]

아프가니스탄과 이라크에서 구체화된 테러와의 전쟁은 일본에 특정 목적의 재정부담을 또 안겨주었다. 반테러동맹에 대한 일본의 소위 '후방지원'에는 페르시아만의 동맹국 전함에 기름을 제공하는 것도 들어 있다.[94] 지상군과 항공자위대를 '의지의 동맹'의 일부로 이라크에 파견까지 한 데 이어 이라크 재건을 위한 추가원조 요청을 받은 코이즈미는 '십억 단위'가 적절하다는 얘기를 듣자[95] 50억달러를 약속했는데, 이는 유럽연합이나 사우디아라비아가 제의한 액수보다 다섯배나 많았다.[96] 게다가 일본정부는 워싱턴의 압력을 또다시 받고 이라크 정부가 자국에 진 부채의 상당부분을 돌려받지 않을 의사가 있음을 시사했다.[97] 일본은 40억달러 이상을 빌려준, 단연 이라크 최대의 채권자였다.[98]

일본은 또 미 해병대를 위해 오끼나와 북쪽에 최소 1조엔(90억달러)의 추가비용을 들여 새 복합기지를 지어주겠다고 약속한 바 있고, 주일미군의 조직개편 비용을 상당부분 대주기로 했으며 엄청나게 비싼 미사일방어 씨스템을 구입하겠다고 했다. 애초에는 마지막 항목에 소요되는 비용이 5년간 5000억엔(45억달러)이라고 했지만 곧 두배로 올랐다.[99] 랜드연구소의 추정에 따르면, "겨우 몇개의 북한 미사일"을 가로챌 수 있는 기본형 씨스템이 약 200억달러, 완비형 씨스템은 방위예산 전체보다 더 비쌌다.[100] 2006년까지 일본은 6000억엔을 씨스템 개발에 썼고[101] 최종 가격표는 2조엔(183억달러)에 육박할 것으로 예상된다.[102] 과학·군사 전문가의 견해 중에서 제일 후한 평가라고 해봐야 (고성능 레이더[FPS-XX], SM-3를 장착한 이지스 구축함, 패트리어트 팩-3 요격미사일 지상 발진 포대의 결합체인) 이 씨스템이 작동할 수도 있고, 하지 않을 수도 있다는 것이다.[103] 대략 1000억달러를 쏟아부은 다음 2006년 9월 날아오는 미사일의 크기와 속도와 시각을 미리 알고 있는 통제된 조건에서 미 국방부가 시험운용을 했는데 여기서는 제대로 작동했다.[104] 하지만 40~50퍼센트의 성공률이라도 투자할 가치가 충분하다는 일본 전 방위청 장관 이시바 시게루(石破茂)

의 발언은 확신보다는 우려를 불러일으킨다.[105] 더구나 패트리어트 씨스템이 작동한다고 쳐도 그것의 보호영역은 포대 반경 15킬로미터 이내로 제한되는데, 이렇게 되면 수도와 주요 (미군) 복합기지는 보호받지만 일본의 나머지 지역은 아니라는 얘기가 된다.[106] 최종 비용이 얼마가 되든 미사일방어 계획은 일본을 미 국방부의 통제 속으로 더 확고히 끌어넣었고 중국의 불신을 불러일으켰으며 이 지역에서의 미사일 경쟁을 부추길 우려가 다분했다.

미국으로서는 일본만큼 너그럽게 지갑을 열어주는 동맹국 혹은 고객이 따로 없었다. 재정위기에 직면하여 건강, 교육, 해외원조 프로그램의 허리띠를 조이고 코이즈미 자신의 입으로 개혁에는 성역이 없다고 얘기하는 와중에도, 그같은 동맹 '세금'은 분명 성역이었다. 어떤 일이 닥치든 토오꾜오는 미 제국에 헌신할 작정이었다.

사실상 일본의 정부부채 전체가 미국과의 특이한 관계에 기인한 탓이 크다. 1980년대에 무역과 환율을 둘러싼 분쟁이 일었을 때, 미국은 정부지출을 늘여 경제 활성화를 도모하고 국내수요를 확대하라고 주장했는데, 일본내 토건국가 주창자들은 이를 구실로 삼아 빚으로 자금을 댄 공공사업에 대한 환상을 정당화했으며 결국 나라를 붕괴 직전까지 몰고 갔다. 이런 재앙과 공공재정의 위기에 대한 책임을 직접적으로 미국에 물을 수야 없겠지만 그럼에도 미국의 요구에 따라 필사적으로 경기 활성화를 시도했던 일본정부야말로 공공사업 씨스템의 부패와 결탁을 낳은 주범이었다. 코이즈미는 이런 씨스템을 물려받아 그것이 자체 범죄를 은폐하는 일을 정책적으로 지원했으며 손실을 공적인 것으로 돌려놓아 일본의 부채를 더욱 키웠다. 그의 '개혁' 의제는 부채감소 방법에 관해서는 아무런 실마리도 주지 못했다.

위싱턴이나 토오꾜오 모두 일본의 관대함, 다시 말해 '배려' 예산과 전쟁보조금 그리고 2006년 합의한 '재편' 비용, 미 재무부를 위해 수요 약화의 썰물을 막아주려고 2003년과 2004년에 시장에 들이부은 30조 엔(약 2500억달러), 채권과 증서를 포함하여 달러를 떠받치기 위한 금융조치[107] 등이 자발적인 것이었다고 주장한다. 일본 대중들이 이를 얼마나 지지하는지 알 수는 없지만, 그런 '세금들'이 미국에 대한 신뢰성 확보의 댓가 그리고 북한과의 한판 대결에서 미국의 군사적 지원 보장의 댓가라고 인식하기 때문에 겨우 참고 있다고 하는 편이 옳을 것이다. 미국 측에서는, 어느 '백악관 고위관리'가 부시 대통령이 일본을 (비밀번호도 필요 없는) "현금지급기"로 여긴 적이 없다고 말한 적이 있는데, 이런 어이없는 부인은 사실 부시가 그렇게 생각하고 있을지 모른다는 암시를 주기에 충분했다.[108]

만약 일본이 정말로 아미티지가 말한 식의 '선수'가 되었다면 자기 팀의 주장이 누구고 코치가 누구인지, 그리고 이 게임의 의심할 바 없는 엄청난 심각성을 제대로 알고 있었을 것이다. 독단적인 권고와 지시로 일본의 내정에 간섭한 미국의 행위가 아무런 문제도 되지 않았다는 점은 주목할 만하다. 아미티지 같은 사람들은 으름장을 놓는 식민지 총독이 아니라 일본의 벗으로 간주되었다. 다른 정황에서 호주의 청중들에게 연설을 하다가 아미티지는 자신이 말하는 '동맹'이란 "호주의 아들딸들이 (…) 미국을 지키는 일을 돕다가 기꺼이 죽을 수도 있는 관계를 말합니다. 그것이 동맹의 의미입니다"[109]라며 분명한 예를 제시했다. 이 점에 관한 한 아미티지나 코이즈미 역시 일본에게 '제일 중요한 것'이 무엇인지는 아직 밝힌 바가 없다.

아시아주의(Asianism) 대 미국주의(Americanism)

격동의 20세기를 거친 경험에서 일본은 세계 초강대국과 동맹을 맺었을 때, 즉 영국의 동맹이었던 20세기 첫 20년과 미국의 동맹이었던 마지막 50년에 가장 잘 나갔다는 교훈을 끌어냈다. 그런 동맹은 안보와 번영의 보증수표였던 반면 1930년대의 외교적 고립은 전쟁과 피폐로 이어졌으므로 어떤 댓가를 치르고서라도 피해야 했다. 그러니 제국 열강에 보조금을 지급하는 것은 다 그만한 가치가 있다는 것이다. 이런 가정들은 너무 깊이 뿌리박혀 있어서 반박하기 어려웠고 심지어 냉전 종결 이래 안보환경이 근본적으로 변한 상황에서도 마찬가지였다.

이런 가정과 더불어 코이즈미는 아시아에서 벗어난다는 19세기의 패러다임을 계승했다. 당시 '아시아'는 퇴보와 비문명 그리고 식민화(혹은 식민화 개연성)와 같은 의미라고 여겨졌다. 따라서 일본은 비아시아성(non-Asianness), 다시 말해 '유럽' 혹은 명예 유럽이라는 지위를 고집했다. 20세기에 일본은 아시아에 대처하는 서로 다른 두가지 전략을 채택했다. 20세기 전반에는 아시아를 지배할 명백한 운명을 지닌 아시아의 '맏형', 후반에는 미국의 보호를 받는 '서구' 국가가 되려는 것이었다. 두 전략은 모두 아시아성을 비아시아성과 결합하려는 시도였고 둘 다 이웃나라들로부터 의심을 불러일으키는 경향이 있었다. 결과적으로 일본은 아시아의 아웃사이더로 남아 있다. 같은 대륙의 이웃들에서 심리적인 거리를 유지하는 한, 코이즈미의 일본으로선 미국의 품으로 되돌아가는 선택만 눈에 들어오고, 이 품은 다시 속박이 되어 일본이 아시아와 화해하고 협력하는 일을 더욱 가로막으며,

미국은 한층 대담하게 속박의 강도를 높인다. 특히 '북한문제'(5장 참조)가 해결되지 않은 한, 그리고 역사와 정체성, 가장 명시적으로는 야스꾸니를 둘러싼 쟁점에서 중국과의 거리가 좁혀지지 않는 한, 미국에 대한 의존은 지속될 것이다.

하지만 이를 달리 생각하면, 만일 북한문제가 해결되고 일본이 1990년대 중반에 잠깐 도달했던 역사 이해로 되돌아가서 이웃나라들과 화해하기에 이른다면 동아시아가 급속히 변화할 수 있다는 의미가 된다. 북일관계와 남북관계가 정상화되면 일본과 중국은 이미 양국을 가깝게 묶어놓은 경제적 유대에 걸맞은 정치적 동반관계 구축에 전념할 수 있다. 일본은 미국의 전지구적 패권 계획에 완전히 병합될 필요가 없어질 것이고, 미국의 신뢰할 만한 동맹이 되는 대신 자국의 여러 문제들에 집중할 수 있을 것이다. 나아가 미래 아시아 공화국의 신뢰할 만한 구성원이 되는 일에 정책적 우선순위를 둘 수도 있다.

1945년 대동아공영권의 수치스러운 몰락 이후 처음으로 일본과 북한의 지도자들은 2002년 9월 '평양선언'을 통해 평화와 협력의 '동북아시아' 건설에 함께 참여하겠다고 발표했다.[110] 그 희망은 이내 방해를 받았지만, 전통주의적 성향과 역사의식 그리고 역사에 이름을 남기려는 욕망을 지닌 일본의 보수정치가 코이즈미 또한 아시아의 싸이렌의 노래에 잠시 마음을 뺏겼다는 사실이 놀랄 일은 아니었다.

통상 내셔널리스트로 여겨지지만 코이즈미의 내셔널리즘은 실체라기보다는 포즈에 가까웠다. 거의 모든 사안에서 워싱턴에 충실했던 그로서는 강력한 내셔널리즘의 어조와 태도로 위장할 필요가 있었고, 다른 나라의 목표를 섬길수록 내셔널리스트로 보이는 일이 더 중요해졌다. 따라서 그가 내셔널리즘의 포즈로 가리고 있었던 것은 실상 일종의 네오내셔널리즘 혹은 유사내셔널리즘였는데, 이는 정책이나 실제 내용이 아니라 수사와 상징의 차원에서 존재했다. 구조적 의존을 수사적 허풍과 결합시켰다는 점에서 '매판적' '기생적' 혹은 '의존적'이라는 수식어를 붙일 수도 있을 것이다.[111] 니시무라 신고(西村眞悟)[112]나 이시하라 신따로오(石原愼太郎, 토오꾜오 도지사)[113] 등의 다른 유력 인사들과 더불어 코이즈미와 아베 같은 지도자들은 내셔널리즘의 포부를 왜곡되고 승화된 형태로 표현하는 한편, '지침'이나 '재편'의 이름으로 국가의 종속을 굳히고 심화했다. 따라서 민족주의적 가무(歌舞)는 워싱턴이라는 '부처님' 손바닥 안에서 흔들고 소리치는 일에 불과했고, 총리의 야스꾸니신사 방문처럼 논란을 불러일으킨 제스처는 내셔널리즘 부활을 나타내는 신호가 아니라 내셔널리즘 포기를 보상하려는 시도였다.[114] 정치적·군사적 종속은 내셔널리즘의 수사와 상징을 **필요로 한다.**

일본이 지역정책과 세계정책 간의 딜레마를 어떤 식으로 처리하든, 워싱턴의 21세기 청사진은 일본에 새로운 종속과 통합을 요구하며 여기에는 헌법 개정 혹은 재해석과 사회·경제제도의 포괄적인 신자유주의적 재편이 필요하다. 북한과의 대결이 첨예해지면서 이 과정은 탄력을 받기 시작했다. 20세기에 일본은 충실하고 무비판적으로 제국을 섬김으로써 커다란 이득을 얻어냈고 그에 따른 비용은 감수할 만한 것이었다. 21세기의 청사진은 새로운 수준의 예속을 요구하고 비용도 꾸준히 높아지고 있다.

영원한 친구?

부시와 코이즈미가 비할 수 없이 가까운 친구로 함께 웃고 농담하는 모습은 5년에 걸친 그들의 만남을 기록한 사진을 통해 익숙해진 광경이다. 그들은 함께 대통령 전용 골프 카트를 탔고 야구에 대한 농담을 주고받았으며 그레이스랜드를 방문했다. 이런 일이 서로를 존중하는 동등한 파트너들의 친밀함을 반영하는지, 아니면 주인과 충복의 친밀함을 나타내는지 알기는 어렵다. 코이즈미가 주요 이슈들에 관해 '프랑스식'이나 '독일식' 태도를 취하여 감히 워싱턴의 심사를 건드리는 일은 결코 없을 테지만, 그렇다고 영국의 블레어식으로 워싱턴 협의회 일원으로 받아들여지리라 기대하거나 적극 추구하는 일도 없었다. 그는 이미 알려진 대로 두차례나 퇴짜를 맞았다. 한번은 2004년 후반 부시에게 김정일의 회담 제의에 응할 것을 제안했다가, 또 한번은 2005년 유엔 안보리 상임의석 확보에 부시의 협조를 요청했다가 거절당했다. 전자의 경우 그는 "돌 같은 침묵"[115]에 부딪혔고, 후자의 경우엔 미국산 쇠고기 수입규제를 완화해야 한다는 장황한 설교를 들어야 했다.[116] 세계 어느 곳에서도 부시는 이토록 충실하고 무비판적인 추종자를 얻지 못할 것이다. 워싱턴과 토오꾜오에서 공히 '성숙'하고 '동등'하다고 찬양받은 미일관계는 미국의 일방주의와 생색에 근거한 것이다.

냉전의 종결과 소련의 붕괴 그리고 자민당 통치와 '1955년 체제'의 종결이 가져다준, 새 세기를 위한 새 진로를 찾을 기회를 일본은 놓쳐버린 것 같다. 9·11의 여파로 새로운 질서가 등장하고 있는지 모르지만 많은 부분이 낯익은 듯하다. 일본은 새 질서에 많은 것을 쏟았고 앞으로 더 많이 쏟으라는 거센 압력을 받고 있다. 일본의 엄청난 부와 권력은 자기들이 연약하고 고립되어 있으며 취약하다는 막연한 의식과 선명하게 대조된다. 갈수록 버거운 워싱턴의 요구를 들어주려다보니 일본의 촉각은 꼼짝없이 태평양 너머에 맞춰져 있다. 그러는 사이 내셔널리스트를 자처하는 인사들의 오갈 데 없는 에너지는 과거의 확신으로 되돌아가 '밝은' 역사와 '자부심 넘치는' 일본 정체성을 창조한다는 명분에 집중된다.

미일관계가 전통적으로 일본이 미국의 우산 아래서 혜택을 얻는 관계로 묘사되지만 미국은 (자국 권력을 아시아 전역으로 투사하는 군사기지들을 유지함으로써) 더이상 일본을 그저 '보호'하는 데 만족하지 않는다. 미국은 이제 더 많이 요구하고 더 적게 제공한다. '테러와의 전쟁'이 항구적인 세계 계엄령으로 고착되면서 일본은 생소한 근본주의에 간접적이지만 동시에 결정적으로 봉사하는 꼴이 되었다. 이 근본주의 체제는 다수의 국제법 위반과 고문, 암살, 민간인과 종교적 대상에 대한 무차별 공격, 핵 위협과 선제 전쟁을 자행해왔다.

1930년대에는 국가정체성과 지역내 관계라는 근본적인 문제를 해결하지 못한 탓에 전쟁에 이르게 되었다. 1990년대에는 일본의 강력한 정치·관료세력과 기업들이 입을 모아 배타적이고 자랑스러우며 순수한 일본 역사와 정체성 구축을 미국을 향한 복종에 결합시키는 공식에 따라 이런 문제들에 답하라고 촉구했다. 그런 공식은 한눈에 보기에도 모순적이다. 우파 논객 니시베 스스무(西部邁)도 지적했듯이 "미국의 51번째 주가 됨으로써 일본 문화를 보호하겠다"[117]는 발상은 이치에 닿지 않는다. 오늘날 1930년대의 군사 파씨즘과 팽창주의적 공격의 조짐은 없지만, 그럼에도 '의존적 내셔널리즘'은 이 지역을 간접적으로 위협하고 있다. 작금에 진행되는 일본의 구조적 종속보다는 공허한 수사와 조작된 상징들에 촛점을 돌리게 만들고, 미국의 유일패권 지향에 균형을 잡아 아시아의 이웃들과 함께하는 공동의 과거와 미래를 건설하는 일을 가로막기 때문이다.

| 5장 |

아시아의 일본

2005년은 동아시아의 순환주기로 보아 60주년을 맞이한 해로, 60년이라면 완성과 재생이 이루어지는 시간으로 여겨진다. 그런 이유로 60년 전 사건들에 대한 기념, 특히 이 지역의 해방을 의미하는 일본 제국의 몰락을 기념하는 일이 중요하게 대두되었다. 하지만 2차대전 당시 적대국이었던 나라들의 대표자가 한데 모여 나치 독일의 몰락을 기념하고 전쟁 희생자들을 애도한 유럽과는 사뭇 대조적으로, 이 지역에서는 기념식이 제각각 거행되어 아시아는 해방과 승리를 축하했고 일본은 패배를 애도했다. 일본의 국가 대표자들이 난징이나 하얼삔, 뻬이징이나 서울 혹은 평양에서 열린 기념행사에 영예로운 초청인사로 참석하는 일은 상상하기 어려웠다. 그 이듬해는 과거에 얽힌 해결되지 않은 분노와 현재에 대한 격앙, 미래를 둘러싼 경쟁이란 면에서 그보다 훨씬 날이 선 분위기였다. 대아시아관계가 대미관계만큼이나 중요하다는 공식 진술에도 불구하고 실상 대미관계가 더 견고해지고 군사화될수록 일본과 아시아의 이웃나라 사이의 골은 한층 넓고 깊어졌다.

이 지역 국가들이 자신의 경제적 연관성에 정치적 표현을 부여할 유럽식 연방의 공식을 찾아내고자 애쓰는 과정에 20세기 제국주의와 전쟁의 유산이 계속 들러붙어 방해하고 있다. 동아시아 공동체가 실현되려면 일본과 아시아의 불화가 치유되어야 하는데도 코이즈미 재임 동안 도리어 더 심화되었다.

한일관계와 중일관계는 1965년과 1972년에 각각 정상화된 이래 최악의 상태였다. 1990년대에는 특히 남한과의 관계에서 정부간 협약이 거의 성사되기 일보직전처럼 보였다. 오부찌 수상이 직접 사죄를 표명했고 김대중 대통령도 과거의 갈등을 접어두자는 소망을 피력했으며 '21세기를 위한 동반관계'가 선언되었다. 두 나라는 2002년 월드컵을 공동개최했고 한류열풍, 특히 한국영화에 대한 열광이 일본을 휩쓸면서 배용준이라는 유명 영화배우가 백년이 넘는 한반도와 일본열도의 교류사에서 가장 유명한 한국인이 되었다. 하지만 약속은 실현되지 않았고, 코이즈미 집권기간에 전쟁의 유산과 관련된 격렬한 논전이 휘몰아쳤으며, 여기에는 역사적 사실과 사죄의 필요성, 코이즈미의 야스꾸니신사 방문과 (일본에서는 다께시마로 알려진 독도를 둘러싼) 영유권 논쟁이 포함된다.

비슷한 문제 때문에 중국과의 관계도 악화되었는데 이는 한층 중요한 의미를 함축한다. 중국과 일본은 야스꾸니와 전사(戰史) 문제 외에도 (특히 댜오위따오(釣魚島)/센까꾸(尖閣)열도 그리고 인접 해양지역에 매장된 것으로 추정되는 석유와 가스에 관련된) 영유권과 동중국해의 자원이용권을 놓고 분쟁을 벌였다. 코이즈미가 야스꾸니 참배를 둘러싼 중국의 항의를 부적절한 내정간섭이라 규정하고 입장 재고를 거부함에 따라 일본과 중국의 정상회담은 코이즈미 재임 5년 동안 한 번도 열리지 않았다. 양국의 밀접한 경제적 유대관계에도 불구하고 2005년부터는 안보와 전략적 목적을 위해 중국이 잠재적 적국으로 여겨지기 시작했다.[1] 아베는 2006년 서울과 뻬이징으로 단기간의 회유 방문을 다녀오면서 자신의 정권을 출범시켰지만, 정체성이나 역사, 영토 같은 심각한 문제들에 진지하게 접근하고 있다는 증거를 보여주지는 못했다.

코이즈미정권의 주된 외교적 추진력은 유엔 안전보장이사회에서 상임의석을 확보하기 위한 노력이었다. 하지만 이를 뒷받침하는 논거는 코이즈미가 국회에서 일본의 안보를 유엔이 아니라 미국에 의지한다고 발언함으로써 상당부분 훼손되었다. 특히 안보리 승인을 얻지 못했고 코피 아난(Kofi Annan) 사무총장이 공공연히 불쾌감을 표명했음에도 미국이 주도하는 이라크에서의 '의지의 동맹'에 참여한 사실을 감안하면 더욱 그랬다. 하지만 거기에 참여하는 것이 초강대국 지위의 궁극적인 표지로 여겨졌고 코이즈미는 이를 얻는 일을 매우 중요하게 생각했다. 일본이 상임의석을 확보하는 데 외교역량을 집중하자 중국은 이를 저지하려고 나섰다. 일본의 모든 외교활동 책임자들이 2005년 토오꾜오에 소집되어 의석 확보 캠페인의 마지막 단계들을 조율했으나, 결과는 눈에 띄는 외교적 망신이었다. 한줌도 못되는 아시아 국가들만(아프가니스탄, 부탄, 몰디브) 일본에 찬성표를 던진 것이다.

선진 산업국 중에 일본만큼 거의 모든 이웃들과 불화를 겪는 나라는 없다. 그리고 세계적 강국으로 유엔 예산의 (미국을 제외한 나머지 안보리 상임이사국 전부를 합친 것보다 많은) 19퍼센트 이상을 대고 있으며 헌법상 평화주의를 천명하고 있으니만큼 당연히 상임이사국 지위를 누림직하다는 식의, 그야말로 단순한 원칙의 문제에서도 이웃들의 지원을 그토록 못 얻는 나라도 없다. 얄궂게도 일본이 가장 내세우기 주저하는, 곧 헌법으로 평화주의를 공언했으니 의석을 얻을 자격이 있다는 근거야말로 그들의 가장 강력한 주장이 되었어야 옳았다.

2001년 8월 15일 전국에 중계된 광복 56주년 기념식에서 김대중 대통령은 남한국민들이 "한일관계가 확고한 역사의식을 토대로 올바른 방향으로 진행되기를 열렬히 희망하고 있다"고 말했다. 뒤이어 그는 다음과 같이 덧붙였다.

수많은 양심적인 일본시민들이 역사를 왜곡하는 일이나 총리가 논란의 여지가 많은 전쟁신사를 참배한 일을 우려를 갖고 지켜보고 있습니다. (…) 하지만 실망스럽게도 몇몇 일본인들은 역사를 왜곡하려는 시도로 한일관계에 다시금 먹구름을 드리우고 있습니다. (…) 우리에게 가한 숱한 고통들을 망각하고 무시하려는 사람들과 어떻게 우리가 친구가 될 수 있겠습니다? 그런 사람들과 어떻게 최소한의 신뢰라도 갖고 미래를 논할 수가 있겠습니까? 우리는 일본인들에게 바로 이런 점을 묻고 싶습니다.[2]

이는 한국의 지도자가 일본에 제기한 가장 엄중한 논평에 속했다.

2005년 3월, 김대중 다음으로 대통령에 당선된 노무현은 소위 한일관계 '정상화'를 이룬 지 40년이 지났음에도 여전히 양국관계가 정상과는 거리가 멀다는 점을 분명히 지적했다.

> 두 나라의 관계가 발전하기 위해서는 일본정부와 일본국민들이 과거의 진실을 알리려는 진지한 노력을 기울어야 하고 진심이 담긴 사과문을 내놓아야 하며 필요하다면 배상도 해야 합니다. 그런 다음에야 비로소 화해가 가능할 것입니다.[3]

코이즈미와 아베 정권하의 일본은 자국 역사를 적극적으로 윤색하고, 20세기 중반의 대아시아 전쟁을 야스꾸니신사 부설 박물관이 전시하는 대로 '대동아공영'을 위한 정당한 투쟁으로 긍정하려는 경향을 보이고 있다. 반면 남한은 자국 역사에서 친일 잔재를 청산하려는 노력을 기울였다. 2004년 남한 국회는 '일제강점기 친일반민족행위 진상규명에 관한 특별법'을 제정하고 친일파들의 '반민족적' 행위를 조사할 특별위원회를 구성했다. 이듬해 국회는 '진실과 화해를 위한 기본법'을 채택했다.[4]

조사에 따르면 남한 사람들 중 90퍼센트가 일본을 신뢰하지 않으며[5] 중국인의 고작 6퍼센트만이 일본에 '우호적 정서'를 갖고 있다고 한다.[6]

2006년, 일본 내각은 1945년부터 남한이 점유해온 독도/타께시마라는 작은 섬을 17세기 중반 이래 자국 영토의 일부였다고 선언하는, 따라서 남한이 그것을 불법적으로 점유하고 있음을 암시하는 결의안을 의결했다. 남한은 남한대로 독도 주변 해역에 대한 방어조치를 강화했으며 노대통령은 일본의 주장을 "침략의 역사를 정당화하려는 일본 국수주의자들"에 의한 "도발적 행위"라고 비난했다.[7] 2006년 7월,

일본 각료들이 북한의 미사일 발사에 맞서 발사시설에 대한 선제공격론을 제기하자 남한의 청와대 대변인 정태호는 일본이 "한반도에 대한 무력행동을 정당화"하고 그럼으로써 "침략의 본성"을 드러낸 "중대상황"으로 규정했다.[8]

한국인들은 일본이 1850년대와 60년대에 서구에 '개방'하고 봉건국가에서 근대국가로 변모한 이후 거의 곧바로 '정한론(征韓論)'이라 불리는 논쟁을 벌여 조선을 동급으로 다루어야 하는지 공격이나 진압의 대상으로 삼아야 하는지 왈가왈부했음을 뼈아프게 기억했다. 21세기 초엽의 한국인들에겐 조선이 북한으로 대체되었을 뿐 거의 변한 것이 없는 듯했다.

북한

부흥하는 동북아시아 지역의 핵심에 놓인 '블랙홀', 이 지역에서 목적과 전략적 비전 그리고 번영을 공유하는 공동체가 출현하는 일을 가로막는 장애물은 의심의 여지 없이 북한이다. 북한은 한국 내셔널리즘과 일본 식민주의 그리고 냉전의 해소되지 않은 유산이라 할 수 있다. 북한은 일본에 의해 오래도록 무시되고 매도되어온 데 이어 코이즈미가 수상직을 맡은 기간에는 (이라크 파병 결정을 포함하여) 일본의 미래나 이 지역의 미래와 관련된 주요한 전술적·전략적 결정들을 좌우하는 요인이 되었다.[9] 일본의 저명한 한국학자 오꼬노기 마사오(小此木政夫)가 말했듯이 "어떤 전문가도 북한의 선제공격을 예상하지 않는다. 사실상 단 하나의 씨나리오, 곧 미국의 선제공격이 있을 따름이다."[10] 그러나 전문가들이 북한을 자기방어를 위해 가시를 곤추세운 고슴도치나[11] 심지어 외부와의 접촉 일체를 두려워하여 껍질 안으로 대피하는 달팽이로 본[12] 반면, 일본의 대중매체들과 다수의 정치인들은 북한을 호랑이로 그리고 있었다.

북한은 확실히 반일정권이었고 1930년대 반파씨즘 게릴라 투쟁을 통해 탄생했으니만큼 그럴 수밖에 없었다. 최초의 북한 지도자의 목숨에 일본 당국은 엄청난 현상금을 내걸었으며, 그의 아들이자 계승자는 여전히 인민들에게 1930년대 유격대정신을 본받으라고 촉구했다. 과거 식민통치자와 내셔널리즘 저항운동의 관계가 정상화되기 전까지는 바뀔 수 없는 상황이다.[13]

냉전이 끝나자 동아시아에 새로운 질서를 만들어내려는 움직임들이 있었다. 노련한 자민당원이자 부수상을 역임한 카네마루 신(金丸信)이 1990년 9월 북한으로 가는 다당연합 대표단을 이끌었고 관계 정상화에 관한 3당 선언을 내놓는 데 성공했다. 이 선언은 자민당과 일본사회당 그리고 조선노동당에 의해 채택되었다. 여기에는 외교관계를 개시할 의사가 담겨 있을 뿐 아니라 일본의 사과문이 기재되었고 36년간의 일본 식민통치가 야기한 고통과 불행, 그것이 이후 45년에 걸쳐 "초래한 손실"을 보상하려는 의지가 표현되었다. 북한 또한 "고립에서 벗어나기를" 열망했다. 중국과 러시아가 남한과의 관계를 정상화하는 한편 미국과 일본이 북한과 관계를 정상화하는 '교차승인' 방안이 고안되었다. 하지만 일본 지도부는 그러한 외교적 선도전략을 밀고 나갈 의지가 없었고, 1945년 이후의 '손실'을 북한에 배상하는 일에 저항했으며, 남한정부도 (1998년 김대중정부가 수립되기 전까지는) 일본이 북한에 접근하는 데 부정적인 태도를 보였다. 더욱이 북한의 핵프로그램에 대한 의혹들이 생겨났고, 여기에 미국의 압력도 한몫하면서 더이상 진전되지 못했다. 그후 10년간 자민당의 주요 막후실세였던 노나까는 회고록에서 카네마루의 발의 후 미국으로부터 '주의'를 받았다고 밝혔다.[14] 사실상 미국은 냉전 이후 첫 10년간 일본의 어떤 독자적인 외교 이니셔티브에도 거부권을 행사했으며 그러는 사이 북한을 둘러싼 상황은 꾸준히 악화되었다. 카네마루 자신도 1992년 11월 부정혐의로 체포되었다. 2001년 4월 코이즈미정부가 등장해서야 비로소 정체상태가 풀리기 시작했다.

중국이 경제강국으로 부상하고 남한에서 성숙하고 역동적인 시민 민주주의가 발전하는 사태에 직면하여 코이즈미정권의 일본은 모순적이며 심지어 분열증적인 전략을 추구했다. (코이즈미가 이따금씩 평양을 방문한 데서 보이듯) 어느 순간에는 경이적인 경제성장과 민주적 제도에 토대를 둔 지역 공동체 건설에 참여할 듯하다가도, 결정적으로 미국이라는 군사화된 세계제국에 의존하는 종속적 대리인 노릇을 하는 식이었다. 코이즈미는 매년 야스꾸니를 방문하여 아시아의 이웃들을 격분시키고 이라크와 다른 지역에 대한 미국의 군사작전에 확신을 표명하며 협력하는가 하면, 북한과의 관계정상화를 개인적인 정치적 임무로 받아들이고 공동체로서 동북아시아의 미래에 대한 신념을 피력하기도 했다. 달리 말하면, 한편에서는 일본을 미국 주도의 세계질서에 의존하도록 더 확고히 묶어두면서 북한에 대한 적개심을 지렛대로 활용하고, 다른 한편에선 성공을 거두거나 혹은 의미있는 진전을 이루기만 해도 일본에 대한 미국의 패권적 틀뿐 아니라 동아시아 일반에 대한 미국의 패권적 틀을 뒤흔들 북한문제를 해결하기 위해 이런저런 시험조치들을 취했다.

2003년 사담 후쎄인을 축출함으로써 '악의 축' 한가지를 처리하자 촛점이 북한으로 넘어왔다. 이라크는 대량살상무기를 갖고 있지 않았지만 (그들 자신이 밝힌 바를 포함하여) 대부분의 보고들에 따르면 북한은 그런 무기를 이미 갖고 있거나 아니면 확보하는 과정에 있었다. 이런 상황에 어떻게 대처할 것인가가 일본의 대외정책과 미일관계의 핵심이었다.

북한은 일본의 상상력에 불을 지폈으나 상상의 그림자는 현실과 부합하지 않는다. 명목상 헌법으로 평화주의를 천명하고 있지만 일본의 연간 군사비 지출은 북한 GDP의 2배고 일본의 GDP는 북한보다 대략 200배나 많다. 북한경제는 일본의 43개 현 중에서 가장 가난한 오끼나와와 같은 규모이다. 북한은 110만의 강군을 보유하고 있어 수치로만 보면 초강국급이지만 군사훈련이나 기동작전이 보고되는 사례는 매우 드물다. 많은 부대가 자급을 위해 수렵채집과 경작을 하느라 시간을 보내고 있으며 장비는 대개 1950년대에 지급된 것들이고, 연료부족으로 전투기 조종사들은 매년 겨우 몇시간 정도만 훈련이 가능하다. 일본의 경우 이름만 붙지 않았다뿐이지 실질적인 초군사강국이 된 지 오래다.

2003년 3월, 일본은 하나는 광학장치에, 다른 하나는 레이더 탐지장치에 기반을 둔 2대의 정찰위성을 쏘아 올렸다. 이어 세번째는 2006년 9월에 띄웠고, 네번째는 2007년초로 계획이 잡혀 있었다. 대략 1미터 단위로 지구 표면을 스캔할 수 있는데, 그들이 가장 집중적으로 검색할 지역이 북한의 표면이라는 데는 누가 봐도 의심의 여지가 없었다. 만일 북한이 토오꾜오나 오사까 상공에 스파이위성을 쏘아올려 맞대응한다면 분명 그것들을 제거하기 위해 일본은 신속히 선제공격에 나설 것이다.

일본의 출판업계는 북한에 대한 책과 논문들을 꾸준히 펴내고 있으며 압도적인 다수가 적대적인 내용이다. 그 가운데 2003년 8월에 출간된 한 만화책은 김정일을 폭력적이고 잔인하며 저열한 인물로 그리고 있는데 나온 지 몇달 만에 50만부가 팔렸다. 모르긴 해도 이는 세계 어느 언어로 출간되었든 북한에 관해 씌어진 지금까지의 모든 책의 판매부수보다 더 많을 것이다.

코이즈미는 이런 국가적 편집증에서 이득을 보았고 또 그런 편집증을 부추기는 데 한몫을 했다. 논란을 불러일으킨 야스꾸니 참배와 일본의 군사주의적 과거에 관한 모호한 언급은 그의 내셔널리즘을 확증해주었으며, 부시에 대한 헌신적인 태도는 그가 미일동맹을 확고히 지향한다는 점을 워싱턴에 분명히 보여주었다. 동시에 코이즈미는 세계 정치지도자 중에서 유일하게 자신이 주도하여 2002년과 2004년 김정일을 두차례 방문했으며 이에 대해 워싱턴은 기껏해야 내키지 않는 동의를 보냈을 뿐이었다. 그럼에도 코이즈미는 아무런 처벌도 받지 않았는데, 워싱턴을 향한 그의 충성이 의심의 여지 없는 것으로 보였고 무엇보다 (2004년 1월부터) 일본 자위대가 이라크에 지상군을 파병했으며 수십억달러에 이르는 일본의 재정지원이 부시의 세계를 떠받치고 있었기 때문이었다.

사죄의 정점 — 2002년

부시행정부가 북한을 '악의 축'으로 비난하는 유명한 발언으로 2001

년을 시작한 반면, 코이즈미는 북한과의 쌍방관계에서 돌파구를 마련하려 했다. 2002년 10월에는 평양으로 건너갔고 "일제통치 기간 한국민에게 끼친 엄청난 피해와 고통"에 대해 사과했으며, 그에 대한 응답으로 1970년대와 80년대 벌어진 13명의 일본시민을 납치하고 일본인들이 '미스터리 선박'으로 부르는 것을 일본 해역으로 보내 스파이 행위를 한 데 대해 김정일이 전달한 사과를 받아들였다. 그런 다음 양측은 '평양선언'에 함께 서명했다. 이 짧은 동안에는 역사적 화해의 전망이 실제로 존재했다.

하지만 그후 일본의 언론과 정치지도자들은 상대방이 저지른 범죄에 대해서만 촛점을 맞추면서, 일본의 범죄나 자신들의 사죄를 받아들여 고립상태를 벗어나려는 북한의 희망 둘 다를 무시했다. 북한이 범죄행위를 인정하고 사과한 것은 근대국가 역사상 전례없는 사건이었으며 고통스럽고 어려운 선택이라는 데 이견의 여지가 없다. 그같은 조치는 새로운 장을 넘기려는 소망의 표시로 환영될 법했으나, 도리어 일본내에서 비난과 처벌 요구를 불러일으켰고, 반면 일본의 사과는 다시는 언급조차 되지 않았다. 마치 일본이 36년간의 식민통치로 초래한 '손실'이 납치로 인해 그들이 겪은 손실에 비하면 아무것도 아니라는 식이었다.

코이즈미는 평양에서 돌아오는 비행기에서 채 내리기도 전에 토오꾜오에 있는 자신의 정부로부터 싸보타주를 당했다. 코이즈미의 평양방문 결과 일본에 돌아오게 된 5명의 납치 피해자들은 1, 2주간 가족들과 장기적인 미래를 의논한 다음 다시 평양으로 돌아가기로 되어 있었다. 그러나 그의 행정부는 (코이즈미라는 카이사르에 대해 브루투스 역할을 담당한 아베 부관방장관을 필두로) 어떤 사태가 벌어져도 그들을 돌려보내선 안된다고 결정했다.[15] 평양에서 방금 전에 도달했던 합의의 이행은 저지당했다. 아베는 "일본에는 음식도 있고 기름도 있는데 북한은 이런 것들이 없어 겨울을 날 수 없을 터이니 머잖아 무너질 것"이라고 말했다.[16] 일본의 언론이 북한에 대한 적개심으로 흘러넘치는 와중에 코이즈미는 미국의 이라크 작전에 동참하여 일본군대를 파견하겠다고 약속했다. 이 전쟁이 정당하다거나 전망이 밝다고 믿어서가 아니라 북한과의 관계에서 결정적인 사태가 발생할 경우 일본을 도와줄 곳은 유엔이 아니라 미국이기 때문이라고 설명했다.[17] 물론 납치란 어떻든지 중대하고 폭력적인 범죄며 1970년대와 80년대에 저지른 범죄행위에 대해 평양이 능력이 되는 한 피해자들의 인권을 회복시켜줄 의무가 있음은 명백하다. 하지만 일본인들이 양국 지도자의 합의에 따라 북한이 배상해주리라는 점을 신뢰하지 않은 것은 의도적인 모욕이 아닐 수 없다.

아시아의 다른 지역에서 볼 때 일본이 북한정권의 납치를 세기의 범죄로 만들고 자신을 궁극적인 희생자로 만드는 소동은 비현실적인 것으로 비쳤으며 그 자체가 고통을 주는 일이었다. 근대 동아시아 역사에서 '납치'라 함은 무엇보다 2차대전을 전후해 수만, 아니 어쩌면 수십만의 한국인들을 일본이나 일본제국의 다른 지역으로 끌고 간 사실을 가리키기 때문이다. 이들의 노동은 소위 '위안부'들의 노동까지 포함하여 강요되거나 강제된 것이었다. 1970년대 후반과 80년대 초에 발생한 북한의 일본인 납치문제를 다룬 2005년 3월의 연설에서 남한의 노대통령은 다음과 같이 말했다.

저는 일본인들이 납치문제에 느끼는 분노를 충분히 이해합니다. 그와 똑같은 견지에서 일본은 한국인들의 입장이 되어보아야 하며 징용과 위안부문제에 대해 그보다 수천, 수만배의 고통을 느끼는 우리 국민들의 비통함을 이해해야 합니다.[18]

이 발언의 일부는 그보다 6주 전(2005년 1월 17일) 북한 외상이 했던 말과 동일하다. 북한 외상은 "일본에 과거 자신들의 제국주의 지배가 야기한 손상을 직시하고 회한을 표현할 것을 요구"했고 납치를 적대관계라는 맥락에서 벌어진 "불행한 사건"으로 지칭했으며 "일본이 과거에 한국인들에게 가한 고통의 천분의 일 혹은 만분의 일이 될까 말까" 한다고 말했다.[19] 남북간의 언어와 정서의 일치는 놀랍다. 관계가 '정상화'된 지 40년이 지나고 수백만의 양국 시민들이 매년 상호방문을 해온 남한에서조차 이렇듯 일제의 상처가 부분적인 치유에 그친다면, 거의 아무런 접촉도 없었던 북한이 지닌 상처의 깊이에 관해서는 그저 짐작이나 해볼 수 있을 뿐이다.

두번의 겨울이 지났지만 여전히 평양은 '무너지지' 않았고 일본의 약속위반으로 초래된 교착상태를 깨는 데는 2004년 5월 코이즈미의 두번째 방문이 필요했다. 양측의 신랄함은 더욱 깊어져 도덕적 우위를 놓고 다투면서 각자 상대편의 '진정성'을 요구하는 한편 자신들의 진정성을 단언했다.

평양에선 코이즈미의 두번째 방문이 일종의 새로운 사죄로 여겨졌다. 북한은 납치 피해자들의 영구귀환을 인정하고 그 가족들도 북한을 떠나 그들과 합류하는 데 합의했다. 코이즈미 편에서는 협상을 재개하고 인도적 지원을 제공하는 데 동의했다. 이후 의회에서 김정일의 인상을 묻는 질문을 받고 그는 "많은 사람들에게 그의 이미지가 무시무시한 괴짜 독재자일 걸로 생각됩니다만, 실제로 만나보면 온건하고 유쾌한 사람이며 (…) 아주 똑똑하고 농담도 재치있게 합니다"[20]라고 말했다. 코이즈미는 또 김정일이 부시와의 대화를 열망하고 있으며 부시와 두 사람이 목이 아프도록 함께 노래부를 수 있게 음악을 틀어달라는 부탁을 했다고 덧붙였다.[21] 이후 이 얘기를 부시에게 전했을 때 코이즈미에게 돌아온 건 돌덩이 같은 침묵이었다.[22]

"비정상적 관계를 정상화하고 적대관계를 우호로, 대결을 협력으로 전환할 수 있도록"[23] 일본과 북한의 신뢰를 회복시키고 자신의 남은 임기 2년 내에, 가능하다면 1년 이내에[24] 관계를 정상화하겠다는 코이즈미의 공약은 부시나 딕 체니(Dick Cheney)부통령의 관점과는 완전히 다른 것이었다. 부시는 김정일을 혐오하며 그가 '사악'하다고 생각한다는 의견을 천명했고 체니는 2003년 12월에 "악은 협상의 대상이 아니라 타파의 대상이다"고 말한 바 있다.

2002년의 첫 방문과 마찬가지로 코이즈미의 두번째 방문 또한 격렬한 반발을 불러일으켰다. 1990년대 들어 순수하고 자부심 넘치는 일본의 국가정체성이라는 이슈를 중심으로 출현하여, 식민통치와 전쟁에 관해 무라야마 도미이찌(村山富市)정부가 내놓은 사죄문을 '피학적'이라며 거부했던 압력단체 연합조직이 북한에 대한 적개심과 미국에 대한 굳건한 지원을 매개로 한데 뭉쳤다. 이 운동은 강력한 세력이 되었으며 진상을 파헤치고 비판해야 하는 언론매체들의 역량과 용기를 능가했다.[25]

전국적 운동은 주요한 세 세력으로 이루어졌다. '북한에 납치된 일본인을 구출하기 위한 전국협의회'(구출회)와 '북한 납치 피해자 가족연락회'(가족회), 그리고 '북한에 납치된 일본인을 시급히 구출하기 위해 행동하는 의원연맹'(납치의원연맹)이 그것이다. 이 단체들은 모두 최대한의 압력을 행사해야 하고 필요하다면 군사행동도 불사해야 한다고 믿었으며, 모두 유력 언론과 기업들의 후원을 받으며 활동했다. 물론 '새 역사교과서를 만드는 모임' 및 헌법과 교육기본법 개정을 지향하는 다양한 단체들 그리고 일본회의 같은 전국적 운동들과 더불어 네오내셔널리즘 진영에 속했다. 이들 모두에게 북한과 납치문제는 집결신호 구실을 해주었다. 이들 단체들은 연합하여 반대파를 고립시키고 부정하는 한편 일본을 네오내셔널리즘 지향으로 밀고 나갔고 미국의 전지구적 기획에 한층 종속시켰다. 도무지 실현될 것 같지는 않지만 만에 하나 평양의 정권이 전복된다면 납치자 가족들의 행복한 가족상봉이 이루어지리라는 예상이 타당해 보였고 바로 그런 것이 이들이 부르짖는 바였다. 정부에 대한 이들의 영향력은 엄청났다. 이런 다양한 주장들과 누구보다 더 긴밀한 일치를 표명한 정치가가 아베였다. 납치문제를 해결하는 인도주의적 임무가 평양의 정권을 무너뜨린다는 정치적 임무로 대체되자, 일본의 정책은 코이즈미의 관계 정상화 시도라는 목표를 내팽개치고 평양의 정권교체를 고집하는 체니 부통령과 워싱턴의 신보수주의자들의 노선에 동조하게 되었다. 코이즈미 행정부의 마지막 2년 동안 실제로 대북정책을 좌우한 것은 코이즈미가 아니라 아베였다.

점차 이들 조직의 아젠다는 가족중심 그리고 천황중심의 잘 통솔된 충성스런 일본이라는 과거를 향해 거슬러 올라가는 것에 맞추어졌다. 분노와 좌절과 격분의 표적을 북한에 맞추고 (북한과 관련하여 유일한 만족스런 결과는 '정권교체'뿐이었다) 미국에 대한 전폭적인 지원을 요구하는 것이 되었다. 국가정체성의 상징들을 강조하고 그런 상징들을 정체성의 신성한 표지로 휘두르면서 이들은 군사적인 혹은 전략적인 측면에서 국가적 종속의 심화를 적극적으로 받아들였다.

국가로서의 일본의 시야에 납치자 가족들의 드라마가 펼쳐지는 동안 주요 방송 채널, 신문과 잡지는 적개심과 공포와 편견의 시장에 상품을 조달했고 그럼으로써 시장을 더 키워나갔다. 재일조선학교에 통학하는 학생들이 손쉬운 표적이 되었다. 그들 중 다섯명에 한명 꼴로 다양한 형태의 언어적·물리적 폭행을 당한 것으로 보고되었고 때로 지하철이나 거리에서 문구용 칼에 옷이 찢기는 일도 있었다.[26] 조총련 계열의 단체와 개인들은 폭행과 위협에 시달렸고 표적이 된 사람 중에서 단 하루 동안 이메일을 포함하여 무려 633통의 욕설 메씨지를 받은 사례도 있었다.[27] 2001~02년에 평양과 외교적 해결책을 협상하려 했던 외무성 관리의 자택에 시한폭탄이 발견되었을 때 지지율이 높고 세력이 강했던 토오꾜오 지사 이시하라는 즉각 "당할 일을 당한 것"이라고 평가했다. 비판을 받자 그는 테러를 지지한 것은 아니라고 하면서도 타나까(田中)가 "만번 죽어도 싸다"고 덧붙였다.[28]

홋까이도오(北海道)대학의 정치학자 야마구찌 지로오(山口二郎)가 지적했듯, 아이러니하게도 김정일정권을 무너뜨리려는 이들의 시도는 실상 그 정권의 속성과 유사했다. 언론매체를 장악하여 가족단위로서의 국가의 이름으로 이데올로기적 교설을 강요하려는 그들의 욕망은 특히나 더 그랬다.[29]

납치

코이즈미의 두번째 임무는 8명의 실종 납치자 사건, 특히 1977년 13세의 여학생으로 배드민턴 경기를 마치고 집으로 돌아가는 길에 납치된 요꼬따 메구미(橫田めぐみ) 사건을 재조사하는 일에 성패가 달려 있었다. 그녀는 1986년 북한인과 결혼해서 이듬해 딸을 출산했으며 평양이 밝힌 바에 따르면 우울증에 시달리다가 1993년 혹은 1994년에 자살한 것으로 되어 있었다. 일본은 그녀의 삶과 죽음에 관한 북한의 설명이 전적으로 불충분하다고 판단했다.

메구미의 남편 김철준이 중요한 증인이었다. 2004년 12월 그는 아내의 유해라고 밝힌 것을 일본관리들에게 넘겼는데 애초에는 매장했다가 나중에 화장하려고 파낸 것이라고 했다.[30] (미토콘드리아 DNA 분석을 통한) 조사를 마친 후 일본정부는 유해가 서로 혈연관계가 없는 두 사람의 것이라는 결론을 내렸고 북한이 의도적인 기만행위를 저질렀다고 비난했다. 일본정부는 메구미를 포함한 8명의 납치자들이 사망했다는 북한의 주장을 실제로 뒷받침할 "증거가 전혀 없다"고 말했다. 따라서 "이들이 아직 생존해 있을 가능성"을 믿으면서 그들의 즉각 귀환을 요구했다.[31] 그러나 북한이 이 8명의 납치 피해자들이 사망했다고 주장하는 상황에서 양측의 견해차를 좁히기란 어려웠다.

2006년, 김철준이 남한사람이며 본명이 김영남이고 1978년 당시 17세 나이로 남한에서 실종된 인물임이 거의 확실하다고 밝혀졌다. 본인은 부인하지만 어쩌면 그 자신도 납치 피해자일지 몰랐고 남북 이산가족 상봉 때 남한의 어머니와 잠깐 만난 적이 있었다.[32]

일본은 해결되지 않은 납치자 문제에 온통 분노를 쏟아부었고 더이상의 어떤 '인도주의적' 지원도 동결했으므로 코이즈미가 5월에 약속한 곡물과 의료 지원품 중 절반만이 전달되었다. DNA 분석을 둘러싼 논란의 와중에서 일본정부의 공식발표가 처음에는 분명한 사실로 받아들여졌고 일본의 기술이 북한의 기만책을 폭로했다는 식으로 인식되었다. 하지만 일본 측이 발견한 것은 명확함과는 거리가 멀다는 사실이 드러났다. 김철준이 제공한 화장 유해는 먼저 일본의 국립과학경찰연구소에 제출되었는데 분석이 불가능할 정도로 부식되었다는 판정이 났다. 그런 다음 심층분석을 위해 사립 테이꾜오(帝京)대학으로 넘어갔다. 하지만 국제적인 과학저널 『네이처』(Nature)는 2005년 2월 3일 발행된 호에서 분석을 주도한 교수가 화장표본 분석에 아무 경험이 없는 사람이었다고 폭로했다. 『네이처』는 해당 교수의 검사가 결론에 도달할 수 없는 성격이고 그가 입수한 쌤플 유형은 사람들과 접촉하여 오염되기가 매우 쉽다고 지적했으며, 어찌되었건 분석과정에서 해당 쌤플을 모두 써버렸기 때문에 그가 내린 결론에 대한 과학적 입증은 불가능하다고 밝혔다.[33] 이 쌤플을 분석했던 요시이 토미오(吉井富夫) 박사 자신도 DNA 분석에 관한 1998년의 교과서에서 DNA 추출과정이 매우 세심한 주의를 요하고 오류발생 가능성이 높으며 법률적 이의제기에 취약하므로 별도의 확증을 거친다는 원칙이 매우 중요하다고 쓴 적이 있다.[34] 일본정부로부터 위탁받은 업무를 수행하면서 스스로 정한 규정을 따르지 않은 셈이었다. 그후 『네이처』는 이례적인 사설을 실었다.

　　일본은 북한이 내놓은 성명 하나하나를 다 의심할 권리가 있다. 하지만 일본이 DNA 검사를 해석한 방식은 과학이 정치적 개입으로부터 자유로워야 한다는 원칙을 위반했다. 『네이처』가 검사를 수행한 과학자와 면담한 결과 유해가 오염되어 DNA 검사가 결론에 도달할 수 없었을 가능성이 있다. (…) 문제는 과학이 아니라 정부가 과학문제에 간섭한다는 사실이다. 과학은 실험과 그 실험에 연루된 모든 불확실성이 검토를 받기 위해 개방되어야 한다는 전제에 토대를 둔다. 더 규모가 큰 팀이 검사를 수행했어야 한다는 다른 일본 과학자들의 주장도 일리가 있다.

일본의 정책은 필사적으로 외교적 실패를 벌충하려는 시도로 보인다. (…) 일본의 정치적·외교적인 실패의 짐은 실험에서 결론을 끌어내고 그에 대한 합리적 의심을 제출해야 할 과학자에게 떠넘겨졌다. 하지만 북일간의 마찰은 DNA 검사로 해결되지 않을 것이다. 마찬가지로 DNA 검사 결과 또한 두 나라 정부 어느 쪽에 의해 결정될 수 없다. 북한과 상대하는 것이 쉬운 일은 아니지만 그렇다고 과학과 정치의 분리 원칙을 훼손하는 것이 정당화되지는 않는다.[35]

이 고도로 전문화된 분야의 다른 전문가들도 대체로 『네이처』와 동일한 비판적 견해를 취했다. 츠꾸바(筑波)대학의 법의학 교수 혼다 카쯔야(本田克也)는 "우리가 검사에서 내릴 수 있는 결론은 주어진 자료에서 두 사람의 DNA가 확인되며 그것들이 메구미씨의 것과 일치하지 않는다는 것이다. 그뿐이다. 이로부터 그것들이 메구미씨의 유골이 아니라고 결론을 내리는 건 엄청난 비약이다"라고 말했다.[36] 한편 요시이 토미오는 『네이처』 사설이 나온 지 한주 후에 토오꾜오시 경시청 과학수사연구소 법의학과장으로 임명됨으로써 언론매체에 논평을 제공하기 어려운 입장이 되었다.[37] 이를 두고 정부가 "증인을 은닉"하는 데 공모한 혐의가 있지 않느냐는 의견이 의회에서 제시되자 외무성 장관은 일본의 과학적 진정성에 대해 그런 식의 비방이 제기된 점은 "극히 유감스럽다"고 답했다.[38]

　북한 외무성 아시아국 부국장으로 북일 양국의 협상을 주도한 송일호(宋日롯)는 2005년 3월 31일 평양에서 일본이 진심으로 문제를 대하지 않고 있다고 비판했다. 그는 식민통치와 납치문제가 모두 21세기에 일어난 일로서 고작 25년 정도의 시간차가 있을 뿐인데 일본은 이 둘을 분리하여 마치 하나는 분명한 과거사에 불과하고 다른 하나는 여전히 진행중인 문제인 것처럼 다루고 있다고 지적했다. 그는 북한이 납치문제를, 그의 표현에 따르면, '철저하게' 조사하고 2004년 11월 일본이 평양에서 16명의 증인들을 인터뷰할 수 있도록 조치한 사실에서 북한정부가 이 문제를 진지하게 다루고 있음을 알 수 있다고 했다. 그는 북한이 메구미의 유해를 인도했는데도 일본은 이를 거부하고 모욕했다고 말했다. DNA 검사 절차에 대해 요시이가 쓴 교과서의 한 페이지를 인용하기라도 하는 양, 그는 독자적인 검증을 위해 유해를 제3국의 기관으로 넘길 것을 제안했다. 일본은 아무 반응이 없었고 납치문제는 그 지점에서 나아가지 못하고 멈췄다.

　일본의 국가적 정서는 자신들을 대상으로 저질러진 범죄를 향한 분노가 이성을 누르고 비뚤어진 도덕이 정책을 덮어버린 듯했다. 정치가나 언론계 인사들은 북한의 관점에서 사태를 바라보면 어떨 것인지 상상하는 능력이나 평양이 보낸 메씨지의 핵심에 놓인 정의(正義)의 손상이라는 골자를 파악할 능력을 상실했다. 협상이 동결되자 이제 촛점은 미사일과 핵무기라는 문제로 옮겨갔다.

핵무기

1994년, 미국과 북한의 핵대결은 전쟁 일보직전에 카터가 평양을 방문하면서 겨우 해결되었다. 이어진 "합의틀" 아래에서 북한은 에너지 관련 핵프로그램을 동결하고 플루토늄 폐기물에 대한 국제적 감시를 받아들였다. 이런 조치는 '2기의 경수로 핵원자로를 건설하고 그것들이 건설되기 전까지는 중유를 공급하며 경제적·정치적 관계를 정상화한다'는 약속에 대한 보답이었다.[39]

이 합의틀은 거의 10년간 지속되었다. 이 기간에 단일 사건으로는 대포동 발사만큼 일본인들의 관심을 북한에 집중시킨 사건도 없었는데, 실패한 위성이었든 미사일이었든 그것은 1998년 8월말 일본 상공을 날아가 태평양에 떨어졌다. 일본의 상당 지역이 북한 미사일의 사정거리에 놓여 있다는 생각은 안보문제의 재고(再考)를 촉발하는 데 한몫했다. 북한에 대한 깊은 두려움을 반영하여 일본은 전쟁의 완곡한 표현으로 널리 사용되는 '비상사태'를 대비한 제도적 틀을 준비하는 데 비상한 노력을 기울였다. 이는 1960년대 이래 보수정권이 가장 바라던 일 가운데 하나였으나 사회당과 공산당의 반대에 부딪혀 번번이 좌절되었다. 1997년의 '신가이드라인'에 이어 1999년 주변사태법, 2001년과 2003년의 테러와 이라크 관련 특별조치법, 2004년의 유사법(有事法), 2005~06년 미국의 요청으로 수행된 군사기지와 병력의 '재편'이 잇따랐다. 그밖의 새로운 법률들은 명시적으로 북한을 염두에 두고 만들어졌으며 수상한 선박 저지와 외환거래 금지, 북한선박의 일본항만 정박 금지를 규정했다.

1990년대부터 계속해서 일본은 북한이 보유했다고 추정되는 미사일과 핵프로그램을 강하게 비난하고 있었지만, 일본이 자국 안보의 불가결한 핵심으로 매달리는 미국의 핵억제책은 방패라기보다는 위협적인 창이었고 이런 측면에서 보자면 일본은 반세기도 넘게 핵위협에 관여해온 셈이다. 만일 일본이 핵강대국들처럼 핵무기 없이는 안보를 생각할 수 없다고 한다면 북한이라고 왜 다르겠는가?

부시행정부의 2002년 1월 '악의 축' 발언은 북미관계를 급격히 냉각시켰고 북한의 핵프로그램에 대한 의혹은 새로운 위기로 증폭되었다. 미 국무부 차관보 제임스 켈리(James Kelly)가 2002년 10월 평양 방문에서 돌아와 평양 측이 자신에게 비밀무기와 관련된 우라늄 농축 프로그램에 관해 털어놓았다고 말하자 미국은 합의틀 아래 진행되던 중유공급을 중단했다. 2003년 1월, 북한은 핵확산 금지조약에서 탈퇴하고 핵계획을 재개하는 것으로 응답했다. 평양은 켈리의 진술을 부인하면서, 그가 그런 프로그램을 보유할 권리가 있다는 말을 이미 보유하고 있다는 것으로 오해했다고 주장했다. 이런 혐의가 제기된 지 2년 후, 2기 부시행정부가 집중적인 외교적 노력을 벌인 다음에도 중국 외교부장 리 자오싱(李肇星)과 남한의 국가정보원장은 이 혐의가 그다지 설득력이 없다고 단언했다.[40]

이라크전을 정당화하기 위해 정보를 조장했다는 인식이 커지자 북한에 관한 정보도 그와 유사한 의혹을 피할 수 없었다. 미국 저널 『포린 어페어』(Foreign Affair)는 워싱턴에 관한 매우 신뢰할 만한 논평가 셀리그 해리슨(Selig Harrison)의 분석을 실었는데, 해리슨은 북한에 관한 증거가 불충분하며 의도적으로 최악의 씨나리오를 선호한 결과라고 말했다.[41] 우라늄 농축과 관련하여 의도적으로 정보를 왜곡했다고 확신하기는 이르지만 점점 더 그렇게 보이는 게 사실이다. 북한이 파키스탄에서 기술을, 그리고 러시아에서 알루미늄을 구입했을 수도 있고, 독일로부터 농축 프로그램을 위한 다른 재료들을 수입할 시도를 했을 수도 있다. 다시 말해 그런 프로그램의 추진을 심각하게 고려했을 수는 있다. 하지만 파키스탄이 조달한 12개 남짓한 원심분리기는 무기생산에 사용하기에는 턱없이 적은 수다. 게다가 고도의 농축과정에 내재된 기술적 어려움을 감안하면 실제로 진행중인 프로그램이 없다는 평양의 부인이 그럴듯해 보인다. 그럼에도 불구하고 위기는 급격히 고조되었다. 미국의 압박에 맞서, 그리고 김정일을 "독재자"이자 "위험인물"로, 자기 나라를 "독재의 전초기지"로 부르는 독설[42]에 맞서 북한은 2005년 2월 16일의 핵보유국 선언으로 응답했다. 그렇다고 켈리의 비난이 옳았음을 의미하는 건 아니었는데, 북한이 실행중인 프로그램은 우라늄 농축이 아니라 플루토늄에 기반을 둔 것으로 밝혀졌기 때문이다. 1994년의 합의틀에 의거하여 국제사찰을 받는 동안 모든 사찰단원들이 북한의 플로토늄 비축분과 원자로가 8년 동안 동결되어 있었다는 점을 인정했다.

2003년 8월부터 외교적 해결책을 찾기 위한 일련의 모임들이 삐이징에서 개최되었다. 이후 '6자회담'으로 알려진 이 모임에는 미국, 일본, 러시아, 중국, 남한과 북한이 관여했다. 6자회담 과정의 중심에는, "제재의 포위망"[43]을 결집함으로써 북한정권을 교체하려는 미국의 시도가 햇볕정책을 통해 북한을 개방하려는 서울 측의 접근방식과 맞서고 있었다. 워싱턴이 선악을 양극으로 설정하는 본질적으로 '기독교적'인 접근법을 취했다면 남한은 인간 본성이 선하며 덕과 이치에 감응한다는 패러다임에 뿌리들 둔 '유교적'인 태도에 기반을 두었다. 남한정부 측에 김정일은 '더불어 사업을 해 나갈 수 있는 사람'인데 비해 그를 권력에서 몰아내려는 부시행정부의 노력은 "근본주의적"[44]이었다. 남한의 관점은 "도발적 수사가 아니라 대화"[45]가 가장 효과적인 접근이라는 것이었다.

2003년부터 뻬이징의 협상 테이블에서 북한과 마주앉은 5개국의 견해가 일치한다는 워싱턴의 정기적인 확인에도 불구하고 실상은 불일치가 두드러졌다. 워싱턴과 때로 토오꾜오는 평양을 위협의 근원으로 보았지만, 팽창주의적이고 공격적인 북한보다는 미국이 주도하는 정권교체 전략이 성공하여 국가가 붕괴될 때 벌어질 혼란이 더 큰 위협이었다.[46] 이웃나라들은 북한의 공격이 아니라 붕괴를 두려워했다.

거의 2년 동안 북한의 말을 듣기를 거부하고 그저 일방주의적 양보, 즉 핵무기와 그 시설에 대한 소위 완전하고 검증 가능하고 비가역적인 폐기 요구만을 반복한 끝에 미국의 입장은 약화되었다. 이는 미국의 협상 파트너들이 압력을 행사한 결과가 아니라 이라크와 관련한 미국의 외교적·도덕적 신뢰 상실 때문이었다. 워싱턴이 북한에 대한 압박 전선을 결집할 의도에서 응징을 위한 연합으로 고안한 것이 오히려 남한과 중국, 러시아의 '역압박'의 영향 아래 포용을 위한 연합으로 전환되어 진정한 다자주의적 협상포럼이 될 태세였다. 2005년 여름과 가을에 평양은 미국이 자신들을 인정하고 존중하면서 우호적 태도로 대하기만 한다면 당장이라도 회담장으로 돌아갈 준비가 되어 있으며 "단 하나의 핵무기도" 필요하지 않을 것이라는 성명을 발표했다.[47] 미국은 수사를 누그러뜨렸고 독설을 멈추었다. '북한문제'의 무게중심은 워싱턴에서 뻬이징과 서울로 옮겨갔다.

2005년 9월이 되자 합의의 요소들이 분명해졌다. 뻬이징 협상의 주된 걸림돌은 민간 핵에너지 프로그램을 보유할 합법적 권리가 있다는 북한의 주장이었다. 핵확산금지조약(NPT)에 따르면 참가국이 민간 핵프로그램을 보유할 "양도할 수 없는" 권리를 갖는다고 되어 있다. 남한과 러시아와 중국은 북한도 이 권리를 누려야 한다는 견해를 갖고 있었고 심지어 토오꾜오마저 특정 조건이 명시되는 것을 전제로[48] 같은 견해에 도달하자 미국은 강경 자세를 유지하기가 어렵게 됐다. 타결을 피할 희망으로 내놓은 지연 가능성들이 소진되자[49] 전 국무부 대북특사 잭 프리처드(Jack Pritchard)가 말한 대로 "6자회담의 다른 4개국 동맹들과 친구들로부터 고립된 소수파"[50]가 될 것을 우려하여, 그리고 서명을 하든지 협상 파탄의 책임을 지든지 하라는 중국의 최후통첩에 직면하여[51] 미국은 굴복했다. 2005년 9월 19일 뻬이징 회담 참가국들은 원칙과 목표에 관한 역사적 합의에 도달했다.

북한은 "상호 존중과 평등 정신"으로 "모든 핵무기와 기존 핵프로그램 전부"를 폐기하고 NPT로 돌아갈 것이며 국제사찰을 허용할 터였다. 이에 대한 응답으로 미국은 "한반도에서 핵을 보유하지 않고 북한을 공격하거나 침략할 의사가 없으며" 북한의 주권을 존중하고 외교적 인정과 정상화 그리고 경제원조와 협력을 위한 조치를 취할 것임을 선언했다.[52] 회담국들은 "핵에너지의 평화로운 활용에 관한 권리"를 둘러싼 북한의 성명을 "존중"한다는 입장을 표현했으며, "적절한 시기에 북한에 경수로 원자로를 공급하는 문제를 논의한다"는 구절이 합의서에 포함되었다. 미사일이나 인권 그리고 논란이 된 우라늄 농축 프로그램은 일절 언급되지 않았고, 다만 "기존 핵프로그램"이라는 문구를 해석하기에 따라 마지막 사안이 우회적으로 거론되었다고 볼 수도 있었다. 이는 마지못해 한 타협이었고 이를 밀어붙인 건 남한과 러시아의 지원을 받은 중국이었다.

비록 모호하고 불완전했지만 2005년 9월 뻬이징에서 맺은 합의는 국제법에 부합하는 원칙들을 지지한 것이었고, 이 지역 국가들이 한반도 비핵화에 갖는 이해관계를 인정했으며, 안전보장과 외교적·경제적 정상화를 주장한 북한의 요청에 대한 응답이었다. 하지만 각국 대표들이 짐을 꾸려 뻬이징을 뜨자마자 워싱턴과 평양의 강경파들은 화해 가능성을 차단하고자 선수를 치고 나섰다. 북한은 "신뢰구축의 물리적 보장"으로서 먼저 경수로 원자로를 받은 다음에야 무기 프로그램을 종결하고 NPT의 안전보장조치로 돌아간다는 약속을 이행하겠다고 나왔다.[53] 미국의 입장은 북한이 NPT로 돌아가는 데 필요한 조치들을 완료할 때까지는 경수로 원자로 문제는 고려 대상도 아니라는 것이었다. 이 점을 강조하기 위해 미국은 KEDO협정(이 협정의 핵심은 경수로 원자로 프로젝트였고 2002년부터는 사실상 동결상태나 다름없었지만 무효화되지는 않고 있었다)을 간단히 폐기해버렸다.[54] 마치 6자회담의 합의가 있기나 했는가 하는 식이었다.[55] 평양은 경수로 원자로를 위한 "적절한 시기"가 '지금'이라고 이해했지만 워싱턴에는 이것이 먼 미래에나 받아들여질 전망이거나 아예 실현되지 않는다면 더욱 좋을 일이었다. 그때까지도 여전히 납치문제에 촛점을 맞추고 있던 일본은 위기가 깊어지면서 소극적인 역할에 안주했다.

범죄와 인권

부시행정부는 북한 핵무기에 관한 어떤 합의에도 만족할 수 없었다. 행정부 내의 다수 인사들이 더 많은 것을 원했기 때문이었다. 이들은 포괄적 군축(특히 북한 미사일 프로그램의 폐기), (인권과 관련된) 대대적인 정치적 변화, 그리고 궁극적인 정권교체, 즉 1950년 전쟁에 돌입한 이래 온갖 수단을 써서 제압하려 해온 적의 최종적 타도를 원했던 것이다. 그런 근본적인 변화를 내심 희망하면서도 외교적 해결의 길을 따르고자 하는 실용주의와 무력으로 그런 변화를 성취하는 것 말고는 어떤 것도 받아들이지 않으려는 의지 사이에서 정책이 오락가락했다. 김정일과 북한체제에 질색하는 것으로 유명한 부시 대통령은 후자 쪽으로 기울어지는 경향이 있었다.

베이징에서 핵협상에 마지못해 서명을 했으니만큼 2005년 9월부터 부시정부는 방침을 바꿨다. 체니 부통령의 감독 아래, 그리고 테러와의 전쟁을 위해 만들어진 애국자법(Patriot Act)이라는 국토방위 조항들에 부합하여, 미국은 핵문제를 넘어 정권 자체의 성격이라는 문제로 북한 이슈를 확장함으로써 베이징 합의의 중요성을 깎아내리고 무력화하는 쪽으로 나갔다.[56] 워싱턴은 북한을 강하게 압박하여, 단순히 핵 야심을 포기하라는 것뿐 아니라 "정치체제를 개방하고 국민에게 자유를 주라"[57]고 요구할 태세였다. 새로 임명된 주한 미국대사 알렉산더 버시바우(Alexander Vershbow)는 북한을 "불량국가들에게 무기를 수출하고 국가적 단위로 마약을 거래하며 우리 화폐를 대규모로 위조하는" "범죄 정권"으로 비난했다.[58] 그같은 정권과의 관계 '정상화'는 미국정부와 마피아의 화해만큼이나 있을 수 없는 일임을 암시한 것이다.

북한은 중국과 이란을 누르고 "미국에 대한 가장 큰 위협"이 되었다.[59] 북한은 마약을 제조하고 거래하며(여기에는 헤로인과 아편과 암페타민이 포함되는데 후자는 일본 폭력조직을 거쳐 일본으로 들어간다), 돈세탁, 화폐위조, 담배 밀거래 그리고 일본인 납치를 포함한 다양한 인권침해를 자행한다고 비난받았다. 대개 이런 주장은 미국이 흘린 정보에 근거를 두었고 소위 100달러 '슈퍼지폐'의 위조·배포와 관련된 정보들은 특히 그랬다.[60] 처벌을 면할 수 있다고 북한이 생각했다면 그런 지폐를 만들고 배포했을 가능성도 있는데, 그 점은 분명 전세계의 수많은 조직들과 다수의 정부들도 마찬가지다. 하지만 위폐 재료와 공정의 기술적 복잡성을 고려할 때 (독일 화폐사 전문가의 최근 연구에 따르면)[61] 그런 비난의 타당성은 극히 미심쩍다. 이 전문가는 시리아와 이란도 예전에 '슈퍼지폐'를 제조했다고 비난받은 바 있는데 그런 화폐를 만드는 데 필요한 정교한 기술과 재료들을 구비할 수 있는 곳은 미국 재무부 말고는 CIA가 유일하다고 논평했다.

북한이 미국의 주장을 조사하는 데 협조하여 그 일에 책임이 있는 자는 누구든 처벌하여 대안을 만들고 미국내 북한 계좌를 완전히 공개하겠다고 나섰으나 워싱턴은 들은 척도 하지 않았다.[62] 『르몽드』(Le Monde)의 필리프 뽕(Philippe Pons) 기자의 표현대로, 미국은 오히려 "북한을 재정적으로 목 조르겠다고" 나섰다.[63] 2006년 10월 의회에 이 문제에 관한 보고서를 제출하면서 미 재무부는 지금까지 발견된 총 5000만달러의 위폐 가운데 대략 2200만달러를 북한이 제조했다고 비난했다.[64] 나머지 2800만달러에 대해선 누구에게 책임이 있는지 밝혀지지 않았다. 전세계적으로 유통되는 위폐의 분량에 비추어보면 북한의 몫은 대단치 않아 보였다. 가령 2006년 뉴욕 법원에 제출한 증거에서 미 재무부 관리는 2004년 3월부터 2005년 3월까지 불과 1년 동안 이스라엘의 디스카운트 뱅크(Discount Bank)가 "일반적으로 돈세탁과 연관된 특징과 유형을 보이는 자산 보유자와 수익자들"을 위해 무려 354억달러를 처리해주었다고 진술했다.[65] 물론 국가가 직접 후원했다는 점이 특별할지 모르겠으나 그렇다 해도 이를 입증할 증거는 전혀 제시되지 않았다.[66]

인권 또한 정책의 주요한 수단이 되었다. 상하원 모두에서 만장일치로 북한인권법을 채택한 데 이어 2005년 8월에는 북한인권을 담당하는 특사가 임명되었고 북한 국경 주변과 방송 전파를 통한 개입이 강화되었다. 이런 것들은 비군사적 수단으로 정권을 약화시키고 불안정하게 만들어 '동유럽적' 결과를 성취할 의도에서 비롯되었다. 2005년 12월에는 다수의 인권침해를 들어 북한을 비난하는 결의안이 일본과 미국 그리고 유럽연합에 의해 공동발의되어 유엔총회에서 채택되었다. 일본은 미국의 선례를 따라 2006년 6월 자체 북한인권법을 제정했다.

워싱턴은 북한에 대한 군사적 압박을 단계적으로 강화하는 조치도 취했다. 2006년 6월에는 일본에 기지를 둔 함선과 항공기를 포함한 항공모함 3척과 항공기 300대와 군인 2만명을 소집했고, 괌 해역에서 북한을 가상적으로 삼아 '용감한 방패'(Valiant Shield)라는, 베트남전 이래 최대 규모의 군사훈련을 수행했다. 이후 2006년 6월 26일부터 28일까지는 별도의 대규모 해양훈련 '림팩 2006'을 실시했는데 여기에는 남한, 일본, 호주, 캐나다, 칠레, 페루에서 차출된 병력이 미국 본토에서 온 병력과 합류했다. 한편으로 사정거리 1300킬로미터짜리 토마호크 미사일 수백기를 장착한 7척의 미국 이지스함이 일본 요꼬스까(橫須賀)기지에 배치되었는데 이는 북한의 군사·산업시설 그리고 도시 대부분을 한번에 날려버리기에 충분한 전력이었다.[67]

뻬이징합의 이행과정이 동결되면서 금융제재를 철회해달라는 요구나 미국과의 직접 대화 요구는 무시되었다. 그와 동시에 납치와 관련된 일본과의 논의도 막다른 길에 다달았다. 북한의 무역은 천천히 봉쇄되었고 대북 군사위협은 강화되었다. 이에 대한 반응은 2006년 7월과 10월, 두 단계로 나타났다. 7월 5일, 북한은 스커드, 노동, 대포동을 포함한 7기의 미사일을 러시아 극동지역 인근 해역으로 발사했다. 이에 대해 일본이 상정하고 공격적으로 밀어붙인 유엔 안보리 결의안 1695호가 "이 지역과 인근 지역의 평화와 안정과 안보를 위험에 빠뜨릴" 우려가 있는 활동을 했다며 북한을 비난했다.[68] 발사시험—특히 장거리 대포동 2호—은 실패했지만 마치 북한 미사일이 토오꾜오 중심부에 떨어진 것 같았다.[69] 일본정부 고위관리들은 미사일 기지에 대한 선제공격을 논의했고 92퍼센트의 일본 대중들이 제재조치에 찬성했으며,[70] 상당수가 실효 여부와 무관하게 미사일요격 씨스템의 즉각 배치를 지지했다. 하지만 북한의 미사일 시험발사 사흘 후 인도가 대륙간 탄도미사일을 발사했고 안보리 결의안이 있은 지 6일 후에는 미국이 태평양을 향해 4000킬로미터 궤도로 미사일을 발사했다. 일본(과 유엔)의 관심은 여전히 북한에만 집중되었다.

미사일 시험발사 석달 후, 협상 테이블로 돌아오라는 요청과 제재를 완화해달라는 요구를 미국이 여전히 무시하는 와중에 북한은 첫번째 핵실험을 감행했다. 마침 안보리 의장을 맡고 있던 일본은 다시 한번 안보리를 주도했다. 10월 14일에 채택된 결의안 1718호는 또다시 북한을 비난했고 추가 금융·무기 관련 제재를 통과시켰다.[71] 일본은 또한 안보리와는 별개로 자체 제재안을 채택하여 북한과의 모든 무역과 소통을 6개월간 중지시켰는데, 이때쯤에는 이미 쌍방무역이 급격히 축소되어 있었으므로 더이상의 제재가 별 효과도 없을 터였다.[72]

만일 유엔 회원국들이 실제로 북한 선박을 정지시켜 무기나 다른 물품(혹은 심지어 사치품)을 수색한다면 무슨 일이라도 벌어질 수 있었다. 일본 외무장관 아소오 타로오(麻生太郎)에 따르면 공해상의 차단 역할은 호주와 미국이 담당하면 될 것이었다.[73]

2006년 미사일과 핵 실험이 벌어지면서 2005년에 남한과 중국 그리고 러시아가 쥐고 있었던 외교적 주도권의 균형추는 미국과 일본으로 되돌아갔다. 전세계 언론매체들이 이 사건들을 바라보는 방식을 결정한 것도 그들이었으므로 북한의 반응은 설득력을 잃었다. 근대 역사에서 어떤 나라도 그만큼 우방 하나 없이 매도당하고 조롱당한 예는 없었다.

평양에 대해 뻬이징회담과 2005년 9월의 합의로 되돌아오도록 요청할 당시 안보리가 망각하고 있었던 점은, 미국이야말로 합의에 가장 시들한 반응을 보였으며 극히 내키지 않는 태도로 겨우 서명한 다음 즉각 그것을 싸보타주했다는 사실이었다. 평양은 9월 합의의 이행이 바라던 바이나 미국이 (북한의 목을 조르려는 시도로) 가혹한 금융제재를 해제할 때에만 되돌아가겠다고 주장했다.[74] 하지만 워싱턴과 토오꾜오로서는 북한이 되돌아와야 할 '뻬이징회담'이란 협상이 아니라 굴복을 위한 자리였고, 거기서 북한이 할 수 있는 일은 외교적·경제적 정상화와 공격위협 제거라는 오랜 목표를 버리고 무조건 무장해제를 약속하는 것뿐이었다. 하지만 이런 식의 결과는 도무지 있을 법하지 않은 것이었다.

근대 역사상 가장 널리 알려지고 존경받는 한국의 정치가이자 노벨상 수상자인 김대중은 이미 꾸바나 이라크, 아프가니스탄과 이란을 대상으로 실효가 없음이 증명되었음에도 유엔이 또다시 제재 방침을 채택한 데 개탄했다. 그는 또 북한문제에 관한 주도권이 이데올로기에 치우친 신보수주의자들에게 넘어간 점에도 유감을 표명했다. 이런 추세는 지역적 불안정을 더욱 심화하고 일본의 재무장화를 촉진하는 결과를 낳을 것이라고 예측했다.[75]

범죄와 인권의 영역에서 집중공격을 받고 있었지만 북한은 (적어도 지난 반세기 동안) 공격 전쟁을 개시한 일이 없었고 민주적으로 선출된 정부를 무너뜨리거나 핵무기로 이웃을 위협한 적도 없었으며, 고문과 암살 행위를 정당화한 적도 없었다. 비록 지혜롭지 못하고 도발적일 수는 있었어도 미사일 발사나 핵실험이 법을 위반한 것도 아니었다. 북한은 그저 자국민의 권리를 함부로 다루었다는 이유로 맹비난을 받았지만, 2006년 4월 미 대통령이 일본의 납치 피해자 가족 대표들을 백악관에 초청하여 모친과 오래 떨어져 지낸 젊은 일본 여성의 운명에 대해 감동적인 설교를 늘어놓고 있을 때, 최근 몇년간 CIA가 세계 도처에서 은밀히 수송하여 어떤 법률도 미치지 못하는 전지구적 강제수용소의 고문기술자들에게 넘겨준 온갖 국적의 시민들이 겪은 고초에 관해서는 누구도 언급할 생각을 하지 않았다. 20세기의 최대 규모의 납치범죄가 일본에 의해 저질러졌으며 70년이 지난 다음에도 여전히 온전하게 해결되지 못하고 있다는 사실을 기억한 사람도 거의 없었다.

미국과 일본의 적개심이야말로 역설적인 피드백 과정을 통해 평양의 독재를 유지하도록 도와준 가장 큰 요인이었다. 쓰라린 20세기를 안겨준 두 나라가 21세기에 북한 파괴 음모를 꾸미고 있다는 주장만으로도 평양의 독재는 스스로를 정당화할 수 있었다. 마찬가지로 미국이 동아시아에서 군사적 우위를 지키고 일본과 남한에 군사기지를 유지하며 미사일방어 기술을 판매할 수 있었던 것은 무엇보다 북한이 제기하는 '위협' 덕분이었다. 2005년말까지 외무성 북한담당 부서를 이끌었던 일본관리는 사임 후에 2006년 7월의 북한 미사일이 마치 조지 부시의 명령을 받아 발사된 것인 양 미국의 이해관계에 잘도 들어맞았다고 쓴소리를 했다.[76]

북한을 둘러싸고 교착상태가 계속되자 미국과 일본은 상대가 위기와 붕괴에 이를 때까지 쥐어짜며 항복 외에 다른 협상조건을 거부하는 일방주의적 압력에 집중했다. 안보리는 그들이 이끄는 대로 단독선거와 한국의 영구분단을 낳은 1947년과 48년의 개입, 그리고 미국의 주도 아래 유엔을 파멸적 전쟁에 연루시킨 (유엔 자체가 전쟁을 수행한 유일한 사례인) 1950년의 개입이라는, 근대 한국의 문제를 애초에 만들어낸 재앙적인 개입 사례들을 섬뜩하게 재연하고 있었다. 미사일 발사와 핵실험 사이 기간에 브뤼셀에 근거지를 둔 국제위기그룹(ICG)은 위기의 책임을 부시행정부에 돌림으로써 북한에 관한 담론에서 드물게 다른 목소리를 냈다. "협상이 결실을 보기 시작하는 싯점에서 경제제재를 휘두르고, 다자간 회담형식 외에는 북한과 만나길 거부했으며, 인권을 빌미로 압박하여 북한을 쥐어짬으로써 무조건 항복 혹은 붕괴에 이르게 만들고자" 했다는 것이다.[77] 이 그룹은 내리막 국면에서 벗어나는 유일한 길은 미국이 새로운 접근법을 채택하는 것이라고 제안했다. 그같은 목소리는 7월과 10월의 사건에 뒤이은 비난의 합창 속에서 매우 예외적인 현상이었다.

2007년초, 10월의 북한 핵실험과 11월 미 공화당의 중간선거 패배를 거치며 부시행정부는 갑자기 대북정책을 뒤집었다.[78] 베를린에서 열린 유례없는 1월 모임에서 양측의 포괄적 합의에 대한 기본 윤곽이 고심 끝에 만들어졌고 이것은 다시 2월 13일 뻬이징의 6자회담에서 확인되었다. 북한이 비핵화 조치를 취하면, 그 댓가로 뻬이징의 회담국들은 북한에 즉각적인 비상 석유수송뿐 아니라 이후 더 많은 수송을 허가하기로 했다. 또한 금융제재를 철회하고 북한을 테러지원국 명단에서 제외할 조치를 취하며 관계를 정상화하여 한국전을 끝냄으로써 한반도에 영구평화체제를 확립하기로 했다. 이 '부시 쇼크'는 거의 30년 전에 대중국 정책을 뒤집은 '닉슨 쇼크'만큼 극적이고 예상치 못한 일이었다.

이 합의는 특히 일본에 대해 대북관계를 정상화할 것을 요구했다. 전 국무부 부장관 아미티지는 심지어 미국이 "일본과 나란히 앉아 한반도가 통일을 향해 서서히 나아갈 때 북한이 일정 수의 핵무기를 계속 보유하고 있을 가능성에 대비"해야 할지 모른다는 견해를 내비쳤다.[79] 아베에겐 이보다 더 쓴 약을 상상하기 어려웠는데, 그가 일본의 정치세력으로 부상한 것은 대체로 자신을 강성 반북정서와 일치시킨 덕이었으며 아베정부에 있어 "우리나라가 직면한 가장 중요한 문제"란 핵무기라 아니라 납치문제였기 때문이었다.[80] 보편적 인권침해라기보다 북한이 일본을 대상으로 벌인 특정 범죄라는 식의 국내용 틀에 맞춰진 북한 납치사건은, 일본이 20세기 최대 집단납치의 당사자이고 한국인들이 최대 피해자로 나타나는 국제무대에선 거의 무게가 없었다. 아베는 납치문제가 해결될 때까지 북한에 어떤 지원도 하지 않을 것이라고 쓸쓸히 항의했지만 2월 15일자 『아사히신문』이 썼듯이 미국이 변하자 그의 정책은 "와해되었다".

동아시아 공동체

근대 이전 중국 중심의 동아시아 세계의 평형상태는 한 세기 반 동안의 서구 (그리고 이후 일본) 제국주의와 전쟁, 국민국가의 성장, 산업주의와 집중된 경제발전의 확산으로 완전히 깨졌고 냉전이 끝나고 20세기가 저물 무렵에는 새로운 평형을 향해 나아가는 듯했다. 1987년 이래 중국의 경제성장은 모든 경제기적 중에서도 독보적인 것이었고 그해 이후 남한은 시민사회에 뿌리내린 민주적 변화의 모범이 되었다. 이 지역 전체에 걸쳐 정부와 공적·사적 조직들은 동아시아, 특히 중국과 한국 그리고 일본 사이에 어떻게 하면 평화롭고 정당하며 협력적인 질서를 건설할 수 있을 것인가에 관심을 기울였다. 일찍이 1930년대와 40년대 일본이 기획한 동아시아 지역주의의 모델이 있었지만 21세기에 그것은 무슨 일이 있어도 피해야 하는 반(反)모델이 되었다.

당시 일본의 지식인과 이상주의자들은 공동체 건설의 대의로 모여들었으나 그런 식의 유토피아적 비전은 애초부터 "천황을 중심으로 한 성스러운 나라" 일본의 비아시아적 우월성 주장과 다른 아시아인들의 평등·상호존중 주장의 모순을 해결할 수 없는 실패작이었다.[81] "인종간 화합" "다섯 인종의 조화" 그리고 "한 지붕 아래의 세계"라는 슬로건은 일본이 지배하는 제국의 현실과는 동떨어진 것이었다. 모든 제도는 제국 일본의 가족국가 특유의 DNA를 지니고 있었으며 그 속에서 일본은 아버지 내지 '큰형'으로 우월한 존재였고 일본의 신들은 중국과 한국, 몽골 사람들도 숭배해야 할 대상이었다.

현재의 수정주의자들에겐 처음에는 만주국, 그 다음에는 대동아공영권이라는 '순수한' 이상이 여전히 영광스럽고 (만주나 중국의 다른 곳이었든 동아시아나 동남아시아였든) 제국주의 일본 세력이 실제로 저지른 일에 비하면 훨씬 방어하기 쉬운 것이었다. 토오조오 히데끼가 일본과 아시아의 만남에서 도덕적인 실패이자 상상력의 실패로 본 것을 이들은 미덕이고 자부심의 근거라고 본다.

냉전이 끝나면서 동아시아 협력을 제안하는 논의들이 쏟아져 나왔는데, 이 지역은 이제 세계 인구의 33퍼센트, 무역의 23퍼센트를 담당하고 있었으며 다가올 수십년 동안 세계 경제성장의 동력이 될 터였다. 골드만 싹스(Goldman Sachs)의 추정이 대충이라도 맞아떨어진다면 중국경제는 먼저 일본을 능가한 다음 세기 중반 무렵이면 미국도 능가할 것이며, 인도도 그때쯤이면 빠르게 미국에 근접해갈 것이고 유럽의 중요성은 꾸준히 쇠퇴할 것이다.[82] 2004년이 되자 일본 무역의 30퍼센트가 (중국에 대만과 홍콩을 더한) 중국어권을 대상으로 했고 미국과는 20퍼센트에 그쳤다.[83] 일본, 중국, 남한, 대만, 홍콩의 GDP를 합친 수치는 8조달러였고 미국은 12조달러, 유럽은 13조달러였다. 지역내 투자 및 무역과 기술이전의 붐이 일자 국가지도자와 지식인, 그리고 시민사회 대표자들은 정당하고 평화로우며 협력적인 새 질서를 구축할 방도를 모색했다. 다수의 요인들이 협력의 바람직함을 강조해주었다. 1997년의 금융위기, 안보를 공유한다는 인식의 증가, 환경과 에너지 문제, 유일 초강국의 독단적이고 공격적인 행동을 제어하기 위해 단결이 필요하다는 의식의 공유가 그런 요소들이었다.

선조들이 그랬듯이 오늘날의 지식인도 여러 모순들의 해결책으로서 '동아시아'나 '동북아시아'라는 개념에 끌렸다. 문제는 그들이 지금 내놓은 제안들이 현실적이며 모순들을 실제로 해결하고 있는가, 아니면 (1930년대의 제안들이 그랬듯) 환상이며 애써 짜맞춘 말뿐인 공식에 불과한가 하는 점이다. 첫번째 모순은 표면적으로 가장 분명히 드러난 것으로 일본 내셔널리즘과 중국 내셔널리즘의 대립이다. 1930년대와 달리 현재는 (다오위따오/센까꾸열도와 인근 해역을 둘러싼 논쟁을 예외로 하면) 영토를 둘러싼 직접적인 논쟁으로 표현되진 않지만, 아시아를 미래로 인도하는 역할에 있어서 두 나라는 비록 서로 다른 방식이지만 동일한 제약을 받고 있다. 즉 여전히 지역을 장악하고 점유한 유일 강국의 군사적 존재와 동원 역량이라는 제약 말이다. 1930년대에 중국은 일본에 도전할 군사적·정치적·경제적 무게를 결여했으나 이제는 이 세가지를 모두 가졌을 뿐 아니라 자신의 의제를 추구할 정교한 외교적 기제도 갖추고 있다. 두번째 모순은 아시아와 미국, 혹은 아시아의 지역적 정체성에 대한 계획과 미국의 전지구적 제국으로서의 패권 간의 모순이다. 세번째는 아마도 가장 감지되기 힘든 것으로, 일본의 국가정체성 의식에 배어 있는 고전적 모순이다. 일본은 아시아인가 아닌가? 평범한 나라인가 아니면 우월한 나라인가? 일본의 정체성이 토대를 두는 것은 혈통과 민족성인가 아니면 시민적 가치인가? 이런 모순들은 1930년대 당시에 만주국이라는 핵심적인 지정학적 이슈(그때는 중국과 일본의 다툼)를 놓고 일어났지만 오늘날에는 (이제 미국과 일본 둘다와 대결하는) 북한을 중심에 둔다.

1998년 하노이에서 열린 아세안＋3회의에서 새로 당선된 남한의 김대중 대통령의 제의로 '동아시아비전그룹'(EAVG)이 결성되었고 남한의 전 외무장관 한승주가 의장을 맡았다. 이 그룹은 2001년 12월 쿠알라룸푸르 회의에서 보고서를 제출했다. 보고서는 이렇게 시작했다.

우리 동아시아인들은 이 지역 모든 사람들의 온전한 발전에 토대를 둔 평화와 번영과 진보의 동아시아 공동체를 창조하길 열망한다. 미래에는 동아시아 공동체가 세계의 다른 지역들에 긍정적인 기여를 하리라는 목표가 이런 비전과 함께한다.[84]

2002년 10월 북한의 김정일과 함께 서명한 합의문에서 코이즈미 수상은 동아시아 공동체라는 개념을 기꺼이 받아들였다. 평양선언에서는 '동북아시아'라는 용어가 1945년 이래 일본 외교문서에서는 처음으로 등장했다. 남한의 노무현 대통령 또한 자신의 취임사를 비롯한 몇몇 기조연설에서 같은 이상을 언급했다. '동아시아 공동의 집짓기'가 2004년 10월 서울에서 열린 이 지역 종교지도자들의 대규모 회합의 주제였다. 2004년 11월말, 일본정부는 라오스 수도 비엔티안에서 개최된 아세안+3 정상회의에서 '동아시아 공동체' 실현을 위한 제안서를 제출했고 2005년 12월에는 쿠알라룸푸르에서 중국, 일본, 남한, 인도, 호주, 뉴질랜드의 아세안 지도자들이 한데 모이는 동아시아 정상회담이 열렸다.[85]

1990년에 벌써 설계를 시작하여 종종 같은 용어로 지칭되는 냉전 이후 유럽의 비전에서 상당부분 영감을 받은 와다 하루끼(和田春樹)나 그의 토오꾜오대학 동료 강상중(姜尚中) 같은 '공동의 집' 건축가들은, 거의 200년간의 전쟁과 대결의 유산들이 유럽과 유사한 방식의 공동체에 의해 치유되고 극복되며, 다문화·다인종·다언어적인 정체성에 기반을 둔, 인종과 국가보다는 시민적 범주들로 정의되는 탈냉전적 동아시아 질서를 구체화했다. 강상중의 비전에서는 공동의 집이라는 더 큰 틀에서 한국문제가 해결되는데, 이는 부분적으로 통일한국에 영구

중립 지위를 부여하고 유럽의 룩셈부르크처럼 몇몇 주요 기관을 그곳에 설치하는 방안을 통해 가능해질 것이다.[86]

이런 제안들은 국가와 국제기구들의 요구에 맞추어 현재 유통되고 있는 대다수 아시아연방안에 비해 더 급진적이고 이상주의적이다. 아시아연방안의 '핵심 사항'은 자본과 상품의 자유로운 흐름에 대한 장애를 제거하여 단일 시장이라는 궁극적 목표를 고집하는 신자유주의적 주장으로 흐르는 경향이 있다. 하지만 유럽에서 얻은 교훈은 '단일 시장'이 결국 포괄적인 '공동체'와 '연합', 다시 말해 정치적이고 문화적인 통합에 이른다는 것이다. 동아시아 혹은 동북아시아 공동체라면 우선 주도권을 둘러싼 일본과 중국의 긴장을 완화하고 궁극적으로 극복할 방도를 찾아야 한다. 코이즈미정부가 집권한 5년 동안 중일관계는 표류했다. 중국사 전문가 모리 카즈꼬(毛里和子)가 한탄했듯이 "일본이 5년 전에 동아시아 공동체 설계를 주도했더라면 상황이 매우 달라졌을 것이다".[87]

2003년 아세안 국가들간 자유무역지대를 위한 제안들을 내놓고 2003년 이후 6자회담 개최지를 맡는 등 중국이 주도권을 행사하자 일본관료들은 우려하기 시작했다.[88] 그레고리 노블(Gregory Noble)이 지적하듯 "한반도의 불안정을 해결하는 노력에서 중국의 중심적 역할과 (⋯) 아세안 지역포럼과 아세안+3에서 보여준 활발한 참여, 대담한 무역 관련 제안들은 일본으로 하여금 단순히 중국을 저지하거나 봉쇄하는 데 그칠 수 없게 만들었다".[89] '동아시아 싱크탱크 네트워크' (NEAT)가 2003년 9월 뻬이징에서 설립되었을 때, 일본은 '동아시아 공동체에 관한 협의회'(CEAC)를 세우기 위해 싱크탱크 그룹을 만들어 대응했다. 준정부기관인 종합연구개발기구(NIRA)는 '동북아시아 대계'를 고안하는 일에 착수했는데 이는 일본과 남북한, 중국 동북 3성, 내몽골, 북중국 지역(허난河南, 허뻬이河北, 샨시山西, 산뚱山東, 톈진天津, 뻬이징北京)을 묶는 지역의 20년 계획이었고 여기에 극동 러시아가 '기본 구역'으로 미국과 유럽연합은 관련 지역으로 분류되었다.[90] 내용은 분명 달랐지만 순전히 지리적인 견지에서는 동북아시아의 옛 일본제국과 놀라우리만치 유사했다.

지역통합을 위한 움직임에서 입장은 문제일 수밖에 없었다. 미국은 정확히 무엇을 걸고 있는가? 미국은 아시아·태평양 지역의 열강이자 동등한 파트너 자격으로 목소리를 낼 권리가 있는가? 아니면 전지구적 패권국이라서 조건들을 규정할 역량(과 심지어 자격)이 있는 것인가? 지역의 경계를 긋는 일과 공동체에 포함될 수도 아닐 수도 있지만 현존하는 '특별한' 관계를 다루는 것은 어떻든 성가신 일이었다. 냉전 기간 내내 일본은 "미국의 보호에 계속해서 의존"해야 했고 이를 중국과의 협상으로 대체하려는 시도는 삼가야 했다. 그러니 아미티지가 동아시아 공동체를 위한 제안에 분명한 거부의사를 밝힌 것도 놀랄 일은 아니다.[91]

2003년 뻬이징의 6자회담은 동아시아를 위한 두가지 서로 다른 아젠다의 대결장이 되었다. 하나는 북한의 무조건적인 항복을 요구하는 미국 주도의 계획이고 다른 하나는 동아시아 혹은 동북아시아 공동체로 향하는 다양한 움직임이었는데, 이는 2002년 10월 일본과 북한이 내놓은 공동성명에서 확인되어 남한이 열렬히 호응하고 중국과 러시아가 원칙적으로 지원한 방안이었다.

북한은 지역관계와 더 광범한 관계를 결정하는 데 중심 역할을 했다. '북한의 위협'이 없었던들 일본은 '전지구적 테러와의 전쟁'이라는 데 거의 관심을 기울이지 않았을 것이고, 이라크나 다른 지역에 종속적 정권을 세우기 위한 군사적·재정적 기여를 하라는 미국의 요청에 훨씬 덜 순종적인 태도를 보였을 것이다. 대미종속이 자국 신뢰도를 떨어뜨리고 이웃 나라들로부터 고립되게 만들었음에도 일본은 북한에 대한 두려움과 혐오 때문에 미국의 비전을 지원했던 것이다.

하지만 북한이라는 지렛대에 의존하는 한 아시아에서 미국의 계획은 불안정하다. '북한의 위협'이 해결된다면 워싱턴의 전략가들은 일본과 남한에 있는 미 군사기지(와 같은 위협으로 정당화된 미사일방어 씨스템)를 정당화할 다른 방안을 내놓아야 할 것이다. 그렇지 않으면 동아시아는 재빨리 '유럽식'으로 움직일 것이며 커다란 정치적, 사회적 그리고 경제적 분기(分岐)가 발생할 것이다. 달리 말하면, 미국은 단기목표(북한 내부의 정책변화나 정권교체)를 성취할수록 그만큼 장기목표(이 지역을 자신의 제국으로 통합하는 것)에 차질을 빚게 될 것이다. 미국이 자신의 동아시아제국, 그리고 세계제국을 유지하고 싶을수록 역설적으로 김정일을 권좌에 두는 편이 이익이다.

약속된 '새로운 미국의 세기'를 정당화하기 위해 미국의 지역정책과 세계정책이 반테러, 반범죄 같은 부정적인 정책 우선순위를 내놓는 동안, 동아시아는 유럽식 화해와 정상화 그리고 경제협력이라는, 미래 동아시아의 비제국주의적 비전을 구체화하려고 노력한다. 2002년 9월과 2004년 5월의 코이즈미의 북한 방문은 일본이 아시아와 평화를 맺고 마침내 지난세기의 '탈아(脫亞)'적 왜곡을 청산할 찰나에서 망설이고 있음을 보여주었다. 일본이 드디어 한국에 대해 식민유산을 변제하고 자신의 정체성을 재정립하며 전지구적 초강대국과의 관계를 재협상한다면, 그제야 균형추가 '새로운 아시아의 세기'나 '공동의 집'이라는 지역 공동체 쪽을 향해 결정적으로 움직일 것이다.

2007년 2월의 뻬이징협상이 성공적으로 이행되려면 많은 난관들이 극복되어야 하지만, 협상 자체는 북한 핵문제 해결뿐 아니라 동아시아의 새로운 안전과 정치질서에 관해 지금까지 나온 것 가운데 최상의 전망을 제공했다. 만일 그것이 작동된다면 6자회담 형식은 적당한 시기에 안보, 환경, 식량, 에너지라는 공동의 문제들을 다룰 하나의 조직체로 제도화될 것이며, 북한을 포함하고 중국이 중심 역할을 할 미래의 지역 공동체의 전조가 될 것이다. 코이즈미나 아베의 일본은 그같은 충격적인 결말에 대해 아무런 준비도 해놓지 않았다.

| 6장 |

헌법과 교육기본법

규정집을 다시 열다

규정집이 없다면 게임을 할 수 없듯이, 누가 어떤 권력을 어떤 정황에서 갖는가를 결정하는 헌법이 없으면 사회적·정치적 질서도 자리잡을 수 없다. 근대 일본에는 두개의 헌법이 있었다. 첫번째는 1890년에 채택된 것으로, 황제 중심의 국가가 제한된 민주적 참여를 허용하는 프로이센형 의회제도를 확립했다. 그것은 군국주의와 파씨즘이 발흥했을 때나 심지어 1945년 일본이 전쟁에서 패배한 다음에도 잠시 기능했으나, 1946년에 민주적·평등적·인본주의적 가치들로 권위주의적·국가주의적 가치들을 대체한 새로운 헌법이 만들어졌다(새 헌법은 1947년 5월부터 가동되었다).

새로운 헌법을 보충하면서 1947년에 채택되고 발효된 것이 교육기본법이었고, 이것은 1890년의 천황 교육칙어를 대체했다. 이 둘은 각시대의 교육체제를 뒷받침하는 핵심 철학과 가치를 담았는데, 칙어가 신민들에게 황제와 국가에 대한 봉사의 우선성을 지고의 도덕적 가치로 주장하는 천황의 명령이었던 반면, 교육기본법은 진리와 정의와 독립적 정신을 주요 덕목으로 굳건히 세웠다.

헌법과 교육기본법이 60주년을 맞이한 해가 2007년이었다. 후자는 해가 바뀌기 직전에 개정되었고 아베 총리는 전자 또한 개정될 때까지 노력을 멈추지 않겠노라고 공언했다. 헌법 및 교육기본법과 나란히, 아니 오히려 이 둘을 초월하여 이 나라의 근본을 이룬다고 볼 수 있는 것이 바로 1951년의 (1960년에 개정된) 미일안보조약이다. 일본은 두개의 '헌법'을 가진 셈이었고, 양자는 서로 보완하지만 모순되기도 하며, 둘 중에서 미국과의 동맹이 사실상 상위법으로 시행되었다. 앞서 살펴본 대로 이 조약의 개정 또한 급물살을 타고 있다. 포괄적인 제도적 개정이 진행중인 것이다.

1947년 헌법은 여러 면에서 근대 헌법 중에서도 독특한 성격을 띤다. 정복 세력이 패배한 적에게 강요했다는 점이 그렇고 국민주권과 권력분립, 기본 인권이라는 주요한 민주적 원칙을 확립했으며 60년 동안 개정되지 않고 유지되었다는 점도 그러하다. 그것을 만든 워싱턴의 창시자들이나 시행한 토오꾜오의 집행자들 모두 잉크가 채 마르기도 전에 후회하면서 고치고 싶었겠지만 (특히 9조의 '평화' 조항) 대중의 저항으로 제지당했다.[1] 정복자의 명령이라는 그리 유망하지 않은 기원에서 출발했을망정 지금까지 그것을 개정하려는 모든 시도는 실패했다.

세가지 점에 특히 유의할 필요가 있다. 첫째, 주권이 국민들에게 있지만 그럼에도 이 헌법은 천황제 성격을 띠고 있었으며 이 책의 다른 대목에서 논의하듯 이런 독특함은 형용모순이라 불러도 좋을 것이다. 둘째, 1947년의 문서는 의심할 바 없이 '헌법'이었고 따라서 근본법이었지만 1947년에는 존재하지도 않았던 미일안보조약을 함께 참고하지 않고서는 일본의 국가조직을 이해할 수 없다. 셋째, 헌법은 '오끼나와문제'를 일으키며 이 나라를 둘로 나누었고, 평화주의와 군국주의를 미묘하게 결합하면서 오늘날까지 존속해왔다. 따라서 그것은 매끈한 일체가 아니라 서로 연관된 한묶음의 모순들을 한데 합쳐놓은 것이다. 이 모든 사실에도 불구하고 1947년 일본 헌법은 다른 어떤 근대 헌법보다 더 오래 개정되지 않고 살아남았다.

분단 야기

일본 북부지역(가장 흔히는 홋까이도오)이 나머지 지역들과 분단되어 쏘비에뜨 점령지가 될 뻔했다는 사실이 관심을 끄는 경우가 종종 있었다. 물론 나라 전체가 미국이 이끈 점령군 통치 아래 놓였지만 '평화 상황'인 본토와 '전시 상황'인 오끼나와라는 두개의 다른 지구로 나뉘었던 것이다. 1952년 토오꾜오의 정부가 주권을 회복했지만 오끼나와는 1972년까지 미국 군대의 점령지로 남아 있었고, 일본으로 '반환'된 이후에도 헌법적 권리가 제한되고 관할권이 미국의 군사적 우선권에 종속되었으므로, 분단은 미묘한 방식으로 지속되었다. 직접적인 군대 통치 아래 있건 명목상 일본 헌법의 통치 아래 있건 오끼나와는 본질적으로 '전시 상황'인 채로 남아 있었고, 한국·베트남·페르시아만·아프가니스탄·이라크의 전쟁에서 주요 기지 역할을 했다.

천황제적 성격

이미 살펴본 대로 점령 당국은 항복한 일본에 천황을 중심으로 새로운 국가를 건설하기 위해 빠르게 움직였다. 특히 호주 같은 나라들이 천황을 전범재판에 회부해야 한다고 요구할 때[2] 총사령관 매카서 장군의 협상 불가능한 주장은 천황이 "국가의 수장"이어야 한다는 것이었다.[3] 이는 마치 미국이 2003년에 사담 후쎄인을 몰아내려고 싸운 다음 그를 계속 이라크의 지도자로 남겨두겠다고 주장하는 것이나 같았다. 새로운 헌법을 서둘러 작성한 것은 부분적으로는 두려움 때문이었는데, 천황의 측근과 가족뿐 아니라 천황 자신도 기소를 피하기 더 어렵게 되지 않을까 우려하면서도 퇴위할 의향이 있다는 황궁의 정보가 중요한 계기였다.[4] 그런 정보를 입수한 탓에 매카서는 더 다급해졌던 것이다.[5] 사흘 뒤 그는 헌법 초안 작성팀을 소집하여 지시를 내리고 일주일만에 일을 마치도록 했다.

첫 8개조는 천황의 역할을 규정했다. 천황은 헌법 문서를 자신의 조부의 문서에 대한 개정판으로서 친히 의회에 제출함으로써, 마치 메이지시대 선조가 그랬던 것처럼 신민에게 내리는 선물처럼 보이게 했다. "일본 국민은"(日本國民は)이라고 시작하는 헌법 전문의 영문은 "우리 일본인"(We, Japanese People)으로 되어 있다. 여기서 'we'는 일반적으로 '우리'(われわれ)를 나타내는 1인칭 복수지만, 군주 자신을 가리키는 대명사 '朕'(짐)이기도 하다. 즉 일본 헌법의 첫마디는 천황만이 사용하는 군주의 1인칭 'we'라는 말과 어떤 관계인지 아주 모호했다. 이런 절차에 대한 존 다우어의 고전적인 연구에 따르면 '천황적 민주주의'라는 개념은 천황 중심과 국민주권이라는 두가지 상반된 개념을

터무니없이 한데 뭉뚱그려 놓은 것이다.[6] 패배한 일본의 총사령관이 미국의 정책을 실현할 최고 도구의 역할에 임명되고 그 자신도 이를 기꺼이 받아들인 마당이니, 그를 "국민의 의지로부터 자신의 지위를 부여받은" 것으로 기술한 1조의 진술은 진실과는 영 거리가 먼 것이었다. 가장 통렬한 분석은 사까이 나오끼(酒井直樹)가 내놓은 것이었는데 그는 "전후 천황제는 미국 점령당국이 실행하는 정책을 장려하기 위해 미국이 만들어낸 미국 제도"라고 지적했다.[7]

천황제의 신화적 기원과 토대, 특히 정화와 액막이의식의 복잡한 신화들은 내부와 외부를 차별하는 구조와 더불어 시민 민주주의에 명백히 부정적인 의미를 갖는다. 황제와 그 가족은 과세의무와 민·형사법 적용에서 면제되는 동시에 투표할 권리는 갖지 않았다. 매카서의 지시대로 '국가의 수장'으로서 히로히또는 더이상 '신'이 아니지만 개인의 권리와 의무를 누리지 않았으므로 일본 '인'도 아니었다. 헌법 조문(특히 24조)에 양성평등이 명시되었는데도 천황직 승계는 계속해서 가부장적이었고, 19조와 20조에서 국가 차원의 종교활동을 금지했으면서도 천황은 신도의 고위 사제로 중요한 비헌법적 기능을 유지했다. 주권이 국민들에게 넘어갔지만 천황 가족들과 관련하여 여전히 정교하고 고풍스런 경어들이 사용되었는데, 가령 그들이 하는 말은 그저 말(言葉)이 아니라 "말씀"(お言葉)이었다.

일본 '내셔널리스트들'이 일본 문화의 독특함과 순수함으로, 또 천황을 중심으로 한 유기적 전체성으로 환영한 것은 실제로는 외부에서 치밀하고 의도적으로 일본에 부과한 것이었다. 19세기에 발흥한 엘리뜨들이 근대 일본을 위해 주도면밀하게 구축했던 것이 미국의 지시아래 재구축되었던 것이다. 자신들이 독특하고 우월한 비아시아적 정체성을 갖고 있고 그 속에서 천황은 고위 사제이자 유기적 전체의 상징이고 단일문화의 필수적인 결합제이며 '일본성'의 핵심이라는 상상에 넘어가는 일본인들이 일정 수 이상 존재하는 한, 일본은 보편적 가치를 대표할 수 없고 세계체제의 대안적 중심이 되어 미국을 위협할 수도 없다. 천황제의 유지는 미국의 지속적 패권에 대한 암묵적 보장이다.

평화주의

천황제 중심의 국가체제를 회복하려면 불과 얼마전까지 천황의 이름으로 움직인 군대 때문에 고통받은 아시아의 다른 나라들에 일본이 다시는 아시아에서 전쟁을 일으키지 않을 것이라 보장해주는 일이 필수적이었다. 그리하여 천황과 관련된 1조부터 8조까지의 조항에는 국가적 평화주의 선언인 9조가 필요했다.

정의와 질서에 토대를 둔 국제평화를 진심으로 희망하면서 일본인들은 주권국가의 권리로서의 전쟁과 국제분쟁의 해결 수단으로서의 무력의 위협 혹은 사용을 영구히 포기한다.
위의 목적을 달성하기 위해 여타의 전쟁 잠재력뿐 아니라 육·해·공 군사력을 결코 보유하지 않을 것이다. 국가의 교전권은 결코 인정되지 않을 것이다.

일본과 꼬스따리까의 1947년 헌법만이 유일하게 이처럼 전쟁과 군대를 불법화하는 진술을 담고 있다. 꼬스따리까는 이런 공약을 문자 그대로 해석하여 경찰력 말고는 어떤 군대도 보유하지 않고 군사동맹을 맺지 않는다. 이와 대조적으로 일본은 GDP의 1퍼센트(4조 8000억 엔, 대략 450억달러)를 군사비로 지출하여 핵보유국인 영국과 프랑스에 대략 맞먹고, 이 양국보다 규모가 큰 육군과, 함선의 톤수로 따져 세계 두번째(38만 5000톤)인 해군,[8] 이스라엘보다 더 규모가 크고 강력한 공군을 보유했다. 또한 200기의 F-15 전투기, 16대의 잠수함(매년 1척씩 건조)과 4척의 이지스 구축함(2007년에 2척 추가 준공)을 갖고 있으며 2척의 1만 3500톤급 항공모함(수줍게도 헬리콥터 운반함으로 불린다)을 만들고 있다.

일본의 독특한 헌법적 평화주의는 다른 지역, 궁극적으로는 세계 전체로 확장해야 할 것이라고 자랑스럽게 선언할 법도 하건만 일찍이 그런 일본 지도자는 없었다. 대신 그것은 당혹스러운 일 혹은 심지어 수치로 여겨졌고 나라를 '정상화'하고 9조의 '괴이한' 금지들을 극복해야 한다는 과제가 매번 정부의 주된 관심사가 되었다. 오늘날 일본정부는 이런 금지들을 극복하고 '전쟁 씬드롬'에서 회복하는 것이 어느 때보다 가까이 다가왔다고 분명히 느끼고 있다.

따라서 1947년의 헌법적 조치들은 (국민주권을 천명했으나 천황제를 인정하며 일본인의 것이지만 미국이 만들었다는 점에서) 주권문제와 (평화주의적이지만 미국의 군사적 패권 아래 있고 오끼나와는 완전히 전시체제에 병합된 상태라는 점에서) 세계를 대하는 기본 입장 둘 다에서 모순적이다.

헌법의 실행: 1947~1990

그렇다면 이런 모순을 안고 있는 9조가 현실에서는 어떻게 실행되었는가? 이를 문자 그대로 이행하는 것, 즉 일본이 평화주의 국가로서 동아시아의 꼬스따리까가 되는 것은 한번도 진지하게 고려되지 않았다. 대신 반세기 이상 이것을 어떻게 모면하고 비워버릴 것인가에 관심이 집중되었다. 들어서는 정부마다 동맹의 필요성은 절대적인 것으로 취급하면서도 헌법 9조는 일관되게 불편하고 성가신 속박으로 여겼다.

1954년 헌법적 근거에 토대를 두었다기보다 헌법이 부인하지 않을 가능성이 있는 자기방어의 내재적 권리라는 원칙에 따라 자위대가 창설되었다. "직접적 혹은 간접적 위협에 대항하여 일본의 평화와 독립을 보존하기 위해"[9] 필요한 최소한의 군대로 정의된 자위대는 헌법이 표명하는 바와 무관하게 합법이라고 선포되었다. 일본 대중들은 차츰 자위대의 존재를 받아들이게 되었고 자위대의 사용을 재난구제로 한정하면서 천천히 그리고 마지못해 인정해주었으며 그들이 다시 **진짜 군대같이** 행동하면 어쩌나 하는 두려움도 사라져갔다. 이렇게 해서 적대적인 여론과 헌법 전문가들의 견해에 맞서 일본정부는 무장군대를 만들어내 정당화했고 점차 그 역할을 확장시켰다. 자위대 제도가 어느새 기정사실로 보이면서[10] 반대는 누그러들었다. 정부는 헌법을 형식상으로 개정하는 일이 정치적으로 불가능함을 깨닫고 해석을 통해 의미를 바꾸는 데 집중했다.

의회 양원에서 각각 3분의 2 이상의 득표와 국민투표의 다수결을 요구하는 헌법 개정은 자민당 정권들로서는 그 어느 쪽도 달성할 수 없었기에 오래도록 불가능했다. 99조에 의거하여 공무원은 헌법을 "존중하고 받들" 의무가 있음에도 이어지는 정권들은 9조를 존중하지도 책임을 지려 하지도 않았다. 그들은 근본적인 변화를 수용하라며 열심히 사람들을 설득했으나 일본 시민사회는 저항했고 헌법을 자랑스럽게 여겼다. 1955년부터 자민당의 연단에선 언제나 헌법 개정에 대한 공약이 두드러졌지만, 1960~2001년 동안 총 18명의 총리들은 자신들이 공약을 수행할 수 없다는 것과 그럼에도 그것을 시도하는 게 정치적 자살행위에 그친다는 사실을 인식하고는 임기 시작과 더불어 이런 모험을 하지 않겠다는 약속을 했다. 2001년 코이즈미 이전까진 어떤 총리도 이 전통을 깨지 않았다.

1950년대와 60년대에 시민단체들이 자위대의 위헌성을 제기했을 때 하급법원들은 자위대와 미일안보조약 그리고 주일미군의 존재가 실제로 위헌이라는 판결을 내렸다. 하지만 상급법원들은 위헌성 문제가 정치적 사안이며 입법부의 의지가 가장 중요하다는 애매한 근거로 판결을 기각했다. 사실상 법원은 삼권분립이 보장하는 자신들의 헌법적 특권을 부정하는 결정을 내린 셈이었다. 재임기간 내내 코이즈미는 9조가 불합리하고 시대착오적이라는 주장을 되풀이했다. 코이즈미 아래서 헌법에 관한 정책조율의 책임을 맡은 자민당 고위간부 야스오까 오끼하루(保岡興治)는 있는 그대로 보자면 현재의 자위대는 위헌이라 하겠지만 오히려 그렇기 때문에 헌법이 개정되어야 한다고 말했다.[11] 두 사람 다 암시적으로 현재의 장치가 위헌임을 인정한 것이다. 일본은 반세기도 넘게 자국 헌법을 꾸준히 위반해온 점에서 민주정부들 가운데 독특했다.

정치적 의도에서 비롯된 왜곡된 해석으로 빛이 바래긴 했어도 헌법이 완전히 의미를 상실한 건 아니었다. 9조는 정부의 시도를 제한하는 데 기여했다. 냉전 기간의 총리들은 자위대가 일본 밖에서 활동하는 일은 "절대로 불가능"하며[12] "자위대의 의무는 일본을 침략에서 보호하는 것"이고 "헌법 조항들로 인해 해외활동은 불가능하다"는 데 동의했다.[13] 자위대의 해외배치나 징집도 없었고 군사전문가도 없었으며 국방예산은 GDP의 1퍼센트로 제한되어 있었다. 정부는 또한 핵무기 소유, 제조, 일본내 반입을 금지하는 세가지 '비핵원칙'도 준수했다.[14] 하지만 자위대가 인도양과 이란에 파견되자 평화주의 원칙은 약화되었고 이런 추세는 21세기에도 이어졌다.

1990년 이후

냉전이 끝나면서부터 헌법, 특히 9조에 대한 압박은 커졌다. 워싱턴은 일본이 금지조항들을 파기하고 군사동맹으로서, 고분고분하고 종속적이면서도 더 활발한 역할을 담당하길 원했다. 일본정부가 군대 파견이 헌법과 양립할 수 없다는 데 고심하고 있음을 알고 국무부 부장관 아미티지는 일본이 '테러와의 전쟁'에 깊숙이 참여하지 못하게 하는 헌법의 장애를 가장 잘 극복하는 방법을 (4장 참조) 공짜로 조언해주었다. 2004년 7월에 그는 자민당 방문사절단 대표에게 미일동맹이 헌법의 방해를 받고 있으며 일본이 안보리 상임이사국이 되기 위해선 9조의 개정이 필요하다고 말했다.[15] 마치 개정의 시급함을 강조라도 하듯 국방장관 파월도 일본이 상임의석 후보가 되길 원한다면 9조가 개정되어야 한다는 언급을 했다.[16] 부시행정부 고위 대표자로부터 나온 발언이었으므로 명령이라고밖엔 달리 해석될 수가 없었다. 일본의 수정주의 진영은 서둘러 따를 태세였지만, 그러면서도 수사의 차원에선 50년 전 매카서에 의해 강요되었다는 굴욕을 벗기 위해 헌법이 수정되어야 한다고 말했다.

일본을 전지구적 규모의 군사적·정치적·외교적 지원을 제공하는 나토식의 어엿한 '파트너' 곧 동아시아의 "영국"[17]으로 만들려는 부시 행정부의 목표보다 9조의 문구나 정신에서 더 먼 것도 없었다. 미국이 명시적으로 개정을 요구하지 않은 것은 사실이었으나 (미국에 의해 일방적으로 결정된 사안들에 담긴) 일본이 무력사용에 협력하는 일이 필수적이라는 거듭된 암시는 일본 내정에 대한 명백한 개입이며 사실상의 최후통첩이었다.

2004년 1월, 일본 군대의 이라크 파병은 부차적이고 비전투적인 역할이긴 해도 60년 만에 처음으로 전쟁에 참여하는 행위였다. 이렇게 해서 자위대는 일본정부가 기존에 내놓은 헌법에 대한 (직접적 혹은 간접적 위협으로부터 일본을 보호한다는) 해석을 조롱했을 뿐 아니라, 안보리 결의라는 법적 정당성이나 이후 거짓으로 입증된 정보가 보여주듯이 이라크의 대량살상무기 소유라는 도덕적 핑계도 없이 움직인 것이었다. 코이즈미는 일본의 '신뢰성'을 미국에 증명할 긴급한 필요를 들먹였는데 마치 그것이 헌법이나 법률, 도덕보다 더 중요한 것 같았다. 그는 이전 보수주의자들이 그저 꿈만 꿨던 것, 즉 자위대를 사실상의 정규군으로 전환하려는 목표를 거의 달성했다.[18] 이 과정에서 그가 국가를 위한 희생적 죽음을 기리는 의례 장소로 야스꾸니의 중심성을 회복하고, 일본 군대가 장차 미국의 지시 아래 '불안정한 호'를 봉쇄하는 데 활발한 역할을 할 것을 약속하는 데 촛점을 둔 것은 우연이 아니다.

자위대의 이라크 파견을 결정할 때 코이즈미는 "평화를 지키고자 애쓰는 국제사회에서 명예로운 자리를 담당한다"는 헌법 전문의 맹세를 새롭고도 독특하게 해석함으로써 위헌문제에 대처했다. 이 모호한 개념을 헌법 본문의 명시적 구절보다 우선해야 한다는 것이었는데, 이는 헌법학자들을 아연실색케 했다.[19] 다른 한편, 그는 헌법과 관련된 어려움이란 거개가 "신학적 궤변"[20]인 만큼 어쨌거나 그리 중요하지 않고 오히려 총리로서 자신이 특별히 더 내세울 만한 "상식"의 측면이야말로 정말로 중요하다고 주장했다. 코이즈미의 입장은 이러했다.

국민의 상식이라는 견지에서 자위대는 확실히 '군대' 입니다 (…) 만일 핑계가 아니라 원칙적인 견지에서 얘기한다면 (…) 사실은 헌법 자체가 국제적 상식에 어긋납니다.[21]

다른 자리에서 그는 "실질적으로 자위대는 군대이며, 머지않아 헌법에서도 자위대를 군대로 인정해야 한다"고 말했다.[22]

개정: 2005년의 규정

언론이 주도한 잘 조율된 개헌 캠페인이 10년 동안 이어지고 5년간의 의회 심의과정을 거친 끝에, 2005년 4월 의회의 헌법조사회는 보고서를 제출했고 그해 11월 자민당은 개정 초안을 공개했다.[23] 자민당 초안에는 네가지 주요 갈래가 있다.

1) 헌법 전문 다시쓰기. 세세한 조항들의 틀을 마련하기 위해 전문이 완전히 새로 쓰여야 한다. "평화를 사랑하는 세계인들의 정의와 믿음을 신뢰하며 (…) 항구적인 평화"를 소망하는 표현과 "결코 다시는 정부의 행위로 말미암아 전쟁의 끔찍함을 겪지 않을 것"이라는 진술에 담긴 기존 헌법의 이상주의적이고 국제주의적인 정신은 일본국민이 "소속된 국가와 사회를 애정과 책임의식과 기개(氣槪)로써 지원하고 방어할 의무"와 "정의와 질서에 토대를 둔 국제평화를 실현할 소망에서 다른 나라와 협력"할 책임을 갖는다는 대담한 진술로 바뀌게 될 것이다. 기존 전문은 천황에 대해 아무런 언급이 없었으나 새 전문은 "상징적 천황제" 유지를 선언할 터였다.

2) 9조의 개정. 9조는 "전쟁 방지" 대신 "안전보장"이라는 제목을 달 것이고 자위대를 "군"(自衛軍)으로 인정하며 그 역할을 ① 일본의 방어 ② "국제사회의 평화와 안전보장"에 대한 협력 ③ 비상사태시 공공질서 유지로 삼을 것이다. 여기에 동반되는 76조의 개정을 통해 군인을 대상으로 재판권을 갖는 특별 군사법정이 세워질 것이다.

3) 20조 3항의 개정. "사회적 예절과 관례의 범위 내에 있는" 활동을 규정하면서 국가의 종교활동 금지를 없애고 그럼으로써 논란을 일으킨 총리의 정기적이고 지속적인 야스꾸니신사 공식방문을 정당화할 것이다.[24]

4) 96조의 개정. 의회의 3분의 2 찬성이라는 필요조건을 2분의 1로 완화함으로써 앞으로 있을 개정절차를 단순화할 것이다.

일본이 자국의 근본 헌장에 대한 이러한 수정을 통해 세계에 전달하려는 메씨지는 다음과 같이 요약될 수 있다. 일본은 이란과 한국을 잠재적으로 포함하는 미래의 지역적·전지구적 분쟁에서 미국과 협력할 것이며, 지역적 관계를 중대하게 악화시키는 댓가를 감수하고서라도 전쟁을 기념하는 종교적 의식에 대한 이웃나라의 반대를 계속해서 무시하는 한편, 전사자를 기리는 종교적 의식을 국가의 인정 범위에 포함함으로써 위헌이라는 법원의 판결을 무효화할 것이며, 일단 문턱을 넘었으니 앞으로 더욱 발본적인 헌법 개정을 해나갈 것이다.

초안은 또한 국가에 대한 국민의 의무를 규정한 새로운 항을 추가하여 국민들이 지금과 같이 "공공의 복지"가 아닌 "공익과 공공질서"에 대해 책임을 갖게 맞들었다. '의무'에 대한 강조는 근대 헌법 담론에서 유례없는 것으로 마침내 1890년 헌법의 정신으로 일부 되돌아갔음을 뜻했다.

개정을 옹호하는 측에서는 흔히 1946년의 '미국' 모델을 '일본' 모델로 바꿈으로써 자주적 헌법을 확립한다는 식으로 말하지만, 2005년과 2006년의 초안에도 1946년 못지않게 워싱턴의 이해관계와 요구가 반영되어 있었다. 일본의 헌법 개정 노력은 외국 정부의 요청으로, 또 외국 정부의 이익을 위해 진행되며[25] 시민들의 권리를 축소하고 국가권력을 강화한다는 점에서 근대 제헌주의 역사상 독특한 것이다. 새로운 9조에 담긴 일본군의 정규군화를 고려하면 수정안은 전체적으로 국가에 존경과 복종을 바칠 헌법적 의무로서 애국주의를 부과하게 될 것이며 미국이 주도하는 군사 개입과 전쟁에 일본이 적극 참여할 개연성을 증가시킨다.

그런 것만으로도 매우 중대한 변화였지만 자민당이 원하는 바를 다 채워주진 않았다. 표결에 필요한 의회의 3분의 2 지지를 확보해야 하므로 다른 당의 지원을 얻을 목적으로 초안 내용이 완화되었고, 따라서 미국에 가장 중요한 문제들에 빈틈없이 촛점이 맞추어졌다. '정체성'을 둘러싼 자민당의 수사, 특히 "국민정신"[26]에 관한 수사의 많은 부분이 잘려나갔고, 천황 '원수(元首)'라는 칭호도 당분간 밀려났으며 문화와 전통과 애국심에 관한 언급들도 최소화되었다.

강성 기조의 수정주의 의제는 9조와 20조, 곧 군대와 야스꾸니에 관련되었다. 이 두가지 요구는 천황과 9조에 관한 1946년의 매카서의 두가지 주요 지시와 유사하고 양쪽 다 일본보다는 미국의 필요에 의해 만들어진 것이다. 매카서에게 세번째 원칙이었던 국민주권과 기본인권은 1946년에 그랬듯 2005년에도 여전히 부차적인 관심사에 불과했다.

의회에서 개정에 필요한 지지를 결집하고 국민투표에서 이기기 위해 연성 의제들도 마련되어 있었다. 초기 수정안들은 "군사분쟁, 국제테러리즘, 자연재해, 환경파괴, 특정 지역의 경제적 박탈과 지역적 무질서에서 야기된 인간적 참사"를 지구상에서 제거하는 데 일조할 일본의 운명에 관한 이상주의적 미사여구를 담고 있었다. 일본의 군대는 "확립된 국제기구의 활동, 그외의 국제평화와 안전의 유지 및 회복과 인도주의적 지원을 위한 국제적 공동활동에 적극 협력한다"라고 되어 있었다.[27] 민주당의 오자와 이찌로오(小澤一郎, 전 자민당 간사장)는 심지어 자위대가 몇가지 전술부대와 훈련부대를 제외하고 모두 유엔의 직접 지휘 아래 놓여도 될 것이라고 제안하기도 했는데 그의 견해로 보면 상비군이라는 개념은 20세기의 낡은 유물이었다.[28]

그러나 실제 개정과정이 가까워오자 '현실주의적'이고 미국적인 우선 사항들이 '이상주의적'이고 일본적인 것들을 압도해버렸다. 2005년 후반쯤에는 '연성' 의제에서 사생활과 평판에 대한 보호(19조 2항), 환경 보전(25조 2항) 같은 몇몇 조항들만 남았고, 국정상의 행위에 대해 국민에게 설명하는 책무(21조 2항)와 나라의 재정상태로 볼 때 기이하게도 "항상 공공재정의 건전함을 고려할" 의무(83조 2항)가 포함되었다. 사생활과 환경 같은 몇몇 문제들은 헌법 조항보다는 특정 법률에 더 어울리는 것이었고 정부가 하는 일을 국민에게 설명하는 것과 관련된 문제들은 무의미한 잡동사니에 불과했다.

자민당 내부에서도 좌파와 우파 모두 2005년 10월의 초안에 불만이 많았다. 세력이 줄어든 자유주의자들 측에서는 전 간사장이자 코이즈미의 "극히 국수주의적인" 대외정책의 비판자 카또오 코오이찌(加藤紘一)가 "국가의 바람직한 형태에 관해 어떤 공동체적 합의"가 있을 때까지 개정은 시기상조라고 주장했다.[29] 초안에 관해 가장 격렬히 비판한 쪽은 헌법 개혁을 가장 열렬하고 헌신적으로 옹호했던 나까소네 전 수상에게서 나왔는데, 그는 코이즈미 정부의 수정안을 "겉만 번드르르하고 경솔하다"고 단언했다. 나까소네는 일본이 "유구한 역사와 전통 위에 건설된" 독특하게 "자연적인 국가",[30] 곧 헌법에 기초한 국가라기보다 혈연공동체라고 믿었으며, 자민당이 채택한 초안이 이 나라의 정신적 전통을 완전히 무시했다고 분개했다. 유기적이고 우월한 일본적 자질들에 대한 그의 믿음은 1986년의 유명한 발언을 낳았다. 당시 그는 일본이 미국 같은 나라들보다 훨씬 더 놓은 "평균점수"를 가진 "지적인 사회"이며 그 이유는 "미국에는 많은 흑인과 푸에르또리꼬인과 멕시코인들이 있고 따라서 그곳의 평균점수는 극히 낮기" 때문이라고 설명했다.[31]

그는 21세기에는 일본이 "미국의 온실"을 마침내 떠나 "스스로를 정상화"할 새로운 "헤이세이(平成)헌법"을 채택할 필요가 있다고 강조했다.[32] 또 전문은 "국민뿐 아니라 역사와 문화 그리고 전통의 연속성을 포함하는, 전체로서의 국가 이미지"를 표현해야 한다고 주장했다.[33] "일본의 문화적·역사적 전통에서 탄생한 '권위'"를 분명히 나타내기 위해 천황에게 "일본 국가의 수장" 역할을 부여해야 한다고도 했다.[34] 그리하여 나까소네 자신이 만든 전문 초안은 "우리 일본인들은 아시아 대륙 동쪽 태평양의 물결이 씻어 내리는 이 아름다운 동북아시아 열도의 상속인으로서 천황을 국민들의 단결의 상징으로 하여 화합에 가치를 두고(…)"[35]라고 시작했다. 초안 작성을 목적으로 만들어진, 그 자신이 지휘한 자민당 특별위원회가 제출한 전문이었으므로 이것이 단번에 일축되자 그는 격분했다.

나까소네가 제기한 의제는 분명 더욱 시급하다고 판단되는 사항들에 비해 부차적이라 치부되었으며, 미국정부가 가장 압력을 많이 가한 사안(9조)과 이웃나라들과 가장 문제를 많이 일으킨 사안(20조)이 더 긴급한 것들이었다. 일단 그런 문제들이 해결되고 앞으로의 개정 절차가 간소화되면 이론이 분분한 문제들이 더 많이 다루어질 것이다. 자민당 헌법조사회장 야스오까는 자신이 "우리나라의 국민성"(わが國の國柄)이라 부른 것을 강조해야 한다고 주장함으로써 나까소네의 입장을 되풀이했다. 그는 다음과 같이 설명했다.

간단히 말해 국가정체성을 뜻한다. (…) 예를 들어 천황은 일본 역사와 전통의 집중된 표현이다. 우리 문화는 세계적으로 걸출하며, 국민정서를 표현하고 그들의 존경어린 헌신에 상징적 지시물을 제공하는 천황제를 가졌다는 점에서 독특하다.[36]

222

야스오까는 부인했지만 그가 전전과 전시의 일본에서 '국체(國體)'로 알려졌던 천황중심의 국가정체성 의식을 회복하려는 것임은 분명했다. 일본이 "천황에 중심을 둔 신들의 땅"이라는 당시 총리 모리의 정서를 되풀이하며, 아스오까는 전전과 전시 일본 지도자들의 언어와 가치로 돌아가고 있었다. 일본의 이웃들이 느끼기에 이는 협박으로 가득한 발언이었고, 명백히 정치 엘리뜨들 다수가 공유한다는 점에서 특히 그랬다.[37]

자민당의 헌법 초안은 미국의 요구를 만족시키는 데 우선순위를 두는 한편 1947년의 법 시행에서는 무제한적이었던 헌법의 기본권을 조건부로 만들려는 불길한 약속을 담고 있었다. 이리하여 12조는 다음과 같이 바뀌었다.

이 헌법이 국민에게 보장하는 자유와 권리는 국민의 끊임없는 노력으로 유지되어야 한다. **국민은 이를 남용하지 말아야** 하고 **자유와 권리에 동반하는 의무와 책임**을 자각하여 **항상 공익과 공공질서를 침해하지 않는 방식으로** 자유를 향유하고 권리를 행사할 의무가 있다.[38] (강조는 필자)

근대 헌법사에서 이런 식의 위협적 언사는 유례 없는 것이다.

또 자위대를 정규화하려는 노력과 야스꾸니를 합법화하려는 자민당의 결정은, 설사 수정주의자들이 미국인들을 기쁘게 해주려는 소망에서 움직인 결과라 해도, 미일관계에서 새로운 긴장을 예고했다. 위기지역이 어디든 군대를 보내라는 미국의 압력에 저항할 헌법적 근거가 없어지면, 앞으로 미국의 그런 요구는 격심한 정치분쟁의 대상이 될 것이며 관련된 헌법문제가 해결되든 아니든 야스꾸니는 미국에 대항하는 전쟁 지도자를 포함하여 과거 전쟁에서 국가에 봉사하다 죽은 사람들을 기념할 것이다.

미국정부는 지금까지 야스꾸니 논쟁에 관해 직접적인 논평을 피해왔으나, 자민당 반대파(이자 전 간사장) 중진 당원이 지적했듯이, 샌프란시스코조약의 위반을 무시할 수는 없다.[39] 따라서 야스꾸니는 중국이나 한국과의 관계에 문제를 일으키기 이전에 미일관계에서도 문제가 된다. 미국은 대미 전쟁에 대한 책임을 축소하거나 거부하는 일본의 수정주의를 언제까지고 덮어둘 수는 없으며, 미 대통령이 야스꾸니를 참배하는 공식방문에 일본 총리와 동행하는 모습은 상상하기 어렵다.

개헌 가능성

2005년이 되자 자민당은 9월 선거 이전에 의원들의 83퍼센트, 그뒤에는 더 많은 수를 확보하여 수정안을 통과시키는 데 필요한 의석을 얻었다.[40] 주요 정당들과 기업단체, 거대 언론기업들은 개정을 전폭 지원했다. 반대파는 소규모 야당과 학자, 시민단체와 풀뿌리 시민조직에 한정됐다. 여론조사에서도 다수가 개헌을 지지했다.

주요 신문들이 시행한 여론조사에서 60퍼센트가량이 개정에 찬성한다고 보도됐지만 그런 일반적 정서가 9조의 개정까지 포함하는 건 아니었다. 그밖의 크고작은 신문들의 사설과 2005년 헌법기념일을 전후로 행해진 여론조사를 중심으로 한 포괄적인 연구에서는 대중이

9조를 개정하지 않고 유지하는 데 60대 40으로 찬성한다는 결론을 내렸다.[41] 여당에게 일종의 싱크탱크 역할을 하는 최대 신문사 『요미우리신문』은 15년간 이 프로젝트에 에너지를 집중한 끝에 2004년 여론의 완강함에 짜증을 내면서 "일단의 극단주의자들이 여전히 현 헌법을 유지하기를 고집하고 있다"고 말함으로써 헌법 수호자들을 극단주의자로 몰아붙였다.[42] 이듬해, 9조 개정에 찬성하는 측이 43.6퍼센트로 반대 46퍼센트에 근소하게 뒤진다는 것을 놓고 이 신문사는 아마 개정과정을 끝까지 수행할 정치적 의지가 불충분했던 것이라고 결론 내렸다. 2006년 3월, 『마이니찌신문(每日新聞)』의 여론조사에서는 단 17퍼센트만이 자민당의 초안을 지지하는 것으로 나타났다.[43] 하지만 수정주의 캠페인의 핵심사안이 여전히 해결되지 않았음에도 자민당은 이를 끝까지 밀고 나가겠다고 공언했다.[44] 2007년 아베 총리의 신년연설은 이 문제가 그해 중반의 참의원선거의 핵심 이슈가 되길 원한다는 의사를 분명히 했다.

표 6 헌법 개정과 9조 개정 (2005년)

	헌법 개정		9조 개정	
	찬성	반대	찬성	반대
아사히	56	33	36	51
요미우리	61	27	44	46*

* 현행 그대로 유지하거나 해석을 확대해야 한다는 의견 27.6퍼센트, 문자그대로의 해석을 고수해야 한다는 입장 18.1퍼센트로 구성됨. 2005년 NHK의 조사에서는 43퍼센트가 헌법을 읽은 적이 없으며 2006년 아사히신문의 조사에선 52퍼센트가 헌법에 관해 '거의 아무것도' 알지 못했다.

출처 표 6, 7 모두 『아사히신문』과 『요미우리신문』 2005년/2006년 5월 기사에서 얻은 자료.

표 7 헌법 개정과 9조 개정 (2006년)

	헌법 개정		9조 개정	
	찬성	반대	찬성	반대
아사히	55	32	43*	42
요미우리	56	32	39	33

* 1항 수정(9퍼센트), 2항 수정(16퍼센트), 두 항 모두 수정(18퍼센트)으로 이루어짐. 그러나 다소 모순되지만 62퍼센트는 자위대의 존재를 분명하게 규정하기 위해 헌법이 수정되어야 한다고 말했다.

자민당이 헌법 개정 의제를 뒷받침할 정치적 의지가 부족할 수밖에 없던 이유는 일본인 대다수가 생각하는 정치적 우선순위에 대한 여론 조사에 반영되어 있다. 미국이 강요하는 미래의 전지구적 군사적 역할이나 야스꾸니 참배에 대한 헌법적 승인에 일본 대중이 지지를 보낸다는 조짐은 거의 없다. 2004년 4월의 조사에서 현재 이 나라의 가장 긴급한 문제를 무엇이라고 보느냐는 질문에 87퍼센트가 연금과 복지라고 대답했고 8퍼센트만이 헌법 개정이라 답했다.[45] 미래 일본의 평화와 번영을 위해 무엇이 중요한가 하는 물음에 대해선 대부분(51퍼센트)이 아시아 국가들과의 유대 강화를 언급했다. 고작 7퍼센트가 미국과의 안보동맹 강화를 택했고 11퍼센트는 일본의 자주적 안보역량 강화를, 11퍼센트는 일본의 유엔활동 강화를 택했다.[46] 절반이 넘는 사람들이 국제 위기지역 지원이 의료와 난민원조에 국한되어야 한다고 생각했다. 다수(52퍼센트 이상)는 2003년 코이즈미가 자위대를 투입했을 때 파견에 반대했다.[47] 8.7퍼센트만이 미국 주도의 연합군에 무기공급과 수송을 통해 협력하는 일(실제로 정부가 채택한 방식)을 지지한 반면, 52.3퍼센트는 의료와 난민원조를 선호했다.[48] 6퍼센트만 자위대가 미군에 병참수송지원을 할 수 있어야 한다고 믿었다.[49] 달리 말하면 대중의 우선순위는 정부가 추구하는 것의 거의 정반대였다.

워싱턴과 캔버라, 런던에서는 상당한 수준의 헌법 개정이 현실적으로 가능하며 이는 일본이 지역과 세계에 적극적으로 참여하는 증거로 여겨졌다. 유엔의 승인이 있든 없든 '국제' 연합군에 일본이 참여할 길을 만듦으로써, 일본은 '테러와의 전쟁'이나 여타 전쟁에서 확실히 두드러진 역할을 맡을 것이고, '본격적인 등판'으로 미국의 감사를 얻는 대신 이웃나라들과 틈이 더 벌어지는 댓가를 치를 것이다.

서구의 많은 논객들은 새로이 목소리를 높이는 일본이 곧 9조 개정에 착수할 것이고 그리하여 '정상적인' 군사적 태세와 집단 안보역량을 선택할 것으로 생각한다. 그러나 중국과 한국의 분석가들은 대체로 일본이 1930년대식 군국주의로 가기 일보직전으로 여긴다. 양쪽 모두 미일정부가 국민을 상대로 의지를 강요하는 능력을 과대평가할 뿐 아니라 9조에 대한 대중적 지지나 급격한 제도적 변화를 받아들이도록 다수 일본인을 설득하는 어려움을 과소평가하는 경향이 있다. 사태는 다른 방향으로 움직일 가능성이 있고 미국의 압력이 동맹을 위협하는 반작용을 촉발할지도 모른다. 오끼나와나 그외 지역의 주일 미군 재배치 제안들과 자위대를 미군의 목표에 종속시키는 문제를 둘러싸고 벌어지는 불만은 좌절과 분노가 광범위하게 퍼져 있음을 말해 준다.

대안적 수정안

2005년 9월 선거는 헌법 개정에 대한 의회내 반대파를 소수의 공산당원과 사회민주당원, 극소수 이단아들로 축소시키는 결과를 낳았다. 그렇다고 자민당 안이 3분의 2 동의를 확보할 거라고 단정할 수는 없었다. 정확히 무엇이 개정되어야 하는가가 합의되지 않았을 뿐 아니라 의회 밖에서 대중적 연합이 결성되어 개정에 반대할 움직임을 보이고 있었기 때문이다.

다수의 헌법학자들이 참여한 '시민입헌포럼'은 2005년 4월에 자체 헌법 수정안을 작성했다. 이 안은 상징적 천황제를 유지하지만 이를 단 하나의 조항(6조)으로 처리한 반면 '국민'이라는 말을 '시민'으로 바꾸어 인민주권을 분명히 나타낸 점이 특징이었다. 현행 헌법 제3장 '국민의 권리 및 의무'(제10조부터 제40조까지의 31개조)는 삭제되고 일본에 체재하는 외국인 거주자들의 권리를 포함한 제3장 '시민의 자유와 권리의 보장'을 통해 새로운 권리를 덧붙일 수 있었다. 9조는 수정 없이 그대로 유지되었다.[50] 따라서 이들은 '온건 개정파'로 분류될 수 있을 것이다.

9조를 자국 방어와 지역적·전지구적 안보에 대한 일본의 책임과 융화시키려는 또다른 시도 가운데 중요한 사례는 '평화기본법을 위한 제안'이었다.[51] 이 제안은 1993년과 94년에 처음 만들어졌고 저명 학자집단이 2005년에 재정립했다.[52] 그들은 미일연합 안보관계가 극동과 냉전의 관점에 묶인 일본 중심의 영역에서 1990년대 '신가이드라인'으로 어떤 '지역적 우발상황'이라도 다룰 수 있는 느슨하게 정의된 유연한 관계로 전환하는 과정이라고 주장했다. 9·11 이후 이런 전환은 미국이 주도하는 '테러'와의 전지구적이고 지속적인 전쟁에 동조하여 자위대가 인도양과 이라크에 배치되는 결과를 수반할 것이었다. 이런 구도에서는 중국이 가상의 적으로 규정되는데 이는 냉전이 최고조에 달했을 때조차 소련을 상대로도 적용되지 않았던 용어였다. 학자들은 군대를 주로 적의 괴멸에 전념하는 국가 무장병력으로 정의하면서, 자위대가 비록 군대처럼 보이고 총리 또한 군대와 다름없다고 말했지만 다양한 제약들이 부과되어 사실상은 전혀 다르다는 의견을 내놓았다.

그들은 따라서 기존 자위대를 축소하고 통상적인 공격 병력의 요소 일체를 없앤 다음, ① 국토경비대 ② (국내 및 국외 파견을 위한) 재난구조대 ③ 유엔의 지시를 받는 국제구원대로 나누어 재조직하자고 제안했다. 그들은 외국의 침략 위험은 미미한 반면 대규모 지진과 핵발전소 사고, 화산폭발, 홍수, 해일, 전염병의 대유행, 기후변화로 인한 재앙, 식량과 에너지 위기는 실재하는데 대규모 상비군은 이런 사건이 발생했을 때 거의 아무런 도움을 제공하지 못한다고 말했다. 캄보디아와 골란고원, 르완다와 동티모르에서 자위대가 했던 역할은 국제적 감사와 더불어 일본내의 인정을 얻었다. 미래에 일어날지도 모를 그 같은 우발사태에 대처하고 저작권 침해나 마약, 무기, 인신매매 등의 문제들을 다루기 위해서는 전문적인 훈련과 기술이 요구된다고 그들은 주장했다.

2006년초 야당인 사민당은 이런 권고안들에 기초한 정책을 채택하면서 자위대가 그 자체로는 위헌이 아니지만 현재 중동과 인도양에서 수행한 활동 때문에 '명백한 위헌 상태'에 있으며 규모를 줄이고 국경안보와 재난구제 그리고 국제협력을 위한 개별 부대로 재조직되어야

한다는 의견에 동의했다.[53]

그러는 동안 기층대중 단위에서도 정치적·관료적 개헌 물결을 저지하려는 주목할 만한 시도가 생겨났는데, 이는 '베헤이렌'(베트남의 평화를 위한 시민연합)이 1960년대와 70년대에 수행했던 베트남전 반대운동에 필적했다. 일군의 시민과 지식인들은 2004년 6월에 '9조 모임'이라 불리는 단체를 조직했다. 그들이 처음 발표한 호소문에는 다음과 같은 진술이 포함되어 있었다.

미국의 이라크 공격과 그에 뒤따른 점령정책이 처한 난국은 우리에게 하루하루 더 분명하게 무력을 통한 분쟁해결이 비현실적 수단임을 보여준다. (…) 바로 그렇기 때문에 유럽과 동남아시아 같은 곳에서 외교와 대화를 통해 분쟁을 해결할 지역적 틀을 만들어내려는 노력이 배가되고 있는 것이다.

오늘날 20세기의 교훈을 토대로 21세기에 우리가 가야 할 길을 물어보건대 외교정책의 토대를 헌법 9조에 두는 일의 중요성은 새삼 선명히 드러난다. (…) 일본은 9조에 기초를 두고 아시아와 다른 지역 사람들과 우호와 협력의 유대를 발전시킬 필요가 있으며 미국과의 군사동맹에만 우선순위를 두는 외교적 태도를 바꿀 필요가 있다. 일본은 자주권을 행사하고 실용적 방식으로 행동함으로써 세계사의 조류에서 적극적인 역할을 해야 한다. 일본이 상대국의 다양한 입장을 존중하면서 평화로운 외교를 통해 관계를 맺을 수 있는 것은 바로 9조 덕분이다.

그로부터 2년밖에 안되는 기간에 이런 9조 모임이 전국에 걸쳐 5000개나 결성되었다.[54] 개정 역사교과서 채택 반대운동에서 큰 성공

230

을 거둔 풀뿌리 조직들처럼, 이같은 지역 단위의 적극적인 움직임은 민주주의와 헌법수호 세력이 여전히 힘을 잃지 않고 있음을 나타낸다.

교육기본법

교육기본법은 1947년, 헌법이 시행되기 한달 조금 전에 채택되었다. 일본의 '기본법'은 국가제도와 원칙의 틀에서 특별한 헌법적 지위를 가지며 특정 분야를 총괄하는 이념과 방침, 지침을 명시한다. 그래서 토지기본법, 환경기본법, 과학기술기본법, 식품안전기본법, 중소기업기본법 등이 있는 것이다. 교육기본법의 정신은 헌법과 마찬가지로 민주주의와 인도주의였다. 하지만 헌법과 달리 전적으로 일본관리들에 의해 일본어로 작성되었다.

1947년의 교육기본법은 이렇게 시작된다.

일본 헌법을 확립함으로써 우리는 민주적이고 문화적인 국가를 건설하여 세계와 인류복지에 기여하려는 우리의 결의를 보여주었다. 이런 이념의 실현은 근본적으로 교육의 힘에 달려 있을 것이다.

우리는 개인의 존엄성을 존중하고 진리와 평화를 사랑하는 국민을 길러내기 위해 노력할 것이며, 보편적이고 풍부한 개성을 갖춘 문화 창조에 목표를 둔 교육을 널리 시행할 것이다.

교육의 목표는 다음과 같은 견지에서 정의되었다.

교육은 개성을 최대한 발전시키는 데 목표를 둘 것이며, 평화로운 국가와 사회의 건설자로서 심신이 건전하고 진리와 자유를 사랑하며 개인의 가치를 존중하고 노동을 중시하며 깊은 책임의식을 갖추고 독립적인 정신을 지닌 국민들을 길러내고자 노력할 것이다.

　　보수주의자들은 이런 보편주의적이고 인도주의적인 정서에 불쾌감을 표명한 지 오래였다. 그들은 대신 전전과 전시 교육의 정신을 뒷받침한 1890년의 천황 교육칙어를 향수어린 심정으로 회상한다. 칙어의 성구(聖句)들은 암기되어 각 학교에서 기념식 때마다 암송되었으며, 천황을 숭배하는 사회와 국가를 건설하는 데 기둥 역할을 했다. 칙어에서 천황은 신민들의 '충효'를 칭찬하고 자신의 이름으로 명령이 내려졌을 때 언제라도 기꺼이 생명을 희생할 준비를 갖출 것을 요청한다.

　　우리의 황실 선조들은 넓고 영원한 토대 위에 제국을 건설했고 깊고 확고히 미덕을 심었으며, 충성과 효심으로 영원히 단결한 신민들은 세대에 세대를 거치며 그 아름다움을 예로서 보여주었다. 이것이 우리 제국의 근본 성격이 지닌 영광이며 여기에 우리 교육의 원천 또한 놓여 있다.

　　너희 신민들은 부모에게 효도하고 형제자매들을 사랑하며, 남편과 아내로서 화합하고 벗으로서 충실하며, 모두에게 자비를 베풀고, 배움을 추구하고 기예를 배양하며, 그럼으로써 지적 능력과 완벽한 도덕적 힘을 발전시키고, 더 나아가 공익을 신장하고 공동의 이해를 증진하라. 항상 헌법을 존중하고 법률을 준수하며, **긴급사태가 발생할 경우 용감**

하게 자신을 국가에 바치고 그럼으로써 천지와 더불어 우리 천황 권좌의 번영을 지키고 유지하라.(강조 추가)

1950년대부터 1990년대까지 키시, 타나까, 나까소네, 모리를 포함하여 성공을 거둔 총리들은 모두 이 칙어에 존경과 찬사를 표했다. 1990년대에는 집단 따돌림, 학급붕괴, 자살, 폭력과 청소년 범죄가 우려의 대상이 되었고 국가적 위기와 제도적 피로 그리고 방향상실이라는 의식을 더욱 부추겼다. 일본 고등학생들의 45퍼센트(미국에서는 3분의 1, 중국은 6분의 1에 조금 못 미침)가 교실을 나가면 전혀 공부를 하지 않는다고 대답했고 70퍼센트 이상이 스스로 무가치하다는 느낌을 받는다고 말했다.[55] 1998년 유엔 아동권리위원회는 일본 아동들이 "과도하게 경쟁적인 교육체제의 스트레스"와 광범위하게 퍼진 체벌과 집단 따돌림에서 오는 "발달장애"에 노출되었다는 사실을 엄중히 비판하는 보고서를 발표했다.[56] 관료들과 보수적인 사상가들은 교육의 위기를 국민적 자부심과 정체성 상실의 증거로 해석했다. 전후 미국을 본떠 그들은 개인의 권리가 과도하게 강조되고 사회적·국민적 목표가 경시된 점이 문제라는 것이었다. 1990년대 들어 그들은 공적 정신, 도덕, 애국심 강화를 촉구하는 전국적인 언론 캠페인을 시작했다. 학생들에게도 공공봉사 경험을 강요할 참이었다. 그들은 "국민적 자부심"과 역사에 대한 "올바른" 이해를 심어주도록 고안된 교과서의 채택을 촉구했다. 교육기본법 개정은 그들의 연단에서 거론되는 중심 제안이 되었다.

나까소네 전 총리는 수십년 동안 기본법 수정운동의 선두에 있었다. 그는 "기본법은 증류수와 같다. 일본의 물맛이 나지 않는 것이다.

미국 혹은 영국식 개인주의가 너무 많고 (…) 집단적 질서, 규율, 자기희생이나 책임은 전혀 없다"고 말했다.[57] 경시돼왔고 그래서 교육에서 강조해야 할 "일본의 전통과 문화"가 무엇을 의미하느냐는 질문을 받고, 나까소네는 "천황제, 외로움, 쓸쓸함, 애련함"(영어로는 거의 번역 불가능한 표현으로, 대략 한적한 정취, 예스러운 아취, 자연과 인생에 대한 차분한 정감을 의미)이라고 답했다.[58] 한편 자유주의자들은 과도한 평등주의와 재능의 무시 때문에 세계화된 일본 자본주의에 필요한 경쟁정신을 배양하는 데 실패한 교육평준화라는 견지에서 이 문제를 바라보는 경향이 있었다. 그들에게 개혁은 국가역할 축소, 경쟁 강화, 산업과의 연계 장려, 개인의 재능과 경쟁력 촉진, 학교에 기업모델 적용 등, 요컨대 나까소네가 개탄한 바로 그 '미국 혹은 영국식 개인주의'를 통해 추구해야 하는 것이었다. 이 두 의제를 화해시킬 방도를 상상하기란 어려웠지만 이런 불가능한 일이야말로 수정운동이 목표한 바였다.

관료들은 국가재정이 긴박한 상황이고 복지와 교육에 관련된 예산 삭감이 불가피하다는 데에서 영향을 받았다. 정부는 지난 20년 동안 국민들의 부를 탕진하고 미래세대로부터 엄청난 액수를 빌려쓴 끝에 미래의 지출을 엄격히 제약하지 않을 수 없었다. 2015년까지 10년에 걸쳐 계획된 예산 삭감이 재정제도심의회가 2006년 재무성장관에게 권고한[59] 32퍼센트에 근접하려면 신자유주의적 의제를 거부하기는 어려웠다.

나까소네가 보기에 21세기 초엽의 일본은 "전후 50년뿐 아니라 메이지유신 이래 100년 이상의 역사에서 가장 큰 위기"에 직면하고 있었고 "전후 교육은 무엇보다 권리를 강조함으로써 (…) 국가를 파괴했

234

다."[60] 당시 관방장관이던 아베는 "자식이 부모를 죽이고 부모가 자식을 버리며 돈을 숭배하는 풍조"[61]로 예시되는 당시의 부도덕을 해결할 처방으로 교육기본법의 개정을 제안했다. 저명한 야당의원 니시무라는 '교육기본법개정촉진위원회'의 첫모임에서 개정 취지는 "나라를 위해 기꺼이 죽을 준비가 된 일본인을 양성하는 것"이라는 연설을 했다.[62] 그의 목표는 교육적이라기보다 천황 주위로 단결하여 영광스런 죽음을 갈망하도록 교육받던 시대로 시계를 되돌리는 것이었다.

나까소네와 니시무라, 아베 같은 사람들의 사고는 보수진영 바깥에서만이 아니라 내부에서도 비판을 받았다. 일본에서 가장 잘 알려진 철학자·종교학자 중 하나이자 그 자신이 저명한 보수주의자인 우메하라 타께시(梅原猛)는 칙어의 가치를 다음과 같이 논평했다.

> 오늘날 어떤 사람들은 교육기본법이 (…) 일본의 전통에 대한 존중심을 표현하지 못하기 때문에 개정되어야 하며 그다음엔 헌법 또한 개정되어야 한다고 주장한다. 이런 사람들이 전통을 어떻게 인식하는지는 분명치 않지만, 그들은 천황 교육칙어를 (…) 일본 전통에 뿌리를 둔 것으로 보며 이 칙어의 정신에 근거한 도덕교육을 시행한다면 일본인들이 훌륭하고 도덕적인 국민이 될 것으로 믿는 듯하다. 하지만 천황 교육칙어가 정말로 일본의 전통에 뿌리를 두고 있는가?[63]

우메하라에겐 "천황을 위해 죽으라는" 명령을 담은 칙어가 무모하고 무책임한 전쟁으로 야기된 헤아릴 수 없는 고통에 책임이 있으며 일본적 가치의 결정체이긴커녕 사실상 일본의 종교와 전통에 대한 의도적인 공격이었다. 메이지시대 지도자들은 불교를 탄압하고 부처와

신(神道의 신)을 둘 다 죽인 후, "부처와 신이 모두 부재하는 공간에 천황을 새로운 신으로 앉혔다."

다시 한번 말하겠다. 천황 교육칙어는 일본의 전통에 근거를 둔 것이 아니다. 천황 교육칙어의 부활은 지식도 미덕도 없고 전통문화에 대한 애정이라곤 없으면서 자신들의 이해만 생각하는 정치인들이 자기네 의지를 천황의 명령으로 만들어 국민을 뜻대로 움직이도록 하지 않겠는가?

헌법과 마찬가지로 교육기본법도 연이은 보수 행정부와 갈수록 더 독단적인 관료들의 치하에서 수십년간 '속이 비워지는' 사태를 겪었다. 교육기본법의 분명한 표현들은 비틀려 다른 목적에 기여하도록 왜곡되었다. 노마 필드(Norma Field)가 지적했듯, 자민당은 "이 법조문에 구현된 원칙들에 일관되게 반대해왔다".[64] 1950년대 후반에 이미 문부성장관이 공립학교에 대한 감독권을 지역에서 선출된 교육위원회로부터 빼앗아왔고 (천황 중심의 군국주의적 암시가 강한 전전〔戰前〕의 수신〔修身〕과는 다른 용어를 사용하여) '도덕교육'이라 불리는 것을 다시 부과했다. 교실에서 진행되는 일과에 대한 정부의 개입 수준 또한 학교교육의 모든 양상을 포괄하는 복잡한 지시를 통해 꾸준히 상승했고, 중학생 개개인을 대상으로 비공개 기록부를 작성하고 외모와 옷차림, 사생활에 대한 '생활지도'를 시행했다.[65] 2002년부터 학생들은 '마음의 노트'라는 개인 수양록을 만들어 자기단련과 다른 사람에 대한 배려, 법과 연장자에 대한 존중심, 국가에 대한 사랑을 성취하려는 각자의 노력을 기록해야 했다. 거기 적힌 내용은 검토 대상이

되어 교사들에게 지도를 받았으며 이 교사들은 다시 행정지도 대상이 되었다.[66]

교과과정의 세세한 대목에 대한 개입과 역사와 사회과학 교과서에 대한 감독은 1980년대부터 차츰 강화되었다. 명목상 '검정(檢定)'으로 알려진 이런 과정을 문부성장관은 검열이 아니라고 주장했지만, 공식적인 개입 유형들, 특히 역사와 사회과학에 대한 개입 유형을 보면 이런 주장은 분명 성립할 수 없었다. 특히 1930년대 중국으로의 영토확장을 '침략' 대신 '진출'이란 말로 바꾼 일을 두고 거센 항의가 터져나온 1982년부터, 이웃나라들은 '위안부'와 난징학살 그리고 하얼삔의 731부대가 중심이 된 생물학·화학전을 포함하여 전쟁책임 문제가 다루어지는 방식에 극히 민감한 반응을 보였다. 20년도 넘게 이런 문제들을 둘러싸고 일본 내부에서, 또 일본을 대표하는 관리들과 지역의 다른 나라들 사이에서 격렬한 '문화전쟁'이 벌어져왔다. 1990년대초 자민당의 헤게모니가 일시적으로 붕괴했을 때, '위안부'에 대한 국가의 책임이 인정되었고 식민주의와 침략에 대한 사죄 결의안이 국회를 통과했다.[67] '위안부', 난징학살, 731부대, 침략과 전쟁범죄, 오끼나와 전투의 진실을 비롯하여 일본 근대사에서 그전까지 다루어지지 않았던 문제들이 교과서에 들어가기 시작했다. 반성에 대한 국민적 합의가 곧 출현할 듯했다.

하지만 이에 대한 반동으로 강성 내셔널리즘 저항운동이 성장했다. 그들은 일본의 순수하고 자랑스런 전통에 촛점을 맞추어 1930~40년대의 전쟁을 동아시아 해방전쟁으로 정당화하며 잔학행위와 범죄를 부인하거나 과소평가하는 '올바른' 역사를 정립하는 데 목표를 두었다. 관리들은 주어진 특권을 행사하여 꾸준히 수정을 '제안'했고 저자들과 출판사들도 서서히 여기에 동조하는 책을 만들어냈다. 문부성장관 나까야마는 "위안부와 징용에 대한 언급이 줄어들고 있어 매우 바람직하다"는 말로 성과에 대한 만족감을 표현했다.[68]

2006년의 심사과정에서는 일본제국 군대가 저지른 잔학행위, 이웃나라(한국, 중국, 러시아)들과의 영토분쟁, 헌법 9조의 의미, 자위대의 이라크 파견과 총리의 야스꾸니 방문의 위헌성 여부와 법적 근거, 핵에너지와 젠더 문제에 대한 언급들을 물타기하는 데 특별한 주의가 기울여졌다.[69] 일본제국 군대가 납치와 노예화를 자행했다는 능동형 표현 대신 여성들이 납치되어 성노예가 되었다는 투의 수동형 표현을 택하게 했고, 난징에 대한 논의는 '학살'이라는 말을 피하고 희생자수가 불확실하다는 점을 강조하도록 요구했다. 또한 독도(다께시마섬)는 오래도록 남한의 관리 아래 있었음에도 일본의 영토라는 식으로 애매하게 기술되어야 했고, 이라크전에서 일본의 역할에 대한 모든 논의에서 이라크 파견군의 '인도주의적' 임무를 언급하게 했으며, 총리의 야스꾸니 방문은 '공식적'인 것으로 기재되어서는 안된다는 식이었다.

그러나 심사과정에 대한 정부의 개입이 교과내용을 꾸준히 덜어내면서 틀을 만드는 동안, '순수한' 일본 역사의 주인공들이 자체 교과서를 만들어 교실에서 사용하게 하려는 시도는 거의 결실을 보지 못했다. 이 조직의 지회들이 지역 단위로 전국에 걸쳐 결성되고 이들의 역사교과서가 2001년 제출되어 승인을 받긴 했어도 542개 공립 중학교 어느 곳에서도 채택되지 않았다. 2005년에 이 교과서 개정판이 제출되어 승인을 받자 전국적으로 일반대중 차원에서 격렬한 저항이 터져나왔다. 몇몇 학교, 심지어 공립학교에서도 이 교과서가 채택되었으나 전국적 수치는 목표로 한 10퍼센트에 크게 못 미치는 1퍼센트 미만이었다. '새 역사교과서를 만드는 모임'으로서는 패배와 굴욕이었다. 자신들의 캠페인이 외교적 고립 심화에 일조한 점에 좌절과 회의를 겪고 있다는 보도가 나왔고 몇몇 주요 회원들이 탈퇴했다.[70]

전통주의자들은 국가적 정체성의 상징과 의식, 특히 히노마루와 키미가요에 특별한 중요성을 부여했다. 일본의 이웃들에게 히노마루와 키미가요는, 유럽의 갈고리십자와 "세계에서 으뜸가는 독일"이라는 가사만큼이나 제국주의와 전쟁 그리고 침략의 상징이므로, 이는 사소한 문제가 아니었다. 하지만 많은 일본인들에게 국가와 국기의 복위를 강요하는 조치는 고작해야 복잡한 심사를 불러일으키는 정도였다. 1985년부터 당시 총리 나까소네의 지시로 히노마루와 키미가요가 개학식과 졸업식에서 최고의 중요성을 부여받기 시작했으나 순응 정도는 들쭉날쭉했다. 몇몇 현(縣)에서는 국기와 국가 의례의 준수가 10퍼센트밖에 되지 않았다. 전쟁 피해를 가장 심하게 겪고 평화와 민주주의 원칙을 가장 강하게 고수하는 히로시마와 오끼나와가 가장 거세게 저항했고 오끼나와에선 기념식 때 국기를 올리고 국가를 부른 학교가 단 하나도 없었다.[71] 따라서 행정기관의 압박이 강화되었고 특히 1998년에는 문부성장관의 공식 지시가 내려졌다. 1999년 2월, 히로시마의 세라(世羅)고등학교 교장이 (임금삭감을 포함한) 제재를 부과하여 조치에 순응하게 만들라는 문부성장관과 여기에 저항하는 교사, 학생, 학부모들의 상반된 압력을 감당하지 못해 자살하는 사건이 일어났다. 이듬해 열린 이 학교 졸업식에서는 키미가요가 연주되는 동안 졸업반 전체가 침묵시위를 벌이며 자리에 앉아 있었다.[72] 문부성 측은 히노마루와 키미가요가 각각 국기와 국가임을 선포하는 특별법을 제정해

압력을 한층 높였다. 이른바 '국기·국가법'은 1999년 가결되었지만 법을 도입할 당시 오부찌정권은 강요는 없을 것이라 약속했다.[73] 2000년이 되자 전국적인 준수 비율은 100퍼센트로 뛰어올랐다고 보고되었다.[74]

강요하지 않겠다는 확약과 100퍼센트로 알려진 준수 비율에도 불구하고 2003년 토오쿄오 시정부는 개학식과 졸업식 때 국기와 국가 의례를 반드시 수행해야 한다고 명시한 공문을 발송했고, 이후 저항하는 교사들이 꾸준히 늘어났다. 이시하라 지사 측의 교육위원 후보인 토리우미 이와오(鳥海岩) 전 마루베니사(丸紅社) 회장은 굽힘이란 결코 있을 수 없다고 강조했다. "우리가 〔국기와 국가 의례에 반대한 자들을〕 철저히 근절하지 않는다면 악의 뿌리는 끈덕지게 남을 것이고 지난 50년 동안 이 암이 곪아 자라게 방치했음을 감안하면 더더욱 그렇다. 어떤 흔적도 남지 않도록 뿌리 뽑아야 하고 그렇지 않으면 암은 자기증식해갈 것이다"라고 말했다.[75] 각 학교에 감시원이 파견되어 기념식 절차를 비디오로 찍었으며 국가를 부르는 동안 입도 열지 않은 교사가 누구인지 보고하고 목소리의 크기는 어떤 수준(저, 중, 강)이었는지 기록했다.[76] 어떤 학교에서는 의자를 치워 제창에 반대하는 교사들이 앉을 자리가 없도록 만들었다. 키타큐우슈우(北九州) 교육위원회는 한술 더 떠 국가가 연주될 때 모든 교직원과 학생들이 기립해야 할 뿐 아니라 "올바르게 마음을 담아" 노래해야 한다고 규정했는데, 이는 1930년대 메이지헌법이 천황 숭배교육의 일환으로 학생들에게 지시한 내용과 똑같았다.[77] 이같이 관이 개입하는 중앙집중식 개혁은 헌법 19조 '사상과 양심의 자유'와 20조 '종교의 자유' 그리고 유엔 아동권리선언 14조 1항 "체결국은 사상과 양심과 종교의 자유에 대한 아동의 권리를 존중해야 한다"와 부합하기 어려웠다. 아이러니하게도 천황 자신이 이런 식의 옥죄기에 제동을 걸기 위해 개입했는데, 2004년말 어느 원유회에서 모든 학교가 확실히 새 지시를 따르도록 만들겠다고 말한 어느 토오꾜오 교육위원에게 아끼히또는 "강제하지 않는다면 더 좋을 것"이라고 대답했다.[78]

2006년에 이르기까지 수백명의 토오꾜오 교사들이 징계조치에 직면했다. 그들은 '잘못된 행위'를 반성하고 이를 다시 되풀이하지 않겠다고 서약하라는 요구를 받았으며 감봉과 일시면직 처분을 맞았다. 이런 사태는 전전과 전시에 행해졌던, '전향'과 국가권력에 대한 복종을 나타내는 의례들의 현대판이다. 어느 교사는 이를 "양심에 대한 고문"으로 묘사했다.[79] '상습범'들은 '연수'를 받기 위해 교육위원회에 소환되었고 연수 프로그램에는 상급자의 명령에 복종해야 하며 일어서라면 일어서고 노래하라면 노래해야 한다는 얘기를 반복해서 듣는 일이 포함됐다.[80] 많은 교사들이 복종했지만 수백명, 최종적으로는 401명이 그런 의례에 참석하도록 강요할 수 없다는 (사상과 양심의 자유에 관한) 헌법 19조 위반을 들어 시정부를 고소했다. 2006년 9월, 토오꾜오 지방법원은 극적이고 획기적인 판결을 내놓았다. 법원은 정부의 지시가 위헌이며 교사들은 일어나 노래할 의무가 없다고 주장하면서 국가와 국기가 실제로 "2차대전이 끝날 때까지 제국주의와 군국주의를 뒷받침한 정신적 지주"였음이 분명하다고 지적했다.[81] 이 판결은 엄청난 헌법적·정치적 중요성을 지녔으며, 여기에는 네오내셔널리즘 의제의 핵심을 가장 헌신적으로 지지하는 사람이 총리가 되기 불과 며칠 전에 벌어진 전면적인 반박이라는 의의도 큰 몫을 차지했다. 법무성장관은 이를 '믿을 수 없는' 결과라고 말했고 이시하라 지사는 즉

각 항소하겠다고 발표했다.

네오내셔널리스트들에게 이 사법적 반전은 주로 기본법 개정의 중요성을 강조하는 효과를 낳았다. 그전까지도 보수정부들은 기본법을 개정하려고 이따금 시도해왔지만 2000년부터는 필요한 정치적 지원을 결집하기 위해 상당한 에너지를 쏟아부었다. '새 교육기본법을 요구하는 모임'이 그해 설립되었고 이와떼(岩手)대학 총장 니시자와 주니찌(西澤潤一)가 회장을 맡았다. 헌법과 달리 기본법은 국민투표라는 복잡한 절차 없이 입법만으로 개정될 수 있었다. '새 교육기본법을 요구하는 모임'은 1990년대초 『요미우리신문』이 시작한 헌법개정운동과 공동의 목표를 설정했다. 1996년에는 '새 역사교과서를 만드는 모임'이 "자랑스러운" 일본의 정체성에 부합하는 역사교과서 개정을 요구하기 위해 발족된 바 있다.[82] 이 모두는 도덕, 애국심, 전통, 민족의 덕과 자부심을 강조했고 자민당과 밀접히 연계했으며 언론과 기업의 강력한 후원을 얻었다.[83]

코이즈미정권에서 자민당과 정부 지도자들은 충격적인 사건, 특히 교실 폭력이나 학교 관련 범죄들이 보도될 때마다 법 개정 요구를 위한 기회로 활용했고, 이런 '상상할 수 없는 일'이 사회에서 벌어지는 것은 기본법의 결함, 특히 투철한 공공심과 공적 봉사의지를 고취하는 데 실패한 탓이라고 주장했다.[84] 관방장관 아베는 아이들이 "생명의 중요성과 조국 일본의 영광"을 배워야 한다고 말했다. 철학자이자 기본법 수호운동의 주요인사인 타까하시 데쯔야(高橋哲哉)는 옛 천황 교육칙어의 체제에선 국가를 위해 언제나 필요하다면 내던질 태세가 되어야 한다는 요구가 '생명의 중요성'을 제한했으며[85] 한 사람, 곧 천황의 생명이 다른 모든 사람의 생명의 가치를 무색하게 했다고 반박했다.

242

모리 전 총리는 교육개혁의 가장 열렬한 지지자에 속했다. 2000년 3월에 그는 교육개혁을 '최우선사항'으로 채택했고 자문위원회인 교육개혁국민회의를 출범시켰다. 모리는 일본의 교육에서 1947년의 영향을 '청산해야' 한다고 말했다.[86] 2001년에는 교육·문화·스포츠·과학기술성(MEXT, 문부과학성) 장관이 창조성과 개성을 내셔널리즘·전통·도덕과 결합시키고 자유를 통제와 결합시키는 데 강조점을 둔 '신생 일본'의 기획인 '21세기 교육개혁 플랜'을 채택했다. 학생수와 수업시수를 줄이고, 학생들은 능력별로 이동수업을 받게 되며, 문화와 스포츠 프로그램이 확대되고, 교장에게 더 많은 권한을 부여하는 계획이 세워졌는데, 기업적 방식의 도입이나 학교간 경쟁강화 계획과 연계되었다.[87] 공교육부문의 규모가 줄어들자 자연히 사적부문이 확장되었고 계획 입안자들은 엘리뜨와 평범한 학생의 격차가 벌어질 것이며 또 벌어져야 한다는 점을 분명히했다. 엘리뜨들에게는 자유, 유연성, 창조성이 슬로건이 되고 발전의 가속화가 규범이 되는 반면, 평범한 학생들에게는 도덕과 애국심의 원칙에 우선순위가 매겨지고 공공봉사와 도덕교육이 필수가 될 터였다. '새 역사교과서를 요구하는 모임'의 유력한 회원이자 문부성 자문위원인 미우라 슈몬(三浦朱門)의 말을 빌리면 "절대적으로 희망이 없는 학생들에게 할 수 있는 것이라고는 그들이 소박하고 진실하게 자라도록 하는 일 밖에는 없다"는 것이다.[88] 2006년 내각부(內閣府)가 후원한 여론조사에서는 80퍼센트 이상의 국민들이 학생들에게 나라를 사랑하도록 가르쳐야 한다는 원칙을 지지한다고 나타났고,[89] 이렇게 해서 상황은 미우라 같은 '개혁가'들에게 유리하게 돌아갔다.

문부과학성 자문기관인 중앙교육심의회가 2003년 3월 공식적으로 개정을 권고한 데 이어[90] 신교육기본법안이 작성되었다. '나라사랑'을 배양하는 조항을 소수정당이 반대했지만 학생들에게 "다른 나라들을 존중하고 국제평화와 발전에 기여하는 동시에 전통과 문화를 존중하고 자신들을 길러준 조국을 사랑하는 태도"[91]를 길러주어야 한다는 두루뭉술한 원칙의 채택으로 묻혀버렸다. 2006년 12월 최대 야당인 민주당을 포함한 주요 정당의 지지를 받아 새 법이 가결되었다. 새 법은 1조에서 "개인의 가치 존중"이 교육의 목표라는 구절을 삭제했고 2조에서 조국·향토애뿐 아니라 자주와 자율의 정신, 공공의 정신 등 도덕과 관련된 스무가지 조항과 '목표'를 나열했다. 전쟁 전에 그랬듯이 도덕은 개인이 아니라 국가의 문제이며 "국가가 정한 한계 안에"[92] 놓여야 했다. '나라사랑'은 도덕적 가치의 핵심이 되었는데 이는 과거의 군국주의 정권조차 감히 법으로 요구하지는 못했던 일이었다. 또한 교육에 대한 "부당한 권위" 행사를 금지하고 교육이 "국민 전체"에 봉사해야 한다고 선언한 1947년의 법 조항은 "기본법과 다른 법률"에 따른다는 문구로 대체되었다. 이렇게 해서 교육은 법에 의해 애국심을 고취할 수밖에 없게 되었고 이를 보장하기 위해 필요한 정부기관의 통제는 강화될 수밖에 없었다. 미야께 쇼오꼬(三宅晶子)의 표현대로, "다시 말해 새 법은 교육당국이 교사와 부모와 시민운동이 제기하는 비판에 전혀 개의치 않고 마음대로 통제할 수 있게 해주었다".[93]

기본법 개정이 아베정부의 최우선 과제가 되어야 한다고 생각하거나 그것이 교육의 많은 문제점들을 해결하는 데 도움이 될 것이라 기대한 사람은 거의 없었다.[94] 일본의 초등학교와 중학교 교장들 다수(66퍼센트)가 법안에 반대했다.[95] 개정안을 통과시킨 의회가 구성되던 선거 당시에는 우정국 개혁이 단연 주요 이슈였고 교육기본법 개정은 연금과 복지, 일자리 같은 긴급 사안의 목록에 거의 이름을 올리지 못했다.[96] 여론을 더 잘 반영하기 위해서라는 명목으로 일련의 '마을회의'들을 조직한 사실을 보면 정부도 이 점을 암묵적으로 인정했음을 알 수 있다. 나중에 밝혀진 바에 따르면 이런 회의들은 관의 주도로 미리 '잡혀 있었고' 개혁에 대한 지지를 끌어내기 위해 특정 질문을 하도록 돈을 받은 사람들이 참석했다.[97] 다시 말해, 시민에게 국가를 사랑하라는 요구를 할 수 있도록 국가가 여론을 조작한 것이다. 애국주의의 공식 선포는 아베 총리가 생각하는 '아름다운 나라' 구상에 필요불가결한 요소다. 하지만 소위 의무적 애국심은 스스로를 애국자로 생각하는 사람들이나 의무적 애정이란 터무니없고 불쾌하다고 여기는 사람들에게 혐오감을 자아낼 뿐이었다. 극단적 내셔널리스트 미시마 유끼오(三島由紀夫)에게 나라사랑이란 "정부가 만든 것 같은 냄새를 풍기는" 용어였고 등줄기가 오싹해지는 말이었다.[98]

새 법을 집행하는 관료들은 국가나 국기 의례의 경우에 그랬듯이 애국심과 도덕을 단속하는 일에서도 주도면밀했다. 게다가 반대파들을 범법자로 배척하거나 더 극단적으로는 전전의 '비(非)국민'('비일본인'이란 의미이나 사실상 반역자)에 가까운 범주로 묶을 태세였다. 2002년 후꾸오까(福岡) 교육위원회는 학생 개개인의 나라사랑을 평가하여 (A, B, C로) 점수를 주는 방식을 채택했는데 이런 일이 이제는 전국적으로 확산될 수도 있을 분위기였다.[99] 코이즈미 총리 자신은 의회에서 오고간 논쟁에서 애국심의 정도에 따라 학생들의 점수를 매길 필요는 없다고 본다고 말했지만, 이런 즉흥적인 논평은 국기와 국가 의례를 의무적으로 준수하게 하는 데 반대한 천황의 이의제기만큼이나 실제로는 하등의 주의도 끌지 못했다.[100]

교육기본법 개정파의 정치적 목표는 신자유주의에 네오내셔널리즘을 융합하는 것이다. 애국 훈육과 '공공의 정신'이 '소박하고 진실한' 대중을 만들어내듯이, 사적 부문은 기술관료와 관리자급 엘리트를 양성하는 '능력별' 체제에서 더 큰 역할을 할 것이었다. 저명한 교육자이자 1973년 노벨 물리학상 수상자이며 이후 국가교육국민회의 의장을 맡은 에자끼 레오나(江崎玲於奈)는 평범한 능력을 가진 학생들이 "자신들의 DNA에 걸맞은" 교육수준을 제공받을 때가 오기를 고대했다.[101] 그는 사회가 유전적 특권과 차별의 원칙에 바탕을 두고 건설되는 편을 좋아하는 듯했다. 만일 그렇다면 그의 사고방식은 1947년 기본법의 원칙보다는 나치 우생학과 공유하는 바가 더 많다. 장애가 있는 학생들에 관해 유엔 아동권리협약(1994) 및 그에 수반된 쌀라망까(Salamanca) 선언이 "차별과 싸우고 개방된 공동체를 창조하며 통합된 사회를 건설하고 모두를 위한 교육을 성취하는 데 가장 효과적인 수단"으로 장애아동에 대한 '통합' 교육 원칙을 지지했음에도 능력별 교육을 강조함으로써 분리와 배제를 초래했다.[102]

코이즈미 통치기간 동안 헌법과 교육기본법을 담은 1947년 패키지가 논쟁의 대상이 되었고 그렇게 해서 개정 가능성이 열렸다. 아베 총리 아래서는 교육기본법이 실제로 개정되었고 임기 내 헌법 개정이 그가 헌신을 약속한 '역사적 대사업'의 일부라고 선언되었다. 교육법은 때로 헌법을 지키는 해자(垓子)로 여겨졌다. 이 저지선이 제거되자 아베는 일본의 다른 전후 유산들도 "벗어던질" 것을 약속하는 등 승리를 확신했던 듯했다. 이 사안은 그때까지도 헌법 개정은 엘리트들의 논쟁에 국한되었으며 그것도 주로 정치, 기업, 그리고 언론 내부의 특별한 이익단체들에 의해 촉발되었다. 시민 일반은 자기 견해를 내세우는 데 시간이 걸렸고 어떤 결과가 나올지는 매우 불확실했다.

자위군의 존재 때문에 헌법 개정이 필요하다는 논지는 (자민당 헌법조사회장 야스오까가 시인했다시피) 일본이 반세기 동안 위헌적인 행동을 해왔음을 암묵적으로 인정하는 발언이었다. 학교가 위기라서 기본법을 개정해야 하다는 주장 또한 그런 식의 공식이 본말을 전도했을 가능성을 무시했다. 즉 기본법 자체가 아니라 기본법을 이해하지 않는 데 문제가 있을 가능성을 고려하지 않았던 것이다. 헌법이나 기본법과 관련하여 문구들과 실제로 행해지는 일 사이에 간극이 존재하는 이유는 정치, 행정, 사법, 언론계의 엘리뜨들이 50년간 이 두 법조문을 무시하거나 악용하는 데 공모했기 때문이었다.

헌법이 개정되어야 한다는 미국의 관점은 점차 더 긴급한 사안이 됐다. 이를 연차 "개혁 요망서" 목록에 포함시키는 건 터무니없는 일이라 참고 있었지만, 미 고위관리들의 발언은 당연히 일본인들 자신이 결정할 문제라는 말을 늘 변명처럼 덧붙이면서도 동아시아의 '대영제국'이란 할당된 역할을 수행하려면 일본이 헌법을 개정하고 자위대를 '정규군화'해야 한다는 내용을 담고 있었다. 9조의 처치곤란한 정서를 헌법에서 제거하는 한편, 앞으로 전쟁을 수행하는 데 필요한 심리적 조건들을 갖추는 데도 주의를 기울여야 했다. 이를 위해선 2차대전의 죄의식에서 비롯된 금기들을 제거해야 할 것이고 의무적 애국심도 이 과정의 필수 요소였다.

천황이 일본의 중심에 있어야 한다는 매카서의 명령이 60년을 이어 깊이 내면화되었다. 그리하여 '일본'의 전통을 가장 요란하게 내세우는 사람들이 미국의 명령에 가장 충실한 자들이란 사실이 공개적으로 언급될 수 없었다. 매카서가 '부과'한 것이라며 헌법에 가장 격렬히 반대하는 사람들도 논의를 9조에만 한정할 뿐 천황제에 관한 1조부터 8조까지의 항목들은 무시했다. 천황제는 여전히 합리적인 논의를 넘어선 뭔가 신성하고도 마술적으로 작동하고 있고 강력하지만 분명히 의식되지 않는 금기나 협박, 심지어 테러에 의해 보호받고 있다. 이따금씩 학자들이 에둘러 공화주의도 논의할 가치가 있다는 제안을 내놓을 따름이다.[103] 그런 제안 가운데 하나는 천황제에 관한 기존 조항들을 (1~8조) 간단히 "일본의 주권은 국민에게 있다"고 선언하는 1조로 대체하여, 천황과 그 가족들이 현재의 헌법적 기능을 총리에게 넘겨주고 쿄오또로 은퇴하여 "인권을 지닌 보통 시민으로 자유롭게 살아갈" 수 있게 하는 헌법 개정을 주장한다.[104] 이와 비슷한 맥락에서 어느 야당 정치인은 최근 천황제를 '종교 비슷한 것'으로 분리하거나 아니면 이 제도를 민영화하자는 제안을 내놓았다.[105]

　일본적 정체성에 관한 이후의 모든 인식들이 기대는 17세기적 의미의 '순수한 일본성'은 외국의 영향, 그 당시로는 중국의 영향으로 더럽혀지지 않은 것을 지칭했다. 오늘날 그와 유사하게 미국의 영향이 진정한 일본성을 오염시킨다고 분개하는 순수주의자들은 소수파일지 모르지만 그런 사고방식을 중심으로 정서가 결집될 개연성도 부인할 수 없다. 미국이 단단히 끌어안을수록 저항을 촉발할 가능성도 더 커진다.

| **7장** |

오끼나와

처분과 저항

오끼나와는 토오꾜오에서 한참 떨어진 남중국해에 흩어져 있는 아열대 섬들로 구성되어 있다. 본도(本島)는 대략 로스앤젤레스만 하거나 호주 수도권의 절반 정도 크기다. 일본의 주요 도시들보다는 대만이나 중국 푸젠(福建)성에 더 가깝고, 인구는 1300만에 불과하다. 근대 일본에 마지막으로 병합된(1879년) 영토로서, 여전히 독특한 문화적 정체성을 유지하고 있으며 500년간 독립 왕국으로 번성했던 류우뀨우(琉球) 왕국을 자랑스럽게 기억하고 있다. 류우뀨우의 배들은 중국 해안을 따라 부지런히 뱃길을 오갔고 아래로는 멀리 샴(Siam)까지도 이르렀다. 군대보다는 평화적 외교에 기댄 정책이 특징이었던 이 왕국은 이미 오래전에 '헌법 9조'의 나라였다. 일본은 1947년에 이르러서야 헌법에 이러한 정신을 담아낸 바 있다. 망명기간에 이 특별한 왕국에 관해 전해들은 나폴레옹 역시 놀라움을 표시했다고 한다. 류우뀨우는 1609년 일본 사쓰마(薩摩)번의 침략으로 겨우 명목상의 주권만

남았을 때조차 독립국의 외양을 유지했고 중화질서에 조공국으로 계속 참여했다. 명목상의 독립은 1879년에야 소멸되어 왕국이 폐지되었으며 오끼나와는 가장 나중에 가장 천대받는 현으로 일본에 병합되었다.

오끼나와인들은 병합이 이루어진 과정을 '처분'으로 받아들이는데, 그들의 이익이 무시되고 아무런 권리도 주어지지 않은 채 거래가 이루어진 이후의 사태들에도 똑같은 용어를 적용한다. 근대 오끼나와의 경험은 '처분'으로 점철되었고 중앙집중적 근대국가와 그 국가가 벌이는 전쟁들로 피해가 늘어날수록 처분 사이의 휴지기도 짧아졌다. 근대국가 일본에서 오끼나와의 지위는 모호했다. 오끼나와는 지리적인 의미에서뿐 아니라 천황제 중심의 국체와 관련해서도 주변적이었다. '부속령'일 뿐이었고 따라서 "본도의 이해관계에 유리하게 기여한다면 구태여 유지할 가치가 없는" 영토였다.[1]

오끼나와의 종속적 지위는 2차대전의 경험에서 통렬하게 드러나는데, 전쟁이 오끼나와까지 미친 것은 1945년 일본이 본토를 방어하기 위해 이곳을 이용하고 심지어 희생시킨 압도적인 대참사를 통해서였다. 당시 오끼나와는 조지 커(George Kerr)가 썼듯이 일본 대도시의 "이해관계에 유리하게 기여"하기 위해 일본에서 분리되어 미국에 제물로 바쳐졌다. 1945년 봄 오끼나와에 들이부은 강철 포탄과 네이팜탄의 홍수로 인구의 3분의 1이 사망했고, 집단자살(엄밀히 말하면 일본군 지휘관의 명령으로 행해진 '강제 집단자살')과 수백명의 죄 없는 오끼나와인들에 대한 처형은 집단기억 속에 영원히 각인되었다.[2] 일본의 다른 지역에선 일반적으로 관대하고 '부드러운' 것으로 경험된 점령이 오끼나와에선 유독 가혹하고 공격적이었다. 오끼나와는 군사

통치 아래 1951년 쌘프란시스코조약으로 미군 식민지 '태평양의 요석'으로 바뀐다. 오끼나와는 공식적으로 일본 영토에서 잘려나와 미군 점령지이자 "미국의 대아시아 핵전략의 그로테스크한 부속물"[3]로 남은 반면 나머지 영토의 주권은 일본정부에 반환되었다. 1951년 조약에 기반해 오끼나와를 잘라내버린 것은 오끼나와의 두번째 '처분'으로 여겨진다.

오끼나와인들은 이 두번째 처분에서 일본 천황 히로히또의 역할을 두가지 점에서 쓰라리게 기억한다. 애초에 오끼나와 전투는 1945년 3월 측근들이 불가피함을 지적하는 데도 히로히또가 패배를 인정하기 거부했기 때문에 일어났다.[4] 1947년 9월에 매카서 장군에게 보낸 편지에서 미국의 반공정책이 원활히 수행될 수 있도록 오끼나와를 "25년 혹은 50년, 아니면 훨씬 더 오래" 미국에 임대하겠다고 밝힘으로써, 일본과는 평화 관계를 맺고 오끼나와는 장기 군사식민지로 보유한다는 미국의 결정을 끌어내는 데 한몫 한 것도 히로히또였다.[5] 이런 식의 개입은 그가 불과 반년 전에 받아들인 입헌군주 역할에도 어울리지 않을 뿐더러 '평화 상태'의 본토와 '전쟁 상태'의 오끼나와로 일본을 분단해 양자를 냉전체제로 복속시킬 무대를 만들어주었다. 워싱턴이나 토오꾜오 양측에, 1972년까지 미군의 직접적 관할권 아래 놓여 있던 오끼나와의 존재 이유는 일본 헌법 9조가 금지하는 '전쟁 잠재력'을 배양하고 '위협이나 무력사용'을 준비하기 위한 쎈터 구실을 한다는 점이었다.

오끼나와 제도가 결국 일본에 반환되었을 때도 군사기지들은 그대로 유지되었다.[6] 사실 경제 기적이 순조롭게 궤도에 오르면서 본토의 기지들이 예전 규모의 4분의 1로 축소되었던 반면, 오끼나와의 짐은

'복귀' 이후 두배나 늘어나서 미군기지의 75퍼센트가 그곳에 집중되었다.[7] 오끼나와인들이 더없이 관심을 보냈던 평화주의(9조)와 지방자치(92~95조)에 대한 헌법적 공약은 공허했다. "핵무기 없는, 일본의 다른 지역과 동등한" 복귀라는 오끼나와인들의 요구와 중앙정부의 약속에도 불구하고, 사또오 총리와 미 정부의 거래를 통해 미군기지는 유지 확장되었으며 미국의 핵 특권도 지속되었다. 이 복귀는 오끼나와에 대한 세번째 '처분'이었다. 이 섬과 섬의 주민들은 아무런 논의과정도 거치지 않은 채 다시금 처분되었고 그들의 이해관계나 소망은 전혀 고려되지 않았다. '반환'을 축하하는 공식기념식이 반환 조건에 항의하는 성난 시위로 가려진 것은 놀랄 일도 아니었다.[8]

어이없이 뒤틀린 사태의 또다른 예는 (공교롭게도 2006년 총리에 오른 아베의 종조부인) 사또오가 일본 비핵화를 위해 노력하고 비핵화조약에 가입한 공로로 1974년 노벨평화상을 받은 사실이다. 당시 노벨상위원회는 오끼나와 반환에 대한 공식 합의에 비밀 양해각서가 딸려 있고 그에 따라 일본이 미국의 '비핵 3원칙' 위반을 묵인할 것이란 점을 알지 못했다.[9] 하지만 몇년 후 노벨평화상의 역사가 쓰였을 때 이 결정은 위원회의 "최대 실수"로 기록되었다.[10]

워싱턴은 반환조약에 만족했다. 앞으로 미군기지를 무료로 사용할 수 있게 보증해준 데다 일본정부가 베트남전에 대해 (그리고 암묵적으로는 미국이 수행하는 미래의 모든 전쟁에 대해) 일본 자체의 안보에 '필수적'이라거나 '매우 중요'한 것으로 인정하여 지지하도록 해두었기 때문이다. 일본은 그런 전쟁을 지원하기 위해 상당한 보조금도 지불하기로 했다.[11] 이는 양국간의 완전한 군사협력관계 수립이라는 미국의 궁극적 목표에 다가가는 중대한 진전이었다.

양국 정부가 복귀를 둘러싸고 벌인 협상을 기록한 각종 문서들은 미국의 베트남전 실패와 달러 약화, 일본의 경제성장으로 변화를 겪은 당시의 미일관계가 어떠했는지를 보여준다. 일본정부의 공식 설명에 따르면, 미국이 오끼나와에 있는 정부시설과 건물을 넘겨주고 핵무기를 제거하는 댓가로 일본은 총 3억 2000만달러를 지불했다. 하지만 문서들, 특히 미국 문서보관소에서 열람 가능한 문서들을 조사한 최근 연구는 협상이 근본적으로 겉 다르고 속 다른 것이었으며 핵심 대목은 철저히 비밀리에 진행되었음을 보여준다. 자국 영토를 돌려받는 것인데도 엄청나게 부풀린 가격을 지불하고 있고 그에 더해 미국의 전지구적 군사정책에 무료지원을 제공한다는 진실의 작은 실마리조차 자국민들에게 새나가지 않도록 일본정부는 가능한 한 많은 부분을 비밀에 붙일 것을 고집했다.

계약의 복잡한 성격 때문에 일본의 지불 총액을 정확히 파악하기는 불가능하지만 오끼나와 학자 가베 마사아끼(我部政明)는 3억 2000만달러가 아니라 6억 8500만달러로 추정했다.[12] 여기에는 뉴욕에 있는 미 연방준비은행에 (오끼나와 제도의 통화가 달러에서 엔으로 바뀌므로) '통화 전환'이라는 표제로 1억 1200만달러를 예치하는 합의가 포함된다. 이것은 달러와 달러 중심의 세계금융체제를 떠받치기 위한 일본의 숱한 노력의 첫번째 사례에 해당한다. 여기에 기지 유지와 오끼나와 방위를 위해 5년 동안 2억 5000만달러를 더 지급해야 했다. 둘 다 일본의 충성을 표현하는 공물지급이었고 오끼나와 복귀와는 거의 직접적인 관련이 없었다. 이런 '복귀' 총액의 규모를 이해하려면, 나라 전체를 40년간 식민통치한 데 대한 배상비용으로 7년 전 남한에 지급했던 금액의 두배를 미국에 지불했다는 사실을 지적하는 것으로 충분하다. 게다가 한국인들은 주로 (가령 일본 상품 같은) 현물로 지급받은 데 비해 미국은 대부분 현금으로 지급받았다.[13] 설상가상으로 오끼나와에 있는 거의 어떤 것도 실제로 '반환'되지 않았고 군사기지가 차지하는 면적도 14.8퍼센트에서 12.3퍼센트로 소폭 축소되었을 뿐이며 반환된 땅의 일부도 토지 소유주가 아닌 일본 자위대에 돌아갔다. 일본이 달러 강화 조치와 베트남전을 포함한 아시아 내 미국의 입지 강화를 최대한 지원하기로 약속했으므로 미국은 면적의 근소한 상실을 관대하게 수용할 수 있었다.

일단 미군기지 유지비용에 대한 지불 선례가 세워진 이상 다시 돌아가는 일은 없었다. 1978년에 반환협정에 따른 최초 5년의 지원 기간이 끝나자 일본의 보조금 체제는 정례화되었다. '배려 예산', 혹은 '주둔국 지원'은 계속 실행되었고 30년이 넘는 기간 동안 미 국방부는 자진해서 들이미는 일본 젖소에게서 2조엔에 육박하는 금액을 쥐어짜냈다.[14] 연간 지불금은 1978년의 60억엔에서 2006년에는 2330억엔(약 20억달러)으로 뛰었다.[15] '주인' 국가가 점령군을 보조하기 위해 그 정도의 금액을 자발적으로 지불한 선례는 찾기 힘들다. 물론 냉전중에 동독에서 쏘비에뜨 점령군 비용을 대기 위한 보조금이, 또 1930년대에 일본 점령군의 비용을 대기 위한 보조금이 만주국 괴뢰정부에서 '징수'된 적이 있긴 하지만 말이다. 요컨대 1972년의 '반환'은 사실상 돈을 주고 산 것이며 일본은 그 이래 계속해서 '배려 예산'의 형태로 (사실상 일본 집주인이 미국 세입자에게 주는 역逆 전세비로) 엄청난 돈을 지불해왔다.

2006년초, 40년 전 외무성 북미담당 국장을 역임한 요시노 분로꾸(吉野文六)는 (그가 깊숙이 개입했던) 1972년 복귀협상에서 이제까지

숨겨져온 사안들을 폭로했다.[16] 그는 특히 미군이 비운 땅을 청소하는 비용으로 오끼나와 땅주인들에게 400만달러를 비밀리에 지급한 사실을 확인해주었다. 이는 그 자체로는 전체 비용에서 상대적으로 적은 부분이지만 복귀조약 4조에 의거하면 미국정부가 지불했어야 할 항목이었다. 이제까지 알려진 사실들을 종합해보면, 안보, 핵, 미국과의 경제관계 전반이 요시노가 폭로한 것과 똑같은 기만과 조작으로 점철돼 있으며 이는 지금도 마찬가지다. 『마이니찌신문』 기자 니시야마 타끼찌(西山太吉)가 400만달러 비밀지급 건을 알아내 보도하자 정부는 니시야마와 그에게 정보를 유출한 외무성 여성관리의 관계를 폭로하면서 잔인한 인신공격으로 응수했다. 그는 공공써비스법 위반 혐의로 체포되어 유죄선고를 받았고 직장에서 해고되었다. 요시노의 폭로에 이어 이듬해 2006년 3월, 니시야마는 30년 전 자신의 평판을 무너뜨린 사건에 대해 정부를 상대로 소송을 제기했다.[17]

당시 관방장관 아베는 87세의 나이에 자신의 양심에 따라 복귀의 수치스런 진실을 대중들에게 알리려는 요시노의 노력을 일축했다.[18] 국가로서의 일본은 기존의 입장을 고수했다. 많은 것들이 걸려 있기에 의회는 복귀의 수치스런 진실을 계속 무시했고 이 진실은 국민들에게도 인정받지 못하고 있다. 요시노는 지급한 보조금이 어떻게 쓰일지 1970년대 일본정부는 도무지 알 길이 없었고 확실히 지금도 모르고 있다고 씁쓸히 지적했다.

복귀협상 25년 후, 오끼나와인들은 쏘비에뜨와 중국의 '위협'이 사라졌으므로 자신들의 이익이 냉전 요구에 종속될 필요가 없어졌으며, 따라서 미군기지를 철수시키고 전쟁 지향을 평화 지향으로 대체해야 한다고 생각했다. 하지만 아무것도 바뀌지 않았다. 워싱턴은 미국이

10만명의 병력을 동아시아(일본과 한국)에 무기한 유지해야 한다는 전혀 다른 결론에 도달했고 토오꾜오는 이를 승인했다.

복귀협정으로 오끼나와에 미군이 집중되면서 실제로 일본의 다른 지역에선 미군을 감축하는 결과를 낳았기 때문에 이 문제는 진지한 정치적 검토 대상이 아니었다. 그러나 오끼나와에서는 협정의 불공정함에 대한 분노와 좌절이 깊어갔다. 1995년 오끼나와의 12세 소녀가 3명의 미군 병사들에게 납치되어 강간당하자 섬은 폭발했다. 오끼나와에서, 그리고 일정하게는 동아시아 전체에서 미국의 입지가 위협받는 듯했고 뭔가 조치를 취해야 했다. 클린턴정부는 1996년 4월 SACO(오끼나와 소재 시설과 구역에 관한 특별행동위원회) 협약을 통해 5년에서 7년 이내에 후뗀마 해양 공군기지를 일본에 반환하기로 약속했다. 기노완(宜野灣)시 중앙을 차지하고 아무렇게나 퍼져 있는 이 거대한 기지는 미국이 한국과 베트남 그리고 이라크에서 벌인 전쟁에서 반세기 넘게 주요한 역할을 담당해왔다. 지금까지도 전투기들이 이 시의 학교와 병원과 거주지 상공을 위협하듯 선회하고 있고 2004년 8월에는 군 헬기가 근처의 대학 건물을 들이받은 일도 있었다. 그러나 클린턴의 약속에는 함정이 있었다. 후뗀마는 이미 낡고 혼잡해진 관계로 어차피 대체할 필요가 있었다. 대체시설 또한 오끼나와에 건설되어야 했고 그 비용을 일본이 대야 했던 것이다. 12월에 오끼나와 본도 북쪽에 위치한 나고(名護)시(인구 5만 4000명) 소속의 자그마한 어촌(인구 1458명) 헤노꼬(邊野古)가 대체기지 건설부지로 지정되었다. 이는 '반환'이라기보다 개편을 뜻했고, 이런 수순이 중대한 시설개량을 동반한다는 점이 곧 분명해졌다. SACO의 '후뗀마 반환' 협약은 오끼나와의 네번째 '처분'이 되었다.

학자이자 오끼나와 전투의 생존자이고 이 섬에서 가장 널리 알려진 역사학자인 오오따 마사히데(大田昌秀)가 진보적 군축을 주요 정책으로 내세워 1990년 오끼나와 지사로 선출되었다. 1995년 강간 사건 이후 그가 미군의 지속적인 오끼나와 점령을 승인하는 문서에 서명하길 거부하자 토오꾜오는 그를 '직무태만' 혐의로 법정에 기소하는 놀라운 조치를 취했다. 그리하여 강제적 토지이용 명령에 서명하도록 지시하는, 단 두 문장으로 된 대법원의 위압적 판결을 확보했고 이에 오오따는 마지못해 굴복했다. 토오꾜오는 또 1997년 4월 '특별조치법'까지 통과시켜 지사가 미국에 대한 사유지 임대를 승인(혹은 거부)할 권한을 박탈하기에 이르렀다.[19] "관계된 지역사회 유권자들 대다수"의 동의를 확보하지 않는 한 "한 지역에만 적용 가능한 특별법"을 일체 금지한 헌법 조항(95조)에 정면 대치됨에도[20] 이 입법은 중의원 90퍼센트와 참의원 80퍼센트가량의 승인을 받았다.

오오따 재임기에 오끼나와가 감행했던 방식으로 국가에 도전한 지방정부는 일찍이 근대 일본에선 없었고 오오따처럼 헌법, 특히 평화주의와 지방자치에 관한 조항에 근거하여 권리를 찾으려 했던 사례도 없었다. 그리고 오오따만큼 입법부와 사법부에 의해 그토록 철저히 퇴짜를 맞은 사례도 없었다.

저항 1단계: '헬리포트' 계획

SACO 협약은 오끼나와 역사에 새로운 장을 열었다. 무슨 수를 써서라도 오끼나와인들의 의지를 꺾어놓으려는 토오꾜오 중앙정부와[21]

대의의 정당성에 관한 믿음 말고는 아무것도 없는 지역 어민, 농민, 교사, 자영업자, 중소기업가, 지방정부의 선출된 대표자들의 연합 사이에 장장 10년간의 서사시적 투쟁이 시작된 것이다. 지사가 적어도 일시적으로 위협에 굴복하자, 저항의 주도권은 일본의 시민사회로 넘어갔다. 지역 시민단체들, 특히 나고시의 단체들이 주도했으며 후뗀마의 대체부지로 지정된 헤노꼬나 그 일대에 사는, 동쪽 해안의 작은 어촌 주민들이 중요한 역할을 했다. 일본의 권력의 핵심에 있는 사람들에게 이 주민들은 (고대 갈리아를 배경으로 한 고시니와 우데르조의 만화에 나오는) 아스테릭스와 오벨릭스가 로마제국 통치자에게 그랬던 만큼이나 작아 보였을 것이고 심각한 위협이라기보다는 그저 성가신 존재였을 것이다. 하지만 이 오끼나와 아스테릭스들은 일본이란 강력한 국가를 10년도 넘게 궁지에 몰아넣었다.

애초의 후뗀마 대체 계획은 '해상 헬리포트'(헬기 착륙장)로 불렸다. 이름만 보면 도시 빌딩 꼭대기에 있는 공간이 연상되지만, 사실상 오오사까의 칸사이(關西) 공항에 맞먹는, 도시블록을 몇개나 차지하는 크기였다. 이것은 오끼나와 앞바다 해저에 박아넣은 철제 기둥 위에 얹힌, 길이 1500미터, 넓이 600미터의 활주로를 지닌 수상(水上)기지였다.[22] 어떤 반대도 매수나 협박으로 해결할 수 있다고 생각한 토오꾜오는 엄청난 재정 유인책과 정치적 압박을 동원했다. 하지만 1997년 나고 시민들의 주민투표 결과는 '아니오'였다. 투표 결과에 어떤 이견도 있을 수 없었지만 토오꾜오의 압박은 전혀 누그러지지 않았다. 괴이하기 짝이 없는 사태라 할 것은, 시장이 토오꾜오로 건너가서 기지 건설에 대한 자신의 '지지'를 맹세한 다음 사임한 일이었다.[23]

하지만 두달 후, 1998년 2월에 오오따 지사는 나고시 행정부의 의견을 기각하고 주민투표 결과를 승인하여 헬리포트는 없을 것이라 선언했다. 그의 행정부과 토오꾜오의 관계는 급격히 멀어졌고 하시모또(橋本) 총리는 다시는 그를 보지 않겠다고 했다. 일본처럼 중앙집권화된 체제에선 중앙정부와 소통 채널이 끊어지면 어떤 지사라도 살아남을 희망이 없었으므로, 그해 12월 오오따의 재선 실패의 중요한 원인은 토오꾜오의 '냉담'이었다.[24] '오오따 반란'이 진압되고 토오꾜오와 나하의 통상적인 의존관계가 회복되면서 10년 전쟁의 첫 단계가 마무리되었다. 계획에 반대하는 세력의 도덕적 승리와, 해당 지역의 명목상의 동의를 확보한 국가의 모호한 단기 승리가 뒤섞인 결과였다.

저항 2단계: 암초에 걸리다

토오꾜오는 오끼나와 사업가 출신의 새 지사 이나미네 케이이찌(稻嶺惠一)에게 은총을 쏟아부었다. 오끼나와 발전특별기금으로 100억엔(전임자 오오따 시절의 두배)이 지원되었다. (오오따 재임기 마지막 열달 동안 완전히 중단되었던) 오끼나와 프로그램이 재개되었고 1억엔 규모의 특별 '북부지구발전기금'이 조성되어 새 기지로 계획된 곳 일대에 집중 투입되었다. 다양한 추가 '특별보조금'이 "사회·경제적 부흥" 프로젝트들에 분배되었다.[25]

나고시에 뿌려진 재정적 '감미료'의 규모는 엄청난 것이어서 기지 관련 보조금 의존 규모가 시 재정의 20퍼센트에 이르렀다. 엄청난 액수가 나고의 각종 프로젝트에 쏟아져 들어왔다. 13억달러의 비용을 들여 2000년 G8 '큐우슈우--오끼나와 정상회담'이 이 도시에서 개최되었고[26] 오끼나와의 슈리(首里) 성문이 인쇄된 새 2000엔 지폐가 발행되었다. 토오꾜오는 오끼나와가 평화주의와 군사적 역할 반대라는 "미숙함에서 벗어나" 동아시아의 평화와 안전을 유지하는 일의 의미를 이해하고 그로부터 자부심을 느끼게 하고자 오끼나와의 정체성을 재구성하려는 시도까지 감행했다.[27] "오끼나와 이니셔티브"로 알려진 이 캠페인은 거의 결실을 보지 못한 듯하다. 하지만 높은 실업률과 토오꾜오와 군기지에 대한 구조적 의존을 포함한 궁색한 상황은 경제적 포상이 효과가 있음을 의미했다. 경제적 압력이 집중된 이 기간 동안 보수적인 후보들이 하나둘씩 지방정부 관리에 선출되었다.

오끼나와 지방정부의 딜레마는 그들이 군사기지에 구조적으로 의존한다는 데 있다. 1972년 일본정부의 통제체제로 복귀한 이후 8조엔(대략 700억달러)이 오끼나와에 투여되었는데, 그중 90퍼센트가 오끼나와를 본토의 발전수준으로 올려놓고 일본 군사시설의 가장 큰 부분을 수용한 데 보상한다는 명목으로 공공인프라 건설에 쓰였다. 최근까지 그런 공공사업은 전적으로 보조금에 의존했고 지금도 90퍼센트가 보조금에 의존한다. 하지만 보조금제도가 오끼나와의 사회적 자본을 본토수준으로 올려놓기는 했어도, 소득수준은 전국 평균의 70퍼센트에 머물러 일본 최하위이다. 또한 실업률은 7퍼센트로 일본 내 최고수준을 유지했다. 계속해서 쏟아져 들어오는 기금들도 오끼나와와 본토의 생활수준 격차를 메워줄 수는 없는 듯했다.

1999년 중앙정부와 오끼나와 행정부 간에 합의된 계획에 따라 이나미네 지사는 근해기지 건설에 동의했지만 대신 세가지 조건을 내걸었다. 기지는 군사용과 민간용을 겸한 공항으로 이용되어야 하고, 미군의 사용은 15년까지로 제한되며, 공항 건설과 이용으로 인한 환경피해 방지에 적절한 보장책이 있어야 한다는 조건이었다. 애초에 구상된 것보다 더 큰 규모로 건설한다는 합의가 맺어져 활주로는 길이 2500미터로 늘어났다. 완성하는 데 10년이 넘게 걸리고 비용(매립에만 3300억엔이며 전체 비용 추정치는 대략 1조엔)도 엄청났으며 상대적으로 잘 보존된 산호초들 사이를 걸치게 되어 있었다. 후뗀마는 새 시설들이 들어선 이후에나 반환되고 모든 비용은 일본 납세자들이 댈 터였다.

1996년 협약에 후뗀마 반환이 '5년에서 7년 이내'라고 규정되어 있었지만, 2002년에야 양국 정부는 건설 기본 계획에 서명했다. 환경평가와 헤노꼬 인근 해양에서의 예비 굴착시험에만 3년이 걸리고 완공은 거기서 10년 이상이 더 걸릴 예정이었다. 이렇게 해서 후뗀마 반환은 빨라야 2015년으로 늦춰졌다. 미 국방부로서는 일본이 이렇게 질질 끄는 것이 갈수록 성가시게 여겨졌다.

헤노꼬 해역은 국제적 보호대상인 듀공(돌고래와 유사한 수생 포유동물)의 서식처로 알려져 있고 해변은 바다거북의 군락지였으며 암초에는 이 섬에 남은 몇 안되는, 상대적으로 건강한 산호 군락지의 일부가 포함되어 있었다. 따라서 환경평가를 제대로 한다면 계획은 절대로 실행될 수가 없었다. 하지만 토오꾜오는 얼렁뚱땅 조사를 마치고 듀공과 바다거북을 '보호'하고 산호를 더 많이 심으면 될 일로 여겼다. 그러나 실제로는 환경문제를 다룬다는 게 그리 만만치 않은 일이라는 사실이 드러났다. 듀공과 이 지역 생태계 일반을 보호하려는 지역적·국제적 운동이 세력을 모았고 그린피스도 합류했다. 2003년 9월, 이 프로젝트를 저지하기 위해 쌘프란시스코의 미 연방 지역법원에 럼스펠드 장관과 미 국방부를 상대로 소송이 제기되었다.[28] 그러나 다시 한번 정부를 좌절시킨 것은 지역 주민단체와 저항단체들이었다. 2004년 4월 19일 동이 튼 직후 정부 조사 선박들이 공사에 착수하려고 헤노꼬 앞바다에 나타났다. 오끼나와 건축가이자 시민활동가인 마끼시 요시까즈(眞喜志好一)의 지적대로 환경영향평가법 31조가 규정한 공고와 열람 절차를 위반했으므로 이는 불법이었다.[29] 임시로 만든 본부 텐트 주위에서 연좌시위가 시작되었고, 80대와 90대도 섞인 오끼나와 원로들이 섬 각지에서 온 어부들이나 주민들과 합류했다. 한편 어선과 카누, 심지어 대담하게 맨몸으로 헤엄치는 사람들이 가세하여 앞바다에 봉쇄선을 쳤다. 연좌시위와 봉쇄가 끊이지 않고 계속되는 바람에 국가 조사팀이 할 수 있었던 거라곤 듀공의 숫자를 세고(정기적으로 만의 해조들을 뜯으러 오가는 이 해양 포유동물의 수는 30~50마리로 보였는데 예상보다 더 많은 수였다) 네개의 등대를 세우는 것이 고작이었는데 그나마 태풍이 불어 무너지고 말았다.[30]

2005년 10월, 헤노꼬에서 여전히 지속되는 반대 봉쇄에 직면한 코이즈미 총리는 정부가 "심한 반대로 (애초의) 재배치 (계획)을 수행할 수 없다"고 인정했다.[31] 달리 말하면, 시위대를 체포하고 구류함으로써 야기될 정치적 위험이 너무 크다고 판단한 것이다. 갑작스럽게 그리고 극적으로, 헤노꼬 근해 계획은 철회되었고 이리하여 두번째 헤노꼬 계획이 1996년 헬리포트의 운명을 뒤따랐다. 10월의 성과는 명목상 거의 절대 권력을 지닌 자들의 패배 인정과 지역연합, 즉 '생명을 지키는 모임'의 결의와 끈기에 바쳐진 찬사였다. 오끼나와, 엄밀히 말해 어촌 헤노꼬가 국가 일본을 물리쳤다.

저항 3단계: 캠프 슈왑을 선택하다

그러나 국가는 이 패배를 순순히 받아들이지 않았다. 정부 내 고위급 회담에서 2005년 10월의 원칙들에 대한 일반적인 진술과 이듬해 4월 말까지의 상세한 '로드맵', 이렇게 두 부분으로 이루어진 합의서가 나왔다. 두 문서 모두 후뗀마가 주요 이슈였다. 1972년의 (기만적인) 복귀 때도 그랬듯이 핵심은 미군의 계획에 기여한다는 것이었다. 오끼나와인들은 ('선군' 정치의 지배를 받는) 북한 주민들과 흡사했고 일본정부는 미군 시설을 집중하고 개량하는 일에 불과한 '복귀'를 위해 계속해서 엄청난 액수를 지불하고 있었다. 미 해병대 8000명이 철수했지만 2005년과 2006년에 양국 정부가 합의한 '합동작전계획'과 '동맹국시설상호이용권'에 의해 일본군이 미군을 대체해야 했으므로 군사적 짐은 거의 줄어들지 않았다.

후뗀마를 대체할 기지는 헤노꼬 곶에 위치한 미군 시설 캠프 슈왑 (Schwab)으로 바뀌었다. 기존 시설 일부를 헐고 곶을 가로질러 1800미터 길이에 이르는 V자형 활주로가 건설되어, 북동쪽으로는 오오우라만(大浦滿)에서 매립지까지, 남서쪽으로는 암초 모래톱까지 뻗을 예정이었다. 부두와 저장시설로 이루어진 '전투기 적재구역'(CALA)이 추가될 것이고, 오오우라만 주변이 대략 20미터 깊이이므로 미 핵항공모함이 편안히 정박할 수 있을 것이었다.[32] 이렇게 해서 1996년의 헬리포트는 활주로 하나가 아니라 둘을 갖춘 거대 군사복합단지로 변형되었다.

새로 작성된 계획이 겉으로는 후뗀마 반환을 용이하게 하고 군사적 부담을 벗으려는 오끼나와 주민들의 소망을 충족시키는 듯했지만, 미

264

군시설을 집중한다는 생각은 사실상 합리화와 전력강화를 추구하는 미국의 계획에 깊이 뿌리박고 있었으며 베트남전이 한창이던 1966년부터 시작된 것이다. 1996년의 SACO 협약과 2005년, 2006년의 미일 협약은 모두 헤노꼬 지역에 근해 비행장과 '적재구역'(보급창) 그리고 해군 정박시설을 짓는다는 30년 묵은 계획을 새로 끄집어낸 데 불과했다.[33] 여태까지는 여기저기 흩어져 있던 미군의 기능과 써비스가 미 병력의 전지구적 구조조정의 일부로서 북오끼나와 군사복합단지 안에 집결하고 강화될 터였다. 가장 중요한 사실은, 기지가 캠프 슈왑의 기존 미군기지 경계 안에서 건설됨으로써 (이 부지에 출입이 금지된 사람들의) 반대운동을 효과적으로 좌절시킬 수 있다는 점이었다. 미 국방장관 럼스펠드와 일 외무장관 아소는 이 협약이 후뗀마를 둘러싼 오랜 논쟁에 종지부를 찍는 만족스런 결과라고 설명했다. 양국 정부가 뜻을 관철시켰고 미래의 지역적·전지구적 병력 투입을 위한 합동 군사기지로서의 오끼나와의 역할이 강화되리라는 견해가 널리 승인되었다. 하지만 그 결과가 결코 확실한 게 아니라는 사실이 곧 분명해졌다.

오끼나와인들은 누구랄 것 없이 분개하는 반응을 보였다. 그전까지 토오꾜오 정부는 늘 상의를 거치겠다고 약속했고, 최소한 지역 정서를 존중하는 절차는 거쳤으며, 오끼나와인의 소망과 반대되는 거래는 없을 것이라고 약속했다. 나고시 의원 미야기 야스히로(宮城康博)의 말대로, "협약의 논리와 법률과 환경평가 원칙 들을 참조하여 하나하나 논의하는 것"이 가능했다.[34] 하지만 이번의 새 협약은 오끼나와인들의 머리 꼭대기에서 아무런 의견수렴도 거치지 않은 채 이루어진 것이었다. 토오꾜오 자민당 정부의 믿을 만한 동맹자로 알려진 보수 성향의 지사마저 이 계획을 "전적으로 받아들일 수 없는" 것이라고 평했고 "오끼나와현과 나고시의 모든 사람들이 반대한다"고 말했다.[35] 섬 전역의 지방정부 당국에서 비난이 이어졌는데 지노완과 나고의 시장과 지방정부가 특히 목소리를 높였다. 2004년 내내, 그리고 2005년 10월까지, 현 전체에서 후뗸마를 헤노꼬, 아니 오끼나와의 어떤 지역으로든 이전하는 계획에 반대하는 의견이 80퍼센트에 달했다. 협약이 발표되고 10월 말이 되자 이 수치는 85퍼센트로 뛰어올랐다.[36]

2006년 1월, 나고시장 선거에서 후보 세 사람 모두 기지건설에 반대했다. 하지만 일단 승리를 거두자 시마부꾸로 요시까즈(島袋吉和)는 (1996년 나고 주민투표 이후 그의 전임자가 그랬듯이) 잽싸게 입장을 바꾸었다. 하지만 『오끼나와 타임스(沖繩タイムス)』의 여론조사에 따르면 그가 그렇게 하자마자 유권자의 68퍼센트가 이의를 제기했고[37] 건설계획에 대한 현 전체의 반대는 71퍼센트에 달했다.[38] 코이즈미 정부는 꿈쩍도 않은 채 자신들의 입장을 진심으로 설명하고 오끼나와인들의 협력을 구하기 위해 최선을 다하고 있다는 얘기만 계속했는데, 그런다고 기만적인 거래가 받아들여질 만한 것으로 둔갑할 수는 없었다.

일본정부가 이처럼 현 전체가 들고 일어나 반대하는 사태를 겪은 적은 거의 없었다. 존경받는 오끼나와 학자 히야네 테루오(比屋根照夫)는 1950년대에 미군이 기지건설을 위해 무력으로 경작지를 몰수했을 때 섬 전체가 저항투쟁을 벌인 것과 흡사한 상황이라고 설명했다.[39] 이나미네 지사가 때로 그의 전임자 오오따의 행동과 발언을 연상시키며 머뭇거리자 일본 정부는 오오따에게 했던 것과 똑같이 '미군군용지특조법'을 통과시켜 그를 끌고 갈 방안을 고려하고 있다고 전해졌다. 이 조치에는 특히 공해(公海)상에서 지사의 헌법적 권위를 박탈하고 지사의 동의가 있건 없건 헤노꼬 곶 인접 해양의 간척을 실시할 수 있도록 환경평가 절차를 '간소화'하는 일이 포함되었다.[40] 이미 오끼나와현은 본도의 20퍼센트와 상공의 40퍼센트에 대한 관할권을 (미국의 군사적 목적을 위해) 박탈당한 상태였으므로, 해양의 권리마저 빼앗는 법률은 (히야네 테루오가 표현하듯) 오끼나와의 역사와 문화를 부정하는 일에 맞먹는 쓰라린 경험이 될 터였다.[41]

반대입장을 매수하고 분열시킬 일환으로 '경제적 유인책'이라는 당근이 활용되었다. 방위청장관 누까가 후꾸시로오(額賀福志郎)는 오끼나와 기업단체(이나미네의 지지기반)들이 일단 넘어오기만 하면 엄청난 경제적 이득이 흘러들어갈 것임을 암시하면서 "일본은 걸프전 당시 1조엔가량을, 그리고 이라크 재건을 돕기 위해 5000억엔 정도를 세금으로 지불했다. 이번에는 오끼나와인들의 짐을 덜어주는 데 세금을 쓸 것"이라고 말했다.[42] 시마부꾸로오 시장이 선거공약을 밀쳐놓고 제일 먼저 굴복했다. 이나미네 지사는 모호한 태도를 취했다. 애초 분명한 거부를 천명했던 그는 점차 협약이 "오끼나와의 기지 주둔지 기능을 축소"한 것이며 따라서 "그 자체로는 높이 평가한다"고 얘기하기 시작했고,[43] "일본과 미국 정부가 오끼나와의 군기지 수용 부담을 줄이는 일괄조치들에 합의한다면 협약을 받아들일 수도 있을 것"임을 비쳤다.[44] 1조엔, 혹은 그 절반의 유혹은 상대적으로 뒤처진 오끼나와에선 저항할 수 없을 듯했으나 이나미네는 자신의 정치공약을 단번에 뒤집거나 토오꾜오가 그에게 한 처사를 간단히 무시할 순 없었다. 그는 이 계획의 이행을 감독할 위원회에 참석하라는 예비제안을 거절했고 중앙정부의 접근 방식을 "극히 유감스러운" 것이라고 비난했다.[45]

2006년 5월, 기지 재배치 계획이 확정되었다. 후뗸마 대체시설 건설과 해병 8000명의 괌 이동 마감시한이 2014년으로 정해졌으며, 미시설의 재배치를 위한 '로드맵'이 채택되었다. 하지만 후뗀마 반환이 약속된 시점에서 이미 어언 10년이 흘렀고 그 사이에 군사비행 규모는 상당히 증가했다.[46] 2014년의 복귀는 여전히 먼 일이었다.

2005년 10월 코이즈미는 오끼나와가 거의 만장일치로 반대했음에도 기지가 건설될 것이라고 약속했으나 이는 1998년 "지역주민들의 동의 없이는 헬리포트가 건설되지 않을 것"[47]이라는 하시모또 총리의 입장과 날카롭게 대비되었다. 토오꾜오의 경직된 태도는 오끼나와에서도 같은 반응을 낳았다. 불과 6년 전에 반항적인 오오따를 대체하려고 토오꾜오가 심어놓은, 그리고 기지건설을 받아들이도록 오끼나와인들을 설득하는 핵심 동맹으로 간주되어온 이나미네 지사가 2005년 10월 이후 중앙정부에 대해 전임자를 방불하는 분노와 비통함을 쏟아냈다. 꼭대기부터 바닥까지 오끼나와 사회 전체가 기지건설을 부당하고 비합리적이며 위헌적이라고 거부하는 상황이었다.

오오따 전 지사는 그때까지도 중앙의회 상원의원이었는데, 지사의 권한을 박탈하려는 특별법이 주요 도시의 현을 겨냥해서 만들어졌다면 난리가 났을 텐데 오끼나와가 표적이 되었기에 아무렇지 않게 통과되었다고 논평했다. 전 부지사 요시모또 마사노리(吉元政矩)는 "마치 헌법이 없는 것 같았다"고 말했다.[48] 1947년부터 25년 동안 미국의 군사통치를 받으며 헌법적 질서에서 배제되었으며, 미국의 군사적 특권을 보호하고 평화주의와 지방자치에 관한 조항을 빼버린 물탄 헌법을 제공받았던 오끼나와, 이제는 미래의 권리마저 빼앗긴 채 개조된 군사동맹의 요구에 결정적으로 속박당해 미일 연합군의 영구 식민지가 될 판이었다.

양측은 2006년 대부분을 미군 재배치의 함축적 의미를 가늠하며 작전을 짜는 데 보냈다. 일본 방위성장관이 오끼나와 지방정부의 주요 인사들에게 자신의 충심을 각인하려는 노력으로 '염소 수프'를 먹기는 했지만(굴욕을 달게 받는다는 일본식 표현), 이나미네 지사에겐 거의 아무런 인상을 남기지 못했으며, 지사는 토오꾜오가 건설계획을 감독하기 위해 설립한 위원회에 참여하기를 끈덕지게 거부했다. 그는 또한 토오꾜오가 오랫동안 무시해온 대안적 관점을 계속 장려했다.[49]

11월에 새로운 지사 선거가 열렸다. 반대파 정당, 노조, 시민단체와 환경단체들의 연합이 지원한 여성 후보 이또까즈 케이꼬(系數慶子, 59세)가 오끼나와 전력회사 전 회장인 보수진영의 나까이마 히로까즈(仲井眞弘多, 67세)에 맞섰다. 이또까즈는 2004년 토오꾜오에서 상원에 선출된 반(反)군사기지 활동가였고, 오끼나와에 어떤 기지도 건설되어서는 안된다는 입장이 분명했다. 중앙정부와 자민당이 미는 나까이마조차 워싱턴-토오꾜오 공식과는 가능한 한 거리를 두었다. 그는 오끼나와 밖 어딘가에 새 기지가 건설되어야 한다고 요구함으로써 토오꾜오가 그의 유연성과 협상력으로 높이 산 자질들을 포기했다. 그는 공식 승인된 계획에 현의 의견이 너무나 부정적이어서(여론조사에서는 일관되게 70퍼센트 반대의견이 유지됨) 어느 후보라도 이를 찬성한다면 정치적 자살행위가 될 것임을 알고서 선거의 촛점을 기지가 아니라 경제문제로 옮겨놓기 위해 온갖 노력을 다했다. 선거가 일자리와 경제의 문제라고 주장했고 오끼나와의 실업률을 전국 평균의 거의 두배(7.6퍼센트)에서 평균수준(4.3퍼센트) 수준으로 끌어내리겠다고 공약했다. 1998년에 이와 거의 똑같은 공약을 내놓았던 이나미네의 전략을 반복했던 것이다. 이나미네는 오끼나와를 경기침체에서 건져낼 것이며 자신의 보수파 인맥을 통해 현을 대표하여 토오꾜오와 더 나은 협상 결과를 얻어내겠다고 약속했다. 하지만 8년 후 그는 실업률을 줄이는 데 실패했다. 그의 임기 동안 현의 경제성장률은 외려 하락했으며(1.7퍼센트에서 1.6퍼센트로), 본토대비 소득률도 거의 변동이 없었고(70.6퍼센트에서 70.8퍼센트로), 부채수준은 상승하여 오끼나와 읍과 면의 절반이 심각한 상태, 심지어 파산지경에 처했다.[50] 이나미네 재임 8년간의 두드러진 실패에도 불구하고 나까이마는 크게 보아 같은 조건에 기대어 4년 더 가자고 유권자를 설득하는 놀라운 업적을 달성했다. 34만 7000표 대 31만표로 그가 이겼다.

나까이마에게 표를 던진 많은 사람들은 투표 결정과 기지건설계획을 반대하는 자신들의 입장이 모순이라고 생각하지 않았다. 사실상 선거일의 출구조사를 보면 그의 지지자들 대다수가 이 계획에 반대했고, 11월 20일자 『요미우리신문』에 따르면 오끼나와인 22퍼센트만이 계획을 지지했다. 토오꾜오에선 선거 결과로 기지건설에 관한 거래가 마침내 끝났다고 갈채를 보냈지만 명백한 사실과는 거리가 먼 결론이었다. 기지를 넘겨주리라 믿은 토오꾜오 여당연합의 지지를 받으며 1998년 업무를 개시했던 이나미네도 두차례의 임기를 보내면서 이리저리 핑계를 대고 불가능한 조건을 내세우면서 계획을 저지한 바 있었다. 나까이마가 그와 다를 것으로 생각할 특별한 근거는 없었다.

토오꾜오가 2006년 10월 오끼나와의 미군기지 주위로 패트리어트-3 미사일방어 씨스템을 구축하여 2005~06년 미일방위협정의 조항을 이행하려 하자 오끼나와의 지방단체장들은 거의 만장일치로 반대를 표명했다.[51] 그들은 이 배치가 기지의 군사 기능을 강화할 의도라고 보았으며, 향후 오끼나와를 더욱더 또렷한 군사 표적으로 만들 것이고, 따라서 군사기지의 짐을 덜어주겠다는 중앙정부의 공약을 위반하는 행위라고 생각했다. 그들은 토오꾜오가 다시 한번 아무런 상의 없이 행동한 사실에 몹시 분개했다. 오끼나와 시장은 성난 어조로 전쟁이 끝난 지 61년이 지났는데도 오끼나와는 아직도 군사점령 치하에 있는 것 같다고 말했다.[52]

오끼나와인들의 대안

1996년부터 10년 동안 일본은 지역의 반대에 부딪혀 오끼나와 군용비행장 건설계획을 두차례나 폐기해야 했다. 토오꾜오의 관리들은 인내와 설득과 진심을 얘기했으나 그 '진심'은 최후수단인 무력 위협을 배후에 깔아놓은 호통과 매수의 양동작전을 가리기에도 모자랐다. 압박을 꾸준히 높이면서 돈을 들이면 오끼나와가 결국 넘어올 것이란 중앙정부의 예상은 토오꾜오에서는 경멸감을, 오끼나와에선 굴욕감을 부채질했다.

계획은 분명했다. 오끼나와, 특히 곤궁한 북부에 저항을 압도할 정도로 많은 돈을 쏟아붓겠다는 것이었다. 이 전략으로 실질적인 지지를 얻지는 못해도 새 군사복합단지 건설에 마지못해 동의하게 만들 순 있으리라 기대되었다. 일본의 다른 지역에서는 쪼들리는 재정상황과 부패 추문 때문에 공공사업에 기댄 지역발전이란 발상이 불신을 받는 상황이었으나, 오끼나와에선 이를 뒷받침하는 정책들이 늘어나서 공공사업 프로젝트의 95퍼센트까지 국고지원을 받게 되었다.[53] 일본의 발전 경험이나 1972년 일본 복귀 이후 오끼나와의 경험으로 볼 때 그런 기대는 근거 없는 것이며 어쨌든 빚은 계속 늘어나고 있었다. 하지만 오끼나와로선 바로 그점이 문제였다. 빚이 늘어날수록 토오꾜 오에 대한 의존도 증가하므로 토오꾜오의 의지에 저항하고 지역주민 들의 이익과 환경을 보호할 지방정부의 능력은 약화되는 것이다. 이 나미네 임기중에 기지건설의 부담을 '상쇄'하겠다며 나고시에 엄청난 돈을 들이부었지만 채권 발행 의존도(18퍼센트 약간 상회)는 거의 변 함이 없었다. 재정적으로 오끼나와는 토오꾜오의 감언이설에 저항할 처지가 아니었다.

코이즈미 정부와 자민당은 새 헌법 아래 새 권리를 정착시키고 지 방자치를 향상시키겠고 얘기하는 한편으로 오끼나와(와 사실상 이 나 라 다른 지역들)에선 지방정부의 자율권을 축소하고 무력 사용에 대 한 제한을 벗어던졌다. 또한 국민들에게 국가에 대한 의무를 권리보 다 우선시하고 (의무적 애국주의를 통해) 국가를 사랑하라고 요구했 다. 코이즈미와 아베, 그리고 다른 사람들이 찢어버리고 새로 쓰길 원 하는 헌법은 오끼나와인들이 한 세대 동안 쟁취하고자 한 이상들을 체현한다. 갈등하는 이 두 비전들, 곧 오끼나와의 헌법 수호자들과 토 오꾜오의 헌법 공격자들의 비전 대결은 그 어느 때보다 격렬해졌다.

지역공동체에 억지로 군사기지를 떠안기려는 토오꾜오는 지역공 동체에 대한 압박을 가차없이 밀어붙였다. 북부 오끼나와의 저항운동 에 대해 역사가인 우라시마 에쯔꼬(浦島悦子)는 이렇게 쓰고 있다.

기지문제는 우리에게 끊임없는 고통의 원인이었고, 부모와 자식, 형 제자매, 친척과 이웃들을 서로 맹렬히 다투게 만들었다. 기지문제와 그 에 동반된 '돈'은 협력과 상호부조에 기반을 둔 인간관계, 가난했지만,

아니 가난했기 때문에 풍성했던 관계를 산산이 부숴버렸다.

　공회당, 학교 같은 공공시설들이 하나둘씩 문을 열고 만엔짜리 지폐
뭉치로 간을 맞춘 '방위청 기금'이 사람들, 특히 공동체 지도자들의 입
에 억지로 밀어넣어졌으며, 몇년 동안 애썼지만 소용이 없더니 방위청
기금이 들어오자 순식간에 병원들이 지어졌다.[54]

의존구조는 후원자를 타락시키는 동시에 수혜자들에게 굴욕감을
안겨준다. 오끼나와 주민과 학자 들은 헌법적 권리를 주장해야만, 그
리고 지역의 자율성 증대와 자치 추진에 대한 토오꾜오 정부의 불명
확하고 공허했던 발언들을 최대한 활용해야만, 오끼나와가 홀로 설 수
있을 것이라고 주장하기 시작했다. 그들은 '의존'보다는 '자율'과 '자
치'를 말했지만, 만일 그들이 옳다면 오끼나와에겐 기지를 통한 의존
을 끝장내고 정부와 새 관계를 맺는 것 외에 다른 길은 없다.[55] 그들은
오끼나와가 고도의 자치권을 가진 '슈퍼 현'이 되는 길을 모색해야 한
다고 주장했다. 또한 중앙정부가 검토중인 계획들은 어떤 경우든 현
의 '자율권'을 신장하는 효과를 낳을 것이라고 지적했다. 그러니 한 걸
음 더 나아가 오끼나와인들이 주도권을 잡고 더 높은 수준의 자치, 다
시 말해 오끼나와에 '홍콩' 같은 지위를 부여할 '자치 현'으로서의 특별
한 행정적 지위를 목표로 삼는 편이 더 낫다는 것이었다.[56]

　가능성은 더 적지만 또하나의 대안은, 일본(및 미일 공동통치) 내부
로 수용될 기대를 접고 오끼나와가 다시 한번 문화와 무역의 독립적
인 (그리고 비무장화된) 중심지로 번성하기를 추구하는 것이다. 오끼
나와는 1300만명의 인구와 높은 교육·문화수준 그리고 지정학적 요
충지로서의 가치를 지니고 있으며, 독립국이 된다면 현재 UN 가입국

가운데 최소 규모인 40여개국보다 더 크다. 이와 같은 염원은 때로 "일본은 오끼나와인의 조국이 아니다"는 급진적 선언으로 표현되곤 한다.[57] 말할 필요도 없겠지만, 이런 계획은 워싱턴과 토오꾜오가 미일 최강동맹을 위한 지역적·전지구적 병력 계획에서 오끼나와에 부여한 중심 역할과는 정면 배치된다. 오끼나와 출신의 아꾸따가와(芥川)상 수상작가 메도루마 슌(目取眞俊)은 최근 오끼나와 문제는 주민들이 일본이나 미국과의 관계단절을 두려워하지 말고 오히려 양국의 압박을 벗어던지기 위해 떨쳐일어나야만 해결될 수 있다고 썼다.[58]

1945년 이래 오끼나와는 철저히 미일관계의 산물이었고 이곳에서 미일 양국과 그 관계의 본성이 가장 잘 드러나는 곳이다. 일본의 나머지 지역이 완전한 동맹, 곧 '극동의 영국'이 되라는 미국의 압력에 맞닥뜨리고 있고 자민당과 연합한 세력들이 이런 전망을 앞당기려 하는 싯점에서, 본토 일본에 오끼나와는 실현 가능성이 높은 미래상, 다시 말해 1945년 이래 나뉜 일본의 '전쟁 상태'와 '평화 상태'가 다시 합쳐질 조건을 체현한다. 그렇게 되면 오끼나와는 미국에 대한 군사 의존과 아시아로부터의 소외의 길로 이 나라를 이끌 것이다.

워싱턴과 토오꾜오가 자신들의 관계를 워싱턴-런던 관계와 유사하게 만들기 위해 최선을 다한 탓에 오끼나와는 디에고 가르시아(Diego Garcia)와 유사한 곳이 되었다. 디에고 가르시아는 인도양 차고스(Chagos)제도의 산호섬으로, 미군기지로 만들기 위해 (이후 이라크 공습기지로 편리하게 쓰였다) 1960년대에 영국정부가 수천명의 섬주민을 간단히 몰아냈던 곳이다.[59] 영국정부처럼 일본정부도 워싱턴을 공손히 섬기면서(요시노가 증언한 1972년 '거래'를 최근까지도 부정하는 등) 자국민들에게 거리낌없이 거짓말을 해댔다. 디에고 가르

274

시아에서처럼 많은 오끼나와 주민들(대략 25만명)[60]이 1950년대에 때로 총검에 몰려 자기 땅에서 쫓겨났고, 많은 사람들이 볼리비아, 아르헨티나, 페루 혹은 브라질로 망명했다. 하지만 미국이 디에고 가르시아에서 썼던 해결책, 곧 완전한 강제퇴거를 시도하기엔 무엇보다 오끼나와에 사람이 너무 많았다. 오늘날 일본정부가 마주한 문제는 설득과 매수를 계속 시도할 것인가, 아니면 궁극적으로 이 성가신 오끼나와 주민들을 길들이려면 무력에 의지할 수밖에 없다는 결론을 내릴 것인가 하는 점이다.

일본 어느 곳보다 오끼나와에서는 소위 성숙하고 전례가 없다는 미일관계의 변덕스럽고 일방적인 성격이 뚜렷이 감지된다. 이곳에서는 헌법적 원칙이 아닌 군사적 우선권이 관철되었다. 워싱턴의 친구를 기쁘게 하기에 여념이 없었던 코이즈미는 부시에게 거의 확실히 완수할 수 없는 것, 즉 후뗀마 기지 재배치를 둘러싼 오랜 분쟁의 해결을 약속했다. 보수파 지사 이마니네조차 오끼나와현의 불만을 폭발 직전의 마그마에 비유했다.[61] 코이즈미 집권기 그리고 2006년 말 아베 집권기의 일본은 과거에 그랬듯이 상투적인 말과 약속, 재정적 유인책과 '국익'의 호소 그리고 결국에는 국가권력의 특권에 대한 주장으로 이 마그마를 틀어막으려 도박을 하는 중이다.

오끼나와인들은 지금도 그들의 다섯번째 '처분'과 맞서고 있다. 10년간의 성공적인 저항에서 얻은 자신감, 그리고 전세대가 토오꾜오의 '국가적' 군사우선정책에 굴복함으로써 야기한 무시무시한 댓가를 기억하는 데서 얻은 교훈으로, 그들은 오랜 싸움의 피로를 이겨내고 오끼나와 중심의 역사를 새로 쓰게 될지도 모른다.

| **8**장 |

핵보유국 일본

지난 60년 동안 세계가 마주한 가장 큰 위협은 핵무기였다. 핵 희생국이자 '비핵 3원칙'과 '평화헌법'을 가진 일본은 세계가 핵 위협의 해결책을 찾는 데 긍정적 역할을 할 독특한 자격을 갖고 있었다. 그러나 일본은 일관되게 핵 찬성, 다시 말해 핵에너지와 핵재처리 그리고 핵무기를 옹호하는 입장에 섰다.

무기

안보정책에 관한 한 일본은 모호한 구석이라곤 없다. 일본 방위전략의 핵심에는 핵무기가 있으며, 이 핵무기는 일본 것이라기보다 미국의 소유지만 어쨌든 대량살상무기임에 틀림없다. 핵무기에 근거한 안보정책은 '방위계획대강'(1976년)이나 '미일방위협력지침'(1997년)부터

278

변화와 재배치에 관한 2005~06년의 조약들(4장 참조)[1]에 이르기까지 정부 성명서를 통해 분명히 제시된 바 있다.

일본은 미국의 핵 군사주의를 지지하다 못해 1969년에는 미국과의 조약에 비밀 조항을 집어넣어 일본에 정박하거나 일본을 경유하는 미국의 핵무기 탑재 선박에 대해 '원칙'을 무시하고 눈감아줄 수 있게 했으며 이런 조치는 1992년까지 지속되었다.[2] 그 이후 내내 핵무기는 미 안보정책의 핵심이었으나, 잠수함이나 장거리 폭격기 혹은 미사일을 통해 북한 같은 잠재적 표적을 향해 발사할 수 있었으므로 더는 일본이나 한국에 비치될 필요가 없었다. 2002년 미국은 '콘플랜(Conplan) 8022'라는 이름의 핵 선제공격 독트린을 내놓았다. 2003년에 완성된 콘플랜 8022-02는 선제공격 대상이 이란과 북한임을 분명히 밝혔다.[3] 미국과의 동맹을 받아들임으로써 일본은 핵무기와 선제공격도 받아들인 셈이다.

북한 핵프로그램을 비난하는 일본의 입장은 미국의 핵무기가 '방어용'이므로 정당한 것인데 반해 북한의 핵무기는 '위협'이니 마땅히 제거되어야 한다는 것이었다. 논리적으로 볼 때, 일본의 안보가 핵무기를 통해서만 보장될 수 있다면 어쨌거나 일본보다 핵억지력의 필요성이 훨씬 더 강력할 수밖에 없는 북한의 안보도 마찬가지다. 모하메드 엘바라데이(Mohammed ElBaradei) 국제원자력기구(IAEA) 사무총장은 (미국이나 일본처럼) 안보를 위한 핵무기 의존이라는 '도덕적으로 용인 가능한' 사례와 (이란과 북한같이) 그런 무기를 개발하려는 다른 나라들의 '도덕적으로 비난받을 만한' 사례를 구분하려는 시도는 '성립될 수 없다'고 비판한다.[4]

일본의 '비핵국' 지위를 둘러싼 논의는 일본이 핵무기 보유를 단 한번도 확고하게 공식 반대했던 적이 없었음을 지적한다. 1957년의 키시 총리는 핵무기를 선호했던 것으로 알려져 있다. 1961년 이께다 하야또(池田勇人) 총리는 미 국무장관 딘 러스크(Dean Rusk)에게 자신의 내각에 핵무기 옹호자들이 있다고 말했으며 그의 후임 사또오는 (중국 최초의 핵실험이 있은 지 두달 후인) 1964년 12월에 라이샤우어 주일 미국대사에게 "다른 나라들이 핵무기를 갖는다면 우리도 그래야 하는 게 타당하다"고 말했다. 미국의 우려는 이듬해 미국 '핵우산'에 일본을 포함시키는 조약으로 이어졌다.[5] 그에 이어 오오히라 마사요시(大平正芳) 총리(1979년)와 나까소네 총리(1984년)는 공격이 아닌 방어에 사용된다면 핵무기 획득이 일본의 평화헌법에 위배되지 않을 것이라고 했다.[6] 1990년대말, 방위청장관 노로따 호오세이(野呂田芳正)는 북한을 염두에 두고 어떤 상황에서는 일본이 '선제공격'의 권리를 갖는다고 발표했다.[7] 다시 말해 정부가 원한다면 북한의 미사일 관련 시설이나 핵 시설을 선제공격하기 위해 '자위' 원칙을 동원할 수 있다는 것이다.

이후 방위청 정무차관 니시무라는 이런 논의를 더 밀고 나가 일본이 핵무기로 자체 무장할 수 있다는 주장을 폈다.[8] 최근에는 자체 핵무기 개발 주장이 부상하기도 한다. 2002년 5월 당시 관방차관이던 아베는 숫자가 많지 않다면 헌법 때문에 일본이 핵무기를 보유하지 못할 일은 없다고 말했다.[9] 2005년 북한의 핵보유국 선언, 2006년 일본 해상으로의 미사일 발사에 이은 10월 핵실험은 이런 요구들을 한층 들쑤셔놓았다. 북한 핵위기의 외교적 해결이 난망하고 자기네가 핵무장국이라는 북한의 주장이 확증된다면 그런 압력은 거의 저항할 수 없는 지경에 이를 것이다.

냉전 시기 일본은 미국의 '우산'과 핵확산금지조약(NPT)하의 비확산 그리고 비무장을 도덕적·정치적으로 일관되게 지지했다. 하지만 미국이, 그리고 사실상 핵클럽의 다른 강대국들(영국, 러시아, 프랑스, 중국) 또한 자신들이 1970년의 NPT에 집어넣었고 2000년에 다시 "무조건적 약속"으로 재확인한 6조의 "보유 핵무기 제거" 의무규정을 무시할 결심을 하자 이 정책은 완전히 무의미해져버렸다. 서구열강은 자기네 후원국(이스라엘)이 NPT 가입을 거부하고 비밀리에 핵을 엄청나게 축적하는 일을 눈감아주었듯이, 핵 희생국이라는 지위 때문에 또 미국과 특별한 보호국 관계를 맺고 있기 때문에 일본에도 핵재처리 특권을 부여하는 등 특별 케이스로 취급하는 경향이 있다.

핵 강대국들이 그러했듯이, 일본은 일단 핵무기를 받아들인 다음에는 점차 핵무기를 제거하기로 한 규정에 주의를 기울이지 않게 되었다. 일본은 북한에 대한 핵위협 정책에 협조함으로써 핵확산에 기여했고 머지않아 자체 무기를 보유하기로 결정할 듯하다. 이미 일본은 5톤의 탄두를 궤도 위에 올려놓을 수 있는 H2A 로켓 형태로 대륙간 탄도미사일 원형을 보유하고 있다. 또한 엄청난 플루토늄을 비축하고 있고 핵 관련 과학기술과 전문지식 수준이 높다.[10] 핵클럽 예비멤버로 일본을 능가하는 나라는 없다.

2005년 5월 NPT 평가회의가 아무런 성과도 거두지 못한 책임은 위선으로 이 체제의 신뢰도를 떨어뜨린 기존 핵강국 모두에 있었다. 클럽에 속하지 않은 나라들은 핵무기 없이는 안보도 없다는 초강대국의 원칙을 빌려 자신들을 정당화하려고 했다. 지미 카터는 이렇게 말했다.

미국이 NPT 권위 실추의 주된 원인 제공국이다. 한편으로는 이라크, 리비아, 이란 그리고 북한의 핵확산 위협으로부터 세계를 보호하겠다고 주장하면서 (…) 다른 한편에서는 과거의 약속을 저버리고 핵무기로 선제공격하겠다며 비핵국들을 위협한다.[11]

두말할 필요도 없이 일본처럼 미국 우산 아래, 다시 말해 '방공호'를 국가정책의 토대로 삼은 나라들은 이 우산의 방어기능뿐 아니라 위협기능과도 결합되어 있다. 일본은 공적 논의를 거의 전혀 거치지 않은 채 이 체제와 꾸준히 통합의 밀도를 높여왔다. 일본 지도자들은 그들이 초래한 핵보유국 지위를 아무 거리낌 없이 받아들이는 듯하다.

일본이 자신을 보호해주는 '우산'의 성격에 아무런 관심도 없는 듯이 구는 한편, 미국은 핵 선제공격을 배제하지 않는다는 결정을 공공연히 내비쳤다. 2003년 1월 대통령으로부터 기밀지령을 받아 작성된 국방부의 '전지구적 공격계획'(Global Strike Plan)은 핵무기를 '재래식' 전투능력과 통합했고 선제공격권의 보유를 명시했다.[12] 이것이 한국(이나 이 지역 전체)에 어떤 의미가 있는지는 상상조차 하기 어렵다. 남한정부가 수행한 2005년 조사에 따르면 북한 핵시설을 겨냥한 미국의 '국지'적인 핵공격은 최악의 경우 한반도를 10년간 아무도 살 수 없게 만들 것이다. 사정이 조금 나아봤자 첫 두달 안에 반경 10~15킬로미터 이내에 사는 사람들의 80퍼센트를 죽이고 1400킬로미터까지 방사능이 퍼져 아예 서울을 집어삼킬 것이었다.[13]

2003년 3월 핵무기 생산에 관여했다는 근거 없는 비난을 토대로 이라크에 파괴적 공격을 감행한 바로 그 미국이, 대부분 '전략무기이며 히로시마와 나가사끼를 파괴한 폭탄보다 훨씬 강력한 7500여개 탄두에 달하는 핵 보유고를 유지하고 있다. 2006년, 미국은 매년 250개의

"믿을 만한 새 교체 탄두"를 생산한다는 교체 일정을 채택했으며, 이란이나 북한의 지하 복합단지를 공격하기 위해 특별히 맞춤 제조된, '지하핵관통탄' 혹은 '벙커 버스터'로 알려진 차세대 저출력 소형 핵탄두를 개발하는 데 엄청난 노력을 기울이고 있다. 또한 끝에 열화우라늄이 달려 있어 몇세기나 지속될 치명적인 방사능 오염을 유발할 포탄을 배치하고 있으며, 탄도미사일반대조약(ABM)에서 탈퇴하고 포괄적핵실험금지조약(CTBT)을 비준하지 않겠다는 의사를 표명했다. 급기야 지구를 넘어 우주까지 핵패권을 확장하겠다고 공언한다. 핵분석가 테드 댈리(Ted Daley)는 미국이 세운 계획에서 가장 중요한 대목을 이렇게 정리한다.

새로운 대륙간 탄도미사일—지구상의 어느 도시건 한시간 이내에 전체를 완전히 소각할 있는 장거리 지상기지 발진 핵미사일—2020년 배치 (…) 새 핵잠수함과 새 잠수함 발진 탄도미사일 2030년 배치 (…) 새 대륙간 전략폭격기 2040년 배치.[14]

한때 국방장관으로 미국의 체제를 운영했던 로버트 맥나마라(Robert McNamara)는 2005년 3월 미국의 핵전쟁 계획을 "불법적이고 비도덕적"이라고 비난했다.[15]

비가맹국(특히 핵무기 보유국)과 민간용 원자력을 두고 협력하는 일이 NPT의 본질을 위반하는 행위임에도 미국은 2005년 "고급 핵기술을 지닌 책임있는 국가"라면서 인도에 대한 민간 핵기술 판매를 막은 30년간의 금지를 철폐했다. 2007년초에는 일본 또한 인도의 NPT 미가입을 모른 척하며 인도를 핵보유국으로 인정하겠다고 선언했다.[16] 반면 이란과 북한은 NPT 4조가 보장하는 권리를 주장한다는 이유로 호되게 비난받았다.

미국과 마찬가지로 일본의 비핵확산정책도 모순 투성이어서 이스라엘과 인도같이 미국이 역성을 드는 나라들이 규칙을 무시하거나 위반하는 데는 눈감는 반면, 이란과 북한처럼 미국의 편애를 못 받는 나라들에 대해서는 강경노선을 취한다. 또한 군축에 관해 소극적이고, 미국이나 다른 초강대국들의 의무를 애써 축소하며, 자국의 안보정책이 핵무기에 의존하기에 동북아시아 비핵지대라는 발상에도 심드렁하다.[17]

이미 살펴보았듯이 일본이 '극동의 영국'이 된다는 발상은 지난 10년간 미일 양쪽에서 두드러지게 나타났다. 핵문제와 관련하여 이런 목표가 무엇을 함축하는지에 대해서는 아직 자세하게 분석된 적이 없다. 영국은 자국의 힘과 명망이 핵무기 보유와 뗄 수 없이 연결되어 있다고 생각한 지 오래이다. 토니 블레어 정부는 2006년 엄청난 비용과 NPT에 명시된 의무 위반을 댓가로 치르고서라도 트라이던트 핵잠수함대를 교체할 의도를 밝혔는데, 이는 사실상 앞으로도 핵무기를 보유하겠다고 공언하는 것이다.[18] 폴 로저스(Paul Rogers)가 지적하듯, 영국은 "40년 이상 끈질기게 전술핵을 전세계에 배치" 해왔을 뿐 아니라 "핵무기를 선제 사용할 준비가 됐고 (…) 핵전투라는 개념을 완전히 받아들였다."[19] 코이즈미와 아베 치하의 일본은 '강대국' 지위에 따르는 장비를 매우 중요하게 여겼고 자신들이 택한 모델에 내포된 이러한 성격을 완전히 받아들였다.

에너지

일본이 '비핵원칙'을 내세운 기간은 사실상 핵 초강대국이 되는 과정이어서, 일본은 고속증식로 개발뿐 아니라 농축과 재처리 시설을 모두 소유하는 데 전력을 기울인 유일한 '비핵' 국가였다. 일본 원자력위원회는 1956년에 벌써 첫번째 계획을 작성했고 재처리와 고속증식로 프로그램도 1967년의 장기 핵개발계획에 이미 들어가 있었다. 에너지 자급의 꿈은 모든 정부의 꿈이었고 몇세대에 걸쳐 수조엔을 핵연구와 개발에 쏟아부은 정부관료들의 꿈이었다. 늘상 국가에너지 연구개발비의 제일 큰 부분(64퍼센트)이 원자력 분과에 지급되었고 이미 2조엔을 훌쩍 넘어버린 엄청난 액수의 추가지원이 롯까쇼(六ヶ所) 핵복합단지 같은 주요 쎈터의 건설과 운영에 할당되었다.[20]

현재 세계 에너지 수요에서 원자력에너지가 담당하는 몫은 미미한데다 그나마 줄어들고 있어서 1993년에는 17퍼센트이던 것이 2003년에는 16퍼센트로 내려갔다. 기존의 세계 원자력발전 용량을 유지하는 데만도 다음 10년간 대략 80기의 새 원자로(6주마다 1대씩)가 필요하고 그 다음 10년은 200기를 더 가동해야 한다.[21] 현재로선 그런 일에 착수할 움직임은 거의 보이지 않는다. 가령 영국에는 40기 이상의 원자로가 있지만 폐쇄작업이 진행되어 2020년대 중반까지는 1기로 줄어들 전망이며, 100여기의 원자로를 가진 미국 또한 2020년대에 상당수를 폐쇄할 예정이다.[22]

현재로선 전세계적으로 440기의 원자로가 가동되고 있고 28기가 건설중이며 중국이 2030년까지 30기를 더 짓겠다고 공약했다.[23] 프랑스 원자력에너지국장은 2006년 4월 일본 원자력산업연합회의에서 세계 원자력에너지 의존율을 현재의 6퍼센트에서 금세기 중반까지 20퍼센트로 끌어올리려면 1500에서 2000기의 새 원자로가 전세계적으로 더 건설되어야 한다고 추정했다.[24] 설사 현재의 원자력 역량을 3배로 늘리는 그런 어마어마한 계획이 실행된다 하더라도 전지구적 에너지 문제 해결에는 아주 미미하게 기여하는 데 그칠 것이다.

그럼에도 일본은 유례없는 수준의 핵투자를 주도할 의향인 듯하다. 원자력의 미래에 대한 비전의 중심에 아오모리현의 롯까쇼 마을이 있다. 롯까쇼는, 농어업 전통에서 충격적인 건설과잉 경기를 거쳐 핵보유국에 대한 완전한 인정으로 넘어간 지난세기 일본의 변화과정을 다른 어느 지역보다 더 잘 요약해 보여준다. 원래는 5000헥타르가 넘는 길게 뻗은 땅에 자리잡은, 당시만 해도 산업화의 영향을 상대적으로 덜 받은 외딴 시골 공동체였다. 그런 곳이 1971년 포괄적인 국가개발 계획 아래 11개의 거대한 개발부지의 하나로 선정되었다. 이곳은 정유, 발전 그리고 당시 일본에 알려진 수준을 훨씬 뛰어넘는 규모의 비철금속 제련을 담당하는 석유화학단지를 수용하기로 지정되었다. 오래지 않아 오일쇼크와 그로 인한 산업구조조정으로 산업단지의 꿈은 퇴색했고 대신 1979년부터는 거대한 석유저장시설이 부지 한편에 들어섰다. 1985년부터는 핵농축, 재처리, 폐기 시설이 원래 부지의 3분의 1을 차지하게 되었다. 지방정부 관리들은 핵수용에 전혀 열의가 없었지만 재정 의존도가 심화될수록 토오꾜오의 계획에 반대하기 어려워졌다. 2000년, 세금이 투입되어 2400억엔의 누적 채무가 말소되었다. 2005년까지는 국제열핵융합실험로(ITER)가 건설될 수 있으리라는 기대가 높았지만 희망은 무너졌고, 이 프로젝트는 프랑스에 넘어갔다.[25] 21세기초에는 이 마을이 1971년 당시의 누구도 예상치 못했던 결과, 즉 전지구적 원자력산업의 중심지가 될 개연성이 높아졌다.

코이즈미정부는 걸핏하면 사유화와 규제완화라는 주문(呪文)을 들고 나왔지만, 시장의 힘만으로는 절대 시작도 유지도 할 수 없었을 핵 프로젝트에 엄청난 돈을 계속해서 들이부었다. 대중과 정계의 관심은 우정국민영화에 집중되었지만, 일본의 미래에 훨씬 더 중요한 이슈들이 공적인 검토와 논의에서 멀리 떨어진 관료들의 결정과 약속에 걸려 있었다. 일본이 원자력산업을 과보호하면서 수조엔을 갖다 바치는 동안 (대규모 수력발전을 제외한) 재생에너지 분야는 일본 에너지 발전에서 고작 0.3퍼센트를 차지했을 뿐이다. 이는 다음 10년간 1.35퍼센트로 늘어나지만 그러고 나면 2030년까지 또 근소하게 '줄어들' 계획이었다. 이와 대조적으로 중국은 (역시 대규모 수력발전을 제외하고) 자연에너지 발전량을 2010년까지 두 배로 늘려 10퍼센트로 끌어올릴 계획이고 유럽연합도 2020년까지 20퍼센트를 목표로 하고 있다.[26] 간단히 말해 일본은 국제사회의 다른 나라들과 완전히 배치되는 행보를 보인다. 민주적 합의는 고사하고 시장의 힘도 아닌, 관료들의 결정에 떠밀리는 것이다.

원자력입국 — 폐기물, 고속증식, 그리고 마법의 싸이클

스리마일(Three Mile) 섬 사건(1979년)이나 체르노빌(Chernobyl) 사건(1986년)으로 산업선진국들은 원자력에너지 프로젝트를 동결·축소하는가 하면 원자로 가동을 유보하거나 폐쇄했다. 반면 일본은 원자로 수를 (체르노빌 사고 이듬해) 1987년의 32기에서 2006년에는 55기로 늘려 전체 전력의 29퍼센트를 생산했다. 원자로 2기가 건설중이고 10기를 더 지으려는 계획이 이런저런 단계를 밟고 있다.[27] 2006년 경제산업성의 '신국가에너지전략'에서 수립한 목표는 일본을 "원자력입국"으로 전환하는 것이었고, 원전 의존율을 (2006년 프랑스의 80퍼센트와 비교하여) 2030년까지 "30~40퍼센트"로 꾸준히 높일(세계 원자력에너지의 가장 집약적인 생산국이자 소비국으로 만들) 예정이다.[28] 2050년까지 60퍼센트라는 목표를 제안하는 보고서도 있었다.[29] 2006년 8월 경제산업성의 종합자원에너지조사회가 「원자력부회 보고서」를 발표함으로써 '원자력입국 계획'의 구체적인 내용이 알려졌다.[30] 한때 핵 희생국이었던 일본이 핵보유 강국이 되기로 작정하면서 '히로시마 증후군'은 망각될 터였고 안전과 방사능, 폐기물 처리와 비용에 관련된 금지 조항은 바람에 날려갔다.

일본이 현재 원자력에너지에 쏟는 정성을 특히 예외적이라 볼 수는 없지만 핵무기 비보유국 중에서는 일본만이 사용후 원자로폐기물 재처리과정을 통해 플루토늄을 핵연료로 사용하는 완결된 핵사이클 개발을 추구하고 있다. 이런 플루토늄 초강대국 지위를 획득하기 위한 노력이야말로 일본의 독특한 면이다. 일본의 플루토늄 보유량은 이미 45톤이 넘는데[31] 이는 전세계 민간 플루토늄 보유량 230톤의 5분의 1에 육박하며[32] 나가사끼형 탄두 5000기와 맞먹는 분량이다. 이렇게 하여 일본은 "무기로 사용할 수 있는 플루토늄의 세계 최대 보유국"[33]이 되었고 비축량은 꾸준히 늘어나고 있다. 2005년에 바너비(F. Barnaby)와 버니(S. Burnie)는 현추세라면 일본의 비축량이 2020년까지 145톤에 달하여 미국 핵보유고에 있는 플루토늄보다 많아질 것으로 추정했다.[34] 이런 이유로 일본은 2005년 2월 모든 농축과 재처리 활동을 5년간 동결하자는 IAEA 사무총장의 표결 요구를 무시하면서 그런 식의 모라토리움은 수십년 동안 진행되어온 일본의 프로젝트가 아니라 '새' 프로젝트에만 적용할 수 있다는 논리를 폈다.[35]

엘바라데이에 따르면 일본이 롯까쇼에서 (2007년에 계획된) 완성된 상업적 재처리 프로그램을 시작한다면 국제적 감시 아래 엄격히 제한되어야 하는 매우 위험한 활동을 아무 제재도 받지 않고 실행하는 셈이며 일본의 플루토늄 비축량은 꾸준히 (2012년까지 30톤이 더) 늘어날 것이다.[36] 게다가 이런 일을 미국의 축복을 받으며 하게 될 터인데, 이란과 북한으로 말하자면 이와 똑같은 일을 절대 못하도록 막겠다는 얘기를 들었으며 사실상 남한 역시 일본의 예를 따라 농축과 재활용을 실행하지는 못하게 되어 있다. 만일 이란과 북한이 세계 비핵화의 위협이라면 일본도 마찬가지다. 일본이 가진 45톤의 플루토늄을 1994년 핵위기 때 북한이 불법적으로 전환했다고 비난받은 10~15킬로그램의 핵분열성 물질이나 1980년대초 남한이 제조했다가 IAEA로부터 호되게 비난받은 0.7그램[37]과 비교해보면 상황은 분명해진다.

전기사업연합회는 롯까쇼 건설비용이 19조엔으로 추정되는 40년간의 시설사용 수수료를 넘어선다고 보았다.[38] 그렇게 되면 현대사를 통틀어 일본에서, 어쩌면 세계에서 가장 비싼 시설이 될 것이다. 전문가들은 처리되지 않은 폐기물을 그냥 묻어버리는 편이 (물론, 묻을 곳이 있을 때의 얘기지만) 훨씬 돈이 덜 들 것이라고 지적하면서 실제 비용은 공식 추정치보다 몇배나 더 뛸 것이라고 우려했다.[39] 롯까쇼의 재처리 단위가 2007년 7월에 가동되기 시작한다면, 연간 800톤의 사용후 핵연료를 재처리할 수 있을 것이고 매년 8톤의 (탄두 1000개 가치의) 핵무기급 순수 플루토늄을 더 생산하게 된다.[40] 아시아 유일이기는 해도 그런 핵발전소조차 지금까지 일본이 축적했고 또 축적하고 있는, 2006년 기준 대략 1만 2600톤으로 추정되는[41] 핵폐기물을 줄이는 효과는 거의 없을 것이다. 아시아 전체에 지금까지 축적된 유독성 사용후 핵연료 4만톤은 차치하고라도 말이다.[42]

그렇다면 일본은 이처럼 산더미같이 쌓인 플루토늄으로 무엇을 할 작정인가? 그것이 인류에게 알려진 가장 위험한 물질이라는 인식을 누그러뜨리기 위해 일본은 두가지 조치를 취했다. 첫째, 상업적 용도에 필요한 것 이상을 보유하지 않을 것임을 보증했다. 하지만 이는 처음부터 공허한 약속이었다. (인명피해를 낳은 몇몇 사고를 포함한)[43] 수많은 사고와 그것의 은폐 시도,[44] 그리고 제안된 계획에 대한 대중적 저항을 불러일으킨 끊임없는 예산 초과[45]로 계획이 수차례 지연된 탓에 비축량은 꾸준히 늘어갔다. 설령 롯까쇼가 40년간 지연이나 기술적 문제 없이 작동하고 매년 800톤의 사용후 핵연료를 거침없이 처리해낸 처도, 사용후 핵연료량은 계속해서 늘어갈 것이다. 일본의 핵원자로는 매년 900톤의 폐기물을 방출하므로, 재처리할 수 있는 양을 넘어선다. 더 많은 원자로가 가동됨에 따라 이 수치는 2015년까지 매년 1200~1400톤까지 늘어나게 되어 있으므로, 폐기물은 계속해서 축적되어 주로 원자로 부지나 임시 저장부지에 쌓일 것이다.[46] 이 폐기물은 현재 전세계적으로 대략 250톤가량을 유지하고 있는 분리플루토늄 비축량[47]에 더해질 것이고, 더 많은 원자로가 건설되면서 간극은 더 벌어질 것이다.[48] 일본정부의 두번째 보증은 플루토늄을 염려할 필요가 없다는 것이다. 일본 동력로·핵연료 개발사업단은 '미스터 플루토'라는 캐릭터를 주연으로 한 선전 비디오를 내놓았는데, 플루토는 플루토늄이 마셔도 될 만큼 안전하다고 선언했고 (이어 당연히 마시는 시범을 보였고) 폭탄으로 만들어질 위험이 거의 없다고 공언했다.[49] 여러 사람들, 그중 특히 미국 에너지부 장관이 이 비디오의 부정확성에 항의하자 비디오는 수거되었지만 선전 캠페인은 계속되었다.

1995년까지는 매우 순수한 '특급' 플루토늄을 '증식'하는 (다시 말해 처음 시작할 때보다 더 많은 양을 생산하는) 고속증식로를 가동하는 것을 목표로 삼았다. 그런 프로그램은 재래식 발전소보다 비용이 4,5배나 더 들기 때문에 경제성이 거의 없었고 미국이나 영국을 포함하여 전세계적으로 그같은 프로젝트 대부분이 안전이나 비용을 근거로 폐기되었다.[50] 일본 원자력자료정보실은 그것이 "비핵확산과는 결코 양립할 수 없다"고 평가했다.[51] 일본의 계획은 1995년 12월의 나트륨 유출과 화재 이후 (일본해 연안 후쿠이福井현 쓰루가敦賀 소재) 원형 고속증식로 '몬주'가 폐쇄되면서 엉망이 되었다. 이어 부주의와 은폐를 폭로하는 증거들이 속속 나왔고 프로젝트는 근 10년 동안 중단됐다. 수년간의 항의 끝에 프로젝트 반대파가 법정에서 승리하여 증식로 설계에 결함이 있다는 주장을 인정하는 판결을 얻어냈다. 그러나 2005년 5월, 대법원은 판결을 뒤집고 프로젝트를 진행하려는 정부의 결정을 지지했다. 그 무렵엔 이미 6000억엔이 들어갔지만 아직도 전구 하나 밝히지 못한 상황이었다. 현재의 정부 계획대로라면 고속증식로는 2050년이 되어야 상업화될 예정인데 이는 애초의 계획보다 무려 70년이나 뒤처진 것이다.[52] 원자력위원회의 콘도오 슌스께(近藤俊介) 위원장은 그럼에도 이것이 "21세기를 위한 일본의 포괄적 에너지 정책의 중요한 부분"이라고 주장했다.[53] 몬주 증식로 자체를 소생시킬 예정일 뿐 아니라 2030년경까지 그것을 대체할 두번째 원자로도 "약 1조엔"을 들여 건설하기로 결정됐다.[54] 21세기 에너지 안보를 향한 관료들의 꿈은 경제를 초월한 더 고차원적 논리 수준에서 작동하는 듯했다.

고속증식로 프로젝트의 결과가 어떻든 정부는 플루토늄-우라늄 혼합산화물(MOX) 핵연료의 형태로 재래식 경수로 원자로에서 재순환된 플루토늄을 사용할 계획도 세웠다.[55] 이 공정은 또한 저농축 우라늄 연료를 사용하는 것보다 몇배나 비싸고 훨씬 큰 위험을 내포한다. 1990년대에 이미 플루토늄 MOX를 사용하려던 시도가 실패한 바 있었다. 현재 계획에 의하면 일본의 공익설비는 2007~08년경부터 플루토늄 연료로 채워지기 시작할 것이다. 하지만 지난 경험으로 보아 더 오래 걸리기 십상이고, 따라서 플루토늄 생산량(유럽에 있는 일본 소유 비축량과 롯까쇼에서 나온 것)과 원자로에 적재할 능력의 격차는 더 벌어질 것이다.[56]

가장 중요한 사실은 폐기물이 계속해서 축적될 것이란 점이다. 기본적으로 오염된 의복과 도구, 필터 등등으로 이루어지는 저준위 폐기물은 전국의 원자로 부지나 롯까쇼 저장소에서 100만개가 넘는 200리터 들이 드럼통에 보관되는데, 롯까쇼의 예상 최대 수용량은 드럼통 300만개이다.[57] 40개의 넓은 저장고를 설치할 계획이 수립되었는데, 높이 6미터 넓이 24제곱미터 크기로 1만개의 드럼통을 저장할 수 있으며 흙으로 덮여 흡사 위에 산이 얹힌 모양이 될 터였다. 그런 다음에는 거대한 독버섯이나 고대 일본 귀족의 무덤처럼 롯까쇼 부지에 저장고가 하나둘씩 퍼질 것이고 최소한 300년 동안 빈틈없는 감독을 받아야 할 것이다. 그사이 저준위 방사능을 포함하는 액체들이 수킬로미터의 파이프를 통해 태평양으로 방출된다. 일본 전역에서 원자로 부지의 폐수 통제 기준치는 일상적인 방출을 허용할 만큼 급격히 높

아지고 있다.[58]

고준위 유독폐기물, 다시 말해 사용후 핵연료는 1992년 이래 정기적으로 선적되어 광대한 바다를 가로질러 영국 북부의 쎌라필드(Sellafield)와 프랑스 노르망디의 라아그(la Hague) 소재 재처리 공장으로 실려간다. 경유국들의 항의와 해적 또는 사고의 위험을 무릅쓴 채 매번 약 17개의 원자폭탄을 만들 만한 양의 플루토늄이 선적된다.[59] 일단 처리된 액체 고준위 폐기물은 용화되어 폭 1.3미터, 길이 0.43미터의 통에 넣어져 다시 롯까쇼로 돌려보내진다. 거기서 30~50년 동안 저장되는데 그동안 표면 온도가 약 500도에서 200도로 서서히 떨어진다. 그리고 200도가 되는 시점에 300미터 깊이의 지하동굴에 묻히게 되어 있고 거기서 방사능이 수천년에 걸쳐 붕괴되는 것이다. 이런 통들이 첫번째 거대 저장고의 절반 이상을 채우고 있다.

일본의 원자로는 '유효기간'에 도달하면 폐쇄되어 해체되며 부지는 정화된다. 정확한 비용은 아무도 모르지만 영국 당국은 2006년초 자기네 민간 원전부지 20개를 처리하는 데 약 700억 파운드(1700억달러)가 소요될 것으로 계산했다.[60] 토오꾜오가 어떤 단기적인 재정 유인책을 제시하건 간에 지역공동체들은 이런 시설들을 수용하는 데 확고히 반대하고 있고, 지사들은 자기네 현이 말 그대로 수천년 단위의 핵폐기물 처리장이 된다는 점에 망설이고 있다. 2002년에 후꾸시마(福島)현 지사는 그러한 발전소 건설에 대해 4년 전에 내놓았던 지지를 철회했는데, 현의 조사결과에는 이런 내용이 포함되어 있다.

〔원자력 담당 관료들이〕 일하는 방식은 국가 입장에서 정책을 한번 결정하면 국민이나 지자체가 어떤 생각을 하든 바꿀 수 없다는 식이다.

하지만 동시에 자기들에게 편리하다면 역시 국민이나 지자체에 하등의 주의도 기울이지 않은 채 너무 쉽게 정책을 바꾼다.[61]

그러나 할 수 있는 핵개발을 전부 밀어붙이겠다는 국가나 원자력산업계의 결정 그리고 산더미 같은 플루토늄을 어떻게든 처리해야 하는 사정은 저항할 수 없는 압력으로 작용한다.

국제 핵기준이 부적절하기 때문에 재처리에 관련된 핵확산 위험은 널리 알려진 것보다 더 크다. 현재와 같은 우라늄과 플루토늄 가공·운송의 거대한 씨스템 안에서 1그램의 핵분열성 물질, 또는 "매달 핵무기 1발 정도 분량"의 유실은 탐지할 수 없다고 보는 것이 현실적이다.[62] 일본의 이웃들, 특히 남한과 중국의 입장에서 볼 때 불안을 더욱 부채질하는 대목이다.

핵 협력체제

일본은 1998년 인도와 파키스탄의 핵실험 이후 만들어진 유엔의 '신의제동맹'(New Agenda Coalition, NAC)에 참여하길 거부하고 있다. NAC는 핵군축과 비확산 압력을 강화하는 일을 목표로 한다. 일본은 이를 지나치게 "대결적"이라고 보는데, 달리 말하면 미국 등 강대국들의 핵특권에 너무 직접적으로 문제제기를 한다는 뜻이다. 2003년 북한 핵문제를 둘러싸고 민감한 협상이 진행되는 와중에 일본은 북한이 바라는 대로 핵보복권을 배제하는 안전보장을 해주지 말라고 미국을 설득한 바 있다.[63] 마찬가지로 미국의 의사에 반하여 일본이 NAC에 가입한다면 미국이 제공하는 '우산'을 약화시킬 수 있었던 것이다.

일본정부와 관료들이 핵초강대국의 한길로 무작정 매진하는 동안 미국과의 밀착관계는 더 깊어진 반면 아시아로부터의 거리는 더 멀어진다. 2006년 2월 워싱턴은 '세계핵에너지협력체제'(GNEP)를 계획하면서 일본을 최종 회원국 후보에 포함시켰다. 이 체제는 미국, 영국, 프랑스, 러시아, 중국 그리고 일본(즉 기존 핵클럽 구성원과 일본)으로 이루어질 일종의 핵에너지 '의지의 동맹'이었으며, 1970년의 NPT라는 기존 국제적 틀을 벗어나 우라늄 생산과 가공, 저장, 판매 및 이후의 처분까지 관장하는 새로운 핵카르텔을 만들 의도에서 계획되었다. 이 프로젝트는 소위 핵확산 방지용 재처리 기술과 원자로 기술을 개발하고 그에 대한 독점적 통제를 유지하며 이후 임대 방식으로 다른 나라들에 시설을 제공하겠다는 것이었다.[64]

일본정부는 동북아시아 비핵지대라는 지역적 구상에는 오랫동안 부정적인 태도로 일관한 반면, 세계 핵초강대국 클럽에 들어오라는 미국의 이 초대는 기존 핵활동을 유지할 국제적 틀을 제공해준다고 여겨 냉큼 받아들였다. 호주도 구상 단계에는 참여하지 못했지만 곧 열띤 반응을 보였다. 석달 후 존 하워드(John. Howard) 총리는 워싱턴 방문중에 열심히 미국의 조언을 구했고[65] 원하던 축복을 받아내자 핵에너지에 대한 국가 차원의 논의를 제기했다. 호주는 (비록 지금까지는 가공하지 않은 우라늄 원산지로만 기능했지만) 전세계 우라늄 매장량에 관한 한 석유로 치면 '사우디아라비아'급이기 때문에 우라늄 채굴과 제조·판매·감시로 이어지는 완결 주기를 관장하려는 프로젝트에서 중요한 역할을 기대할 만했다.[66] 총리는 국방부, 산업부, 환경부 장관들과 합세하여 호주가 원자력산업이라는 선택을 '고려해야' 한다고 말했다.[67] 영국과 호주, 일본과 특별한 관계를 맺은 데서 분명히 드러나듯 여기서는 핵문제 차원에서 세계를 좌우하려는 미국의 힘이 작동되고 있다.

하지만 많은 문제점이 있다. 계획된 프로그램이 옹호하는 주요 공정(개량형 연소로, 혹은 ABR 기술)은 아직 이론상으로만 존재한다. 원리는 고속증식로와 같지만 (특급 플루토늄이 생산되는) 증식블랭킷을 사용하지 않는 방식이다. 하지만 믿을 만하게 작동되는 고속증식로 설계의 기술적 어려움에 비하면 블랭킷 사용 여부는 간단한 문제이다. 그렇기 때문에 GNEP는 설사 실현되더라도 핵확산이라는 문제를 악화시키기 십상이다.[68] 미국이 제안한 새로운 기술을 상업적 규모로 운영하는 일은 20년이나 25년 이후에나 가능하다.[69] 비용 또한 엄청날 것으로 예상되며 누가 그것을 담당할지도 분명치 않으나, 미국 에너지 장관이 200~400억달러의 자금이 필요할 것이라면서 일본이 크게 기여할 것으로 기대한다고 암시한 적은 있었다.[70] 장차 이 요구는 걸프전과 이라크전을 지원하기 위해, 국제 금융시장에서 달러를 떠받치기 위해, 또 미사일 방위산업에 자금을 대기 위해 토오꾜오에 부과되었던 엄청난 할당금을 껌값으로 만들지 모른다. 폐기물은 여전히 쌓일 테지만 기술을 공급하는 나라들이 폐기물을 책임지고 수용하고 처리할 것이라는 생각은 애당초 터무니없는데, 어쨌건 일본은 그런 의무에서 잽싸게 빠져나왔다.[71] 이런 체제의 또 한가지 큰 문제는 NPT체제의 핵클럽에서 배제된 나라들이 클럽 가맹국에 품은 분노가 여전히 지속될 것이고 더 깊어질 수밖에 없다는 점이다.

무엇보다 이 '협력체제'는 미래의 세계 에너지의 핵심 원천으로 원자력을 적극 권장하는 데 토대를 둘 것이며, 핵심 국가들의 공적 투자가 진정한 재생에너지가 아니라 가장 비싸고 위험한 선택에 투입되도록 요구할 것이다. 어찌됐건 안전이나 다른 문제들이 해결된다손 쳐도 이런 경로를 따를 만큼 우라늄이 충분한지부터 심각한 의문의 대상이다. 우라늄 공급은 1981년에 최고점에 도달했으며 현존 탄광은 현재 수요의 절반만 공급할 수 있다. 나머지는 핵무기 해체를 통해 감당해야 하는데 이 또한 2013년이면 바닥날 것이다. 현재 개발중인 탄광이 수급간극의 절반 정도를 메울지도 모르지만 새 공급처가 발견되거나 (최소 15년이 걸리는 과정을 통해) 개발되지 않으면 기존 설비조차 폐기될 수밖에 없는 상황이다.[72] 존 버즈비(John Busby)는 "2020년에 원자력만으로 세계 에너지 예상수요에 맞추려면 1차생산이 167배나 늘어야 할 것"이고, 그럴 것 같지도 않지만 설사 원자력발전이 2배가 된다 해도 세계 에너지 수요의 겨우 5퍼센트를 감당할 뿐이라고 계산했다.[73] 고속증식로를 지지하는 사람들은 지난 수십년간 실패하고서도 여전히 새로운 원자로 개발을 내세우기 위해 이런 우라늄 부족을 들먹인다. 그러나 아직 개발단계인 '협력체제'의 기술이든 기존 경수로 원자로든 대대적 확장이란 의제는 그저 환상에 불과하다.

300년 전의 일본은 다소간 지속가능한, 핵방사물도 폐기물도 없는 사회였다. 일본정부가 현재 추진하는 계획이 잘 진행될 경우 지금부터 300년이 지나면 (그리고 사실상 앞으로 1만년 동안) 이 나라의 북부와 동부 지역은 유독하며 위협적인 거대 핵단지에 압도당할 것이며, 세대가 흘러가고 또 흘러가도록, 아니 사실상 영원히, 그것들을 지키기 위한 엄중한 무장경계가 지속될 것이다. 롯까쇼가 (수백, 수천년 후의 미래에 남기는 유산이) 21세기 문명의 대표적 모델이 될지는 지금도 계속되는 일본의 핵관료들과 일본 시민사회의 대결로 판가름날 것이다. 핵관료들은 무한한 청정에너지와 세계적 리더십, 지구온난화 해결과 핵방어(미국이든 일본이든) 유지라는 근거 없는 망상을 좇고 있다. 반대로 일본 시민사회는 민주적 의사결정과 사회적·생태적·경제적 지속가능성의 틀에서 핵무기 제거와 핵프로젝트의 단계적 폐지 그리고 재생가능한 비핵에너지 기술의 채택에 전념하고 있다. 이 싸움의 결과에 많은 것들이 달려 있다.

| 9장 |

정신분열증 국가?

코이즈미의 유산

전후 일본에서 국가라는 구조물은 해소되지 않은 모순 위에 세워졌다. 천황제 군국주의와 파씨즘은 국민주권과 평화주의에 길을 내주었지만 많은 사람들이 여전히 일본이 아시아 해방투쟁의 선두에 섰던 '좋았던 옛 시절'을 향수어린 심경으로 돌아본다. 천황제와 국민주권, 평화체제(9조)와 전쟁체제(안보조약과 냉전), 민주 교육과 인권을 세계 자본가계급과 네오내셔널리스트 관료, 정치인들과 통합할 방법이란 없다. 다우어가 지적했듯이 일본의 전후 '천황제 민주주의'는 형용모순일지 모르지만 그럼에도 60년을 버텨왔다. 이제 그것은 전례없는 도전을 맞고 있다.

샌프란시스코조약으로 1952년 일본은 주권을 회복했지만, 미국을 향한 애매한 반(半)의존적 지향은 남아 있었을 뿐 아니라 이후 더 굳어졌다. 주권은 국민에게 부여됐지만 '상징적 천황'의 치하에서 주어진 것이었다. 세계에서 가장 민주적인 헌법이 만들어졌지만 실제로는 미국과의 안보조약에 종속되었다. 냉전중에는 경제적 목표 달성에 매진하면서 이런 모순들이 쉽사리 봉쇄되었지만 일단 냉전이 끝나자 점점 더 곤혹스런 문제가 되었다.

대중추수주의자이자 마술사이면서 연예인이기도 했던 코이즈미는 엄청난 경제적 불안, 미국을 향한 사대주의, 중국의 상승에 대한 두려움, 북한에 대한 경멸, 국수주의 등이 뒤섞인 21세기초의 위태위태한 국가 정서를 탁월하게 표현했다. 그의 업무수행은 지적 일관성에서 결여된 부분을 정서적 힘으로 채우는 식이었다. (그 자체가 의존과 자기주장의 조합인) 네오내셔널리즘을 유권자와 미국정부를 만족시키는 신자유주의와 뒤섞어놓은 것이 그의 정책이었으나 구조적 모순은 전혀 해결하지 못했다.

임기 마지막 몇달간 코이즈미는 일본의 에어포스원이라 할 것을 타고 미국, 이스라엘, 팔레스타인, 요르단, 러시아(G8 정상회의 참석차 상뜨뻬쩨르부르끄), 몽골(칭기즈 칸의 몽골제국 건국 기념차), 우즈베키스탄, 카자흐스탄, 핀란드에 이르는 많은 나라들을 순방했다. 그러나 재임기간 중에 관계가 악화되었던 중국, 남북한, 러시아가 제외되었다는 점에서 그의 호화로운 여행 일정은 제한적이었다. 그도 그럴 것이 이 나라들과 생긴 문제들은 어느 하나 해결 전망이 보이지 않았던 것이다. 총리로서 마지막 방문이자 그에게 가장 중요했던 미국 방문은 실망스러웠다. 충성스럽게 봉사해왔지만 야스꾸니 참배를 고집한 탓에 미국 상하원 합동회의에서 연설하는 특권이 주어지지 않는다는 사실을 출발 전부터 알고 있었기 때문이다. 미 의회가 어떻게 나오든 코이즈미와 미 대통령은 함께 다른 '신사'들을 방문했는데, 테네시주 멤피스의 그레이스랜드[1]에선 「러브 미 텐더」와 「아이 원트 유, 아이 니드 유, 아이 러브 유」를 포함한 엘비스의 노래들을 직접 부르기도 했다. 이런 퍼포먼스가 일종의 희가극 같았다고 보도되었지만 실은 그의 5년에 걸친 그간의 봉사를 깔끔하게 요약하는 정치적 진술, 즉 미 대통령에 대한 사랑과 복종의 마음에서 우러나온 메씨지로 보아야 할 것이다.

그는 정치적으로 가장 덜 중요한 핀란드 방문에서 가장 환대받았는데 주최 측은 그가 시벨리우스의 음악을 잘 알고 있다는 데 놀라고 기뻐했다. 다른 곳에서는, 그의 전형적인 메씨지란 가령 요르단의 페트라(Petra)에서 낙타 등에 타고 앉아 취재 카메라를 향해 익살을 떨며 "낙타는 라크가 아니다"(라꾸다 와 라꾸자나이네)라며 말장난을 하는 식이었다. 이날은 그가 이스라엘과 팔레스타인을 방문한 직후였고, 마침 이스라엘이 베이루트 폭격을 시작한 날이었다. 그는 일본과 이웃나라들의 관계가 처한 위기라든지 지구온난화나 기후변화, 이라크에서 창궐하는 폭력이나 중동 전체의 상황 악화에 이르기까지, 중요한 문제들은 거의 언급하지 않았다.

마치 대사 한마디 없는 배우가 국제·국내 무대에서 마지막으로 거들먹거리는 연기를 하는 것 같았다. 그는 재임중 본인이 착수한 단 하나의 중요한 외교정책, 즉 북한과의 관계정상화를 당시 부하였던 아베의 싸보타주(4장 참조) 이후 완전히 포기했다. 그는 또한 2004년의 두번째 평양 방문 이후 부시에게 김정일을 만나도록 잠시 설득한 적이 있었으나 이 역시 곧 접었고, 쌍뜨뻬쩨르부르그에서 "북한이 미국과 양자회담을 희망한다는 점을 알고 있다"[2]고 했으나 실제 추진하려는 노력은 기울이지 않았다. 총리 자리에 들어서기 한참 전부터 사실상 아베가 대북정책의 고삐를 쥐고 있었다.

그러나 코이즈미는 워싱턴이 요청한 모든 일을 완수했다는 만족감을 안고 물러날 수 있었다. 그는 일본군이 이라크 땅을 밟게 했고, 반(反)테러 명분에 수십억을 지불했으며, 미사일방어 씨스템을 각의결정(閣議決定)했다. 또한 일본 자위대를 미국의 전략계획에 통합시켰고, 새로운 기지를 건설하거나 약속했다. 미국산 쇠고기에 시장을 재개방했고 우정국을 민영화했는가 하면 헌법 개정을 후임자의 최우선 의제로 만들어놓았다. 어떤 총리도 이보다 더 많은 일을 한 적은 없었다. 하지만 이 모든 것들로 인해 워싱턴의 존중을 받았는가는 다른 문제다. 쌍뜨뻬쩨르부르끄에서 언론매체에 잡힌 짤막한 직설적 대화를 통해[3] 부시 대통령이 토니 블레어 영국 총리에게 얼마나 경멸하는 태도를 보였는지 밝혀진 지금 부시가 측근들에게 "코이즈미 하사(下士)"라고 했다거나[4] 일본을 두고 "현금지급기"라고 농담을 했다는[5] 얘기들이 얼마간 사실이 아닐까 생각하게 된다.

비록 본국에서 정치적 지지가 무너지기는 했지만, 지역적·지구적 문제에 대한 블레어의 발언은 경청할 만하고, 영국이 나서서 실행해야 한다는 대의를 그 자신의 생각으로 가진 듯했다. 그에 비해 코이즈미는 무시당했으며, 북한의 위협이 있으니 미국을 자기편에 두는 데 필요한 일이라면 뭐든지 해야 한다고 믿는 것처럼 보였다. 2007년 현재 일본 방위장관이 2003년에 말했던 대로 일본은 사실상 '미국의 한 주(州)' 같았다.[6] 하지만 코이즈미만큼 오랫동안 사랑받은 총리도 없었다. 모리에게서 자리를 물려받을 당시 모리의 지지율은 10퍼센트 이하였는데, 일본 개혁에 필요하다면 자민당을 깰 수도 있다는 극적인 약속을 한 뒤 코이즈미의 임기초 지지율은 80퍼센트에 이르렀다. 이후 수치는 다소 오르락내리락했으나 이라크전의 동료인 부시와 블레어만큼 추락한 적은 없었다. 2006년 9월 임기 마지막 달에 접어들었을 때도 그의 정부는 여전히 47퍼센트의 지지율을 누렸고 5년 평균 50퍼센트대를 유지했다. 워싱턴과 런던의 짝패들은 그같은 수치를 다만 질시의 눈으로 바라볼 수 있을 따름이었다.[7]

5년 반에 걸친 코이즈미의 임기를 되돌아보면, 또 미국의 품에 주체 못할 열정으로 화답했음을 돌이켜보면, 그가 그토록 순진하다는 데, 미국과 미국이 대표하는 것에서 일어난 엄청난 변화를 깡그리 잊어버린 데 놀라움을 금할 수 없다. 부시정부 아래서 미국이 다양한 아우성으로 소란스럽고 중동에서는 재앙에 직면해 있을 때도 그의 눈에는 오직 자유와 민주주의, 경제적 활기의 이상향으로만 보이는 듯했다. 물론 코이즈미가 실제로 미국을 그렇게 생각한 것은 아니었지만 그가 약속한 무조건적 지지는 사실상 선제공격에 대한 찬동이었고, 핵위협, 국제법과 국제조약에 대한 도전, 유엔 무시, 제네바협정을 포함한 전쟁의 법칙과 관행에 대한 반항을 두둔한 행위였다. 전임 총리들이 일본의 외교정책을 유엔에 대한 지지와 미국과의 협력에 토대를 두었던 데 비해, 코이즈미는 처음으로 이 둘을 갈라놓았고 후자를 택했다. 하지만 코이즈미의 카리스마는 상당해서 워싱턴의 계속되는 요구에 기꺼이 협력하면서도 자세한 사정에 대체로 주목하지 않는 대중의 지지를 얻어낼 수 있었다.

스스로를 '내셔널리스트'로 생각하는 많은 일본인들과 마찬가지로 코이즈미는 미국이 만들었다는 이유를 들어 일본 헌법을 비판하지만 그런 외압의 다른 측면들에는 관심이 없었다. 그를 포함한 어떤 '내서

널리스트'도 왜 매카서가 천황을 국가의 중심에 두어야 한다고 요구했는지 묻지 않았다. 이들은 일본의 '국익'을 소리 높여 외치면서도 코이즈미의 임기 동안 '비상사태법' 등 방위 관련법의 개정을 통해 더욱 심화된 이 나라의 군사적이고 전략적인 종속을 무비판적으로 지지하는 경향을 보인다.

코이즈미정부 때 북한은 일본의 내셔널리즘적 독단과 미국 품에 안기는 수동성의 모순에 효과적인 해결 수단을 제공해주었다. 코이즈미를 지지하는 다수는 미군 재배치에 아무런 불만이 없는 듯했다. 북한의 위협을 더 우려했으므로, 그들은 비록 소극적이긴 했어도 (대부분의 오끼나와인들처럼) 반대하는 사람들을 설득하거나 매수 혹은 저지하려는 토오꾜오의 시도를 지지했다. 중국에 대한 적대감 역시 코이즈미 치하에서 거세게 분출되었지만, 20세기 15년간의 중일전쟁의 재앙에 대한 기억은 쉽게 지워지지 않았고, 특히 일본의 경제 엘리뜨들 사이에서 중국과의 상호의존이 커진다는 의식이 강했다.

토오꾜오 정관계의 '내셔널리스트'들은 물론 일본이 유엔안보리의 상임의석과 더불어 이 나라의 경제적 힘에 걸맞은 정치적 힘을 세계에 펼치는 '강대국'이 되기를 바랐다. 그러나 이런 야심은 일본이 비상사태에 미국의 방어를 필요로 한다는 식의 주장이 지닌 틀을 결코 벗어나지 않았다. 비상사태라는 뜻의 일본어 '유지(有事)'는 문자 그대로 '무엇인가 일어난다'인데 지금까지 수십년 동안 그 '무엇'은 늘 한반도의 전쟁을 가리켰다.

아베의 '아름다운 나라'

코이즈미와 마찬가지로 아베 신조오도 미국 정부가 총리로 바랐던 인물이었고, 코이즈미가 그토록 충실히 추구해온 '동아시아의 영국' 되기 과정을 완수하리라는 신뢰를 받았다. 코이즈미의 선택된 후계자로 총리직에 올랐고 그의 정책을 지속하리라 서약했지만 그는 매우 다른 유형의 정치가였다. 코이즈미가 자민당을 때려부수겠다고 약속하면서 권력을 잡은 데 비해 아베는 철두철미한 자민당원으로서, 한 총리의 손자이자 다른 총리의 조카손자이고 외무장관의 아들인, 명문 중의 명문가 출신으로 코이즈미를 계승했던 것이다. 아베는 당 파괴자가 아니라 당 충성파였다. 그의 정치적 영웅이자 모델인 조부 키시는 전전(戰前) 일본의 대중(對中) 정책을 주도한 인물이고 대미 전쟁을 선포한 토오조오 내각의 일원이었으며 스가모(巢鴨) 감옥에서 A급 전범으로 2년간 수감되었던 인물이다. 그후 복권되어 1957년부터 총리로서 미일동맹의 주요 설계자 역할을 했다.

총리직 이전의 아베의 정치적 경력은 역사적 수정주의에 입각한 일본의 전쟁책임 부인, 1920~30년대 일본이 자국 안보와 아시아 해방을 위해 영광스럽고 합법적인 투쟁을 벌였다는 믿음, 2000년 모리 수상이 표현한 신도적 일본관에 바치는 열의, 천황제 파씨즘을 향한 향수, 전후 민주주의의 제도와 원칙에 대한 적개심으로 특징지어진다. 그는 존경하는 할아버지의 임무를 완수하는 것이 자신의 운명이라 여기는 듯했다. 총리직이 그를 바꾸어놓거나 아니면 그가 이 비전에 맞추어 나라를 바꾸어놓거나, 둘 중 하나일 터였다. 워싱턴의 가까운 벗 혹은 동지로 여겨졌음에도 그는 1930~40년대 일본의 전쟁을 "이른바 침략

전쟁"이라 칭했으며 유죄판결을 받은 A급 전범들이 일본 법률이 정하는 어떤 범죄도 저지르지 않았다고 했다. 일본의 전쟁책임을 의심하고 이를 '전문가'들이 해결한 문제라고 믿었다는 점에서, 그는 홀로코스트에 대한 의구심을 표명하면서 그것이 진짜 일어났는지 여부를 '전문가'들에게 맡겨 해결하자고 제안한 이란 대통령 마무드 아마디네자드를 닮았다.[8] 아마디네자드의 의심은 그를 파라오로 만들었지만 아베의 의심은 그의 국제적 입지에 거의 아무런 영향도 미치지 못했다.

아베의 문제는, 어떻게 하면 미국의 이익에 봉사하면서도 자신이 약속한 전후질서 극복을 성취할 것인가, 어떻게 하면 미국이 부과한 안보장치나 천황제 중심의 국가정체성을 건드리지 않으면서도 '미국적'이라는 이유를 들어 헌법과 기본법을 개정할 것인가 하는 점이었다. 그와 미국정부는 일본 헌법을 개정해야 한다는 데 동의했지만, 미국인들은 일본의 병력을 제약에서 풀어 앞으로 있을 전쟁에서 미국과 나란히 싸울 수 있게 한다는 입장이었고, 아베의 생각은 강대국 일본이 미국의 이해와 일치하든 아니든 자국의 이해를 위해 필요하다면 언제 어디든 병력을 투입한다는 데 맞춰져 있었다. 코이즈미처럼 그도 전후체제 개조를 역설했다. 그는 정규군과 집단적 방어권을 가진 일본을 생각하고 있었다. 교육이 혁신되어 학생들은 "가정과 지역과 나라에 대한 사랑"[9]을 배우게 될 터였다. 장기적으로 이런 일이 워싱턴의 입맛에 맞을지는 그리 분명치 않았다.

아베가 총리 자리에 오르기 전날 밤, 미 의회 국제관계위원회는 태평양전쟁중 일본이 아시아 여성을 성노예로 동원한 것을 '최악의 인신매매 범죄 중의 하나'로 비난했다. 공화당과 민주당의 중진의원들은 코이즈미의 야스꾸니 참배를 비판했으며 캘리포니아 민주당원 톰 랜

토스(Tom Lantos)는 이를 "일본의 역사적 기억상실증의 가장 지독한 사례"라고 말했다. 메씨지는 분명했다. "이런 행동은 끝내야 한다"[10]는 것이었다. 아베에겐 마뜩찮았지만 무시할 도리가 없는 신호였다. 그는 '위안부' 착취라는 그런 '엄청난 범죄'가 있기는 했는지 의심하는 사람들 가운데서도 핵심인물이었다. 하지만 총리직을 접수하면서 집요한 질문에 맞닥뜨리자 아베는 곧 자신의 입장을 뒤집었다. 그는 자신의 정부가 식민주의, 침략, '위안부' 문제들에 대한 무라야마 총리와 코오노 요헤이(河野洋平) 관방장관의 사죄에서 표명된 기존 입장을 바꾸지는 않을 것이라고 말했다. 이런 입장 전환은 비록 마지못해 내놓은 것일망정 환영받았다.

야스꾸니와 관련해서도 아베는 진퇴양난이었다. 예전 태도를 지속한다면 외교적 폭풍을 야기할 수밖에 없었고 급격히 입장을 바꾼다면 국내 지지자들의 격렬한 항의에 부딪힐 수밖에 없었다. 2006년 봄 자민당 총재직에 출마하면서 야스꾸니를 몰래 방문한 것 같은 얕은 수는 한번만 쓸 수 있는 카드였다. 헌법 개정이나 국립신사 설립이 그가 선호하는 장기적 해결책일 순 있었지만 단기적인 딜레마는 어쩔 도리가 없어 보였다. 그후로 2002년 관방부장관 시절의 아베는 관계정상화를 위한 코이즈미의 선도정책을 막았고 그의 대중적 지지기반의 가장 큰 원천은 북한에 대한 '강경한' 자세였다. 대북 강경론의 최선봉에 선 인물로서 그는 북한의 정권교체를 선호하는 워싱턴의 신보수주의자들과 같은 의견이었다. 이는 상당한 위험이 따르는 입장이었고 2007년 부시의 정책 변화로 그는 무방비 상태가 되었다.

2002년에 아베는 납치 피해자와 관련하여 평양과 맺은 약속을 무시해야 하며 경제적 곤경에 몰려 북한이 어쩔 수 없이 굴복할 것이니 다만 그때를 기다려야 한다고 주장했다. 뒤이어 일어난 일들은 그의 심각한 오판을 입증했고 코이즈미는 결국 사과와 협상재개를 위해 2004년 5월 두번째로 평양을 방문해야 했다. 2006년 북한 위기가 악화되자 아베는 다시 한번 국제적 압박의 최전선에 섰다. 2006년 여름, 관방장관이던 아베는 2006년 7월의 미사일 발사 이후 북한의 위협을 비난한 유엔안보리 결의 1695호를 끌어내는 데 중요한 역할을 했으며, 이를 '안보리 설립 이후 60년 만에 최초로 일본이 안보리를 주도한 사례'라고 의기양양하게 설명했다.[11] 얼마후 총리가 된 그는 북한 핵실험을 응징하는 가혹한 국제적 반응, 즉 나사를 더욱 조이는 데 촛점을 맞춘 2006년 10월 14일의 안보리 결의 1718호를 조율해내는 데 동참했다. 그의 '강경함'은 일본내 지지기반을 다지고 워싱턴의 인정을 받는 데는 도움이 됐지만 평양을 구석으로 내모는 일을 우려하는 아시아의 이웃들과 일본의 간극을 더 벌려놓았다. 이웃나라들은 단순히 핵이나 납치 문제가 아니라 북한의 비정상적인 상황에 대한 포괄적 해결책을 마련하는 데 집중했다. 1941년의 일본의 행동을 돌이켜보는 것만으로도 제재와 비난, 고립이 평화적 변화를 가져오지 못하리라는 사실을 입증하기에 충분했다.

경제정책과 사회정책 영역에서는 (비록 코이즈미의 '개혁' 노선을 유지하겠다고 공약했지만) 뒤늦게 신자유주의자로 개종한 아베는 일찍부터 민영화와 규제완화를 늦추고 더 포괄적이며 개입주의적인 전통적인 자민당 방식으로 돌아갈 조짐을 보였다.[12] 2006년말, 불과 몇달 전 코이즈미가 '자객'을 보냈던 우정국민영화 반대파 11명을 다시 당에 받아들이기로 결정하자 당내 지지자들조차 개혁에 관한 그의 열의에 의구심을 품었다. 이 사건이나 다른 일련의 추문으로 아베정권에 대한 지지는 10월의 63퍼센트에서 11월의 53퍼센트, 12월의 47퍼센트로 급격히 추락했다.[13] 코이즈미가 당을 깬다는 공약을 지키지도 않았건만 자민당은 확실히 약해졌고, 지지율 하락을 반전시키지 않는다면 아베는 2007년 7월의 참의원 선거에서 재앙에 처할 수도 있었다. '미국이 강요한' 헌법과 교육기본법에 대한 그의 적개심은 미국식 신자유주의적 경제정책에 대한 지지나 일본의 군사적·전략적 대미의존 심화와 결합되어 내재적으로 불안정했다. 카또오가 말했듯, 그것은 난방기와 냉방기를 동시에 틀고 차를 운전하는 것과 같았다.[14]

코이즈미 같은 연극적 기질이나 카리스마는 없었지만 아베는 그에게서 압도적 다수 의석을 물려받았고 초기에는 이를 잘 활용하여 2006년 12월 개정 교육기본법을 통과시키고 방위청을 방위성으로 승격시켰다. 1947년 교육기본법 1조에서 '개인의 가치'를 존중한다는 언급은 삭제되었고, 애국심을 포함하여 학교가 학생들에게 주입해야 할 도덕적 덕목들로 대체됐다. 미야께의 표현대로 이제 도덕은 "국가가 정한 한계 안에서" 기능하게 되었다.[15] 2007년에 접어들자 아베는, 이 나라의 기본 헌장이 공적으로 (충성심을 우선으로 하는) 국가의 목표를 개인의 권리라는 '이기적' 고려 위에 놓도록 만드는 것을 목표로 헌법 개정도 밀어붙이겠다고 선언했다.

베스트쎌러가 된 『아름다운 나라로』에 요약된 아베의 핵심의제는 도덕적이고 이데올로기적이면서 감상적이고 낭만적이기까지 하다.[16] 무엇이 '아름다운' 것인가를 밝히고 '일본의 참뜻 100선'을 정하기 위한 국민운동이 2007년에 시작될 예정이었다.[17] 아베의 많은 다른 의제들과 마찬가지로, 이 역시 그의 조부 시대에 '국체명징운동(國體明徵運動)'을 통해 일본의 아름다움을 '국체의 본의(本義)'로 알려진 일련의 규칙으로 정의하고 당시 문부성이 이를 정규 교과과정에 넣으려 했던 일을 되풀이하는 듯하다. 그 시절의 반대파들은 '비일본적'이라고 몰렸고 아베의 조부와 그의 동료들은 천황제 파씨즘을 공고화했다.[18] 1940년대초에 학창시절을 보낸 어떤 사람은 일본이 아시아 전역에서 혼란과 폭력을 뿌리고 다니던 동안 그의 세대는 교과독본 속의 '아름다운 나라, 일본'을 사랑하도록 강요받은 일을 기억했다.[19] 이처럼 아베가 내놓은 많은 의제는 유럽 정치의 극우적 분파에서 비슷한 사례를 찾아볼 수 있다.

2007년이 저물면서 국가가 강제하는 애국심에 대한 아베의 요청은 일본의 기업인 조직인 경단련 회장 미따라이의 지지를 얻었다. 미따라이의 '비전'에 따르면 일본을 '희망의 나라'로 만들기 위해 학교에서 학생들에게 애국심을 불어넣는 것보다 더 절실한 일은 없다.[20] 아이러니하게도 '희망의 나라'라는 용어는 2000년 무라까미 류우(村上龍)의 베스트쎌러 소설의 제목('희망의 나라를 향한 탈주')으로 활용되었다. 하지만 무라까미의 '희망의 나라'는 '사랑과 망상의 파씨즘'(그의 초기 소설 제목)을 피하여 사람들이 도망가는 피난처였다. 따라서 그의 희망은 아베와 미따라이가 공유하는 희망과는 정반대였다.

고질적인 '일본문제'

동아시아 나라들간의 경제적 고리가 복잡해지면서, 그리고 이 지역 주요인사들이 사회적·정치적 공동체를 모색함에 따라, '일본문제'는 더 처치 곤란해졌다. 일본에선 오랫동안 근대가 '탈아(脫亞)'와 동일시되었고 일본의 독특함과 비(非)아시아성을 서구화와 결합하는 데 토대를 둔다고 여겨졌다. 아베의 '아름다운 나라'는 독특하고 우월한 일본이라는 유언비어의 최신판에 불과하다. 전후 일본의 정체성이 전전 일본의 핵심을 보존해야 하고 천황중심으로 재조직되어야 한다고 주장했던 미국의 심리전 부대는 그같은 비아시아적 일본이 미국에 계속 묶여 있으리란 점을 염두에 두었다. 그런 전략을 가장 잘 구사한 다른 사례들과 마찬가지로 이 경우도 일본 내부에서 강요이긴커녕 정신의 깊이에서 나온 탁견으로 환영받았다. 여러 세대에 걸쳐 일본인들은 베네딕트의 글이 각별한 통찰력을 갖추었다고 보았고 전시 미 정보부가 주장한 천황중심의 정체성을 무비판적으로 재생산했다. 이 과정에서 그들은 일본의 우월성과 비아시아성이란 관념 그리고 거기에 뿌리를 둔 차별과 편견의 구조를 복제했다.

자신들이 독특하고 우월하며 비아시아적인 정체성을 지녔다는 이야기에 넘어가는 일본 사람들이 상당수 존재하는 한, 아시아적 공동체니 연방이니 하는 것이 출현할 위험은 없고, 일본과 중국의 동반관계 구축에 근거하는 아시아 연대는 더더욱 불가능할 것이다. 그러니 미국부부가 수십년 전에 이미 내다본 대로, 천황이 국가의 수장이 되는 편이 훨씬 미국에 유리한 일이었다. 아베나 미따라이 등이 중심이 된, 일본을 천황중심의 독특한 일본성이라는 유아론적 바다로 인도하려는 네오내셔널리즘의 시도는 이 나라를 이웃들로부터 고립시키고 앞으로도 확실히 미국에 의존하게 할 것이다.

유럽이나 다른 지역 국가들이 "이민의 나라이자 다문화사회"가 되고 있다는 위르겐 하버마스(Jürgen Habermas)의 얘기가 맞다면,[21] 그리고 모든 문화는 "서로서로를 내포하며 어느 하나도 단일하거나 순수하지 않고 모두가 혼종적이고 이질적이고 극히 미분화되어 있으며 획일적이지 않다"고 말한 에드워드 싸이드(Edward Said)가 옳다면, 일본은 싸이드가 "방어적이고 반발적이며 심지어 편집증적인 내셔널리즘을 갖고 있으며 (…) 거기서는 상급학교 학생뿐 아니라 아동들까지 전통의 독특함을 숭배하고 찬양하도록 배운다"고 묘사한 나라에 해당한다.[22] 유일무이하고 독특한 일본이라는 정의를 그대로 따라가면 어떤 보편적 가치도 갖지 않는다는 얘기가 되는데, 그런 사고방식은 일본이 지역과 세계에서 적극 협력하는 역할을 수행하는 데 커다란 장애가 된다.

군국주의, 미국에 대한 봉사, 애국주의적이고 내셔널리즘적인 이데올로기들 사이의 연관은 전후 일본의 정치적 진화 단계를 보면 분명히 드러난다. 점령기간에는 천황 자신이 미군기지에 가장 열광했고 그러면서 조심스럽게 자신을 국가의 중심으로 재구성하는 일에 착수했다. 한국전 직후는 미국이 제3세계 전쟁을 준비하면서 일본의 대대적인 재무장을 원했던 시기였는데 1954년의 이께다-로버트슨(池田-Robertson) 협정은 이렇게 진술하고 있다.

일본인들 사이에서 자국 안보를 더 많이 책임지길 원하는 분위기를 조성하는 것이 가장 중요하고, 그러기 위해 일본정부는 애국심과 자기방어의 자발적 정신이 자라날 환경을 배양하는 일차적 책임을 지닌다.[23]

1950년대 후반의 키시 총리와 1980년대의 나까소네 총리는 이런 식으로 한데 뭉친 내셔널리즘, 군국주의, 미국 봉사를 향한 열정의 조합을 잘 드러냈다. 나까소네가 야스꾸니 참배를 부활시키려 하면서 1983년 1월 일본을 미국의 '침몰하지 않는 항공모함'으로 헌납한 일은 20년 후 코이즈미와 아베가 한 일을 미리 보여준 셈이다.

이웃나라들과 관계를 맺고 20세기의 역사를 적절히 매듭지으며 아시아 연방 건설에 협력하려는 일본의 시도는 번번이 이 고질적인 정체성문제로 영향을 받았다. 일본사회 역시 마찬가지였다. 2005년 유엔 인권위원회 특별보고관 두두 디엔(Doudou Diene)은 일본내의 차별이 "뿌리깊고 심각하며" 일본사회는 "정신적으로나 지적으로 닫혀 있다"는 결론을 내렸다. 1년 후 그는 그러한 인종차별주의의 최신 변형태가 반테러주의, 즉 내셔널리즘과 외국인 혐오 분위기를 배경으로 자행되는 외국인과 소수자에 대한 차별이라고 덧붙였다.[24] '천황중심의' 특별한 비아시아적 정체성은 그에 속하지 않은 사람들을 배제함으로써 구성될 것이니, 일본은 차별을 필요로 했고 재생산했던 것이다.

20세기 후반과 21세기초의 아시아에서 '일본문제'는 특히 20세기 초중반 일본이 아시아를 침략하고 지배한 일을 포함하여 일본이 **어떤 행위를 했는가에** 촛점을 맞추는 경향이 있다. 하지만 아직 해결되지 못한 더 큰 문제는 일본이 스스로를 상상하는 방식, 다시 말해 일본이 **어떤 나라인가를 해명하는** 것이다. 동아시아(혹은 동북아시아)가 어떤 공동체를 향해 단호히 전진해 나간다면 그에 관심을 두지 않는 일본을 받아들이기는 힘들 것이다.

2007년이 밝아오면서 사랑과 아름다움과 희망에 관한 이야기들이 일본의 대기를 채웠다. 일본인들이 때이른 봄의 낭만에 느닷없이 사로잡혀서 그런 게 아니라 그들의 지도자가 이런 것들을 요구했기 때문에, 나라를 사랑하라고 주장했기 때문이다. 일본이 이웃 북한과 공유하는 가장 큰 유사성이 아마 이 점이 아닐까 싶은데, 북한 사람들도 그들의 '친애하는 지도자'를 사랑하도록 요구받는다. 평론가 사따까 마꼬또(佐高信)는 이를 "스토커 국가" 현상이라고 불렀다.[25] 오랜 과거를 기억하는 일본인들은 국가를 사랑하도록 강요받고 그것이 비할 데 없이 아름답다는 얘기를 들었던 20세기 전반부의 시기를 기억한다. 그 시기의 끝은 좋지 못했다.

코이즈미와 아베, 미따라이가 표현한 비전의 가장 놀라운 특징은 인류 공동의 운명에 도무지 관심을 쏟지 않는다는 점이다. 지구가 재앙을 향해 서서히 나아가고 있는 이때, 그들은 국가라는 한물간 관념에 몰두하고 세계 권력의 중심에 가깝다는 걸 뻐기며 유엔의 '상석'에 한 자리를 얻고자 하고 GDP 성장을 약속한다. 이런 식의 권력이나 주도력에 대한 지향과 독특하고 오점 없는 '아름다움'에 대한 강조는 심각한 나르씨시즘으로 보인다. 또한 이들의 국가권력 개념은 19세기에 근거를 둔 것이고, 자유와 평등보다 국가나 국기 관련 의례 그리고 국가와 기업에 대한 무조건적 봉사가 체현하는 훈육과 질서와 권위를 이상으로 삼는 이들의 이념은 거의 프로이센에 가까운 것이다. 그들이 내세우는 규정들을 요약하면 결국 네오내셔널리즘과 신자유주의의 조합이다. 그들의 사고방식에는 2006년말 인류 문명과 지구의 위기에 관한 영국 정부의 「스턴 보고서」(Stern Report)에 담긴 도덕적·지적 관심은 전혀 없다.[26]

스턴은 지구온난화와 관련된 '티핑 포인트'(tipping point)가 임박했음을 주장한다. 지구상에 테러와 전쟁의 폭력이 퍼져가는 동안 극지방의 얼음은 계속 녹고 있으며 해수면은 상승하고 지구는 더워지고 있다. 어업은 붕괴하고 산호는 죽어가며 숲은 줄어들고 사막은 늘어나며, 지구는 더 많은 폭풍과 가뭄과 홍수에 시달린다. 그리하여 여섯번째 종의 대멸종이 진행되고 있음을 깨닫기 위해선 700페이지에 이르는 스턴의 보고서를 굳이 읽을 필요도 없다. 착취 대신 공생으로 자연과 관계맺는 지속가능한 문명의 탐색은 절체절명의 과제이다. 체제를 조금씩 뜯어고치는 것으로는 이미 감당할 수 없게 되었다. 자본주의와 근대성의 패러다임 자체를 재고하는 일 말고는 대안이 없다.

이전 책에서 나는 내셔널 파나소닉사의 창업주 마쯔시따 코오노스께(松下幸之助)를 다룬 적이 있다. 그는 1970년대에 산을 깎고 바다를 채워 일본 열도의 다섯번째 섬을 만들어 일본 영토를 확장하겠다는 200년 계획을 세웠다. 실로 무모하기 짝이 없는 발상이었지만 목적만은 진지했다. 국민들의 에너지를 끌어내고 집중시킬 목표를 만듦으로써, 예전처럼 전쟁을 통해서가 아니라 이웃나라들과 분쟁을 야기하지 않는 방식으로 목적의식을 만들어내겠다는 것이었다.[27] 하지만 오늘날 필요한 것은 일본의 영토가 아님은 물론이고 거대한 시시포스적 계획도 아니며, 상상할 수 있는 모든 계획 중에서 가장 거대한, 지구 구출 계획이다. 이 임무는 현재의 편협한 정치를 뛰어넘고 위기를 정확히 인식하며 일본인들의 상상력과 지성 그리고 관대함을 끌어낼 수 있는 정치적·사회적 지도자를 요구할 것이다. 확실히 일종의 동원이기는 하지만 (국가권력에 대한 전통적 개념과 일치할 뿐 아니라, 동맹국 미국이 끈덕지게 요구하기 때문에 일본정부가 늘 최우선으로 생각하는 '국제적 기여'의 형태인) 군인과 무기의 동원이 아니라 재능과 지혜를 대상으로 하는, 헌법의 최고 이상에 부합하는 동원이다.

2003년 이라크에서 잠시 포로가 되었다가 정부와 대중매체로부터

(특히 끊임없는 칭송받는 일본 군인들과 비교되면서) 책임감이 부족하다며 비난받은 세명의 일본 젊은이를 지표로 삼을 수 있을 것이다. 보통의 이라크 주민들은 일본이 쏘니나 미쯔비시 '부대' 말고 군인들을 보냈다고 불평한다. 군대를 '정상화'할 방법, 산더미 같은 플루토늄을 깔고 앉은 채 역외(域外)의 미국, 동아시아의 영국, 혹은 종속국가가 되어 저 멀리 있는 주인을 섬기며 핵보유국이 될 방법을 골몰해서는 안될 일이다. 참신한 진로를 설계하고, 일본 본질주의의 환상과 미국 패권주의의 강요 둘 다를 뛰어넘는 정체성을 새로이 개념화하며, 미국과의 우호관계를 부정하지 않으면서 아시아성(Asian-ness)을 재정의할 능력을 가진 정치가들이 절실히 필요하다.

서문

1 「出發点は現實を見つめることだ "經大國"という幻想を捨てよ」, 『週刊金曜日』 2008年1月11日, 55면.

2 생활보호를 필요로 하는 사람들 중 3분의 2가 거부당했다. David K. Shipler, Morioka Koji, and Yuasa Makoto 「ワーキング・プア―日本とアメリカの現狀を 語る」, 『世界』 2007年9月, 60~70면 중 65면.

3 中村十念 「國民皆保險 ―― 本當のところはどうなんだ?」, 『世界』 2008年 2月, 93면.

4 Michael Green, *Japan's Reluctant Realism*, Kenneth Pyle, *Japan Rising*, Richard Samuels, *Securing Japan*, all 2007.

5 자세한 논의는 본서 1장 참조.

6 佐伯啓思 「保守理念を放棄した自民黨」, 『朝日新聞』 2007年9月15日.

7 아베 2기내각(2007년 8월)의 상세한 명단은 俵義文 「變わらぬ超右寄り「日本會 議」內閣の體質」, 『週刊金曜日』 2007年9月14日, 13면. 타와라의 이어지는 후꾸다 정부 분석은 2007年10月5日, 12면.

8 구체적 내용과 출전은 본서 4장 참조.

9 Richard L. Armitage and Joseph S. Nye, "The US-Japan Alliance: Getting Asia right through 2020," Center for Strategic and International Studies, Washington,

February 2007.

10 日本經濟團體連合會『希望の 國, 日本』, 2007年1月 1日, http://www.keidanren. or.jp/japanese/policy/2007/vision.pdf discussed in Minoru Nagata (introduced by Gavan McComack), "Love your state, Love your boss: Whither Japan?" *Japan Focus*, 9 January 2007.

11 게이츠의 방문에 대해서는 Fumitaka Susami, "Gates backs permanent law to send SDF," *Japan Times*, 11 November 2007. Kaho Shimizu, "Greater security role is in Japan's interest: Gates," *Japan Times*, 10 November 2007도 참조.

12 Kurt Campbell and Michael Green, "Ozawa's bravado may damage Japan for years," *Asahi shimbun*, 29 August 2007.

13 和田春樹「安倍路線破産と新朝鮮政策—拉致問題, 核問題」,『世界』 2007年12月, 88~96면.

14 八木秀次「保守『冬の時代』の今こそ『平沼新黨』を待望する」,『Sapio』 2007年 111月4日, 3면.

15 2007년 12월초 후꾸다-오자와의 회동에 관한 자세한 언론보도는『朝日新聞』과 *Japan Times*, 5 November 2007 참조.

1장

1 US Senate, 82nd Congress, 1st Session, Committees on Armed Services and Foreign Policy, *Military Situation in the Far East* (Washington, 1951), 310~11면.

2 Edwin O. Reischauer, "Memorandum on Policy Towards Japan," 14 September 1942, document, 이 자료는 다음의 글에서 소개되고 해설되어 있음. Fujitani Takashi, "The Reischauer Memo: Mr Moto, Hirohito, and Japanese-American soldiers," *Critical Asian Studies*, 2000, vol. 33, no 3.

3 加藤哲郎「1942年6月米國『日本プラン』と象徵天皇制」,『世界』 2004年12月, 132~43면.

4『朝日新聞』 2003年2月19日.

5 2006년 큐마는 일본이 실제로 이라크전에 협력할 것인가에 대해 본인은 반대하지만 코이즈미가 개인적으로 부시에게 개인적으로 약속했다고 넌지시 알리면서 혼란을 야기했다가 곧 수그러들었다. 그러나 그뒤 "자위대가 이라크에 파견된 것은 전쟁을 지원하거나 미국을 지원하기 위한 것이 아니라"라고 말해 문제를 더욱 혼란스럽게 만들었다. ("Kyuma retracts comment on Iraq," *Japan Times*, 9 December 2006.)

6 『朝日新聞』 2004年9月21日.

7 Sakakibara Eisuke, "Japanese nationalism: Conservatives have derailed," *Japan Times*, 2 May 2004.

8 Minoru Morita, "An 'outsider' speaks out," interviewed by Eric Prideaux, *Japan Times*, 3 September 2006.

9 Gavan McCormack, *The Emptiness of Japanese Affluence* (New York: M.E. Sharpe, 2001, second edition), 국역본 『일본, 허울뿐인 풍요』(창비 1998) 참조.

10 2005년 11월 22일 코이즈미의 자유민주당 창당 50주년 당대회 총재 연설, http://www.jimin.jp/jimin/jimin/toutaikai/toutaikai72/05/01.html (검색일 2005.12.16)

11 John W. Dower, *Embracing Defeat, Japan in the Wake of World War II* (New York: W. W. Norton, 1999).

2장

1 寺島實郎 「指導者の意思決定責任」, 『世界』 2004年12月, 33면의 인용(「東亞民族の本當の協力を失ったこと」) 참조.

2 코꾸따이(國體, 국체)는 말 그대로 옮기면 'national polity'가 되는데, 전전(戰前) 일본에서는 천황 중심의 독특하고 우월하다고 여겨지는 일본적 방식을 가리키는 뜻으로 쓰였다.

3 豊下楢彦「昭和天皇・マッカーサー見を検証する」, 『論座』 2002年12月, 134면 참조.

4 Herbert P. Bix, *Hirohito and the making of modern Japan*, New York, Harper Collins, 2000, 640면; 豊下, 앞의 책 128면.

5 ジョン・ダワー 「天皇制民主主義の誕生」, 『世界』 1999年9月, 221~32면, 영문판 "A message from the Showa Emperor," *Bulletin of Concerned Asian Scholars*, Vol. 31, No. 4, 1999.

6 Bix, *Hirohito and the making of modern Japan*, New York, 626~27면; 豊下, 앞의 책 122~35면.

7 昭和天皇の 1975年 10月 31日の發言. 「そういう言葉の綾については, 私はそういう文學方面はあまり研究していないのでよくわかりません.」

8 Ruth Benedict, *The Chrysanthemum and the Sword: Patterns of Japanese Culture*, Boston, Houghton Mifflin, 1946. 최근 베네딕트를 둘러싼 논의로는, Sonia Ryang, "Chrysanthemum's Strange Life: Ruth Benedict in Postwar Japan,"

Asian Anthropology, 1, 2002, and *Japan and National Anthropology: A Critique* (London: Routledgecurzon/Asian Studies Association of Australia East Asia Series, 2004)과 道場親信『占領と平和』, 靑土社 2005를 참조.

9 미찌바에 따르면 140만부인데(50면), 최구 추정치는 230만부에 달한다(Ryang, *Japan and National Anthropology*, 29, 49면).

10 道場『占領と平和』, 50면.

11 Samuel Huntington, *The Clash of Civilizations and the remaking of world order*, New York, Simon and Schuster, 1996.

12 본서 6장 참조.

13 엄밀하게 말하면 '바다의 날'(7월 셋째 월요일) 또한 이 목록에 더해질 수 있다. 이날은 1876년 메이지천황이 바닷길을 통해 토호꾸와 홋까이도 지역 순행에서 무사히 돌아온 데서 유래하며 1941년 축일로 제정되었다.

14 히노마루와 키미가요는 전전 군국주의 일본의 국기와 국가이다. 1999년 이 둘을 국가 상징으로 채택함으로써 주변 아시아 국가들을 자극하고 일본 내에서 군국주의 과거와 결별하려는 사람들의 분노를 자아냈다.

15 「靖國參拜-國會議員の會が提言, 小泉首相を後押しへ」, 『毎日新聞』, 2006年 8月 9日.

16 「神道政治連盟綱領解說書」, 1987年 7月. http://www.torigai.net/activity/2000/link/kamikunidoc.html.組織のホームページは http://www.sinseiren.org/. 俵義文「危險な『なかよし內閣』はこうしてできあがつた」, 『週刊金曜日』2006年 10月 13日, 12~13면도 참조.

17 かつてのわたくしの分析を參照: "Introduction" to Second Revised Edition, *The Emptiness of Japanese Affluence*, New York, ME Sharpe, 2001, xi~xxxi면; "The Japanese movement to 'correct' history," in Laura Hein and Mark Selden, eds, *Censoring History: Citizenship and Memory in Japan, Germany, and the United States*, New York, M.E. Sharpe, 2000, 53~73면; "New tunes for an old song: Nationalism and identity in post-Cold War Japan," in *Nations under Siege: Globalization and Nationalism in Asia*, ed. Roy Starrs, London: Palgrave, 2002, 137~68면.

18 俵義文「天皇史觀を子どもに押しつける『新しい歷史教科書をつくる會』の策動」, 『週刊金曜日』1999年 6月 25日, 31면.

19 內海愛子・高橋哲哉・徐京植編『石原都知事「三國人」發言の何が問題なのか』, 影書房 2000.

20 俵義文「危險な『なかよし』內閣」, 12~13면.

21 Gavan McCormack, "War and Japan's Memory Wars: the media and the globalization of consciousness," *Japan Focus*, 13 February 2005 참조.

22 フジタニタカシ『天皇のページェント―近代日本の歴史民族誌から』, 日本放送出版協會 1994.

23 佛教彈壓の結果,江戶時代に存在した寺社佛閣の3つに2つは燒き佛われたと推定される. (Tamamuro Fumio, "On the suppression of Buddhism," Helen Hardacre and Adam L. Kern, eds, *New Directions in the Study of Meiji Japan*, Leiden, New York, and Koln, Brill, 1997, 499~505면 중 505면.)

24 Carol Gluck, *Japan's Modern Myths: Ideology in the Meiji Period*, Princeton, New Jersey, Princeton University Press, 1985.

25 安倍晋三『美しい國へ』, 文芸春秋 2006.

26 和田春樹「安倍晋三氏の歴史認識を問う」,『世界』2006年10月, 57~65면 참조.

27 高橋哲哉『靖國問題』, 筑摩書房 2005, 同 "The national politics of the Yasukuni Shrine," (translated Philip Seaton), in Naoko Shimazu, ed., Nationalisms in Japan, London and New York, Routledge, 2006, 155~80면.

28 田中伸尚「政治の靖國」,『週刊金曜日』2001年8月10日, 30~33면.

29 "Fiery protests at Koizumi homage," *The Australian*, 15 August, 2001.

30 "Korean spirits captive to Japan war amnesia," *The Australian*, 18 July, 2001.

31 國會閉幕―ほころびる小泉政治」,『朝日新聞』2004年6月17日 인용.

32 이 문제에 대해, 2006년까지 지방법원 6건, 고등법원 3건을 합쳐 모두 9건의 재결(裁決)이 나왔다. 후꾸오까 지방법원, 오사까 고등법원이 명백히 위헌이라고 판단한 데 반해, 토오꾜오 고등법원은 수상 참배를 수상의 공식 행동으로 간주할 수 없다는 판단을 내렸다. ("Koizumi an official at Yasukuni," *Japan Times*, 27 November 2004; "Shrine visits 'unconstitutional'," *Asahi shimbun*, 1 October 2005.)

33 Kaho Shimizu, "Top court upholds shrine trip, dodges constitutionality," *Japan Times*, 24 June 2006.

34 See the articles by Tanaka Nobumasa translated at *Japan Focus*, No's 108, 137, and 523, 2003~05.

35 「渡邊恒雄氏が朝日と『共鬪』宣言」,『論座』2006年2月.

36 Hiroko Nakata, "Bid to address Congress has Yasukuni proviso," *Japan Times*, 17 May 2006.

37 "Business lobby seeks to end Yasukuni visits," *Daily Yomiuri Online*, 11 May 2006.

38 「靖國のA級戰犯合祀―昭和天皇の不快感」,『朝日新聞』2006年7月20日 석간.

39 『朝日新聞』2006年 6月 25日.

40 "Koizumi goes ahead with shrine visit," *Asahi shimbun*, 16 August 2006.

41 事件とその意義を明快に解説している田中伸尚・高橋哲哉「靖國問題の本質」, 『週刊金曜日』2006年 8月 11日, 10~16면 참조.

42 『日本經新聞』2006年 8月 22日.

43 외무장관 아소 타로오는 야스꾸니신사가 자발적으로 종교법인을 해산하고 국가 관리의 공공시설로 이행할 것을 주장하는 이들 중 유력한 인사이다.

44 Utsumi Aiko, "Yasukuni Shrine imposes silence on bereaved families," (translated by Richard H. Minear), *Japan Focus*, 7 September 2006.

45 Editorial, *New York Times*, 13 February 2006.

46 葛西弘隆「丸山眞男の『日本』」, 酒井直樹ほか編『ナショナリティの脱構築』, 柏書房 1996.

47 전 자민당 간사장 카또오 코오이찌의 말. 아래의 인터뷰 참조.

48 David McNeill, "Murakami Ichiro and ultra-nationalist intimidation in Japan," *Japan Focus*, January 2004, http://japanfocus.org/products/details/1750.

49 같은 글

50 "Japan: No justice for murdered Asahi shimbun reporter," Committee to Protect Journalists (CPJ) News Alert 2002 (http://www.cpj.org/news/2002/Japan02may02na.html)

51 '스펙터클 사회'는 기 드보르의 저서 『스펙터클의 사회』(*La Société du Spectacle*)를 가리킨다. 이 책은 후기 자본주의는 인간을 쇼를 보기만 할 뿐 행동할 힘은 없는 수동적인 구경꾼으로 격하시킨다는 주장을 담고 있다. 기 드보르는 유력한 무정부주의그룹인 '상황주의 인터내셔널'의 창립자 중 한명이다. 'Mr K'의 경우는 Shinya Watanabe, "Anti-war graffiti and the Dudgement (원문 그대로) in Japan—La Spectacle (12/5/2004)," http://www.spikyart.org/graffitijudge.com도 참조.

52 *Mainichi Daily News*, 23 August 2003.

53 糟谷廣一郎「機關紙配布で32年ぶり國公法適用の有罪判決」, 『週刊金曜日』2006年 7月 7日, 5면.

54 "Education policy on trial," editorial, *Japan Times*, 7 June 2006.

55 같은 글.

56 David McNeill, "Enemies of the State: Free Speech and Japan's Courts," *Japan Focus*, 8 February 2006에서 인용.

57 자세한 내용은, Glenn D. Hook and Gavan McCormack, *Japan's Contested constitution*, London and New York, Routledge, 2001.

58 鎌田慧「表現の自由讓らない東京高裁の非常識」,『週刊金曜日』2006年 3月 3日, 22~25면.

59 "Trespassing acquittal," Editorial, *Asahi shimbun*, 29 August 2006.

60 鎌田慧「抜き打ち處分の陰に政治家が介入か」,『週刊金曜日』2006年 5月 12日, 36~39면.

61 都教育委員會はプライバシーを盾に, 何に違反するか明確にしていない.

62 成澤宗男「NHK討論番組參加者に陰濕ないやがらせ殺到」,『週刊金曜日』2006 年 7月 7日, 5면.

63 辛淑玉「『がんばれ』つて私に言うあなた自身は, どこにいるんだ」, 惠泉女學園 大學大學院國際シンポジウム實行委員會編『ちょっとヤバイんじゃない?ナシ ョナリズム』, 解放出版社 2006, 61~79면.

64『東京新聞』2006年 8月 25日.

65 Gavan McCormack, "War and Japan's memory wars: the media and the globalization of consciousness," *Japan Focus*, 13 February 2005.

66 McNeill, "Murakami Ichiro and Ultra-Nationalist Intimidation in Japan."

67 "Free speech targeted," *Asahi shimbun*, 24 July 2006; "Alarm at fire-bomb attack against financial paper," *Reporters Without Borders,* Japan, 21 July 2006 (http://www.rsf.org/print.php3?id_article=18334).

68 "Rightist linked to attack on Kato's home," *Asahi shimbun*, 17 August 2006.

69 2004년 4월 7일 카또오의 강연에 대한 필자의 기록. 「加藤元幹事長實家放火」, 『東京新聞』2006年 8月 25日 것.

70 Kakumi Kobayashi, "Following arson attack, Kato warns of 'dangerous' nationalism emerging," Asahi shimbun, 20 August 2006.

71「加藤紘一氏に緊急インタビュー――テロの背景とナショナリズムのあり方」, Ohm ynews: オーマイニュース 2006年8月30日. ttp://www.ohmynews.co.jp/News.aspx ?news_id=000000000308.

72「首相, 暴力での言論封殺を批判」,『朝日新聞』2006年 8月 28日.

73「加藤元幹事長實家放火―黨內忘却モード」,『東京新聞』2006年 8月 25日.

3장

1 더 자세한 논의로는 Gavan McCormack, *The Emptiness of Japanee Affuluence*, 1 장과 "Breaking Japan's iron triangle," *New Left Review* 13, January-February

2002 참조.

2 Jetro, "Japan's $3＋ trillion postal privatization to have significant impact on financial markets," Newsletter, New York, 22 December 2004. http://www.jetro.g o.jp/usa/newyork/focusnewsletter/focus37.htm.

3 McCormack, "Breaking the iron triangle," 14면.

4 "Interview/Masaharu Gotoda: Pork-barrel politics has poisoned the well'", *Asahi shimbun/International Herald Tribune*, 5 September 2002.

5 內橋克人「日本經濟, 大轉換のとき」,『世界』1998年 2月, 40~47면.

6 後藤田正晴「21世紀の日本の進路」,『朝日新聞』1998年 12月 25日.

7 선거정보는 http://www2.asahi.com/senkyo2005/index.html 참조.

8 上脇博「これは本當に『民意』なのか」,『世界』2005年11月, 106~11면.

9「天聲人語」,『朝日新聞』2005年 9月 26日.

10 山口次郎鈴木宗男「敗者復活の政治を」,『世界』2006年2月, 47면.

11 小泉は「影法師」とX-Japanの「Forever Love」をも好きな歌としてあげる.

12 根本清樹「格差社會『不當』かどうかの境目」,『朝日新聞』2005年 11月 22日.

13 鎌田慧「まるで『トヨタ公社』過勞死續出する郵政公社」,『週刊金曜日』2006年 2月 17日, 36~39면.

14 OECD, *Economic Surveys, Japan*, July 2006, 17면.

15 Yumi Wijers-Hasegawa, "Successor inherits ever unpopular deficit mess," *Japan Times*, 27 June 2006.

16 재무성 법인기업통계 조사자료에 의하면 자본금 1억엔 이하의 소·영세기업 종업원의 평균급여는 과거 10년에 비해 16% 내렸고, 자본금 110억엔의 중견기업의 평균급여는 그사이 9% 내렸으며, 자본금 10억엔 이상의 대기업에서는 1% 올랐다. 丹羽宇一郎「第二の踊り場にきた日本經濟」,『世界』 2006年 3月, 99면.

17 辻元淸美「永田町航海記」,『週刊金曜日』2006年 7月 7日, 54~55면.

18 NHK 텔레비전 뉴스(22시) 2005年 9月 28日.

19「生活保護者104万世帶」,『朝日新聞』2006年 10月 7日.

20「幸せ大國をめざして」,『朝日新聞』2005年 4月 3日.

21 佐藤祐輔「日本の底が拔けはじめた」,『週刊金曜日』2005年 12月 2日, 8면.

22 日經連「新時代の『日本的經營』」, 1995年 5月.

23 같은 글.

24 최근 논의로는 平館英明「ワーキング・プアの現實 上」,『週刊金曜日』2006年 9 月 29日, 20~22면.

25「幸せ大國をめざして」,『朝日新聞』2005年 6月 12日.

26 2007年までにキャノン社の國生産の4分の1がロボットによるものとなると見込まれた. 「幸せ大國をめざして」, 『朝日新聞』 2005年 6月 12日.

27 大内博一 「格差社會の擴大・固定化をもたらす教育基本法改定」, 『世界』 2006年 11月 52면.

28 平館 「ワーキング・プアの現實 上」, 21면.

29 「NHKスペシャル・フリーター─417万人の衝撃」, 2005年3月. 타찌바나끼 토시아끼에 의하면 200万에서 400万명(「弱者の貧困化が格差を助長している」 『論座』 2005年 6月, 106면). 2003년 내각부의 『國民生活白書』에 의하면 1990년에 183万명이었던 '프리터' 인가구 2001년에는 417万명으로 늘었다(Tetsushi Kajimoto, "Income disparities rising in Japan," *Japan Times*, 4 January 2006).

30 "2020s: Dark age of gray-haired freeters," *Daily Yomiuri Online*, 6 June 2005. NHK의 프리터 상황에 관한 다큐멘터리 참조: 「NHKスペシャル・フリーター─417万人の衝撃」 2005年 3月.

31 橘木俊詔 「格差擴大が歪める日本の人的資源」, 『世界』 2006年 3月, 104면.

32 玄田有史 「若者の挫折は 『希望』 が救う」, 『エコノミスト』 2005年 9月 20日.

33 文芸春秋編 『論点2006』, 文芸春秋 2005, 794면.

34 「幸せ大國を目指して(4)」, 『朝日新聞』 2005年 4月 24日.

35 OECD('Japan, 2006' 115면)는 일본의 실업보험 수급 조건이 엄격하고 급부기간이 단기간만 유효하게 설정되어 있으므로 실업자가 실업수당을 수급하는 비율이 OECD 평균 92%에 비해 34%라고 보고한다.

36 Kajimoto, "Income disparities," 앞의 책.

37 山田昌弘 『希望格差社會』, 筑摩書房 2005, 167~69면.

38 「增える自殺者」, 『朝日新聞』 2005年 1月 9日.

39 John Breen, "Introduction: Death issues in 21st century Japan," *Mortality*, Vol. 9, No. 1, February 2004, 1~12면 중 5면.

40 山田昌弘 『希望格差社會』, 202면; 『朝日新聞』 2005年 1月 9日.

41 Breen, 앞의 책 5면.

42 內橋克人 「失われた 『人間の國』」, 『世界』 2005年 11月, 36면.

43 「會社への忠誠心 日本が世界最低」, 『朝日新聞』 2005年 5月 13日.

44 山田 『希望格差社會』, 60면, 橘木 103면. OECD "Income Distribution and Poverty in OECD Countries in the Second Half of the 1990s," (2005年 3月, 10면)에 의하면 일본의 수치는 2000년의 싯점에서 0.314이며 이미 OECD 평균치의 0.309를 웃돌고 있었다. http://www.oecd.org/dataoecd/48/9/34483698.pdf.

45 加藤紘一・森永卓郎 「『小泉改革』を改革せよ」, 『論座』 2004年 12月, 8~21면.

46 2005年 9月 5日の朝日新聞の世論調査によると53%.

47 『朝日新聞』, 2004年 2月 29日.

48 早野秀「小泉喝采のときは過ぎた」, 『論座』 2004年 8月, 28~29면.

49 Wijers-Hasegawa, 앞의 책.

50 2001년 3월 540조엔에서 2005년 3월에는 780조엔으로 늘었으며 공적부담을 포함하면 1000조엔 이상이다. 金子勝「財政赤字の責任を誰がとるのか」, 『週刊金曜日』 2005年 9月 9日, 12~13면.

51 大竹文雄·小原美紀「消費税は本當に逆進的か」, 『論座』 2005年 12月, 44~51면.

52 伊藤光晴「増税を眞劍に考えよう」, 『世界』 2006年 1月, 77~95면.

53 神野直彦·宮本太郎「『小さな政府』論と市場主義の終焉」, 『世界』 2006年 5月, 98면.

54 OECD, *Japan 2006*, 108~109면.

55 69兆円にのぼる. *Asahi shimbun*, editorial, 10 September 2005.

56 二木立「高齢者を直撃する, 小泉政權最後の醫療費抑制政策」, 『世界』 2005年 12月, 24면.

57 「負担の二重うむ歳出改革」, 『朝日新聞』 2006年 6月 27日.

58 "Future fiscal plans," *Asahi shimbun*, 21 August 2006.

59 金子勝「財政赤字の責任は誰がとるのか」, 『週刊金曜日』 2005年 9月 9日, 12~13면.

60 같은 책.

61 Robin Blackburn, "Capital and social Europe," New Left Review, No. 34, July-August 2005, 89~114면 중 89면.

62 「世界一の超高齢者國日本」, 『朝日新聞』 2006年 6月 3日. 유엔은 65세 이상의 고령자가 인구의 7% 이상이면 고령화하고 있는 나라이며, 14% 이상은 고령국, 20% 이상은 초고령국으로 규정한다. 이런 추세라면 일본은 2050년에는 65세 이상이 인구의 35.7%라는 놀랄 만한 수준에 이를 것이다. 伊東光晴「増税を眞劍に考えよう」, 『世界』 2006年 1月, 91면.

63 Sakaraguchi Chikara, "Japanese face extinction due to low birthrate: health minister," *Japan Times*, 22 May 2002에서 인용.

64 Eric Prideaux, "Minoru Morita: An 'Outsider' speaks out," *Japan Times*, 3 September 2006.

65 OECD, *Economic Surveys, Japan 2006*, 15면; Nicholas Eberstadt, "Power and population in Asia," *Strategic Asia*, 2003-4, National Bureau of Asian Research, http://www.policyreview.org/feb04/eberstadt_print.html.

66 Prideaux, cit.

67 특히 2004년의 『希望格差社會』와 2005년의 『下流社會』.

68 立花隆 『イラク戰爭・日本の運命・小泉の革命』, 講談社 2004, 62~63면.

69 "Fact Sheet," Third Report to the Leaders on the U.S.-Japan Regulatory Reform and Competition Policy Initiative, 8 June 2004. (http://www.ustr.gov) 참조.

70 關岡英之「奪われる日本 『年次改革要望書』 米國の日本改造計畫」, 『文芸春秋』 2005年 12月, 94~108면.

71 "US masterminds Japan's postal privatization," *Asahi shimbun*, 8 April 2005.

72 岡野かおる「小泉, 私は新生自民黨を作る」, 『週刊現代』 2005年 8月 6日. "Point of view: U.S. pressure behind postal privatization drive," *Asahi shimbun*, 18 February 2005. http://www.asahi.com/english/opinion/TKY200502180155.html 도 참조.

73 2004년 10월 4일자의 편지, 2005년 8월 2일 의회에서 기록. 參議院・郵政民營化に 關する特別委員會http://kokkai.ndl.go.jp/SENTAKU/sangiin/162/0087/main.html. 德本營一郎「竹中平藏が總理大臣になる日」, 『文芸春秋』 2005年 12月113면도 참조.

74 *Wall Street Journal*, 26 August 2006, Manabu Hara, "Point of view: Where will the postal funds finally end up," *Asahi shimbun*, 14 September 2005에서 인용.

75 Jetro, "Japan's $3+ trillion postal privatization to have significant impact on financial markets," Newsletter, New York, 22 December 2004. http://www.jetro.go.jp/usa/newyork/focusnewsletter/focus37.htm.

76 U.S.-Japan Economic Partnership for Growth, *United States-Japan Investment Initiative*, 2006 Report, June 2006.

77 『東京新聞』 2005年 9月 13日.

78 "Editorial: Female Candidates," *Asahi shimbun*, 8 September 2005.

79 자민당원 오따 세이이찌, 2003년 6월(保阪正康 『戰後政治家暴言錄』, 中央公論 新社 2005, 236면).

80 그들은 국민 사이에서 매우 인기가 있어 1차 코이즈미정권의 외무장관이 되었 지만 외무성 개혁에 나선 단계에서 경질되어버린 타나까 마끼꼬의 운명을 의식 하고 있을 것임에 틀림없다.

81 부시의 전쟁과 점령을 지지한 코이즈미는 토니 블레어나 존 하워드와는 달리 정 치적으로 어떤 악영향을 받는 것이 없었다. 그에게는 심사숙고할 것도 없는 당연 한 행위였다.

ブッシュの戰爭と占領を支持した小泉はトニーブレアとは大きく違い, またジョ ンハワードと比べても比較にならないほど政治的に何ら惡影響を受けることが

328

なかった. 小泉にとっては熟慮するまでもない當然の行爲であった.

82 伊東誠「日本經濟の構造的困難」,『世界』2005年 8月, 199면.

83 內橋克人「失われた『人間の國』」, 44면.

84 國正武重·後藤謙次·星浩「國は死んだのか」,『世界』2005年 6月, 64~73면.

85 若宮啓文「小泉氏の報復」,『朝日新聞』2004年 8月 29日.

86 橫田一「理念なき『改革』派たちの正體」,『週刊金曜日』2005年 9月 23日, 16~19면.

87 자민당 당원수는 1997년 330만명에서 2003년 140만명으로, 그리고 2006년에는 106만명으로 감소했다(星透「自民黨裁選への視点(2)」,『朝日新聞』2006年 9月 9日).

88 「社說神風賴みの危うさ」,『朝日新聞』2006年 6月 27日.

89 中西輝政「この保守の蹉跌を乘り越えて立つのは誰か」,『正論』2005年 11月, 56면.

90 「後繼者なき指導者民主主義の虛しさ」,『中央公論』2005年 11月, 97면.

91 西尾幹二「ハイジャックされた漂流國家」,『正論』2005年 11月, 62~70면.

92 1975년도에 35%였던 조합가맹률은 2005년도에는 대략 19%까지 떨어졌다(笹森淸「勞組は崖っぷち?」,『朝日新聞』2005年 10月 14日).

93 寺島實郎「都市サラリーマンが小泉自民黨を選んだ理由」,『世界』2005年 11月, 35면.

94 내부거래와 오직(汚職) 스캔들, 그와 연루한 정치인들의 사임이나 형사재판은 1989년에 큰 뉴스거리였다. 그 결과 자민당은 인기를 잃고 1993년 선거에서 의회의 다수파 자리에서 물러났다.

95 오까다는 12월 선거에서 민주당이 이기면 자위대를 이라크로부터 철수시키겠다고 공약했지만, 별 성의가 없었고 유권자를 납득시킬 만한 노력도 하지 않았다.

4장

1 "Bush lauds strength of Japan-US alliance," *Japan Times*, 4 July 2004.

2 2002년 2월 18일 일본 의회 연설, http://www.Usembassychina.org.cn/press/release/2002/0902-gwbjapan.html. (검색일 2004.6.6)

3 Zbigniew Brzezinski, *The Grand Chessboard: American Primacy and its Geostrategic Imperatives* (New York: Basic Books, 1997), 40면.

4 같은 책 152면.

5 같은 책 63, 198면.

6 「『國連は救ってくれない』首相が同盟重視理由示す」,『朝日新聞』2004年 1月 28日.

7 「天聲人語」,『朝日新聞』2005年 11月 17日.

8 1957년부터 1960년까지 총리를 역임한 키시 노부스께가 1958년 9월 30일 중의원 연설에서 사용한 표현. (早野透「岸首相も偉大なハト派だった!?」,『朝日新聞』2004年1月 14日.

9 자위대법 82조는 자위대의 무력사용과 관련하여 인명, 재산 보호, 치안 유지 등을 포함해 분명한 조건을 명시하고 있다. 前田哲男「海上警備行動『隱された意圖』」,『世界』1999年 5月, 22~26면.

10 51퍼센트는 이를 "주어진 정황에서 적절했다"고 보았고 38퍼센트는 좀더 엄중했어야 했다고 생각했으며, 8퍼센트만이 지나친 반응이라고 여겼다. 쿄오도오 통신 1999년 4월 6일 여론조사.

11 Ministry of Foreign Affairs, Japan, "Guidelines for Japan-US Defense Cooperation" (New York: Japan, Ministry of Foreign Affairs, 1995). http://www.mofa.go.jp/region/n-america/us/security/guideline2.html.

12 예를 들면 자민당 원로 정치인 고또오다 마사하루가 이런 견해를 갖고 있다. 後藤田正晴「はたして安保の枠內か」,『琉球新報』1999年2月1日.

13 "News 23," TBS TV, 13 April 1999.

14 Don Oberdorfer, *The Two Koreas: A Contemporary History* (London: Little Brown, 1997), 305-36면. Gavan McCormack, *Target North Korea: Pushing North Korea to the Brink of Nuclear Catastrophe* (New York: Nation Books, 2004)도 참조.

15 전시 '총동원' 조항들과 '가이드라인'의 차이에 관해서는 纐纈厚「周邊事態法案の『不透明さ』」,『週刊金曜日』1999年 3月 19日, 24~27면 참조.

16 姜尙中·吉見俊哉「混成化社會への挑戰(4)」,『世界』1999年 12月, 287~300면.

17 鶴見俊輔「世紀のオペラ開幕,そして」,『朝日新聞』1999年 8月 18日.

18 James J. Przystup, "US-Japan Relations: Progress towards a mature partnership" (Washington: Institute for National Strategic Studies, June 2005), http://www.ndu.edu/ndu/sr_japan.html.

19 Institute for National Strategic Studies, "The United States and Japan: Advancing toward a Mature Partnership," Washington, National Defense University (Washington : National Defense University Press, October 2000). 흔히 '아미티지 보고서'로 알려져 있다.

20 スティーブン・クレモンズ(Stephen Clemons)「アーミテージ報告の行間を?む」,『世界』2001年7月, 98~103면. 영문판은 "The Politics of the Armitage Report: Reading between the lines," http://www.newamerica.net/index.cfm?pg=article

&DocID=417. (검색일 2006.12.8)

21 같은 글.

22 Zalmay Khalilzad et al., "The United States and Asia: Toward a New US Strategy and Force Posture," June 2001, http://www.rand.org/publications/MR/MR1315, 15면. (검색일 2006.12.8) '랜드 보고서'로 더 널리 알려져 있음.

23 9월 15일에 아미티지는 주미 일본대사 야나이 슌지(矢內俊二)에게 "미국은 일본이 지원군을 파견하길 바란다"고 말했다. *Mainich Daily News*, 18 September 2001; 그리고 "모래 속에 처박은 머리" 운운은 10월 5일 『朝日新聞』에 행한 것이다. 「日本最大の寬容を」, 『朝日新聞』 2001年 10月 6일 석간.

24 The White House, Office of the Press Secretary, 25 September 2001.

25 합법성에 관해서는 Geoffrey Robertson, "Let The Hague Decide," *The Age*, 29 September 2001; the editorials in *The Japan Times* for 23 September, 6 and 10 October, by W. Bradnee Chamber, John Barry Kotch and Myint Zan; Michael Mandel, "Say what you want, but this war is illegal," *Toronto Globe and Mail*, 9 October 2001, 그리고 梶村太一郎「『報復戰爭』ではなく憎しみを絶て」, 2001年9月28日, 16~17면 참조.

26 Mandel, "Say what you want, but this war is illegal." 사법재판소는 니카라과 이웃나라들을 방어하기 위해 51조에 근거하여 행동했다는 미국의 주장을 받아들이지 않았다.

27 Mandel, "Say what you want, but this war is illegal."

28 Gordon Smith(빅토리아대학 글로벌연구쎈터 소장, 전 캐나다 외무부 차관 및 나토 대사), "We're buddies with a bully," *Toronto Globe and Mail*, 15 May 2001 (Nautilus Nuclear Policy Project Special Report, 16 May 2001에 재수록).

29 Shinohara Hajime, quoted in Toshi Maeda, "Diet enacts defense bills, but doubts on alliance linger," *Japan Times*, 24 May 1999.

30 아미티지가 9월 15일 워싱턴 주재 일본대사 야나이 슌지에게, 그리고 10월 5일 『朝日新聞』("모래 속에 처박은 머리")에 전달한 권고. 「日本の全面寬容を求め, 地雷撤去も期待 米國務副長官」, 『朝日新聞』 2001年 10月 6日 석간 ; Toshiaki Miura, "All or nothing, says U.S.," Asahi.com, 9 Otober 2001.

31 "New era in defence policy wins praise from the US," *Yomiuri shimbun*, 11 June 2003;「イラクと自衛隊, 特措法案は問う(1)米追從と獨自性の間で」『朝日新聞』 2003年 6月 25日.

32「『國連より米』の明暗」, 『朝日新聞』 2004年 3月 19日.

33 "US demands Japan send troops to Iraq early," Kyodo, 15 September 2003.

34「時期, 地域で二轉三轉, 對米協力を優先－陸上自衛隊のイラク派遣」,『朝日新聞』2003年 10月 9日.

35「集團的自衛權で內閣法制局解釋を批判,米國務副長官」『朝日新聞』2003年 9月 10日 석간.

36"'US will assist SDF in Iraq,' Armitage pledge to Ishiba," *Japan Times*, 3 February 2004.

37天木直人「自衛隊イラク派遣は取り返しのつかない誤りだ」,『世界』2004年 2月, 64면에서 재인용.

38Reiji Yoshida, "Fukuda refuses to budge on WMD," *Japan Times*, 30 January 2004.

39岸信介, 早野透「岸首相も偉大なハト派だった!?」,『朝日新聞』2004年 1月 14日에서 재인용.

40Yoichi Nishimura, "Armitage expects 'generous' Japanese assistance to rebuild Iraq," *Asahi shimbun*, 26 September 2003.

41Senate Foreign Affairs Defence and Trade Committee, "Inquiry into Japan" (Parliament House: Canberra, 1999), http://www.aph.gov.au/hansard. Craig Skehan, "Downer to tell Japan: get stronger and lead more," *Sydney Morning Herald*, 17 May 2001.

42岡本進「どんな會が派遣を承認したか」,『世界』2004年 4月, 23면.

43"Ex-posts minister sues over SDF dispatch to Iraq," Japan Times, 30 January 2004; 箕輪登「小泉君, 自衛隊法を勉**しなさい」,『週刊金曜日』2004年 2月 13日, 15면.

44天木直人「自衛隊イラク派遣は取り返しのつかない誤りだ」, 60~65면.

45後藤田正晴・加藤周一「歷史に正對しなければ, 未來はない」,『世界』2005年 8月, 51면.

46『朝日新聞』의 여론조사는 반대의견이 12월에는 55퍼센트로, 자위대가 파견된 1월에는 48퍼센트, 3월에는 (42퍼센트 찬성에 맞서) 41퍼센트로 떨어졌다고 보도했다.『每日新聞』는 최저 16퍼센트였던 찬성의견이 2004년 3월에는 최고 50퍼센트까지 상승했음을 보여준다.『朝日新聞』2004年 2月 23日과 3月 21日;『讀賣新聞』2月27日;『每日新聞』3月 8日.

47岡本進「どんな國家が」, 24면에서 인용.

48일례로 강상중에 내린 분석 참조. 姜尙中・加藤周一「歷史の分岐点に立って」,『論座』2004年 4月, 11면; 前田哲男「急速に臨戰情勢整える自衛隊」,『世界』2004年 4月, 24면.

49 姜尙中「歷史の分岐点に立って」, 11면.

50 J. Sean Curtin, "Japan's 'Fortress of Solitude' in Iraq—plus karaoke", *Asia Times*, 19 February 2004.

51 Nao Shimoyachi, "SDF vs. NGO—an Iraqi tale of cost effectiveness", *Japan Times*, 16 May 2004.

52 2004년 6월 17일 NHK 텔레비전 방송.

53 유엔이 사용한 'toitsu sareta shiki'라는 용어는 'togo sareta shireibu'로 옮겨졌다. 「社說 國際貢獻が歪んでいる」, 『朝日新聞』2004年 6月 18日.

54 하지만 5월 28일에 두명의 다른 일본 저널리스트들이 바그다드 정남쪽에서 차를 타고 가다가 공격을 받아 사망했다.

55 熊岡路矢「イラク派兵反?メッセージ」, 『週刊金曜日』2004年 4月 16日, 16면.

56 2006년 10월에 의학지 『란셋』(Lancet)은 미국 주도의 침공의 결과로 발생한 민간인 사망자 수의 추정치를 전체 인구의 약 2.5퍼센트인 655,000으로 올렸다. Sarah Boseley, "655,000 Iraqis killed since invasion," *Guardian*, 12 October 2006.

57 「首相自ら『派遣完結』」, 『朝日新聞』2006年 6月 20日.

58 *Sunday Times*, 1 May 2005 참조.

59 小村田義之・佐藤武嗣「在日米軍再編が本格的」, 『朝日新聞』2005年2月28日.

60 加藤洋一「米軍再編と日米同盟(1)有事對應から予防型へ」, 『朝日新聞』2006年 6月28日.

61 淺井基文「米軍基地反?における視点轉換を」, 『琉球新報』2005年 11月 6日.

62 "Security Consultative Committee Document, US-Japan Alliance: Transformation and Realignment for the Future," Secretary of State Rice, Secretary of Defence Rumsfeld, Minister of Foreign Affairs Machimura and Minister of State for Defense Ohno, Minister of Foreign Affairs of Japan, 29 October 2005, http://www.mofa.go.jp/region/n-america/us/security/scc/doc0510.html. (검색일 2006.12.10)

63 Editorial, *Japan Times*, 2 May 2006. 『朝日新聞』, 2006년 4월 25일자도 참조.

64 Department of State, United States—Japan Roadmap for Realignment Implementation Issued Following 1 May 2006 Meeting of the US—Japan Security Consultative Committee involving Secretary of State Condoleezza Rice, Secretary of Defense Donald Rumsfeld, Japanese Minister of Foreign Affairs Taro Aso, Japanese Minister of State for Defense Fukushiro Nukaga, 1 May 2006, http://www.state.gov/r/pa/prs/ps/2006/65517.htm. (검색일 2006.12.10)

65 『朝日新聞』에서 논의된 이런 계획들의 세부사항은 공개된 바가 없다. 本田優

「米軍再編と日米同盟(2)地球規模の政治同盟へ」, 『朝日新聞』 2006年 6月 29日. 한반도전쟁 발발시 일본과 미군의 협력을 다룬 '5055' 계획에 관해서는 『朝日新聞』 2004年 12月 12日 참조.

66 Department of Defense, "Quadrennial Defense Review Report," 6 February 2006, http://www.defenselink.mil/qdr/.

67 같은 글 7면

68 "Coordination with Japan, South Korea," *Japan Times*, 9 March 2006. Michael Klare, "Containing China", *Tom Dispatch*, 19 April 2006, http://www.tomdispatch.com/index.mhtml?pid=78021도 참조.

69 梅林宏道 『米軍再編』, 岩波ブックレット 2006.

70 같은 책, 7면.

71 "84%: government had not sufficiently explained the realignment," *Asahi shimbun*, 23 May 2006.

72 野中廣務 「國民不在の議論に怒り」, 『朝日新聞』 2006年 4月 29日.

73 半田滋 「3兆円負担を呼び込んだ戰略なき官僚の大罪」, 『週刊金曜日』 2006年 5月 19日, 14면의 前田哲男의 인용 참조.

74 Iya Igarashi, "Armitage says Japan on par with UK," *Yomiuri Daily Online*, 20 March 2006. Richard Armitage, "How the US-Japan alliance will shape Asia," *The Oriental Economist*, March 2006도 참조.

75 David Gee, *United States Military and Intelligence Bases in Britain: A Briefing* (Quaker Peace and Social Witness, Peace Campaigning and Networking Group, June 2004), http://nfpb.gn.apc.org/basesu_s.pdf. (검색일 2006.12.10) Duncan Campbell, *The Unsinkable Aircraft Carrier: American Military Power in Britain* (London: Michael Joseph, 1984)도 참조.

76 Campbell, *Unsinkable Aircraft Carrier*, 27면.

77 같은 책 22면.

78 Joint Chiefs of Staff assessment, 같은 책 43면에서 재인용.

79 2005년 5월 1일 *Sunday Times*가 처음으로 실었다. Mark Danaher, *The Secret Way to War: The Downing Street Memo and the Iraq War's Buried History* (New York: New York Review Books, 2006) 참조.

80 Robert Scheer, "A distinct lack of intelligence," *Nation*, 9 October 2006, http://www.thenation.com/doc/20061009/truthdig. (검색일 2006.10.12)

81 "Yo, Blair," Wikipedia, http://en.wikipedia.org/wiki/Yo,_Blair. (검색일 2007.1.10)

82 "Armitage ways Japan on par with UK," *Daily Yomiuri Online*, 20 March 2006. (검색일 2006.12.12)

83 "Japan urged to up defence spending," *Asahi shimbun*, 17 March 2006.

84 공동성명 「歷史上もっとも成熟した二國間關係」, 『朝日新聞』 2006年6月30日. '성숙한'(成熟)라는 단어는 공식 영문텍스트에서 '성취된'(accomplished)으로 옮겨졌는데, 이는 아마도 일본의 관료씨스템 내부 어딘가에서 미국의 장기 의제를 완수했다는 점에 불편함을 표시한 것이었을 법하다. Ministry of Foreign Affairs, "Japan-US Summit Meeting, The Japan-US Alliance of the New Century," 29 June 2006, http://www.mofa.go.jp/region/n-america/us/summit0606.html.

85 2003년 3월 20일부터 의회에 제공된 보고서. Heigo Sato, "The Koizumi administration and Japan-US Relations," *International Symposium on Security Affairs* (Tokyo: National Institute for Defense Studies, 2005), http://www.nids.go.jp. (검색일 2006.3.3)

86 OECD, *Economic Surveys*, Japan, 2006, 60면.

87 立花隆 『滅びゆく國家—日本はどこへ向かうのか』, 日經BP社 2006, 385~86면 참조.

88 미 의회예산위원회에 따르면 1989년에는 2조 7000억달러였던 것이 2016년까지는 12조 8000억에 이를 전망이었다. Girish Mishra, "American Economy: some worries," Z-Net, 16 August 2006, http://www.zmag.org/content/print_article.dfm?itemID&sectionID=72. The 30 August 2006 figure from Bureau of the Public Debt, US Treasury, http://www.publicdebt.treas.gov/opd/opds082006.htm. (검색일 2006.9.15)

89 일본의 부채 총액은 약 1000조엔에 달한다. 「國の債務超過'20兆円增」, 『朝日新聞』 2006年8月26日. 때로 이보다 낮은 8500조엔가량으로 제시되기도 하지만 이는 간접적 채무를 가산되지 않은 수치다.

90 Philip S. Golub, "US the world's deepest debtor," *Le Monde Diplomatique*, October 2003.

91 Taggart Murphy, "East Asia's dollars," *New Left Review* 40, July-August 2006, 39~64면.

92 前田哲男, 앞의 글 47면.

93 Chalmers Johnson, *The Sorrows of Empire: Militarism, Secrecy and the End of the Republic* (London and New York: Verso, 2004), 202면.

94 寺島實郎 「21世紀日本外交の構想力 イラク戰爭を超えて」, 『論座』 2004年1月, 24면. 여기서는 9·11 이후 일본의 '후방지원'이 10조엔(약 900억달러)라고 되어

있으나 이 수치의 출처는 분명치 않다.

95 「米─イラク支援策に謝意」,『朝日新聞』2003年 10月 18日.

96 立花隆『イラク戰爭・日本の運命?小泉の運命』, 講談社 2004, 165면.

97 "Japan considers waiving half of Iraq's $7 billion debt," Kyodo, 5 March 2004.

98 「イラク債務, 進まぬ削減」,『朝日新聞』2004年 6月 11日.

99 半田滋「ミサイル防衛システム導入の欺瞞を暴く」,『現代』2004年 3月, 73, 77면

100 Michael Swaine, Rachel Wanger, Takashi Kawakami, *Japan and Ballistic Missile Defense* (Santa Monica: Rand Corporation 2001), 67면.

101 田岡俊次「北朝鮮ミサイル防ぐ費用と効用」,『アエラ』2006年7月24日, 25면 ; 田岡「動き出すBMD(1)」,『朝日新聞』2006年 10月 7日.

102 「ミサイル防衛へ日本加速」,『朝日新聞』2003年9月18日 ; "North Korean missile threat spurs missile defense action," *Asahi shimbun*, 20-21 December 2003.

103 Leo Sartori, "Bush's Missile Defense System: Does it Pass Muster?" (Washington: Center for Arms Control and Non-Proliferation, 3 December, 2003).

104 Oliver Burkeman, "$100 bn later, Star Wars hits its missile," *Guardian*, 2 September 2006.

105 「動き出すBMD」,『朝日新聞』2006年 10月 7日 인용 참조.

106 半田滋, 앞의 글 75면.

107 「爲替介入3兆3420億円─2月」,『朝日新聞』2004年 2月 28日.

108 Takao Hishinuma and Eiji Hirose, "US official says Japan 'not just some ATM'," *Daily Yomiuri*, 10 October 2003.

109 Hamish McDonald, "Howard's blank cheque for Washington may come with a hefty surcharge," *Sidney Morning Herald*, 18 September 2001.

110 和田春樹『東アジア共同の家』, 平凡社 2003, 166면.

111 '매판'에 대해서는 Gavan McCormack, "Introduction" to second revised edition, *The Emptiness of Japanese Affluence*, 20면 참조. '기생'과 관련해서는 石田英敬・鵜飼 哲・小森陽一・高橋哲哉「21世紀のマニフェスト─脱『パラサイト・ナショナリズム』」,『世界』2000年 8月, 189~208면 참조.

112 방위정무차관으로 잠시 근무한 인물로, 1999년 8월 일본의 핵무장을 주장했다.

113 1999년부터 토오꾜오 지사를 맡았다.『'노'라고 말할 수 있는 일본』(ノーと言える日本)의 저자로 잘 알려져 있다.

114 민족주의 부활이라는 주제를 둘러싼 최근의 논의에 대해서는 Eugene

Matthews, "Japan's New Nationalism," *Foreign Affairs*, November-December 2003 그리고 Steven C. Clemons, "Nationalism: Old News or New Worry?", *Daily Yomiuri*, 9 December 2003 참조. Gavan McCormack "New Tunes for an Old Song: Nationalism and Identity in Post-Cold War Japan," in Roy Starrs, ed., *Nations Under Siege: Globalization and Nationalism in Asia* (New York: Palgrave, 2002), 137~67면도 참조.

115 星徹「北朝鮮外交」,『朝日新聞』2005年1月4日.

116 쇠고기 문제는 그들의 짧은 회담 시간의 70퍼센트를 차지했다. 寺島實郎ほか 著「奢るなアメリカ,目を開く日本」,『論座』2005年 1月, 34~47면.

117 西部進「正論」,『産經新聞』2006年9月15日. 니시베의 관점은 2006년 9월부터 총리직을 맡은 아베 신조오에 의해 적극 존중받았다고 한다.

5장

1 2004년 12월 10일 내각이 채택한 방위계획('平成17年度以降にかかわる防衛計畫の大綱について') 참조. http://www.jda.go.jp/j/defense/policy/17taikou.htm. (검색일 2005.7.5) 배경에 관해서는 田中宇「潛水艦侵入問題と日中關係」, Tanaka News 2004年11月19日. http://tanakanews.-com/e1119japan.htm. (검색일 2004.11.21)

2 "South Korean leader warns Yasukuni is clouding ties," *Japan Times*, 16 August, 2001.

3 2005년 3월 1일 강연, *Japan Times*, 2 March 2005.

4 Yoshii Ruri, "The Special Law on pro-Japanese anti-Korean activities under Japanese Forcible Occupation: Establishment and Historic Origin," (unpublished MA thesis, International Christian University, Tokyo, 2006).

5 요미우리신문과 한국일보 공동조사, *Yomiuri Daily News*, 2005년 6월 10일. 이듬 해에도 거의 변화가 없어 2006년 중반에는 89퍼센트의 수치를 나타냈다 (*Daily Yomiuri*, 7 August 2006).

6 赤坂春和「中國反日デモの背景」,『世界』2005年 6月, 21~24면 인용 참조.

7 「ドキョメント―激動の南北朝鮮」,『世界』2006年 7月, 256면.

8 "Our very own preemptive option," editorial, *Japan Times*, 17 July 2006.

9 「危うい『正義』の警戒心」,『朝日新聞』2002年9月4日.

10 大和久將志「『北朝鮮の脅威』の正體」,『アエラ』2003年 4月 14日, 19~20면.

11 Marcus Noland, *Avoiding the Apocalypse: The Future of the Two Koreans* (Washington, DC: Institute for International Economics, 2000), 350면.

12 船橋洋一「KEDOという外交手品」,『朝日新聞』2003年7月3日.

13 자세한 내용에 관해서는 Gavan McCormack, *Target North Korea* 참조.

14 野中廣務『老兵は死なず』, 文芸春秋 2004, 295면.

15 애초에는 부인되었지만 결국 2006년 2월 스즈끼 무네오 중의원 의원의 질문에 대한 내각회의 답변서를 통해 밝혀진 사실이다. 週刊金曜日日朝問題取材班「二枚舌外交が『國益』を損なう」,『週刊金曜日』2006年3月3日, 59면.

16 자세한 내용은 Wada Haruki and Gavan McCormack, "Forever stepping back: The strange record of 15 years of Negotiations between Japan and North Korea" 참조. John Feffer, ed., *The Future of US-Korean Relations* (London and New York: Routledge, 2006), 81~100면.

17 *Asahi shimbun*, 29 January 2004.

18 *Japan Times*, 2 March 2005.

19 Wada and McCormack, "Forever Stepping Back".

20「金總書記は頭の回轉が早い人」,『朝日新聞』2004年5月28日.

21「社說 6者協議, 米國も動くときだ」,『朝日新聞』2004年6月22日.

22 星徹「北朝鮮外交」,『朝日新聞』2005年1月4日.

23 평양으로 출발하기에 앞선 연설, 2004년 5월 22일, NHK TV.

24「日朝の國交正常化,首相『一年以內に』」,『朝日新聞』2004年7月3日.

25 자세한 내용은 Wada and McCormack, "Forever stepping back" 참조.

26 藤田裕「在日コリアンの子どもたちに對する嫌がらせ實態調査」,『世界』2003年10月, 248~54면.

27 辛淑玉「『がんばれ』つて私に言うあなた自身は´どこにいるんだ」, 惠泉女學園大學大學院國際シンポジウム實行委員會編『ちょっとヤバインじゃない？ナショナリズム』, 解放出版社 2006, 63면.

28 McCormack, *Target North Korea*, 122면.

29 山口次郎「政治時評」,『週刊金曜日』2005年1月21日, 14면.

30 12월 24일의 일본정부 성명에 관해서는 日朝國交促進國民協會『日朝關係と六者協議』, 彩流社 2005, 66~69면 참조.

31 같은 책 46면.

32 "Abe: abducted son looks like Yokota's husband in North," *Asahi shimbun*, 28 June 2006.

33 David Cyranoski, "DNA is burning issue as Japan and Korea clash over kidnaps," *Nature*, vol. 433, 3 February 2005, 445면.

34 石山いく夫・吉井富夫 『DNA鑑定入門』, 南山堂 1998.

35 "Politics versus reality", *Nature*, vol. 434, 17 March 2005, 257면.

36 Norimitsu Onishi, "Asia Letter: About a kidnap victim, DNA testing, and doubt," *International Herald Tribune*, 2 June 2005.

37 David Cyranoski, "Geneticist's new post could stop him testifying about DNA tests", *Nature*, vol. 437, 7 April 2005, 685면.

38 2005년 3월 30일 중의원 질의에 대한 마찌무라의 답변.

39 McComack, *Target North Korea*의 여러 대목들을 참조할 것.

40 Selig S. Harrison, "Crafting Intelligence: Iraq, North Korea, and the road to war," *Japan Focus*, 15 March 2005. http://japanfocus.org/products/details/1915.

41 Selig S. Harrison, "Did North Korea Cheat?", *Foreign Affairs*, January-February 2005, 그리고 *Japan Focus*, March 2005. http://japanfocus.org/products/details/2112.

42 부시 대통령, 라이스 국무장관, 폴라 도브리안스키 국무부 국제문제담당 차관이 2005년 1월에서 5월 사이에 행한 다양한 발언들 참조.

43 빅터 차가 사용한 용어. 차는 2004년 12월에 미 국가안보회의 아시아담당 국장으로 임명되었다.

44 통일부장관 이종석, "US pressure on N. Korea may not be effective, Seoul," *Reuters*, 3 May 2006.

45 양성철(전 주미대사), "On Koren question: rhetoric and realities," *Korea Herald*, 19 April 2006.

46 앞서 언급한 고슴도치나 달팽이라는 북한의 이미지는 바로 여기서 비롯되었다.

47 *Asahi shimbun*, 22 June 2005.

48 International Crisis Group, "After North Korea's Missile Launch: Are the Nuclear Talks Dead?" Policy Briefing, Asia Briefing No. 52, Seoul/Brussels, 9 August 2006.

49 Hamish Mcdonald, "Pushing the boundaries," *Sydney Morning Herald*, 15 October 2006.

50 Charles L. (Jack) Pritchard, "Six Party Talks Update: False Start or a Case for Optimism", 브루킹스 연구소・중앙일보 주최 학술회의 '한반도와 동아시아의 미래' 발표문, 2005년 12월 1일.

51 Joseph Kahn and David E. Sanger, "US-Korean deal on arms leaves key points open," *New York Times*, 20 September 2005.

52 관련 자료는 *Korea and World Affairs*, vol. ⅹⅹⅰⅹ, 3 (Fall 2005), 445~64면 참조.

53 같은 책 458면.

54 "US, Partners end N. Korean nuclear project", *Associated Press*, 22 November 2005.

55 *Korea and World Affairs*, 455~64면.

56 이런 변화에 관한 본격적 논의로는 Gavan McCormack, "Criminal States: Soprano vs. Baritone—North Korea and the US," *Korea Observer*, Seoul, vol. 37, No. 3, Autumn 2006, 487~511면 참조.

57 테러자금조달 및 금융범죄담당 차관보 대니얼 글레이저는 북한이 "범죄적 금융 활동을 중단해야 한다"고 말했다. Josh Meyer and Barbara Demick, "N Korea running counterfeit racket, says US," *Sydney Morning Herald*, 14 December 2005 에서 인용.

58 "US says N. Korea 'criminal regime'," BBC News, 17 December 2005.

59 "American public views north as biggest threat," *JoongAng daily*, 19 November 2005, PEW 여론조사 결과.

60 "US accuses North Korea of $100 bill counterfeiting," *Washington Times*, 12 October 2005.

61 Klaus W. Bender, *Moneymakers: The Secret World of Banknote Printing* (Weinheim, Germany: Wiley-VCH Verlag, 2006), 260~66면.

62 「行き詰まる6者協議」,『世界』2006年 5月, 259면.

63 Philippe Pons, "Les Etats-Unis tentent d' asphyxier financiérement le régime de Pyongyang," *Le Monde*, 26 April 2006.

64 Toshihiko Yada, "US: DPRK behind 'supernotes'," *Yomiuri shimbun*, 27 October 2006.

65 United States of America, Department of the Treasury, Financial Crimes Enforcement Network, "In the Matter of Israel Discount Bank of New York," No. 2006-7 (Assessment of Civil Money Penalty). 이 정보는 토오꾜오의 존 매클 린에게서 얻은 것이다.

66 이후 논의하겠지만 2007년초 북한으로부터 그 자금을 교육적 혹은 인도주의적 목적에 사용할 것이라는 약속만 받고 타협이 이루어지자 애초에 이 사건이 정치 적 의도에서 불거져 나왔다는 느낌은 더 강해졌다.

67 小川和久「『敵基地攻撃論』の幼兒性」,『週刊金曜日』2006年 7月 21日, 18~19면.

68 UN Security Council, Resolution 1695, 15 July 2006, http://www.un.org/News/Pres

s/docs/2006/sc8778/doc.htm. (검색일 2006.7.21)

69 「역사의식 마비된 일본의 위험한 선제공격론」, 인터넷한겨레, (서울: 『한겨레신문』 2006년 7월 12일자).

70 "Poll: 92% support sanctions on N. Korea," *Daily Yomiuri*, 8 July 2006.

71 UN Security Council, Resolution 1718, 14 October 2006, http://www.un.org/News/Press/docs/2006/sc8853.doc.htm. (검색일 2006.10.21)

72 1980년 1200억엔 규모의 쌍방 무역이 2004년에 270억엔으로 감소했고 2002~04년 동안 절반으로 줄었다. 日朝國交促進國民協會『日朝關係』51-55 ; 「ドキュメント—激動の南北朝鮮」, 『世界』2006年8月, 273면.

73 "Aso: Stage set to help U.S. on ship inspections," *International Herald Tribune*, 16 October 2006, http://www.asahi.com/english/Herald-asahi/TKY200610160115.html. (검색일 2006.10.16)

74 Selig Harrison, "In a test, reason to talk," *Washington Post*, 10 October 2006.

75 인터뷰, Ignacio Ramonet, "Tension en Corée," *Le Monde Diplomatique*, October 2006, 1면.

76 原田武 「安倍晋三『初外交』敗れたり」, 『現代』 2006年9月, 166~72면.

77 International Crisis Group, Policy Briefing, Asia Briefing, no. 52, 9 August 2006.

78 Gavan McCormack, "Member of the Axis of Evil No More," Yale Global Online, 5 March 2007. http://yaleglobal.yale.edu/display.article?id=8865.

79 「북한은 2020년에도 여전히 핵무기를 보유할지 모른다: 보고서」, 『한겨레신문』, (서울, 2007년 2월 18일자).

80 Wada Haruki, "The North Korean nuclear problem, Japan, and the peace of Northeast Asia," *Japan Focus*, 10 March 2007. http://japanfocus.org/products/details/2376

81 Gavan McCormack, "Community and identity in Northeast Asia: 1930s and Today," *Japan Focus*, posted 15 December 2004. http://japanfocus.org/product/details/1591.

82 Goldman Sachs, Global Economics Working Paper, no. 99, "Dreaming with the BRICs: The path to 2050," 1 October 2003. 「明暗アジアの未來圖」, 『朝日新聞』 2006年 11月 4日도 참조.

83 寺島實郎 「アジアを舞台に21世紀のゲームが始まっている」(榊原英資・西部邁과의 좌담회)『論座』 2005年3月, 28~45면.

84 East Asian Vision Group Report, 2001, "Towards an East Asian Community: Region of Peace, Prosperity and Progress," http://www.mofa.co.jp/region/asiapaci/report2001.pdf. Wada Haruki, "From a 'Common House of Northeast Asia' to a 'Greater East Asian Community'," *Social* Science Japan (March 2004) 19~21 면.

85 「東アジア共同體構想文書作り提案へ」,『朝日新聞』2004年11月26日.

86 和田春樹『東北アジア共同の家』, 平凡社 2003 ; 姜?中『東北アジア共同の家をめざして』, 平凡社 2001.

87 Mori Kazuko, interviewed in *Sight*, Summer 2006, 64면.

88 伊藤憲一「加速する東アジアの地域統合構想」,『正論』より『産經新聞』2004年4月15日. 영문관은 http://www.sankei.co.jp/databox/e_seiron/2004/040415.html.

89 Gregory W. Noble, "Japanese political economy and Asian economic cooperation," *Social Science Japan* 28 (April 2004): 12~15면 중 14면.

90 Shioya Takafusa, "The Grand Design for Northeast Asia" (Tokyo: National Institute of Research Advancement, 2004). http://www.nira.go.jp. (검색일 2005.8.3)

91 Interview, *Asahi shimbun*, 1 May 2005.

6장

1 자세한 것은 Glenn D. Hook and Gavan McCormack, *Japan's Contested consitutuion* (London and New York: Routledge, 2001) 참조.

2 松澤哲成「40年代の空白—オーストラリアによる天皇戰犯論を中心に」,『東京女子大學史論』56, 58卷, 2005年.

3 "Copy of penciled Notes of C-in-C handed to me on Sunday 3 February 1946 to be basis of draft constitution"이라는 표제를 단 1946년 2월 3일자 비밀메모가 현재 메릴랜드 컬리지파크 소재 메릴랜드대학 도서관에 보관되어 있는데 그 첫 문단은 "천황을 국가원수로 한다"라고 시작된다.

4 1946년 2월 27일, 히가시꾸니 왕자를 통한 정보. (上丸洋一「『退位』搖れた天皇」,『朝日新聞』2006年7月13日)

5 藤原彰ほか著『天皇の昭和史』, 新日本出版社 1984, 109~10면.

6 John Dower, *Embracing Defeat: Japan in the Wake of World War II* (New York and London: WW Norton & Company, The New Press, 1999).

7 Harry Harootunian and Naoki Sakai, "Dialogue—Japan studies and cultural studies," *positions*, vol. 7, no. 2, Fall 1999, 592~647면 중 604면. 酒井直樹『死産

される日本語·日本人』, 新曜社 1996도 참조.

8 寺島實郎「中國を脅威とする前に」, 『世界』 2006年3月, 41~43면.

9 1954년의 자위대법 3조.

10 Hook and McCormack, *Japan's Contested consititution*.

11 保岡興治(高橋哲哉によるインタビュー)「憲法激論(2)自民黨」, 『週刊金曜日』
2004年6月25日, 14~17aus. 高橋哲哉『敎育と國家』, 講談社 2004, 95면도 참조.

12 1957~60년 동안 총리를 맡았던 키시 노부스께가 1958년 9월 30일 중의원에서
한 연설. 早野透「岸首相も偉大なハト派だった!?」, 『朝日新聞』 2004年1月14日.

13 사또오 에이스께 총리, 1970년, "Report of the Senate Standing Committee on
Foreign Affairs and Defense," Canberra, AGPS, 1973, 23면에서 인용.

14 하지만 냉전기 내내(그리고 그후에도) 일본의 안보는 미국의 핵억지력에 의존
했다. 여기에 관해서는 7장을 볼 것.

15 "Armitage: Article 9 hinders Japan's alliance with U.S.," *Asahi shimbun*, 23 July
2004.

16 "State Department Roundtable with Japanese Journalists," August 2004,
http://www.state.gov/secretary/former/Powell/remarks/35204.htm.

17 '아미티지 보고서'는 미국과 영국의 특별한 관계를 미일관계의 모델로 제시했
다.

18 「首相, テレビ番組で『自衛隊を國軍と改めた方がいい」, 『讀賣新聞』 2003年11月
2日.

19 "Critics slam Koizumi's take on constitution", *Japan Times*, 13 December 2003.

20 前田哲男ほか「東北アジアの安全保障と憲法9條」, 『世界』 2003年10月, 46면 인
용.

21 2001년 10월 23일의 코이즈미 연설「自衛隊否定は非現實的, ごまかしは限界だ」.
天木直人「自衛隊否定は非現實的 ごまかしは限界だ」, 『論座』 2004年2月, 31면
인용.

22 *Asahi shimbun*, 22 February 2004 인용.

23 자민당 웹페이지 http://www.jimin.jp/jimin/shin_kenpou/ 참조. 2005년 10월의
초안에 관해서는 자민당 신헌법기초위원회 웹페이지 http://www.jimin.jp/jimin/
shin_kenpou/shiryou/pdf/051122_a.pdf. 참조. (검색일 2006.1.10)

24 이 조항은 "사회적으로 받아들여질 만한 의례의 법위" 혹은 "민족문화적 관습"
등으로 다양하게 번역되기도 한다.

25 콜린 파월은 2004년 일본 기자들에게 일본이 안보리 상임의석을 원한다면 9조
를 개정해야 할 것이라고 말했다. 'State Department Roundtable with Japanese

Journalists,' http://www.state.gov/secretary/former/Powell/remarks/35204.htm.
(검색일 2004.10.3)

26 Tetsushi Kajimoto, "Nakasone hits Koizumi populism, Yasukuni visits," *Japan Times*, 23 November 2005.

27 讀賣新聞案 참조. Hook and McCormack, *Japan's Contested constitution*, 55~91면.

28 「日本は世界にどう貢獻するか」, 하야노 토오루의 오자와 이찌로오 인터뷰, 『朝日新聞』 2001年11月1日.

29 山口次郎・加藤紘一 「政治がコミュニティを壞してはならない」, 『世界』 2006年 3月, 44~51면.

30 Nakasone Yasuhiro, *Japan: A State Strategy for the Twenty-first Century*, translated by Lesley Connors and Christopher P. Hood (London and New York: RoutledgeCurzon, 2002), 1면.

31 Ezra Bowen, "Nakasone's World-Class Blunder—Japan's leader stirs a tempest by linking race to intellect," *Time*, 6 October 1986.

32 Toru Hayano, "Interpretational constitutional Revision—Protecting or Revising the constitution?", *Asahi Shimbun*, 19 November 2004 , http://www.asahi.com/column/hayano/eng/TKY200411190180.htm. (검색일 2004.11.19)

33 Tetsushi Kajimoto, "Nakasone hits Koizumi populism, Yasukuni visits," *Japan Times*, 23 November 2005.

34 中曾根康弘 「私の憲法改正試案」, 『Voice』 2005年4月.

35 2005년 7월 7일 나까소네 야스히로가 작성한 개정 전문 초안. 自由民主黨新憲法起草委員會 「要項,第一次草案」, http://www.jimin.jp/jimin/shin_kenpou/. (검색일 2005.10.6)

36 保岡興治(高橋哲哉によるインタビュー) 「憲法激論(2)自民黨」, 14~17면.

37 內海愛子・高橋哲哉・徐京植編 『石原都知事「三國人」發言の何が問題なのか』, 影書房2000 참조.

38 Koseki Shoichi, "The case for Japanese constitutional revision assessed", translated Richard H. Minear, *Japan Focus*, 12 December 2006 참조. http://japanfocus.org/products/details/2289.

39 山口次郎・加藤紘一 「政治がコミュニティを?してはならない」, 50면.

40 *Asahi shimbun*, 1 May 2004.

41 桂敬一・原壽雄・藤森研・田島泰彦 「改憲潮流の中のメディア(座談?)」, 『世界』 2005年7月, 243면(藤森發言).

42 "Editorial: People are calling for constitutional revision," *Daily Yomiuri*, 2 April 2004.

43 Koseki, "The case for Japanese constitutional revision assessed"에서 인용.

44 2005년 5월과 2006년의 『朝日新聞』과 『讀賣新聞』 여러 곳에서 취한 자료.

45 *Asahi shimbun*, 1 May 2004.

46 *Asahi shimbun*, 1 May 2004.

47 *Asahi shimbun*, 1 October 2001.

48 『東京新聞』 2001年 10月 3日.

49 『毎日新聞』 2001年 9月 27日.

50 市民立憲フォーラム「市民立憲を討議するにあたって」, http://www.citizens-i.org/kenpo/paper050401.html. (검색일 2006.6.6)

51 이 제안의 상세한 내용과 이에 대한 비판에 관해서는 Hook and McComack, *Japan's Contested constitution*, 92ff면 참조.

52 和田春樹・山口次郎・前田哲男・古關彰一「憲法9條維持のもとで´いかなる安全保障政策ができるか」, 『世界』 2005年6月, 92~109면.

53 "SDF activities are unconstitutional," *Asahi shimbun*, 2 April 2006, http://www.asahi.com/english/Herald-ashi/TKY200602040128.html. (검색일 2006.4.2)

54 John Junkerman, Gavan McCormack and David McNeill, "Japan's political and constitutional crossroads," *Japan Focus*, August 2006. http://japanfocus.org/products/details/2175.

55 두 수치는 모두 '일본청소년협회'가 수행한 2002년의 조사에서 나왔다.

56 UN Information Service, Geneva, "Committee on Rights of Child Concludes Eighteenth Session, Gevena 18 May to 5 June". Press Release HR/4366, 8 June 1998.

57 2000년 1월의 인터뷰. 『日本教育新聞』, 2000년 1월 7일자. 矢倉久泰「なぜ教育基本法を改定したいのか」『日本の進路』 2000年11月에서 인용, http://www.kokuminrengo.net/2000/200011-dm-ygr.htm. (검색일 2006.11.25) Yasuhiro Nakasone, *Japan: A State Strategy for the Twenty-first Century*, translated by Lesley Connors and Christopher P. Hood (London and New York: RouteledgeCurzon, 2002), 144면도 참고할 것.

58 *Yomiuri shimbun*, 21 April 1997, quoted Takashima, 14면.

59 "Fiscal health 'will need 27 trillion yen in cuts'," *Daily Yomiuri*, 26 March 2006.

60 Nakasone, *A State Strategy*, 218면.

61 大內裕和・高橋哲哉『教育基本法『改正』を問う』, 白澤社 2006, 8면 인용.

62 高橋『教育と國家』, 135~36면 인용.

63 梅原猛「日本の傳統とはなにか?」, 『朝日新聞』 2005年5月17日 석간. 영문판은 Ota Yusei and Gavan McCormack, *Japan Focus*, 12 July 2005, http://japanfocus. org/products/details/2128. 梅原猛「靖國は日本の傳統を逸脱している」, 『世界』 2004年9月, 72~78면도 참조.

64 Norma Field, "The child as laborer and consumer: The disappearance of childhood in contemporary Japan," Sharon Stephens, ed., *Childhood and the Politics of Culture* (Princeton: Princeton UP, 1995), 51~78면 중 67면.

65 Shoko Yoneyama, *The Japanese High Schools: Silence and Resistance* (London and New York: Routledge, 1999), 123-29면.

66 CEBs (Citizens Educational Board for Children), 「『心のノート』について」2003 年?, http://cebc.jp/s-eduad/kokoro/index.html. (검색일 2006.7.6)

67 자세한 내용에 관해서는 Gavan McCormack, *The Emptiness of Japanese Affluence*, 6장 참조.

68 2004년 11월. 「일본은 다시 역사교육을 왜곡하려 하는가?」, 『한겨레신문』, 2004 년 12월 6일자.

69 子どもと教科書全國ネット21(아동과교과서일본네트워크21)의 웹페이지 http://www.ne.jp/asahi/kyokasho/net21/top_f.htm (검색일 2006.12.22) 및 「05 年度高校教科書の檢定結果」, 『週刊金曜日』 2006年4月21日, 12~13면 참조.

70 俵義文「『新しい教科書をつくる會』內部抗爭の眞相」, 『論座』 2006年6月, 228~35면. 加藤勇介「新·新しい歴史教科書誕生の內幕」, 『アエラ』 2006年7月3 日, 4~5면.

71 暉峻康隆『日の丸君が代の成り立ち』, 岩波ブックレット, 1997, 6면.

72 田丸商繪「『ヒロシマの子』として學んだこと」, 『世界』 2000年5月, 182~87면.

73 高橋『教育と國家』, 159면.

74 青砥恭·池添德明·望月由孝『日の丸·君が代と子どもたち』, 岩波ブックレット 2000.

75 高橋『教育と國家』, 146면.

76 尾木直樹·西原博史「これは教育のクーデターだ」, 『世界』 2006年7月, 90면. 목소리 크기 측정은 후꾸오까에서 보고되었다. 高橋『教育と國家』, 146면 참조.

77 田中伸尚「『君が代』強制を憲法に問う『心裁判』(1)」, 『週刊金曜日』 2000年2月25 日, 52~55면; 第二部 2000年3月3日, 30~33면.

78 高島伸欣「與黨案民主黨案のこれだけの問題点」, 高島伸欣·高橋哲哉·佐高信· 俵義文『教育基本法「改正」のここが問題』, 金曜日 2006, 25면 인용 참조.

79 樫田秀樹「『日の丸・君が代』卒業式の闘い」,『週刊金曜日』2006年3月17日, 10면.

80 같은 글.

81 「日の丸君が代訴訟判決理由」,『朝日新聞』2006年9月22日; Jun Hongo, "'Kimigayo' directive violates freedom of thought, court rules," *Japan Times*, 22 September 2006. "City Hall to appeal 'Kimigayo' ruling," *Japan Times*, 23 September 2006.

82 Gavan McCormack, "The Japanese Movement to 'Correct' History," in Laura Hein and Mark Selden, eds, *Censoring History: Citizenship and Memory in Japan, Germany and the United States* (New York: M. E. Sharpe, 2000), 55~73면.

83 西澤潤一『教育基本法6つの提言』, 小學館 2000, 참조.

84 『朝日新聞』2006年5月11日, 森喜朗 인터뷰.

85 高橋『教育と國家』, 10~11면.

86 Shoko Yoneyama, "Japanese 'Educational Reform' : The Plan for the Twenty-First Century," in Javed Maswood, Jeff Graham, and Hideaki Miyajima, (eds), *Japan: Change and Continuity* (London: Curzon Press), 2002, 197면에서 인용.

87 Yoneyama, "Japanese 'Educational Reform'".

88 齋藤貴男『機會不平等』, 文芸春秋 2000, 40~41면.

89 高橋史朗「基本法に愛國心明記を」,『産經新聞』2006年3月20日.

90 中央教育審議會「新しい時代にふさわしい教育基本法と教育振興基本計畫の在り方について(答申)」, 2003年3月20日. http://www.mext.go.jp/b_menu/shingi/chukyo/chukyo0/toushin/030301.htm.

91 Akemi Nakamura and Hiroko Nakata, "Diet handed 'patriotic' education bill," *Japan Times*, 20 April 2006.

92 Miyake Shoko, "Japan 's education law reforms and the hearts of children".

93 같은 글.

94 『日本經濟新聞』(11월 28일자)의 조사에서는 다수(55퍼센트)가 이 문제를 급히 다룰 필요가 없다고 대답했다. 또다른 여론조사에서는 고작 4퍼센트가 교육이 더 나아질 것이라고 생각했고 28퍼센트가 더 나빠질 것으로 답했으며 46퍼센트는 새 법이 아무 변화도 만들지 못할 것이라고 답했다. *Asahi shimbun*, 27 November 2006.

95 俵義文「單獨採決は焦りのあらわれ」,『週刊金曜日』2006年12月24日, 8~9면.

96 *Yomiuri shimbun*, 14 November 2006.

97 「やらせ質問は15回,6割のTMで發言依賴」,『東京新聞』2006年12月20日.

98 三島由紀夫「愛國心—官製のいやな言葉」,『朝日新聞』1968年1月8日 석간.

99 大內裕和·高橋哲哉『教育基本法『改正』を問う』, 白澤社 2006, 40~44면 참조.

100「教育基本法, 着地点見えず」,『朝日新聞』2006年6月25日.

101 齋藤, 앞의 논문에서 인용. 大內裕和『教育基本法改正論批判』, 白澤社 2003, 78면.

102 大內裕和『教育基本法改正論批判』.

103 Okudaira Yasushi, "Now is the time for a national debate on the monarchy itself," *Japan Focus*, 13 June 2006, http://japanfocus.org/products/details/2168.

104 역사가 色川大吉, Hook and McCormack, *Japan's Contested constitution*, 35면에서 인용.

105 佐高信「日本國憲法の逆襲(ゲスト辻元淸美)」,『世界』2000年10月, 51면.

7장

1 George H. Kerr, *Okinawa: The History of an Island People* (New York: Tuttle, 1958), 10면.

2 오끼나와 전투에 관한 뛰어난 역사가인 Ota Mashide의 *This was the Battle of Okinawa* (Haebaru, Okinawa: Naha Publishing Company 1981)나 "Reexamining the history of the battle of Okinawa," in Chalmers Johnson, ed., *Okinawa: Cold War Island* (Cardiff, CA: Japan Policy Research Institute, 1999), 13~37면 참조.

3 John W. Dower, "Peace and democracy in two systems," in Andrew Gordon, ed., *PostwarJapan as History* (Berkeley, CA: University of California Press, 1993), 11면.

4 Herbert P. Bix, *Hirohito and the Making of Modern Japan* (New York: Harpercollins, 2000), 488~90면.

5 이 편지는 히로히또의 보좌관 테라나끼 히데나리가 작성한 것이지만 천황의 지시란 점을 양측이 충분히 납득하고 있었다. 進藤榮一「分割された領土」,『世界』1979年4月, 45~50면. Bix, *Hirohito*, 626~27면도 참조.

6 Chalmers Johnson, *The Sorrows of Empire: Militarism and the End of the Republic* (London and New York: Verso, 2004), 201면.

7 新崎盛暉『沖繩現代史』, 岩波書店 2005 ; 다음의 아라사끼 인터뷰도 참고할 것. 『週刊金曜日』2006年5月12日, 34~35면.

8 1972년 5월 15일에 요요기 공원에서 열린 항의모임에는 3만명이 참석했다. 福地

曠昭「沖縄の『日本復帰』」, 『週刊金曜日』2006年5月12日, 30~33면.

9 新崎『沖縄現代史』, 29~30면.

10 Asle Sveen, Ivar Libaek and Oivind Stenersen, *The Nobel Peace Prize: 100 Years for Peace* (Oslo: Cappelen, 2001).「佐藤元首相の平和賞は疑問 ノーベル賞委員會が記念誌に記述」, 『朝日新聞』2001年9月5日 석간.

11 Jon Halliday and Gavan McCormack, *Japanese Imperialism Today: 'Co-Prosperity in Greater East Asia'* (London: Pelican Original, 1973), 195~209면에 실린 복귀에 관한 논의와 241~44면에 실린 1969 사또오-닉슨 성명서 본문을 참고할 것.

12 我部政明『沖縄返還とはなんだったのか』, NHK出版 2000, 190~206면.

13 3억달러는 상품과 써비스 형태의 보조금으로, 2억달러는 1965년부터 10년에 걸친 연간 할부지급 형태의 엔 대출금으로.

14 防衛施設廳「在日米軍駐留費負担の推移」, 1979-2005, http://www.dfaa.go.jp/US_keihi/suii_img.html. (검색일 2006.10.20)

15「思いやり予算」, Wikipedia. (검색일 2006.10.20)

16 "Ex-offical admits Okinawan 'secret pact'," *Yomiuri shimbun*, 12 February 2006.

17 西山太吉「『密約』が今の日米關係の起点だった」, 『世界』2006年5月, 40~51면.

18 2006년 2월 10일. 山口正紀「『政府のウソ』許さない追求報道を」, 『週刊金曜日』2006年3月3日, 26면.

19 Ota Masahide, "Beyond hondo: devolution and Okinawa," in Glenn D. Hook and Richard Siddle, eds, *Japan and Okinawa: Structure and Subjectivity* (London and New York: RoutledgeCurzon, 2003), 114-139면 중 122~23면. Koji Taira, "Okinawa's choice: independence or subordination," in Chalmers Johnson, ed., *Okinawa: Cold War Island*, 171~84면 중 175~76면도 참조할 것.

20 2005년 11월 14일, 토오꾜오의 국제기독교대학에서 행한 오오따 마사히데의 강연.

21 자세한 내용은 Gavan McCormack, "Okinawa and the structure of dependence," in Glenn D. Hook and Richard Siddle, eds, *Japan and Okinawa*, 93~113면 참조.

22 大田昌秀『沖縄, 基地なき島への道標』, 集英社 2000, 60~63면.

23 세부 내용은 McCormack, "Okinawa and the structure of dependence" 참조.

24 大田『沖縄, 基地なき島への道標』.

25 Ota, "Beyond hondo," 123~24면.

26 Chalmer Johnson, "Okinawa between the United States and Japan," Japan Policy Research Institute, JPRI Occasional paper no. 24, January 2002.

27 McCormack, "Okinawa and the structure of independence," 93~113면 참조.

28 Hideki Yshikawa, "Elections in Okinawa and the US: Widening the Okinawan struggle," *Japan Focus*, 5 January 2007, http://japanfocus.org/products/details/2314. Makishi Yoshikazu's blog ('Maxi's blog'): http://blogs.yahoo.co.jp/okinawa_maxi/folder/268483.html도 참조할 것. (검색일 2007.1.30)

29 31조는 환경영향조사 개시 전에 평가방법을 설명하는 문서를 공표하고, 환경성이나 다른 관련 기관이 그것을 심사하도록 요구한다.

30 지역 활동가이면서 저술가이자 환경운동가인 우라시마 에츠꼬는 매우 인상적인 지역운동 연대기를 작성했다. 浦島悅子 『邊野古—海の戰い』, インパクト出版會 2005.

31 Kanako Takahara, "Japan, US agree on a new Futenma site," *Japan Times*, 27 October 2005.

32 Ministry of Foreign Affairs, Tokyo, Security Consultative Committee Document, *US-Japan Alliance: Transformation and Realignment for the Future*, 29 October 2005, by Secretary of State Rice, Secretary of Defense Rumsfeld, Minister of Foreign Affairs Machimura, and Minister of State for Defense Ohno, http://www.mofa.go.jp/region/n-america/us/security/scc/doc0510.html. 『朝日新聞』2005年10月30日 참조.

33 「米軍66年にも計畫」,『朝日新聞』2005年11月4日. 오끼나와 건축가 겸 활동가인 마끼시 고이찌가 이 계획에 관한 미국 기록보관소의 문서들을 자신의 블로그에 올려놓았다. Makishi, "US Dream Come True? The New Henoko Sea Base and Okinawan Resistance," *Japan Focus*, 12 February 2006도 참조할 것. http://japanfocus.org/article.asp?id=522.

34 2005년 11월 5일 나고시 인터뷰. Miyagi Yasuhiro, "Okinawa: Rising Magma," *Japan Focus*, no. 464, 2005년 12월 4일 게시, http://japanfocus.org/article.asp?id=464도 참조.

35 *Asahi shimbun*, 9 November 2005.

36 *Okinawa Times*, 14 September 2004; *Ryukyu shimpo*, 22 June 2005; *Okinawa Times*, 5 November 2005의 여론조사 참조.

37 *Okinawa Times*, 19 April 2006.

38 *Ryukyu shimpo*, 14 April 2006.

39 比屋根照夫「變わる國家像—沖繩の危機」,『琉球新報』2005年11月7日,8日.

40 「强權─沖繩狙い撃ち・反論封殺に怒り」, 『沖繩タイムズ』 2005年10月27日.

41 比屋根, 앞의 글.

42 Tatsuya Fukumoto and Takashi Imai, "Okinawa torn over base plan," *Daily Yomiuri*, 10 April 2006.

43 *Japan Times*, 5 May 2006.

44 "Futenma plan 'may be accepted'", *Daily Yomiuri*, 14 April 2006.

45 「極めて遺憾」, 『朝日新聞』 2006年5月30日.

46 기노완 시장 이하 요이찌가 2006년 7월 2일 메이지대학 모임에서 연설한 내용에 따르면 50퍼센트가 증가했다.

47 *Mainichi shimbun*, 3 August 1998, BBC, Summary of World Broadcasts, Part 3, Asia-Pacific, August 1998, FE/3298/E1 인용.

48 「强權」, 『沖繩タイムズ』 2005年10月27日.

49 특히 소규모 '헬리포트' 건설이라는 아이디어를 다시 살려내려고 했다. Takashi Imai, "Uncertainty surrounds base relocation," *Daily Yomiuri*, 29 August 2006.

50 下地幹郎 「小泉總理の『格差』と稻嶺知事の『格差』の違い 稻峰縣政8年間の檢証 第8部」, 2006年12月13日. http://www.mikio.gr.jp/s_voice177.html. 부채 (채권) 의존도에 관해서는 같은 씨리즈 제5부 「沖繩縣と市町村の財政は赤信號」 2006年 12月21日도 참조. http://www.mikio.gr.jp/s_voice179.html. (검색일 2006.12.21)

51 「31首長がパトリオット配備反對」, 『琉球新報』 2006年10月7日.

52 「『占領下と變わらず』中部首長一齊に反發」, 『琉球新報』 2006年10月12日.

53 『琉球新報』, 2006年11月21日.

54 Gavan McCormack, Sato Manabu and Urashima Etsuko, "The Nago mayoral election and Okinawa's search for a way beyond bases and dependence," *Japan Focus*, 16 February 2006, http://japanfocus.org/products/details/1592.

55 Ota, "Beyond hondo,", 127면.

56 濱里正史・佐藤學・島袋純編 『沖繩自治州 あなたはどう考える?』, 沖?自治?究? 2005.

57 코자시(현 오끼나와시) 전 시장 大山朝常(『沖繩獨立宣言』, 現代書院 1997, 6면), Ota, "Beyond hondo," 126면에서 인용.

58 目取眞俊 『沖繩「戰後」ゼロ年』, NHK出版 2005, 189면.

59 John Pilger, "Diego Garcia: paradise cleansed," *Guardian*, 4 October 2004. 그 가 쓴 *Freedom Next Time* (London: Bantam Press, 2006)도 참조.

60 Yoko Sellek, "Migration and the nation-state: structural explanations for emigration from Okinawa," in Hook and Siddle, *Japan and Okinawa*, 74~92면.

Kozy Amemiya, "The Bolivian connection: US bases and Okinawan emigration," in Chalmers Johnson, ed., *Okinawa: Cold War Island*, 149~70면도 참조할 것.

61 Keiichi Inamine, "Okinawa as a Pacific crossroads," *Japan Quarterly*, July-September 2000, 10~16면 중 14면.

8장

1 2005년 8월의 성명에서만 인용하면, "미국의 공격 역량과 미국이 제공하는 핵억제력이 계속해서 일본의 안보 역량의 필수적인 요소이며…", 일본 외무성 안보자문위원회의 2005년 10월 29일 문건, "US-Japan Alliance: Transformation and Realignment for the Future," 29 October 2005. http://www.mofa.go.jp/region/n-america/us/security/scc/doc0510.html. (검색일 2006.12.20)

2 Morton Halperin, "The nuclear dimension of the US-Japan alliance", Nautilus Institute, 1999, http://www.nautilus.org/archives/library/security/papers/US-Japan-4.html (검색일 2006.5.20); "Secret files expose Tokyo's double standard on nuclear policy," *Asahi Evening News*, 25 August 1999.

3 콘플랜은 2003년 1월 부시 대통령의 기밀 명령에 의거하여 오마하 소재 미 전략사령부가 재래식무기든 핵무기든 '전혀 구애받지 않고' 북한이나 이란 같은 나라들의 '임박한' 위협을 처리하는 전지구적 공격계획을 가리킨다. William Arkin, "Not Just A Last Resort? A Global Strike Plan, With a Nuclear Option," *Washington Post*, Sunday, May 15, 2005.

4 Mohammed ElBaradei, "Saving ourselves from self-destruction," *New York Times*, 12 February 2004.

5 「60年代, 2首相が『核武裝論』米國文書で明らかに」, 『朝日新聞』 2005年 8月 1日.

6 Andrew Mack, "Japan and the Bomb: a cause for concern?" *Asia-Pacific Magazine*, no. 3 June 1996, 5~9면.

7 1999년 3월 3일의 성명. 田岡俊次 「周邊有事の『協力』透ける」, 『朝日新聞』 1999年 3月 3日.

8 "Nishimura quits over nuclear arms remarks," *Daily Yomiuri*, 21 October 1999.

9 吉田司 「『岸信介』を受け繼ぐ『安倍晋三』の危うい知性」, 『現代』 2006年 9月, 127면.

10 Dan Plesch, "Without the UN safety net, even Japan may go nuclear," *Guardian*, 28 April 2003.

352

11 Jimmy Carter, "Saving nonproliferation," *Washington Post*, 28 March 2005.

12 William Arkin, "Not just a last resort: A global plan with a nuclear option," *Washington Post*, 15 May 2005.

13 『조선일보』, (서울: 조선일보), 2005년 6월 6일.

14 Ted Daley, "America and Iran: Three nuclear ironies," *Truthdig*, 7 July 2006. http://www.truthdig.com/report/item/20060707_three_nuclear_ironies. (검색일 2006.7.25)

15 Robert McNamara, "Apocalypse Soon," *Foreign Policy*, May-June 2005, reproduced in Japan Focus, 8 May 2005, http://japanfocus.org/products/details/ 1671.

16 "Government to ok India as N-state," *Yomiuri shmbun*, 10 January 2007.

17 '동북아시아 비핵지대'의 개요에 관해서는 Hiromichi Umebayashi, "A Northeast Asian Nuclear Weapon-Free Zone," Northeast Asia Peace and Security Network, Special Report, 11 August 2005, http://www.nautilus.org/napsnet/st/2005/0566NE ANWFZ.html (검색일 2005.10.23); 梅林宏道「日本獨自の包括的核軍縮提案を」, 『論座』2005年6月, 188~93면.

18 Paul Rogers, "Britain's nuclear weapon fix," and "Nuclear weapons: the oxygen of the debate," Open Democracy, 29 June and 29 December 2006, http://www.o pendemocracy.net. (검색일 2007.1.10)

19 Rogers, "Nuclear weapons: the oxygen of the debate".

20 Citizens' Nuclear Information Center (CNIC), "Cost of Nuclear Power in Japan", Tokyo, 2006, http://cnic.jp/english/newsletter/nit113/nit113articles/nit113cost.ht ml. (검색일 2007.1.10)

21 "Nuclear Power for civilian and military use," *Le Monde Diplomatique, Plant in Peril* (Arendal, Norway: UNEP/GRID-Arendal, 2006), 16면.

22 「原發の盛衰分かれ目」, 『朝日新聞』2006年 6月 6日.

23 Michael Meacher, "Limited Reactions," *Guardian Weekly*, 21-27 July 2006, 17 면.

24 「原發の盛衰分かれ目」, 『朝日新聞』2006年 6月 6日 인용.

25 Tsukasa Kamata, "Huge tract for ITER sits vacant," *Japan Times*, 25 November 2006.

26 飯田哲也「自然エネルギー普及を」, 『朝日新聞』2004年 6月 8日.

27 이중 다수가 대규모 지진이 자주 발생하는 활발한 단층구조 위에 건설되고 있 다. Leuren Moret, "Japan's deadly game of nuclear roulette," *Japan Times*, 23

May 2004, 수정본은 *Japan Focus*, 29 November 2005. http://japanfocus.ort/produ
ctsdetails/2013.

28 經濟産業省『新國家エネルギー戰略』, 2006年5月, http://kakujoho.net/blog/archives/0
00046.html. (검색일 2006.11.30)

29 "Safe storage of nuclear waste", editorial, *Japan Times*, 25 July 2006.

30 總合資源エネルギー調査會電氣事業分科會原子力部會『原子力立國計畫(案)』, 2006年 8月
8日. http://www.meti.go.jp/committee/materialsdownloadfiles/g60815a05j.pdf.

31 Frank Barnaby and Shaun Burnie, *Thinking the Unthinkable: Japanese Nuclear
Power and Proliferation in East Asia* (Oxford and Tokyo: Oxford Research
Group and Citizens' Nuclear Information Center, 2005), 17면. 이중 4분의 3가량
이 현재 영국 쎌라필드에서 처리되고 있고 머지않아 일본으로 되돌아갈 것이다.
Eric Johnston, "Nuclear foes want Rokkasho and Monju on UN nonproliferation
agenda," *Japan Times*, 2 April 2005.

32 "Nuclear power for civil and military use," *Le Monde Diplomatique*, 17면.

33 Barnaby and Burnie, *Thinking the Unthinkable*, 8면.

34 같은 책 8면.

35 Mohammed ElBaradei, "Seven steps to raise world security," *Financial Times*, 2
February 2005.

36 鈴木眞奈美『核大國化する日本』, 平凡社 2006, 214면.

37 Director General, IAEA, "Implementation of the NPT Safeguards Agreement in
the Republic of Korea", 11 November 2004 (Geneva: IAEA), http://www.iaea.or
g/documentgov/2004/84. (검색일 2007.3.14)

38 吉岡齊「原發は『介護』に値するのか」, 『朝日新聞』 2005年 11月 21日 석간.

39 묻는 비용은 재처리 비용의 절반이나 3분의 2가량이 될 것이다. 같은 글.

40 Shaun Burnie, "Proliferation Report: sensitive nuclear technology and
plutonium technologies in the Republic of Korea and Japan, international
collaboration and the need for a comprehensive fissile material treaty," 18면.
2005년 4월 28일 국회 주최로 서울에서 개최된 'The International Conference on
Proliferation Challenges in East Asia'의 발표문.

41 2006년 9월 4일, 국제 그린피스의 숀 버니가 사석에서 제시한 추정치이다. 2050
년까지 사용후 핵연료 폐기물 추정치를 보여주는 표는 Tatsujiro Suzuki, "Global
Nuclear Future: A Japanese Perspective" (Melbourne: Nautilus Institute at RMIT
University, September 2006), http://wwwnautilus.org/~rmit/lectures/0601t-
suzuki/index.html. (검색일 2006.10.15)

42 Michael Casey, "Asia embraces nuclear power," *Seattle Times*, 28 July 2006. 2005년 12월 현재 미국의 사용후 핵연료 비축량은 5만 3000톤에 달하며 2010년까지는 10만에서 1400만톤(원문 그대로임) 사이로 늘어날 것으로 예상된다. (US Department of Energy, May 2006). http://www.gnep.energy.gov.

43 몬주 시험 고속증식로는 냉각 씨스템에서 액화나트륨 1톤이 유출된 이후 1995년부터 폐쇄되었다. 토까이무라 연료재처리발전소는 노동자들이 부주의로 양동이에 든 물질을 섞는 바람에 임계상태를 야기하여 대재앙의 문턱까지 가는 사고로 2명의 노동자가 사망했고 수백명이 방사능에 노출됐다. 미하마에서 발생한 2004년 사고에서는 부식된 냉각 씨스템 파이프에서 과열 증기가 뿜어져 나와 5명이 사망했다.

44 혼합산화연료(MOX)의 형태로 대규모 플루토늄을 이용하려는 계획은 1999~2001년 일본 환경단체들이 영국핵연료 회사가 칸사이 전력에 보낸 핵연료에 대한 핵심적 품질관리 데이터가 고의적으로 조작되었다고 폭로하면서 무산되었다. 그 결과 MOX 연료 사용을 위해 선정된 후꾸이, 후꾸시마, 니이가따, 세 현에서 반대운동이 고조되었다.

45 Burnie, "Proliferation Report," 19면.

46 田窪雅文「課題はニューヨークではなく, 日本にある」, 『世界』 2005年 6月, 151면.

47 2005년 5월 24일 UN 회의에서 행한 프린스턴대학의 H. A. Feiveson의 진술, http://kakujoho.net/e/feiveson.html. (검색일 2006.7.12)

48 Eric Johnston, "Nuclear fuel plant not biz a usual," *Japan Times*, 10 August 2004.

49 *Scientific American* (Digital), May 1994. http://www.scimdigital.com. (검색일 2006.12.3)

50 吉田康彦「NPTを決裂させたのは米國の單獨行動主義」, 『論座』 2005年 8月, 154~59면.

51 CNIC, "Statement by CNIC and Greenaction about GNEP," 11 July 2006.

52 같은 글.

53 Eric Johnston, "Safety concerns remain: one decade after accident, Monju may be reborn," *Japan Times*, 9 December 2005.

54 "New fast-breeder reactor to replace prototype Monju," *Asahi shimbun*, 27 December 2005.

55 "Editorial: Pluthermal project," *Asahi shimbun*, 16 February 2006.

56 鈴木, 214면. 플루토늄 비축량은 2010년까지 60톤에 도달하고 그 이후에도 50톤

이상으로 유지될 것이다.

57 平田剛士「電腦の死に場所」,『週刊金曜日』2003年 5月 25日, 38~41면.

58 그런 식의 방출이 2006년 3월에야 시작되기는 했지만 해수 방사능 수치는 곧 상승했고 (록까쇼의 하천이 흘러들어가는) 이와떼현 지사와 지역 어민들의 항의를 불러일으켰다. CNIC, "Active tests at the Rokkasho Reprocessing plant," June 2006, http://www.cnic.jp/english/newsletter/nit113/nit113articles/nit113Rokkasho.html, 그리고 小山英之「三陸の海に放射能放出濃度は原發の2700倍」,『週刊金曜日』2006年5月19日, 5면.

59 George Monbiot, "Dirty bombs waiting for a detonator," *Guardian*, 11 June 2002.

60 Jim Giles, "Nuclear power: Chernobyl and the future: when the price is right," *Nature*, no. 440, 20 April 2006, 984~86면.

61 佐藤榮佐久「立ち止まり國民的議論を」,『朝日新聞』2003年5月24日.

62 Barnaby and Burnie, *Thinking the Unthinkable*, 9면.

63 梅林「日本獨自の」, 193면.

64 US Department of Energy, "The Global Nuclear Energy Partnership," updated July 2006, http://www.gnep.energy.gov.

65 Geoff Elliott, "US backs Howard's nuclear vision," *The Australian*, 17 August 2006.

66 Paul Sheehan, "A thirsty world running dry," *Sydney Morning Herald*, 31 July 2006.

67 Anthony Albanese, "Twenty years on: lest we forget the lessons of Chernobyl," *Sydney Morning Herald*, 26 April 2006.

68 Citizen Nuclear Information Center (CNIC) and Green Action, "Japan should withdraw its opportunistic, cynical and impractical offer to cooperate with the US Global Nuclear Energy Partnership", statement, 10 July 2006, http://www.greeaction-japan.org. (검색일 2006.10.1)

69 US Department of Energy, "The Global Nuclear Partnership," v 면.

70「核技術開發, 米『最大4兆7千億円』米長官見解,日本などの協力期待」,『中國新聞』2006年 2月 17日.

71 CNIC and Green Action, "Japan should withdraw its opportunistic, cynical and impractical offer to cooperate with the US Global Nuclear Energy Partnership".

72 Michael Meacher, "Limited Reactions", *Guardian Weekly*, 21-27 July 2006, 17면.

73 John Busby, "Why nuclear power is not the answer to global warming," *Power*

Switch, 25 May 2005, http://www.powerswitch.org.uk/portal/index.php?option=content&task=view&id=805. (검색일 2006.9.26)

9장

1 霍見芳浩「最後までしっぽを振ったポチ」, 『週刊金曜日』 2006年 7月 7日, 20~21면.
2 "Press conference by Prime Minister Junichiro Koizumi following the G-8 Summit", 17 July 2006, http://kantei.go.jp/foreign/Koizumispeech/2006/07/17press_e.html.
3 Geoffrey Hodgson, "Yo, Blair," Open Democracy, 19 July 2006, http://www.opendemocracy.net.
4 일본 전직 외교관 아마끼 나오또에게서 나온 얘기로, 立花隆 『イラク戦争・日本の運命・小泉の革命』, 講談社 2004, 362면 인용.
5 같은 책 85면.
6 같은 책 3면.
7 「小泉內閣平均50%の高支持率」, 『朝日新聞』 2006年 8月 28日.
8 Wieland Wagner, "Pilgrimages to the shrine," *Spiegel* International Online, 6 September 2006, http://www.spiegel.de/international/spiegel/0,1518,435377,00.html. 2006년 9월 10일 입력.
9 *Asahi shimbun*, 23 August 2006.
10 "Next leader should shun shrine: US lawmakers", *Japan Times*, 16 September 2006. 「社説 米國からの問いかけ」, 『朝日新聞』 2006年9月7日도 참조.
11 *Asahi shimbun*, 30 August 2006.
12 아베에 관한 더 세심한 인물분석과 그의 조부의 영향에 관해서는 原彬久 「岸信介と安倍晋三」, 『世界』 2006年 11月, 80~90면.
13 *Asahi shimbun*, 13 December 2006
14 根本清樹 「安倍政權への視点(1)」, 『朝日新聞』 2006年 9月 22日 인용.
15 Miyake Shoko, "Japa's education law reforms and the hearts of children".
16 立花隆 「未熟な安倍內閣が許した危険な官僚暴走の時代」, Media Online Politics, No 92, 2006年12月27日. http://www.nikkeibp.co.jp/style/biz/feature/tachibana/media/061227_kanryou/index.html. (검색일 2007.1.15)
17 "Govt to seek public opinion on what makes a 'beautiful country'," *Yomiuri*

shimbun, 31 December 2006.

18 1937년 교육성이 출판하고 나중에 *Kokutai no hongi: Cardinal principles of the national entity of Japan* (Cambridge MA: Harvard University Press, 1949)로 번역됨.

19 和田春樹「安倍晋三氏の歷史認識を問う」, 『世界』 2006年 10月, 58면.

20 「希望の國, 日本」, 日本經團連 2007年1月1日. http://www.keidanren.or.jp/japanese/policy/207/vision.html. (검색일 2007.1.15)

21 Jürgen Habermas, "Why Europe needs a constitution," *New Left Review* 11, September-October 2001, 5~26면 중 21면.

22 Edward Said, *Culture and Imperialism* (New York: Vintage, 1993), xxix면.

23 이께다-로버트슨 협정에 관한 전반적인 논의는 John Dower, *Empire and Aftermath: Yoshida Shigeru and the Japanese Experience, 1878-1954* (Cambridge, MA and London: Harvard University Press, 1979), 451~63면 참조. 여기 인용된 성명서 본문의 출처는, 大內·高橋 『教育基本法『改正』を問う』, 62~63면 참조.

24 Debito Arudou, "Righting a wrong," *Japan Times*, 27 June 2006에서 인용. 디엔 보고서의 개요에 관해서는 Doudou Diene, "Report of the Special Rapporteur on contemporary forms of racism, racial discrimination, xenophobia and related intolerance, Addendum, Mission to Japan," January 2006 참조. http://www.debito.org/UNdienereport012406.html에 다시 실림.

25 加藤紘一·小森陽一·鈴木邦男·佐高信·早野透 「今, 『言論の自由』を考える」, 『世界』 2007年1月, 133면.

26 Sir Nicholas Stern, "Stern Review on the Economics of Climate Change", London, HM Treasury and Cabinet Office, 30 October 2006, http://www.hm-treasury.gov.uk/independent_reviews/stern_review_economics_climate_change/sternreview_index.cfm.

27 McCormack, *The Emptieness of Japanese Affluence*, 66면.

1

메이지유신을 단행하고 서구의 근대문명을 국가적 차원에서 받아들이기 위해 힘썼던 일본을 '학습국가'라고 한다면 청일전쟁과 러일전쟁 그리고 태평양전쟁으로 이어지는 일본은 '전쟁국가'라고 할 수 있다. 그리고 1945년 패전 후 미 군정을 거치면서 이른바 평화헌법에 의한 오늘의 일본을 '평화국가'라고 부른다면, 이제 21세기 일본은 무슨 국가를 향해 변화해갈 것인가.

이 책의 저자 개번 매코맥 교수는 일본이 완전한 '종속국가'로 전환해왔다고 분석한다. 가장 커다란 이유는 일본이 자신들의 정체성을 스스로 만들어내는 데 사실상 실패했기 때문이다. 방향성을 상실한 일본인의 공허한 마음 한구석에 초강대국 미국이 자리함으로써 미국과의 관계, 곧 의존적 관계에 의해서 일본의 정체성이 재구성되었다.

외부의 강요에 의해서가 아니라 마음에서 우러나는 의존심에 의해 완벽한 '종속국가'로 바뀌어가고 있는 것이다.

천황의 위상은 신도(神道)와 더불어 일본의 자존심을 지켜주는 내셔널리즘과 연결되어 작동되고 있다. 그런데 역설적인 것은 일본이 미국에 의존하면 할수록 대내적으로는 이러한 내셔널리즘이 더욱 강화된다는 점이다. 매코맥 교수의 분석에 따르면 미국에 의존하여 종속되는 것과 내셔널리즘에 의해서 강한 일본을 추구하는 것은 충돌을 일으키지 않고 상보관계를 맺고 있다. 그리고 이러한 상보관계가 일본과 아시아 사이에 커다란 벽을 쌓아올리고 있다는 점도 주의깊게 언급된다. 미국에 대한 종속구조가 심화된 만큼 '일본인은 누구인가'라는 정체성에 대해 스스로 만족스러운 답을 가져야 자존심을 지켜갈 수 있다. 문제는 바로 여기에 있다. 일본인이 미국인이 아닌 것은 너무나 자명한 사실이지만 메이지시대에 제기되었던 탈아입구가 1945년 이후 미 군정기를 거치면서 일본은 본래 아시아인이 아닌 것으로 새롭게 규정되었던 것이다. 그때 이미 일본의 정체성은 표류하고 있었던 셈이다.

결국 일본의 '네오내셔널리즘'은 천황과 신도에 의해 복고적 재구성을 할 수밖에 없고 이러한 재구성은 전쟁국가 일본에 뿌리를 두게 됨으로써 야스꾸니신사 참배와 역사교과서 문제를 다시 불러와 일본이 아시아로부터 멀어질 수밖에 없는 장치를 스스로 만들어냈다. '종속'을 통해서 자기 정체성을 가지고자 하는 것만큼 '애국심'은 정체성을 구현하는 또다른 방식으로 작동하고 있다. 히노마루와 기미가요를 부활시키려는 이유도 여기에 있다고 생각된다. 최근에 일본이 '정상국가' '아름다운 국가' '국가의 품격' 등 국가론을 애써 부르짖는 것도 국가를 통한 정체성을 강조함으로써 '일본인'이라는 '국민'을 만들고 있기 때문이다. '종속'과 '애국심'의 기묘한 접합은 전자는 미국에 의존적이지만 후자는 아시아에 대해 배타적인 태도를 만들어내는 이중성을 낳았다. 불행하게도 21세기 들어 '일본인'이라는 국민 만들기에 힘을 쏟는 것은 이미 국경을 넘나들면서 국가정체성보다는 아시아라는 지역정체성이 삶의 현실로 깊숙이 자리잡아가고 있는 현실을 무시하거나 혹은 의도적으로 경계하는 것이라 할 수 있다.

매코맥 교수가 「한국의 독자들에게」의 마지막에 언급한 것처럼 국가의 위기를 극복할 수 있는 가능성은 역설적으로 시민사회에 있다. 종속과 국가를 분리해서 보려고 한 이유는 실은 국가가 종속을 꼭 붙잡아 두려고 하는 점을 역설적으로 강조하기 위해서이다. 다시 말하면 '일본'이라는 국가는 종속을 벗어나 자신의 독자적인 정체성을 만들 만큼 생동감과 탄력 그리고 내용의 본질을 가지고 있지 못한 것으로 보인다. 국가를 종속이라는 접두어로부터 해방시킬 수 있는 힘은 국가 혹은 내셔널리즘이라는 특수성보다는 인간 혹은 시민이라는 보편성에 기초해야 가능할 것이기 때문이다. 실제로 이미 일본의 가요, 만화, 드라마, 소설 등에는 이러한 사고와 내용이 훨씬 창조적으로 반영되어 있다. 매코맥 교수가 시민사회에 신뢰를 보내고 희망을 거는 이유도 그 속에 들어 있는 보편성에 대한 믿음과 자유로운 사고와 행동 그리고 관계성에서 종속국가를 벗어날 수 있는 가능성을 엿보기 때문일 것이다.

2

처음 번역을 의뢰받았을 때 다소 걱정이 되었던 것은 이 책이 지나치게 시사적인 내용을 다루고 있지 않나 싶어서였다. 잡지에 어울리는 글을 단행본으로 내게 되는 것이 아닌가 하는 의구심을 가졌었다. 그러나 먼저 서문을 읽고 나니 이것은 기우에 불과했다. 오히려 역사의 마디가 현재진행형으로 이루어지고 있는 현싯점에다 커다란 역사의 자를 갖다대고 분명하게 읽어내는 그의 통찰력을 엿볼 수 있었다. 일본의 정치사와 경제사 그리고 생활사가 각기 자기자리를 잡아가면서 현재의 일본이 어떻게 작동되고 있는가를 매우 선명하게 이해할 수 있는, 일본이라는 국가의 설계도를 받아든 느낌이었다.

이 책은 지난 100년의 역사에서 새로운 100년으로 꺾어지는 역사의 전환기를 절묘하게 포착해내고 그 결절점에서 멋지게 연기를 해낸 코이즈미정권의 정체를 폭넓게 분석하고 있다. 코이즈미의 개혁은 '허울뿐인 개혁'이고 그가 주장하는 평화는 '허울뿐인 평화'이며 그가 주장하는 경쟁과 성장은 '허울뿐인 풍요'에 불과하다는 사실을 오늘날 역사가 직면하고 있는 신자유주의와 일본정치사의 흐름 그리고 미국의 세계전략을 통해서 입체적으로 보여준다. 매코맥 교수는 코이즈미의 '개혁'이 지니는 마법의 정체를 적나라하게 파헤치고 있다. 그래서 코이즈미정권에 앞서 전후 일본이 어떠한 정신적·물질적 토대하에서 지금의 일본, 곧 '종속국가'로 전환하게 되었는가를 자연스럽게 이해하게 된다.

또한 코이즈미가 외쳤던 허울뿐인 '개혁'의 마법이 왜 약효가 떨어졌는지도 알 수 있다. 좀더 자세히 읽다보면 코이즈미의 '개혁'은 결코 코이즈미만 전유했던 마법이 아니라 이미 우리 현대사에서 일찌감치 사용되었던 유행가 같은 담론이었음을 깨닫게 된다. 김영삼정부가 외쳤던 '개혁'이 물론 코이즈미의 '개혁'과 다른 역사적 맥락을 가지고 있었지만 넓게 보자면 신자유주의로 가기 위한 경로라는 점에서 사실상 크게 다르지 않다. 또한 '개혁'에는 사회정의와 공공성을 선취하는 의미를 내포함으로써 정적들을 쳐내고 자기 중심의 세력을 공고히 하는 데 유용한 전략적 효과도 들어 있다는 점에서도 그렇다.

최근의 이명박정부는 코이즈미정권의 전철을 밟을 가능성이 대단히 높다. 규제철폐와 친기업적 환경을 마련하려고 애쓰는 점이나 미국과의 관계개선에 대해 먼저 미국의 환심을 사려고 하는 점 등은 기본적으로 코이즈미의 '개혁'과 외교노선을 꼭 빼닮았다. 하지만 한국과 일본의 결정적 차이는 한국의 시민사회가 여전히 살아 움직이고 있다는 점이다. 한국의 시민사회는 국가와의 오랜 갈등과 전투 속에서 승리에 대한 경험을 집단적으로 간직하고 있다. 일본이 1960년대 그토록 치열하게 전투를 치르고도 패배한 기억밖에 없는 점을 상기한다면 커다란 자산이 아닐 수 없다.

게다가 우리는 이미 아시아인으로서 정체성도 가지고 있다. 아울러 분단국가라는 현실 속에서 동아시아가 함께 협력해야만 풀리는 한반도문제의 이해당사자이기도 하다. 한국이 일본과 달리 '종속국가'로 쉽게 전락하지 않는 것은 강한 시민사회의 전통과 남북문제가 동아시아 안에서 공동의 의제로 자리잡고 있기 때문이기도 하다.

그럼에도 불구하고 매코맥 교수가 지적한 여러 사항들; 미래에 대한 불확실성과 이에 따른 싱글족의 증가와 출산율의 저하, 일해도 가난을 벗어날 수 없는 신빈곤층(워킹푸어)과 사회적 양극화, 노동시장의 유연성에 따른 고용구조의 불안과 비정규직의 양산, 민영화에 따른 공적 인프라의 급속한 축소, 사회복지 예산의 축소에 따른 사회적 안전망의 취약함 등은 실제로 신자유주의와 더불어 일본뿐 아니라 한국 사회에도 급속히 확산되고 있는 근본적인 문제들이다. 이미 미국에서 나타난 이러한 위기의 징후들은 모기지론에 의한 파산과 보험회사 등 금융시장의 혼란을 통해서 더욱 구조적으로 진행될 전망이다.

코이즈미정권에서 이루어진 '개혁'의 효과가 무엇인지를 분명하게 말해주고 있는 이 책은 한국과 중국의 가까운 미래에 대한 경고장이기도 하다.

3

국가를 일컫는 말 중에 가장 익숙한 것은 '국민국가' '민족국가' '근대국가'이다. 대부분 제국주의의 틈바구니에서 벗어나 독립을 지향하는 과정에서 국가안보와 국가이익을 절대시하고 애국심을 바탕으로 하면서 나타난 개념이다. 반면에 부시가 즐겨 썼던 '불량국가'는 오만한 제국으로서 미국에 반감을 가지기 충분한 언어로 등극했지만 한걸음 뒤로 물러나 생각해보면 국가란 것이 얼마나 상대적이고 취약한가를 느끼게 해주는 개념이기도 했다. 불량청소년처럼 국가도 불량해질 수 있고 그러면 미국이라는 초강대국이 슈퍼맨처럼 나타나서 쑥밭을 만들고 항복을 받아내는 이야기는 권선징악을 특징으로 하는 만화에서만 생각했던 개념들이다. 그러나 세계의 수도라고 일컫는 맨해튼의 세계무역쎈터가 단 몇분 만에 무너져 내리고 최근 삶의 터전인 부동

364

산이 써브프라임 모기지론의 위기로 미국 전체가 부실해지고 자본주의 사회의 가장 중요한 신뢰의 상징인 금융시장이 부도를 내는 모습을 보면 21세기 유일한 '제국'도 사실은 붕괴하고 있다는 생각을 지울수 없다. 미국은 '불량제국'이었던 것이 아닐까.

몇해 전 사까모또 교수(토오꾜오대 명예교수)와 이야기를 나누던 자리에서 '시민국가'에 관해서 논의한 적이 있다. 아시아의 국가들 대부분이 국가를 먼저 만들고 국가주도의 경제발전을 통해서 중산층과 시민사회가 형성됐지만 이제는 시민사회가 발전하면서 국가가 시민성을 체득해갈 수 있을까 하는 문제가 화두였다. 국가가 시민성을 이해하고 체득하지 못하는 한 권력과 자본의 이해로부터 쉽게 벗어날수 없고, 그 속에서 '평화국가'와 '녹색국가'도 국가안보와 국가이익을 우선시하는 기존의 근대국가나 국민국가의 틀과 크게 다르지 않을 것이기 때문이다.

동아시아에서 2008년은 변화의 갈림길에서 21세기의 향배를 가늠하는 뜻깊은 해가 될 것이다. 중국은 개혁개방 30주년을 맞이하고 8월에 북경올림픽을 개최했다. 한국은 10년 만에 정권이 다시 한번 교체되었고 광우병문제로 1987년 이후 20여년 만에 새로운 시민사회의 도전을 경험했다. 일본은 베토벤 헤어스타일을 하고 국회를 좌지우지했던 카리스마 정치인 코이즈미 이후 임기 1년짜리 총리만 배출하는 정치위기에 직면해 있다.

2008년은 어쩌면 근대국가의 유효기간이 끝나가는 해인지도 모른다. 그렇다면 근대의 발명품으로서 역사적 수명을 다하고 있는 '국가'가 21세기의 위기를 극복하고 개인의 행복과 가족의 행복을 보장하기 위해서는 어떻게 재구성되는 것이 좋을까. 『종속국가 일본』은 이러한 물음에 대한 힌트를 던져주고 있다.

4

   번역을 끝내면서 많은 아쉬움과 고마움을 밝히지 않을 수 없다. 먼저 번역을 권한 뒤로 끝까지 믿고(?) 기다려준 창비 인문사회출판부는 번번이 늦고 연락도 잘 되지 않는 역자에게 한결같은 인내와 부드러움으로 번역을 마칠 수 있도록 격려와 실질적인 도움을 주었다. 아울러 매코맥 교수가 본인의 책에 대해서 보인 애정과 자신감은 비록 짧은 만남이었지만 호주에 살고 있는 서양인이 동양인에 대해서 가질 수 있는 또다른 관점을 엿볼 수 있었고 현장 혹은 현실을 학문적으로 독해해내는 꾸준함과 집요함이 어떤 것인가를 많이 느낄 수 있었다. 함께 쉽지 않은 번역을 맡아주신 황정아 선생님께는 누구보다 감사하다. 이 책이 담고 있는 풍부한 내용과 다양한 사건들에 대해 독자들에게 하나씩 설명을 달지 못한 것이 못내 아쉽다. 이 책이 단지 일본을 이해하는 데 도움을 줄 뿐 아니라 오늘의 우리사회를 이해하는 데에도 큰 도움을 주는 책이라 믿는다.

2008년 9월

이기호

종속국가 일본
미국의 품에서 욕망하는 지역패권

초판 1쇄 발행 • 2008년 9월 24일

지은이 • 개번 매코맥
옮긴이 • 이기호·황정아
펴낸이 • 고세현
책임편집 • 강영규
펴낸곳 • (주)창비
등록 • 1986년 8월 5일 제85호
주소 • 413-756 경기도 파주시 교하읍 문발리 513-11
전화 • 031-955-3333
팩시밀리 • 영업 031-955-3399 편집 031-955-3400
홈페이지 • www.changbi.com
전자우편 • human@changbi.com
인쇄 • 상지사P&B

ⓒ 창비 2008
ISBN 978-89-364-8548-1 03910